Über dieses Buch Freuds Genie bestand nicht zuletzt in einer doppelten Aus-
richtung der Aufmerksamkeit: er war einerseits ein sinnenbegabter Beobachter
noch des winzigsten *konkreten* Details in den Mitteilungen seiner Analysanden
und andererseits ein kühner Theoretiker, der zur Erklärung des Beobachteten
ganz neuartige, hochgradig *abstrakte* Modelle entwarf – die sogenannte »Metapsychologie«, also eine hinter das Bewußtsein führende Theorie des Seelenlebens. In chronologischer Reihenfolge präsentiert der vorliegende Band die
zentralen metapsychologischen Schriften, darunter klassische Texte wie ›Zur
Einführung des Narzißmus‹, ›Das Unbewußte‹, ›Jenseits des Lustprinzips‹.
Alex Holder führt dem Leser in seiner luziden Einleitung vor Augen, wie und
warum Freud seine verschiedenen Theoreme (darunter die Triebklassifikation,
das Modell des psychischen Apparates, die Auffassung von der Abwehr) zeitlebens immer wieder revidierte, wenn neue Beobachtungen dies erforderten. Ein
Beispiel: Freud gab seine erste dualistische Triebtheorie, die den Sexualtrieben
die Ich- oder Selbsterhaltungstriebe gegenüberstellte, zugunsten des Antagonis-
mus zwischen Lebenstrieben und Todestrieb auf, weil die erste Klassifikation die
klinischen Phänomene des Wiederholungszwangs, des Masochismus und Sadismus nicht zu erklären vermochte. Wie aktuell das Konzept des Todestriebs ist,
wird deutlich, wenn man sich die immer bedrohlichere Tendenz der Menschen
vergegenwärtigt, die eigenen natürlichen Lebensgrundlagen vollends zu zerstören.

Der Autor Sigmund Freud, geboren 1856 in Freiberg (Mähren); Gymnasial-
zeit in Wien; Studium an der Wiener medizinischen Fakultät; Promotion 1881,
Habilitation 1885; 1885/86 Studienaufenthalt in Paris, unter dem Einfluß von
J.-M. Charcot Hinwendung des Interesses von der Neuropathologie zur
Psychopathologie; danach in der Privatpraxis Beschäftigung mit Hysterie und
anderen Neurosenformen; Begründung und Fortentwicklung der Psychoanalyse als eigener Behandlungs- und Forschungsmethode sowie als allgemeiner,
auch die Phänomene des normalen Seelenlebens umfassender Psychologie;
Ausbreitung und Institutionalisierung der psychoanalytischen Bewegung, Ab-
fall einzelner Schüler, Anfeindung und schließlich weltweite Anerkennung;
1930 Goethe-Preis der Stadt Frankfurt; 1935 Ehrenmitgliedschaft der Royal
Society of Medicine; 1902 zum Titularprofessor ernannt, wurde Freud nie auf
einen ordentlichen Lehrstuhl berufen; 1938 Emigration nach London, wo er,
der Nazi-Verfolgung entkommen, 1939 starb.

Der Verfasser der Einleitung Alex Holder, Psychoanalytiker, seit 1983 Leiter
der Kinder- und Jugendlichen-Abteilung des Hamburger Michael-Balint-Insti-
tuts, seit 1985 Lehranalytiker der Deutschen Psychoanalytischen Vereinigung.
Psychoanalytische Ausbildung und Forschungsarbeit an Anna Freuds Hamp-
stead Child-Therapy Clinic. Zahlreiche Veröffentlichungen zur Theorie und
Technik der Psychoanalyse, insbesondere zur Metapsychologie Freuds.

SIGMUND FREUD

Das Ich und das Es

Metapsychologische Schriften

Einleitung
von Alex Holder

FISCHER TASCHENBUCH VERLAG

Veröffentlicht im Fischer Taschenbuch Verlag GmbH,
Frankfurt am Main, April 1992

Für diese Ausgabe:
© Fischer Taschenbuch Verlag GmbH, Frankfurt am Main, 1992
Für die Texte Sigmund Freuds:
Lizenzausgabe der S. Fischer Verlag GmbH, Frankfurt am Main,
mit Genehmigung von Sigmund Freud Copyrights, Colchester,
Copyright under the Berne Convention, 1940, 1941, 1943, 1946,
1948 Imago Publishing Co., Ltd., London
All rights reserved
Umschlagentwurf: Buchholz / Hinsch / Hensinger
(unter Verwendung der Zeichnung Freuds aus
Das Ich und das Es, siehe S. 265)
Gesamtherstellung: Clausen & Bosse, Leck
Printed in Germany
ISBN 3-596-10442-4

INHALT

Anhang

EINLEITUNG

Von Alex Holder

Metapsychologische Überlegungen haben Freud seit Anbeginn seiner Erforschung des menschlichen Seelenlebens beschäftigt. Dabei ging es ihm zuerst, d. h. am Ende des 19. Jahrhunderts, ganz einfach um eine »hinter das Bewußtsein führende Psychologie«.[1] Unbewußte Vorgänge im selben Sinn als psychisch zu verstehen wie bewußte war um die Jahrhundertwende keineswegs eine Selbstverständlichkeit, und so mußte er über viele Jahre auch um diese Anerkennung immer wieder kämpfen. Noch in der Arbeit über ›Das Unbewußte‹ aus dem Jahr 1915 lesen wir: »Die Berechtigung, ein unbewußtes Seelisches anzunehmen und mit dieser Annahme wissenschaftlich zu arbeiten, wird uns von vielen Seiten bestritten. [...] die konventionelle Gleichstellung des Psychischen mit dem Bewußten ist durchaus unzweckmäßig. Sie zerreißt die psychischen Kontinuitäten [...].«[2]

Es waren aber gerade diese Kontinuitäten, die Freud beim Studium psychischer Prozesse beeindruckten und faszinierten, also die Zusammenhänge zwischen den zutiefst unbewußten Inhalten und Vorgängen und den uns in unserem bewußten Erleben direkt zugänglichen. Und er stieß immer wieder auf solche Kontinuitäten, ob er sich nun den Phänomenen zuwandte, die im Zusammenhang mit hypnotischer Suggestion zu beobachten waren, den Traumvorgängen, Fehlleistungen oder den Symptomen seiner neurotischen Patienten. Auch wenn er dabei zum Schluß kam, daß es zwischen unbewußten und bewußten Vorgängen qualitative Unterschiede gibt, so war dies keineswegs ein Widerspruch zu seiner Hypothese psychischer Kontinuitäten.

---

1 Sigmund Freud, *Briefe an Wilhelm Fließ 1887–1904*, Ungekürzte Ausgabe, hrsg. von Jeffrey Moussaieff Masson, Bearb. der deutschen Fassung von Michael Schröter, Transkr. von Gerhard Fichtner, S. Fischer Verlag, Frankfurt am Main 1986, Brief Nr. 160 vom 10. 3. 1898, S. 329.
2 Unten, S. 119 und S. 121.

Der Begriff Metapsychologie will also verdeutlichen, daß es sich um das Studium jener psychischen Vorgänge und Akte handelt, die jenseits des Bewußtseins liegen, also der unbewußten, die Ausgangspunkt für die Psychoanalyse waren und sind. Im Laufe seines Schaffens wurde eine metapsychologische Betrachtungsweise seelischer Abläufe ein zunehmend wichtiger Eckpfeiler seines theoretischen Gebäudes. Sie diente ihm dazu, psychische Phänomene möglichst vollständig zu verstehen und zu erklären, und zwar nicht nur psychopathologische, mit denen er in seiner klinischen Praxis konfrontiert wurde, sondern auch ganz normale wie Träume, Fehlleistungen, Massenpsychologie usw. »Gesundheit läßt sich eben nicht anders denn metapsychologisch beschreiben, bezogen auf Kräfteverhältnisse zwischen den von uns erkannten, wenn man will, erschlossenen, vermuteten, Instanzen des seelischen Apparats.«[3]

Die Metapsychologie gewann aber nicht nur an Wichtigkeit; Freud wurde sich auch immer klarer darüber, was sie zu erfassen hatte, um eine möglichst vollständige Erklärung eines seelischen Zustandes zu gewährleisten. Um die Mitte des zweiten Dezenniums dieses Jahrhunderts plante er eine Reihe von zwölf metapsychologischen Schriften, von denen jedoch nur fünf veröffentlicht wurden. In einer dieser Arbeiten präzisiert er, was er unter einer metapsychologischen Darstellung versteht: »Wir werden es nicht unbillig finden, die Betrachtungsweise, welche die Vollendung der psychoanalytischen Forschung ist, durch einen besonderen Namen auszuzeichnen. Ich schlage vor, daß es eine *metapsychologische* Darstellung genannt werden soll, wenn es uns gelingt, einen psychischen Vorgang nach seinen *dynamischen*, *topischen* und *ökonomischen* Beziehungen zu beschreiben.«[4]

In diesem Zitat führt er die drei metapsychologischen Gesichtspunkte in der Reihenfolge an, in der er sich im zeitlichen Ablauf hauptsächlich mit ihnen befaßte. So war es vor allem die *Dynamik* unbewußter seelischer Vorgänge, die Freud in der ersten Phase seines Schaffens vor 1900 beschäftigte. Seinem dualistischen Denken

---

3 S. Freud, ›Die endliche und die unendliche Analyse‹, in: ders., *Gesammelte Werke*, Bd. 16, London 1950, S. 59–99; das Zitat S. 70, Anm.
4 Unten, S. 134.

entsprechend, ging es dabei um das Kräftespiel gegensätzlicher oder konflikthafter Strebungen. Dieser Gegensatz verdichtete sich allmählich in die Polarität zwischen den verdrängten Sexualtrieben (die dem Lustprinzip folgen) und den Ichtrieben (die das Realitätsprinzip vertreten und der Selbsterhaltung dienen). 1920 postulierte er einen weiteren primären Dualismus, nämlich den zwischen dem Lebenstrieb (Eros) und dem Todestrieb, der den seelischen Vorgängen eine neue Dynamik verleiht.

Der *topische* Gesichtspunkt wurde zum ersten Mal in seinem Buch *Die Traumdeutung* (1900) entwickelt, wo er eine topische Gliederung des seelischen Apparats in eine Reihe nebeneinanderliegender Systeme einführt. Die wichtigsten dieser Systeme sind *das Unbewußte* (*Ubw.*), *das Vorbewußte* (*Vbw.*) und *das Bewußte* (*Bw.*). Von nun an hatte sich die Metapsychologie auch mit der Frage zu beschäftigen, innerhalb welchen Systems oder zwischen welchen Systemen sich ein seelischer Akt abspielt. Freuds topische Zerlegung des psychischen Apparats erfuhr im Jahre 1923 eine wesentliche Modifikation, als er in *Das Ich und das Es* die oben genannten Systeme durch die Strukturen Es und Ich ersetzte und das Überich als neue Struktur einführte.

Der *ökonomische* Gesichtspunkt als integraler Bestandteil einer metapsychologischen Beschreibung seelischer Vorgänge wurde explizit erst im Jahr 1915 in seiner Arbeit über ›Das Unbewußte‹ eingeführt. Bei der ökonomischen Betrachtung geht es darum zu klären, wie der psychische Apparat mit den von den Trieben ausgehenden Energien umgeht, um die Erregungen, die ihn belasten, möglichst niedrig zu halten. Von entscheidender Wichtigkeit für das ökonomische Verständnis psychischer Abläufe war eine grundlegend neue Hypothese bezüglich der Angstentwicklung, die Freud 1926 in *Hemmung, Symptom und Angst* einführte. Während er bis dahin die Ansicht vertreten hatte, daß die Angst das *Resultat* von Abwehrprozessen, insbesondere der Verdrängung, sei, argumentierte er nun genau umgekehrt: es ist die vom Ich in Form eines Signals erzeugte Angst, welche die Abwehrmaßnahmen mobilisiert und zum Einsatz bringt.

Freud gehört zu denjenigen Forschern, bei denen Empirie und Theorie immer aufs engste verflochten waren und einander gegenseitig befruchteten. Seine Beobachtungen waren der Ausgangspunkt für seine Theorien, und wenn diese den neuen klinischen Daten nicht mehr gerecht wurden, veränderte er sie. Durch sein gesamtes Schaffen hindurch kann man verfolgen, wie seine klinischen Beobachtungen immer wieder zu neuen Einsichten führten, die Veränderungen in seinem theoretischen Gebäude verlangten. Diese Interaktion zwischen Praxis und Theorie bedeutet aber auch, daß seine theoretischen Überlegungen – seine Metapsychologie – nie trocken und abstrakt sind, sondern immer wieder durch anschauliche Beispiele belegt werden. Das macht sie auch für diejenigen zugänglich, die keine psychoanalytischen Vorkenntnisse haben.

Sieht man von der letzten, unvollendeten Arbeit aus dem Jahr 1938 ab, die im vorliegenden Band am Ende abgedruckt ist, so sind die übrigen Arbeiten in einer Zeitspanne von sechzehn Jahren entstanden, die zudem zu Freuds fruchtbarsten Schaffensperioden gehört. Außer den in diesem Band enthaltenen metapsychologischen Schriften entstanden in dieser Zeitperiode die Schreber-Fallgeschichte (1911), die Arbeiten zur psychoanalytischen Technik (1912–1915) und Werke wie *Totem und Tabu* (1912–13) und ›Der Moses des Michelangelo‹ (1914), die *Vorlesungen zur Einführung in die Psychoanalyse* (1916–17), die Krankengeschichte des Wolfmannes (1918), *Massenpsychologie und Ich-Analyse* (1921), *Hemmung, Symptom und Angst* (1926), *Die Frage der Laienanalyse* (1926), *Die Zukunft einer Illusion* (1927) und viele andere Arbeiten.

Versucht man Freuds Werk in Schaffensperioden zu unterteilen, so sind die zwei wesentlichsten Zäsuren die Jahre 1900 und 1923. In der ersten Phase, vor 1900, ging er vor allem der Frage nach, wie Menschen ein Trauma (insbesondere sexuelle Verführungen in der Kindheit) bewältigen und verarbeiten oder, falls dies mißlingt, Symptome und seelische Krankheiten entwickeln. Der Hauptakzent in dieser Phase lag also auf dem Studium der Reaktion des seelischen Apparats auf ein von der Außenwelt ausgehendes Trauma. Dabei spielte das Schicksal der hervorgerufenen Affekte eine besonders wichtige Rolle. Beim theoretischen Erfassen war die Hypothese einer psychischen Energie bereits von großer Bedeutung, einer Energie, die zu- oder abnehmen, die von einem psychischen Inhalt auf andere verschoben oder in eine somatische Reaktion umgewandelt werden kann. Seine Theorien waren in dieser ersten Schaffensperiode noch weitgehend von dem Versuch geprägt, Parallelen zwischen psychologischen und neurophysiologischen Prozessen aufzuzeigen.

Die mittlere Periode wurde durch Freuds folgenschwere Einsicht eingeleitet, daß er von seinen Patienten irregeführt worden war, wenn er glaubte, bei den berichteten Kindheitserinnerungen ginge es immer um reale traumatische Erlebnisse sexueller Natur und deren Folgen. Statt dessen handelte es sich in den meisten Fällen um das Bewußtwerden von Wünschen und Phantasien. Diese monumentale Einsicht verdankte er nicht nur dem Studium seiner Patienten, ihrer Symptome und Träume, sondern vor allem auch seiner Selbstanalyse, in der das Verständnis seiner eigenen Träume eine zentrale Rolle spielte. Es muß in diesem Zusammenhang jedoch betont werden, daß Freud trotzdem immer an der Möglichkeit festhielt, daß traumatische Erlebnisse ein Krankheitsbild entscheidend mitbestimmen können. Wenn wir an seine zweite Angsttheorie aus dem Jahr 1926 denken, wo er postuliert, daß das Ich Signalangst entwickelt, um nicht traumatisch überwältigt zu werden, steckt dahinter sogar die Annahme, daß sich das noch schwache Ich des kleinen Kindes normalerweise Gefahren ausgesetzt fühlt, die es als traumatisch erlebt.

Der Schwerpunkt seiner Forschungsarbeit verlegte sich nun sozusagen von außen nach innen, von äußeren Gefahren zu solchen, die der Innenwelt entspringen. Dies führte zum einen zur Postulierung der gegensätzlichen Ich- oder Selbsterhaltungstriebe und der Sexualtriebe, die sich von frühester Kindheit an durch eine Reihe von körperbezogenen Phasen (orale, anale, phallisch-ödipale, latente, genitale) hindurch entwickeln, zum anderen zur Gliederung des psychischen Apparats in eine Reihe von Systemen (*Ubw.*, *Vbw.*, *Bw.*), die sich durch besondere Qualitäten und Gesetzmäßigkeiten voneinander unterscheiden. Er definierte den Trieb als einen »Grenzbegriff zwischen Seelischem und Somatischem, als psychischer Repräsentant der aus dem Körperinnern stammenden, in die Seele gelangenden Reize, als ein Maß der Arbeitsanforderung, die dem Seelischen infolge seines Zusammenhanges mit dem Körperlichen auferlegt ist«.[5] In seiner Topik des seelischen Apparats von 1900 ist es das System des *Unbewußten*, das die aus dem Soma stam-

---

5 Unten, S. 84 f.

menden Reize als erstes registriert, wo also die Triebe ihre erste psychische Repräsentanz erfahren. Am anderen Ende des topischen Kontinuums liegt das *Bewußte*, das durch die Wahrnehmungen der Sinnesorgane den Reizen aus der Außenwelt am nächsten steht. Zwischen diesen beiden Systemen liegt das *Vorbewußte*, über das die unbewußten Triebrepräsentanten in Form von Wünschen ins Bewußtsein gelangen können, was aber nur dann geschehen kann, wenn diese Triebwünsche relativ konfliktfrei sind. Andernfalls werden sie ein Opfer der Zensur, die in erster Linie zwischen dem *Unbewußten* und dem *Vorbewußten* funktioniert und unerwünschte, d. h. konflikthafte Wünsche verdrängt. Außer der Verdrängung hat Freud eine ganze Reihe anderer Abwehrmechanismen postuliert, die dem Seelenapparat zur Kontrolle und Bewältigung konflikthafter Inhalte zur Verfügung stehen (z. B. Projektionen, Spaltungen, Reaktionsbildungen, Verleugnungen usw.).

Der Zusammenhang der Triebe mit dem Körper hat zur Folge, daß sie ständige Anforderungen an den seelischen Apparat stellen. Die Beantwortung der Frage, wie er diesen gerecht wird und welche Triebschicksale daraus resultieren, gehört zu den wichtigsten Anliegen Freuds in seiner mittleren Schaffensperiode. In diesem Zusammenhang gewinnt die metapsychologische Betrachtungsweise zunehmend an Bedeutung und Präzision.

Im Laufe der mittleren Periode erwies sich das topische Modell von 1900 als zunehmend unzulänglich, um gewisse normale und psychopathologische Zustände adäquat erklären zu können. Phänomene wie die Melancholie (Depression), Selbstvorwürfe, Gewissensangst, Idealbildung usw. konnten in diesem Modell auf keine befriedigende Weise untergebracht werden. Zudem ergaben sich Widersprüchlichkeiten und Unstimmigkeiten auf der metapsychologischen Ebene.

Solche und andere Schwierigkeiten führten Freud 1923 schließlich dazu, das topische Modell des psychischen Apparates von 1900 durch ein neues zu ersetzen, für das sich der Name Strukturmodell eingebürgert hat. Anstelle der Systeme *Unbewußt*, *Vorbewußt* und *Bewußt* traten nun die Strukturen Es und Ich. Das Überich kam neu hinzu. Bei der Wahl dieser Namen vermied Freud absichtlich jeglichen Bezug zur Qualität des Bewußtseins, der beim ersten, topischen Modell gerade das Hauptkriterium gewesen war. Im Zusammenhang mit den in der klinischen Situation auftretenden Widerständen schreibt er 1923, »daß wir in unendlich viele Undeutlichkeiten und Schwierigkeiten geraten, wenn wir an unserer gewohnten Ausdrucksweise festhalten und zum Beispiel die Neurose auf einen Konflikt zwischen dem Bewußten und dem Unbewußten zurückführen wollen. Wir müssen für diesen Gegensatz aus unserer Einsicht in die strukturellen Verhältnisse des Seelenlebens einen anderen einsetzen: den zwischen dem zusammenhängenden Ich und dem von ihm abgespaltenen Verdrängten.«[6]

Während Freuds Hauptinteresse in der mittleren Periode den Trieben und deren Schicksalen galt, rückten in der dritten Phase das Ich und seine Funktionen in den Mittelpunkt seiner Forschungsarbeit. Es wird zur zentralen Struktur, von deren Funktionsweise seelische Gesundheit oder Krankheit weitgehend abhängen. Ein relativ schwaches Ich wird sehr viel größere Mühe haben, den Anforderungen von Es, Überich und Außenwelt ohne Symptombildung gerecht zu werden, als ein starkes. Dieser Umstand ist von besonderer Bedeutung im Zusammenhang mit der Entwicklung des seelischen Apparates. Die Differenzierung des Ichs vom Es in den Frühphasen des Lebens ist eine Funktion sowohl von Entwicklungs- als auch von Reifungsprozessen. Im Vergleich zum Es ist das Ich in dieser Frühzeit noch schwach und oft nicht in der Lage, Konflikte optimal zu lösen. Auch wenn dies nicht unbedingt zu einer neurotischen Störung während der Kindheit führen muß, so entsteht doch eine Prädisposition für psychopathologische Entwicklungen zu einem späteren Zeitpunkt. Freud hat den genetischen Gesichtspunkt nie ausdrücklich zu einem Aspekt metapsychologischer Überlegungen erhoben, aber er ist in seinen Formulierungen stets impliziert. Es gibt keine seelischen Störungen im Erwachsenenalter, deren Ursprünge nicht in die Kindheit des Betroffenen zurückverfolgt werden könnten. Die infantile Neurose ist also immer der Boden, aus dem spätere seelische Krankheiten hervorgehen.

Im Folgenden finden sich einige Anmerkungen zu jeder der in diesem Band abgedruckten metapsychologischen Arbeiten. Dabei handelt es sich nicht um Zusammenfassungen, sondern um das Her-

---

6 Unten, S. 258.

vorheben besonders wichtiger Aspekte sowie um Hinweise auf An-
knüpfungspunkte an andere Arbeiten Freuds.

Formulierungen über die zwei Prinzipien des psychischen Gesche-
hens (1911)
Genetische Überlegungen prägen gerade die erste in diesem Band
enthaltene Arbeit: Der primitive seelische Apparat, noch ganz dem
im *Unbewußten* vorherrschenden Lustprinzip unterworfen, entwickelt sich langsam in Richtung Dominanz des Realitätsprinzips.
Während psychische Prozesse, die dem Lustprinzip folgen, die Vermeidung jeglicher Unlust anstreben, ermöglicht das spätere Realitätsprinzip, daß selbst solche Inhalte vorgestellt werden können, die
unangenehm sind und Unlust erzeugen. Auch wenn Freud in dieser
Arbeit feststellt, daß »das Realitätsprinzip keine Absetzung des
Lustprinzips, sondern nur eine Sicherung desselben«[7] bedeutet, so
ist die Gegenüberstellung dieser beiden zentralen Regulationsprin-
zipien doch auch ein weiteres Beispiel seines dualistischen Denkens
und seiner Konfliktpsychologie. Unbewußte seelische Vorgänge,
Lustprinzip und Primärvorgang sind ebenso eng miteinander verwo-
ben wie Bewußtsein, Realitätsprinzip und Sekundärvorgang. Zur
ersten Triade gehört das »Lust-Ich«, zur letzteren das »Real-Ich«,
wobei anzumerken ist, daß Freud den Begriff »Ich« während der
ganzen mittleren Periode im Sinn von »Selbst« verwendet und noch
nicht als strukturelles Konzept. So besteht zwischen den beiden Begriffen der »Ich-Triebe« und der »Selbsterhaltungstriebe« kaum ein
Unterschied. Was sie betrifft, wird im Lauf der Entwicklung das
Lustprinzip durch das Realitätsprinzip abgelöst, während die Sexualtriebe sehr viel länger dem Lustprinzip unterworfen bleiben, so
daß es vermehrt zu Konflikten zwischen diesen beiden Triebarten
kommt. Diese »verspätete Erziehung des Sexualtriebs zur Beachtung
der Realität«[8] ist für die psychische Disposition zur Neurose weitgehend verantwortlich. Die Neurosen*wahl* andererseits ist davon abhängig, in welcher Phase der Entwicklung des Selbst und der Libido
die disponierende Entwicklungshemmung stattgefunden hat.

---

7 Unten, S. 36.
8 Unten, S. 35.

Einige Bemerkungen über den Begriff des Unbewußten in der Psychoanalyse (1912)

Dieser kurze Artikel ist eine von Freuds metapsychologischen Arbeiten, in der er den Beweis für die *psychische* Qualität des Unbewußten erbringt. Dazu beruft er sich zum einen auf die posthypnotische Suggestion, bei welcher der Auftrag des Arztes wirksam wird, obwohl er unbewußt bleibt, zum anderen auf die Traumbildung, welche die Eigentümlichkeiten des *Unbewußten*, vor allem die Primärvorgänge der Verdichtung und Verschiebung, besonders deutlich veranschaulicht. In dieser Arbeit trifft er auch zum ersten Mal wichtige Differenzierungen innerhalb des Unbewußten selbst: *deskriptiv* unbewußt ist alles, was außerhalb des Bewußtseins liegt. Das Vorbewußte jedoch ist nur in einem *latenten* Sinn unbewußt, während das Verdrängte (oder allgemeiner das Abgewehrte) *dynamisch* unbewußt ist. Darüber hinaus gibt es auch noch ein Unbewußtes in einem *systematischen* Sinn, wie er es bereits im siebenten Kapitel der *Traumdeutung* (1900) eingeführt hatte. Eine wichtige Konsequenz dieser Differenzierungen liegt darin, daß es psychische Vorstellungen (Wünsche, Phantasien) geben kann, die einerseits dem System *Unbewußt* zugehören, andererseits aber nicht dynamisch unbewußt sind und somit jederzeit eine vorbewußte Energiebesetzung erhalten können. Dagegen werden konflikthafte unbewußte Vorstellungen »vom Bewußtsein durch lebendige Kräfte ausgeschlossen«[9], für die er den Begriff der Abwehr eingeführt hat, die sich in der klinischen Arbeit als Widerstand manifestiert.

Zur Einführung des Narzißmus (1914)

Diese Arbeit stellt einen Wendepunkt in Freuds Theoriebildung dar. Aus der hier vertretenen Hypothese, daß das Selbst ebenfalls ein Objekt der Sexualtriebe sein kann, es zu Beginn des Seelenlebens während der Phase des primären Narzißmus normalerweise auch ist, folgen weitreichende Konsequenzen. So wird die libidinöse Besetzung von Objekten der Außenwelt zu einem sekundären Phänomen, und es besteht jederzeit die Möglichkeit, Objektlibido wieder zurückzuziehen und in Selbstlibido zu verwandeln (sekundärer

---

9 Unten, S. 46.

Narzißmus). Dadurch ergeben sich neue Erklärungsmöglichkeiten für gewisse psychopathologische Phänomene, wie etwa den Größenwahn bei Schizophrenen, die Überbesetzung eines bestimmten Organs bei der Hypochondrie, aber auch für ganz normale Phänomene wie das Liebesleben des Menschen.

Aus dem Umstand, daß der Mensch ursprünglich zwei Sexualobjekte hat, nämlich sich selbst und die ihn versorgende Mutter, ergeben sich später zwei grundlegend verschiedene Möglichkeiten der Objektwahl. Nimmt er die eigene Person zum Vorbild, so haben wir es mit einem narzißtischen Typ der Objektwahl zu tun, ist es jedoch die versorgende Mutter, so erfolgt sie nach dem Anlehnungstyp, so genannt, weil sich die Sexualtriebe ursprünglich an die Befriedigung der Selbsterhaltungstriebe »anlehnen«, so daß die befriedigenden Objekte dieser Frühzeit der seelischen Entwicklung zu den ersten Sexualobjekten werden.

Weitreichende Folgen bringen auch die Zusammenhänge zwischen Narzißmus und Idealbildung. Da die frühkindliche Illusion narzißtischer Vollkommenheit im Lauf der Entwicklung aufgegeben werden muß, entsteht eine Tendenz, sie auf irgendeine Weise wiederzufinden. Die Idealbildung dient genau diesem Ziel: Was der Mensch »als sein Ideal vor sich hin projiziert, ist der Ersatz für den verlorenen Narzißmus seiner Kindheit, in der er sein eigenes Ideal war«.[10] Narzißtische Zufuhr im Sinne von Selbstachtung kann nun auf dem Wege der Erfüllung dieser Ideale erreicht werden.

Aus der historischen Rückschau können wir in dieser Arbeit bereits Andeutungen des neun Jahre später konzipierten Strukturmodells finden, so etwa, wenn Freud feststellt, daß die Verdrängung vom Ich ausgehe, vor allem aber, wenn seine Diskussion der Idealfunktion das spätere Überich antizipiert: »Es wäre nicht zu verwundern, wenn wir eine besondere psychische Instanz auffinden sollten, welche die Aufgabe erfüllt, über die Sicherung der narzißtischen Befriedigung aus dem Ichideal zu wachen, und in dieser Absicht das aktuelle Ich unausgesetzt beobachtet und am Ideal mißt.«[11] Das Gewissen wird auch bereits dieser Instanz zugeordnet.

---

10 Unten, S. 69.
11 Unten, S. 70.

Die Einführung des Narzißmuskonzeptes ermöglicht nun präzisere Aussagen über die Ökonomie und Regulierung des Selbstwertgefühls, das aus dem verbleibenden primären Narzißmus, der Erfüllung des Ichideals und der Befriedigung der Objektlibido gespeist wird.

Triebe und Triebschicksale (1915)

Diese und die vier folgenden Arbeiten gehören zu Freuds metapsychologischen Schriften im engeren Sinn. Von insgesamt zwölf Aufsätzen hat er, wie erwähnt, nur diese fünf veröffentlicht, die restlichen sieben wahrscheinlich vernichtet.[12]

Seine Ansichten über den Dualismus gegensätzlicher »Urtriebe« veränderten sich im Laufe seines Schaffens beträchtlich. Die vorliegende Arbeit steht noch ganz im Zeichen des Gegensatzes zwischen den Sexualtrieben und den Ich- oder Selbsterhaltungstrieben. Während letztere außer ihrer Verknüpfung mit dem Realitätsprinzip relativ undefiniert bleiben, beschäftigt sich Freud eingehend mit den Eigenschaften der Sexualtriebe. In seinem Bemühen, etwas Licht auf diesen dunklen, aber unentbehrlichen Grundbegriff zu werfen, definiert er den Trieb als einen Grenzbegriff zwischen dem Seelischen und dem Somatischen. Des weiteren wird ein Trieb durch vier Merkmale charakterisiert, nämlich durch seine Quelle (d. h. den somatischen Vorgang in einem Organ oder Körperteil), seinen Drang (die Stärke, mit der er sich äußert), sein Ziel (die Aufhebung des Reizzustandes durch die Befriedigung) und sein Objekt (mittels dessen die Befriedigung erreicht wird).

Die Schicksale der Sexualtriebe, die Freud in dieser Arbeit erörtert, ergeben sich aus der Gegensätzlichkeit zu den Ichtrieben, die andere Ziele verfolgen und somit gewissen Sexualtrieben eine direkte Befriedigung versagen. Die beschriebenen Triebschicksale (Verkehrung ins Gegenteil, Wendung gegen die eigene Person, Verdrängung und Sublimierung) sind also die Folge von Abwehrmaßnahmen des Ichs.

---

12 Der Entwurf zur zwölften dieser metapsychologischen Abhandlungen (*Übersicht der Übertragungsneurosen*) wurde 1983 von Ilse Grubrich-Simitis gefunden und 1985 im S. Fischer Verlag, Frankfurt am Main, veröffentlicht.

Die Verdrängung (1915)

Eine Schwierigkeit im Verständnis von Freuds Überlegungen in der mittleren Schaffensperiode ergibt sich daraus, daß er den Begriff »Verdrängung« sowohl für einen ganz spezifischen Abwehrmechanismus benützt (wie er für die Hysterie typisch ist) als auch als Synonym für Abwehr im allgemeinen, was z. B. am Ende dieser Arbeit deutlich wird, wo er die verschiedenen Abwehrmechanismen diskutiert, die für Phobien, Konversionshysterien und Zwangsneurosen charakteristisch sind. Im Rahmen des topischen Modells geht er der Frage nach, wie das *Bewußte* vor Triebinhalten geschützt werden kann, die dort Unlust und Angst hervorrufen würden. Die Abwehr (Verdrängung) spielt dabei eine zentrale Rolle, wobei er verschiedene Phasen des Verdrängungsprozesses unterscheidet (Urverdrängung, eigentliche Verdrängung), aber auch den wichtigen Umstand hervorhebt, daß bei der eigentlichen Verdrängung der vom (Vor-)-*Bewußten* ausgehenden Abstoßung oder Gegenbesetzung eine Anziehung von seiten des Urverdrängten entgegenkommt.

Der Umstand, daß verdrängte Triebrepräsentanzen im *Unbewußten* aktiv bleiben und auf dem Weg der Verdichtung und Verschiebung sogenannte Abkömmlinge bilden, ist für die Wiederkehr des Verdrängten verantwortlich wie auch dafür, daß sich der psychische Apparat (später Ich genannt) mit diesen Abkömmlingen immer wieder auseinandersetzen und neue Abwehrmaßnahmen ergreifen muß. »Wir dürfen uns vorstellen, daß das Verdrängte einen kontinuierlichen Druck in der Richtung zum Bewußten hin ausübt, dem durch unausgesetzten Gegendruck das Gleichgewicht gehalten werden muß.«[13] Freud setzt sich in dieser Arbeit also vor allem mit dynamischen und ökonomischen Fragen des seelischen Haushalts auseinander.

Das Unbewußte (1915)

Der topische oder systematische Gesichtspunkt steht hier im Mittelpunkt, den Freud bereits in seiner Arbeit über das Unbewußte aus dem Jahr 1912 berührt hatte, wo er zwischen deskriptivem, dynamischem und systematischem Unbewußten unterschied. Die

---

13 Unten, S. 110.

vorliegende Arbeit ist jedoch sehr viel umfassender, enthält neue Hypothesen und Fragen. Eine wichtige Feststellung gleich zu Beginn geht dahin, daß das *Unbewußte* im systematischen Sinn nicht mit dem Verdrängten identisch ist. Letzteres bildet nur einen Teil des *Ubw.* Andere Teile bestehen aus Inhalten (Wünschen, Phantasien), deren Umsetzung in vorbewußte oder bewußte Vorstellungen nichts im Wege steht.

Die Hypothese einer »Zensur« zwischen den Systemen *Ubw.* und *Vbw.* hatte er bereits im siebenten Kapitel der *Traumdeutung* aufgestellt. Nun postuliert er eine zweite Zensur zwischen dem *Vbw.* und dem *Bw.* Eingehend beschäftigt er sich mit der Frage, ob die Umsetzung einer *ubw.* Vorstellung in eine *vbw.* oder *bw.* mit neuen »Niederschriften« verbunden oder vielmehr das Resultat einer funktionellen Zustandsänderung ist. Er entscheidet sich schließlich für letzteres: eine unbewußte Vorstellung wird vorbewußt, wenn ihre unbewußte Besetzung durch eine vorbewußte ergänzt wird. Eine weitere Besetzung von seiten des *Bw.* führt zum Bewußtwerden dieser Vorstellung. Umgekehrt führt der Entzug der bewußten und vorbewußten Besetzungen zu einer Verdrängung, wobei das *Vbw.* eine sogenannte Gegenbesetzung errichten kann, um sich gegen das Andrängen der unbewußten Vorstellung effektiver zu schützen.

Freud geht auch den Schicksalen der Affekte nach, die mit solchen Vorstellungen verknüpft sind. Während Vorstellungen Besetzungen von Erinnerungsspuren sind, entsprechen Affekte und Gefühle Abfuhrvorgängen, die wir als Empfindungen wahrnehmen. Affekte können von den Vorstellungen, denen sie ursprünglich zugehören, getrennt oder isoliert werden und ihre eigenen Schicksale erfahren. Zum Beispiel können sie einer anderen Vorstellung zugeordnet oder in einen qualitativ anderen Affekt umgewandelt werden. Im Fall ihrer Verdrängung verwandeln sie sich immer in Angst, entsprechend der ersten Angsttheorie, die Freud in dieser mittleren Schaffensperiode noch immer vertrat und erst 1926 grundlegend veränderte.

Metapsychologische Ergänzung zur Traumlehre (1917)

Der Titel dieser Arbeit, die bereits im Jahr 1915 entstanden war, stellt einen direkten Bezug zur 1900 erschienenen *Traumdeutung* her, wobei Freud nun seine metapsychologischen Hypothesen auf Traumprozesse anwendet. Die im Traum stattfindende Regression ist sowohl eine topische (vom *Vbw.* zum *Ubw.*) als auch eine zeitliche (Rückkehr zur halluzinatorischen Wunscherfüllung). Dadurch werden die dem *Vbw.* und dem Sekundärvorgang zugeordneten Wortvorstellungen durch die für das *Ubw.* und den Primärvorgang typischen Sachvorstellungen (Bilder) ersetzt. Da dem System *Bw.* im Schlaf alle Besetzungen entzogen sind, entfällt auch die von diesem System ausgehende Realitätsprüfung, so daß der Trauminhalt zur Realität werden kann. Dies entspricht der Wiederherstellung einer Funktionsweise, die für den Beginn des Seelenlebens charakteristisch ist, wo die Differenzierung zwischen innerer Realität (Phantasie, Wunsch) und äußerer Realität (Wahrnehmung) noch nicht möglich ist. Ein Traum entspricht demnach einer Halluzination, die erst im Wachzustand als solche erkannt wird.

Trauer und Melancholie (1917)

Auch diese Arbeit wurde bereits im Jahr 1915 niedergeschrieben. Das Thema depressiver Zustände (Melancholie) beschäftigte Freud bereits im Jahr zuvor, als er über den Narzißmus schrieb. Die Einführung dieses Konzepts und des mit ihm eng verbundenen des Ichideals eröffneten ihm neue Wege zum Verständnis depressiver Zustände, deren Gemeinsamkeiten und insbesondere Unterschieden im Vergleich zu Trauerreaktionen. Während die Trauer eine normale Reaktion auf den Verlust eines geliebten Menschen ist, gehören depressive Zustände in den Bereich der Psychopathologie. In dieser Arbeit sind die Ansätze der späteren Gegenüberstellung von Ich und Überich noch deutlicher zu erkennen als in der Abhandlung über den Narzißmus. Beim Melancholiker sehen wir, »wie sich ein Teil des Ichs dem anderen gegenüberstellt, es kritisch wertet, es gleichsam zum Objekt nimmt. Unser Verdacht, daß die hier vom Ich abgespaltene kritische Instanz auch unter anderen Verhältnissen ihre Selbständigkeit erweisen könne, wird durch alle weiteren Beobachtungen bestätigt werden. Wir werden wirklich Grund finden, diese Instanz vom übrigen Ich zu sondern.«[14] Hinter den für den

---

14 Unten, S. 177.

Melancholiker typischen Selbstvorwürfen verbergen sich massive unbewußte Vorwürfe gegen ein Liebesobjekt, mit dem er sich identifiziert hat, ein Vorgang, der dadurch begünstigt wird, daß die Objektwahl auf einer narzißtischen Basis erfolgt war. Außer dieser regressiven Identifizierung wird die Objektbeziehung unter dem Einfluß des Ambivalenzkonfliktes (Liebe und Haß gegenüber demselben Objekt) zudem auf die Stufe des Sadismus zurückversetzt.

Jenseits des Lustprinzips (1920)

Unter Freuds metapsychologischen Arbeiten nimmt diese eine Schlüsselstellung ein, weil sie den bisherigen primären Dualismus zwischen Lustprinzip und Realitätsprinzip, zwischen Sexualtrieben und Ichtrieben, durch einen noch fundamentaleren psychischen Gegensatz ersetzt, nämlich den zwischen den Lebenstrieben (die nun sowohl die Sexualtriebe als auch die Selbsterhaltungstriebe umfassen) einerseits und dem Todestrieb andererseits. Somit steht diese Abhandlung auf der Schwelle zwischen Freuds mittlerer und letzter Schaffensperiode.

Es war vor allem das klinische Phänomen des sogenannten Wiederholungszwanges, das ihm die Hypothese eines Todestriebs nahelegte. Er kam dabei zum Schluß, daß der Wiederholungszwang vom Verdrängten ausgehen müsse. Der Wiederholungszwang zeichnet sich dadurch aus, daß er vergangene Erlebnisse reaktiviert, die keine Lustmöglichkeit enthielten, so daß wir hier mit einem psychischen Phänomen konfrontiert sind, das sich über das Lustprinzip hinwegsetzt und deshalb ursprünglicher, elementarer und lebhafter erscheint als dieses. Im Masochismus und Sadismus fand Freud eine weitere Bestätigung seiner Todestriebhypothese, sind sie doch Mischungen von libidinösen und destruktiven Energien, im einen Fall gegen das eigene Selbst gerichtet (Masochismus), im anderen auf ein Objekt verschoben (Sadismus). Er erwägt nun auch die Möglichkeit, daß der Masochismus ein primäres Phänomen sein könnte, ein Thema, das er, wie wir sehen werden, vier Jahre später in ›Das ökonomische Problem des Masochismus‹ wieder aufnimmt.

In der vorliegenden Arbeit dient es ihm als Brücke zu seinem Argument, daß sowohl die Lebenstriebe als auch die Todestriebe dem gleichen Prinzip unterworfen seien, nämlich dem sogenannten

Nirwanaprinzip: »Daß wir als die herrschende Tendenz des Seelenlebens [...] das Streben nach Herabsetzung, Konstanterhaltung, Aufhebung der inneren Reizspannung erkannten [...], wie es im Lustprinzip zum Ausdruck kommt, das ist ja eines unserer stärksten Motive, an die Existenz von Todestrieben zu glauben.«[15] Die Implikationen einer solchen Annahme sind weitreichend, rücken sie doch das Lustprinzip in den Dienst einer Bestrebung, den seelischen Apparat erregungslos zu machen und zur Ruhe der anorganischen Welt zurückzuführen.

Freuds Hypothese eines Todestriebs stieß selbst bei vielen Psychoanalytikern auf heftigen Widerstand und tut es noch heute. Viele sahen und sehen in ihr eine Spekulation, die für die klinische Arbeit irrelevant sei, wo es ausreiche, die auftretenden Symptome und anderen Phänomene auf Grund der Schicksale aggressiver Triebregungen zu verstehen, die, ähnlich wie die libidinösen, verschoben, projiziert, verdrängt oder gegen das eigene Selbst gerichtet werden können. Freud ging es aber um mehr als Aggression, nämlich um Destruktivität. Es ist kein Zufall, daß die Todestriebhypothese in einem Werk auftauchte, das zwei Jahre nach Beendigung des Ersten Weltkrieges erschien. Freud starb kurz nach Beginn des Zweiten Weltkriegs, also ehe der Holocaust und die erste Atombombe von der Destruktivität zeugten, die Menschen entfesseln können, und lange bevor die nukleare Bedrohung die Zerstörung der gesamten Menschheit zu einer möglichen Realität gemacht und damit der Todestriebhypothese eine neue Aktualität verliehen hat. Rufen wir uns auch Freuds prophetische Sätze in *Das Unbehagen in der Kultur* aus dem Jahr 1930 in Erinnerung, die diese Arbeit beschließen: »Die Schicksalsfrage der Menschenart scheint mir zu sein, ob und in welchem Maße es ihrer Kulturentwicklung gelingen wird, der Störung des Zusammenlebens durch den menschlichen Aggressions- und Selbstvernichtungstrieb Herr zu werden. In diesem Bezug verdient vielleicht gerade die gegenwärtige Zeit ein besonderes Interesse. Die Menschen haben es jetzt in der Beherrschung der Naturkräfte so weit gebracht, daß sie es mit deren Hilfe leicht haben, einander bis auf den letzten Mann auszurotten. Sie wissen das, daher ein gut

---

15 Unten, S. 240 f.

Stück ihrer gegenwärtigen Unruhe, ihres Unglücks, ihrer Angststimmung. Und nun ist zu erwarten, daß die andere der beiden ›himmlischen Mächte‹, der ewige Eros, eine Anstrengung machen wird, um sich im Kampf mit seinem ebenso unsterblichen Gegner zu behaupten. Aber wer kann den Erfolg und Ausgang voraussehen?«[16]

Das Ich und das Es (1923)

Während Freud in *Jenseits des Lustprinzips* einen neuen Triebdualismus konzipierte, der all seine späteren Formulierungen prägte, führte er in der vorliegenden Arbeit eine neue strukturelle Zerlegung des psychischen Apparates ein, die in seinen späteren Werken und der nachfolgenden psychoanalytischen Literatur einen ebenso deutlichen Niederschlag gefunden hat. Sie markiert den Beginn der sogenannten Ichpsychologie, in welcher der Struktur und Funktionsweise des Ichs vermehrte Aufmerksamkeit geschenkt wird. Die Beziehung psychischer Inhalte und Prozesse zum Bewußtsein, die für das topische Modell von 1900 ausschlaggebend war, tritt nun in den Hintergrund. Andererseits bleibt vieles vom topischen Modell im Strukturmodell erhalten, wie z. B. der Primärvorgang als Charakteristikum des Es und der Sekundärvorgang als typisch für das Ich; oder die Zuordnung des Verdrängten zum Es und der verdrängenden Kräfte zum Ich; auch die Verknüpfung von Es/Lustprinzip und Ich/Realitätsprinzip bleibt genauso erhalten wie die Genese dieser beiden Strukturen. Das wesentlich Neue besteht vielmehr darin, daß ein Teil des Ichs ebenfalls dynamisch unbewußt ist.

Es und Ich sind also im topischen Modell klar vorgezeichnet, im Gegensatz zum Überich, für das es im früheren Modell kein Äquivalent gibt, auch wenn seine Vorläufer, wie erwähnt, in der Narzißmusarbeit, in ›Trauer und Melancholie‹ und anderen Arbeiten zu erkennen sind. Die Genese des Überichs aus der infantilen Bewältigung des Ödipuskomplexes wird in der vorliegenden Arbeit zum ersten Mal in aller Ausführlichkeit dargestellt. Als Resultat der Identifizierungen mit Vater und Mutter wird die elterliche Autorität

---

16 In: S. Freud, *Gesammelte Werke*, Bd. 14, London 1948, S. 419–506; das Zitat S. 506.

verinnerlicht und im Überich wirksam. Während sich Es und Ich als psychische Strukturen unter dem Einfluß der Außenwelt schon sehr früh differenzieren, erfolgt die Strukturierung des Überichs erst sehr viel später. Für die Zeit davor gilt Freuds Bild, in dem er das Ich einem Reiter gleichsetzt, der die Kraft des Pferdes (des Es) zu zügeln versucht. Nach der Strukturierung des Überichs »sehen wir dasselbe Ich als armes Ding, welches unter dreierlei Dienstbarkeiten steht und demzufolge unter den Drohungen von dreierlei Gefahren leidet, von der Außenwelt her, von der Libido des Es und von der Strenge des Über-Ichs«.[17]

Die strukturelle Zerlegung des psychischen Apparates erlaubt Freud nun ein besseres Verständnis gewisser klinischer Phänomene, wie z. B. der negativen therapeutischen Reaktion (während der Behandlung Verschlechterung statt erwarteter Verbesserung im Zustand des Patienten) als Folge des vom Überich ausgehenden Strafbedürfnisses; oder des vom Überich ausgehenden Sadismus gegen das eigene Selbst, der für depressive Zustände verantwortlich sein kann; oder der Situation des Zwangsneurotikers, der zwischen den mörderischen Wünschen seines Es und den Vorwürfen seines strafenden Gewissens gefangen ist. In all diesen Phänomenen sieht Freud auch eine Bestätigung seiner Todestriebhypothese. Das Individuum besitzt nach seiner Auffassung einerseits zwar die Möglichkeit, die Todestriebe »teils durch Mischung mit erotischen Komponenten unschädlich« zu machen, »teils als Aggression nach außen« abzulenken[18], andererseits stellt er aber auch die Behauptung auf, daß andere Ichprozesse, die mit einer Triebentmischung verbunden sind, das eigene Selbst in Gefahr bringen können. Zu diesen Prozessen gehören u. a. die Identifizierung und die Sublimierung: »Durch seine Identifizierungs- und Sublimierungsarbeit leistet es [das Ich] den Todestrieben im Es Beistand zur Bewältigung der Libido, gerät aber dabei in Gefahr, zum Objekt der Todestriebe zu werden und selbst umzukommen.«[19] Wiederum geht die Gefahr vom Überich aus, wo sich die freigewordenen aggressi-

---

17 Unten, S. 293.
18 Unten, S. 291.
19 Unten, S. 293.

ven Energien festsetzen und gegen das eigene Selbst gerichtet werden können.

Das ökonomische Problem des Masochismus (1924)

Ähnliche Gedankengänge werden in dieser Arbeit fortgeführt und vertieft. Der Masochismus wird als Abkömmling des Todestriebs erkannt. Freud entwirft eine Entwicklung der drei grundlegenden Prinzipien, die das Seelenleben beherrschen: Das dem Todestrieb zugehörige Nirwanaprinzip wird als erstes durch den Einfluß des Lebenstriebs modifiziert und auf diese Weise durch das Lustprinzip ersetzt oder überlagert. Durch die Interaktionen mit der Außenwelt erfährt später auch das Lustprinzip eine Modifikation, durch die es zum Realitätsprinzip wird.

Für den Masochismus postuliert Freud eine Entwicklungslinie, die derjenigen des Narzißmus auf der libidinösen Seite entspricht. Der zu Beginn des Lebens vorhandene primäre Masochismus muß durch die libidinöse Energie der Lebenstriebe und mit Hilfe der Muskulatur nach außen abgeleitet werden. Später kann ein weiterer Teil in Sadismus verwandelt werden. Ein Anteil des primären Masochismus verbleibt jedoch (ähnlich wie beim Narzißmus) im Organismus, wo er libidinös gebunden wird (erogener Masochismus). Genauso wie die auf Objekte gerichtete Libido von diesen wieder abgezogen und dem eigenen Selbst zugeführt werden kann (sekundärer Narzißmus), besteht die Möglichkeit, die nach außen abgeleiteten destruktiven Energien auf das eigene Selbst zurückzuziehen. Das »ergibt dann den sekundären Masochismus, der sich zum ursprünglichen hinzuaddiert«.[20] Mit der Strukturierung des Überichs entsteht eine weitere Form des Masochismus, nämlich die des moralischen Masochismus, in welchem der Sadismus des Überichs gegen das eigene Selbst zum Ausdruck kommt, z. B. in unbewußten Schuldgefühlen.

Notiz über den »Wunderblock« (1925)

Anhand der Zaubertafel – auf der man Notizen machen, sie wieder löschen und durch neue ersetzen kann, wobei jedoch ein Abdruck früherer Notizen auf der Wachstafel erhalten bleibt – erläutert

---

20 Unten, S. 304.

Freud das Aufnehmen von Wahrnehmungen durch das System *W-Bw.* (*Wahrnehmung–Bewußtsein*) und die »Niederschrift« von Erinnerungsspuren in dahinterliegenden Systemen. Diesen Systemen hatte er im siebenten Kapitel der *Traumdeutung* (1900) als *Er*-Systemen (Erinnerungssystemen) große Beachtung geschenkt. In späteren Werken finden sie wohl deshalb keine Erwähnung mehr, weil sie zu einem Teil des Vorbewußten wurden. Die vorliegende Arbeit enthält die interessante Vorstellung, daß es den Anschein habe, »als ob das Unbewußte mittels des Systems *W-Bw* der Außenwelt Fühler entgegenstrecken würde, die rasch zurückgezogen werden, nachdem sie deren Erregungen verkostet haben«[21], sowie die Hypothese, daß die Zeitvorstellung ihre Entstehung der diskontinuierlichen Arbeitsweise des Systems *W-Bw.* verdanke.

Die Verneinung (1925)

In dieser kurzen, aber sehr dichten Arbeit geht es vor allem um ökonomische Belange, nämlich, wie das Ich auf dem Weg über die Verneinung von einem verdrängten Inhalt Kenntnis nehmen, diesen durch die Probehandlung eines Denkvorganges beurteilen und entweder gutheißen oder verurteilen kann. Der ökonomische Gesichtspunkt wird deutlich, wenn Freud diese Probehandlung als »ein motorisches Tasten mit geringen Abfuhraufwänden«[22] bezeichnet. Er mißt in dieser Arbeit der Urteilsfunktion eine große Bedeutung zu und setzt sie sowohl mit dem Realitätsprinzip als auch mit der Polarität von Lebenstrieb und Todestrieb in Beziehung. Als intellektuelle Funktion ist das Urteilen aus dem Zusammenspiel der zwei primären Triebe hervorgegangen, so daß die Bejahung dem Lebenstrieb zugeordnet werden kann, die Verneinung (als Ersatz für die Verdrängung) dem Todestrieb.

Fetischismus (1927) und Die Ichspaltung im Abwehrvorgang (1940 [1938])

Ein neuer metapsychologischer Gesichtspunkt verbindet diese beiden Arbeiten, obwohl sie elf Jahre auseinanderliegen, nämlich der

---

21 Unten, S. 317.
22 Unten, S. 324.

einer Spaltung des Ichs, die es ermöglicht, neben der realitätsgerech-
ten Wahrnehmung auch an der wunschgerechten festzuhalten. Beim
Fetischismus ist diese Spaltung besonders deutlich zu erkennen, wo
ein Teil des Ichs das Fehlen des Penis bei der Frau anerkennt, ein
anderer Teil es jedoch verleugnet. Der Fetisch entsteht als Kompromiß zwischen diesen beiden Gegensätzen und steht als Symbol für
den Phallus der Frau (Mutter).

In der späteren Arbeit begrenzt Freud den Mechanismus der Ichspaltung nicht nur auf den Fetischismus, sondern verleiht ihm eine
viel allgemeinere Bedeutung in der Ökonomie des Seelenlebens.
Seine Genese führt er auf den infantilen Konflikt zwischen einem
mächtigen Triebanspruch und dem Einspruch der Realität zurück.
Statt einer Verdrängung des Triebwunsches hält ein Teil des kindlichen Ichs am Wunsch fest und verleugnet die Realität, während ein
anderer Teil die Gefahr der Realität anerkennt. Dieser »Erfolg
wurde erreicht auf Kosten eines Einrisses im Ich, der nie wieder
verheilen, aber sich mit der Zeit vergrößern wird. Die beiden entgegengesetzten Reaktionen auf den Konflikt bleiben als Kern einer
Ichspaltung bestehen.«[23] In diesem Zusammenhang finden wir auch
einen Hinweis auf die synthetische Funktion des Ichs, die bei Ich-
spaltungen offenbar versagt.

In seiner 1937 erschienenen Arbeit *Die endliche und die unendliche
Analyse* spricht Freud in Anlehnung an Goethes *Faust* von der
»Hexe Metapsychologie«, die dran muß, um eine Erklärung für seelische Phänomene zu liefern, in diesem Fall die Beantwortung der
Frage, »auf welchen Wegen und mit welchen Mitteln« ein Trieb
vom Ich gebändigt wird.[24] Die in diesem Band vereinten Schriften
können dem Leser einen Einblick vermitteln, wie der Hexenmeister
es verstanden hat, dieser Hexe bedeutsame Einsichten abzuringen,
welche die psychoanalytische Forschung und Praxis noch heute be-
fruchten.

Allerdings gibt es heute auch viele Psychoanalytiker, denen die Metapsychologie fremd ist und entbehrlich erscheint. Diese Analytiker

---

23 Unten, S. 338.
24 In: *Gesammelte Werke*, Bd. 16, a. a. O., S. 69.

stellen grundsätzlich in Frage, daß eine Erklärung klinischer Phänomene auf Grund metapsychologischer Überlegungen zu einem
tieferen Verständnis intrapsychischer Prozesse führen könne. Deshalb neigen sie dazu, die Metapsychologie als eine Pseudowissen-
schaft abzulehnen – weil sie lediglich die *Illusion* von Wissenschaft-
lichkeit erwecke –, und beschränken sich auf eine rein klinische
Theorie, der ein hermeneutischer Ansatz zugrunde liegt, der es also
um das Ergründen verborgener, unbewußter Wünsche und Absichten im Verhalten oder in den Assoziationen eines Patienten geht.
Dabei wird der empathischen Introspektionsfähigkeit des Aanlyti-
kers eine zentrale Rolle zugeschrieben, aus der sich die klinischen
Formulierungen und Erklärungen ableiten. Mit der Ablehnung der
Metapsychologie geht oft auch eine Zurückweisung von Freuds
Trieblehre und der zentralen Bedeutung der Triebe als intrapsychischer Motivatoren einher. Es sind vor allem viele der sogenannten Objektbeziehungstheoretiker, die Freuds Triebtheorie verwerfen.

Dem stehen die Psychoanalytiker gegenüber, die an der Notwendigkeit und Legitimität der Suche nach einer tieferen Ebene des Verständnisses festhalten und denen es ein Anliegen bleibt, Freuds
metapsychologische Erklärungen zu vertiefen und nötigenfalls im
Lichte neuer Forschungsergebnisse zu revidieren. Insbesondere die
Säuglingsforschung und die Zusammenhänge zwischen psychischen Prozessen einerseits und neurophysiologischen oder bioche-
mischen andererseits versprechen Erkenntnisse zu liefern, die zu
neuen metapsychologischen Formulierungen führen könnten. Jedenfalls erscheint es zweifelhaft, ob die Psychoanalyse für das
tiefere Verständnis des menschlichen Verhaltens, der Bildung von
Symptomen oder des Zustandekommens bestimmter Erkrankungen auf die Metapsychologie letztlich verzichten kann. Selbst die
oben erwähnte klinische Theorie kommt ohne metapsychologische
Annahmen nicht aus, weil auch sie sich mit unbewußten Wünschen
und Zielvorstellungen befassen muß. So erscheint es eher als eine
Illusion, daß die Psychoanalyse metapsychologische Hypothesen
gänzlich sollte entbehren können.

FORMULIERUNGEN ÜBER DIE ZWEI PRINZIPIEN DES PSYCHISCHEN GESCHEHENS

(1911)

FORMULIERUNGEN ÜBER DIE ZWEI PRINZIPIEN DES PSYCHISCHEN GESCHEHENS

Wir haben seit langem gemerkt, daß jede Neurose die Folge, also wahrscheinlich die Tendenz habe, den Kranken aus dem realen Leben herauszudrängen, ihn der Wirklichkeit zu entfremden. Eine derartige Tatsache konnte auch der Beobachtung P. Janets nicht entgehen; er sprach von einem Verluste *»de la fonction du réel«* als von einem besonderen Charakter der Neurotiker, ohne aber den Zusammenhang dieser Störung mit den Grundbedingungen der Neurose aufzudecken.[1]

Die Einführung des Verdrängungsprozesses in die Genese der Neurose hat uns gestattet, in diesen Zusammenhang Einsicht zu nehmen. Der Neurotiker wendet sich von der Wirklichkeit ab, weil er sie – ihr Ganzes oder Stücke derselben – unerträglich findet. Den extremsten Typus dieser Abwendung von der Realität zeigen uns gewisse Fälle von halluzinatorischer Psychose, in denen jenes Ereignis verleugnet werden soll, welches den Wahnsinn hervorgerufen hat (Griesinger). Eigentlich tut aber jeder Neurotiker mit einem Stückchen der Realität das gleiche.[2] Es erwächst uns nun die Aufgabe, die Beziehung des Neurotikers und des Menschen überhaupt zur Realität auf ihre Entwicklung zu untersuchen und so die psychologische Bedeutung der realen Außenwelt in das Gefüge unserer Lehren aufzunehmen.

Wir haben uns in der auf Psychoanalyse begründeten Psychologie gewöhnt, die unbewußten seelischen Vorgänge zum Ausgange zu nehmen, deren Eigentümlichkeiten uns durch die Analyse bekannt worden sind. Wir halten diese für die älteren, primären, für Überreste aus einer Entwicklungsphase, in welcher sie die einzige Art von seelischen Vorgängen waren. Die oberste Tendenz, welcher

---

1 P. Janet, Les Névroses. 1909. Bibliothèque de Philosophie scientifique.
2 Eine merkwürdig klare Ahnung dieser Verursachung hat kürzlich Otto Rank in einer Stelle Schopenhauers aufgezeigt. (Die Welt als Wille und Vorstellung, 2. Band. Siehe Zentralblatt für Psychoanalyse, Heft 1/2, 1910.)

diese primären Vorgänge gehorchen, ist leicht zu erkennen; sie wird als das Lust-Unlust-Prinzip (oder kürzer als das Lustprinzip) bezeichnet. Diese Vorgänge streben danach, Lust zu gewinnen; von solchen Akten, welche Unlust erregen können, zieht sich die psychische Tätigkeit zurück (Verdrängung). Unser nächtliches Träumen, unsere Wachtendenz, uns von peinlichen Eindrücken loszureißen, sind Reste von der Herrschaft dieses Prinzips und Beweise für dessen Mächtigkeit.

Ich greife auf Gedankengänge zurück, die ich an anderer Stelle (im allgemeinen Abschnitt der Traumdeutung) entwickelt habe, wenn ich supponiere, daß der psychische Ruhezustand anfänglich durch die gebieterischen Forderungen der inneren Bedürfnisse gestört wurde. In diesem Falle wurde das Gedachte (Gewünschte) einfach halluzinatorisch gesetzt, wie es heute noch allnächtlich mit unseren Traumgedanken geschieht.[1] Erst das Ausbleiben der erwarteten Befriedigung, die Enttäuschung, hatte zur Folge, daß dieser Versuch der Befriedigung auf halluzinatorischem Wege aufgegeben wurde. Anstatt seiner mußte sich der psychische Apparat entschließen, die realen Verhältnisse der Außenwelt vorzustellen und die reale Veränderung anzustreben. Damit war ein neues Prinzip der seelischen Tätigkeit eingeführt; es wurde nicht mehr vorgestellt, was angenehm, sondern was real war, auch wenn es unangenehm sein sollte.[2] Diese

---

1 Der Schlafzustand kann das Ebenbild des Seelenlebens vor der Anerkennung der Realität wiederbringen, weil er die absichtliche Verleugnung derselben (Schlafwunsch) zur Voraussetzung nimmt.

2 Ich will versuchen, die obige schematische Darstellung durch einige Ausführungen zu ergänzen: Es wird mit Recht eingewendet werden, daß eine solche Organisation, die dem Lustprinzip frönt und die Realität der Außenwelt vernachlässigt, sich nicht die kürzeste Zeit am Leben erhalten könnte, so daß sie überhaupt nicht hätte entstehen können. Die Verwendung einer derartigen Fiktion rechtfertigt sich aber durch die Bemerkung, daß der Säugling, wenn man nur die Mutterpflege hinzunimmt, ein solches psychisches System nahezu realisiert. Er halluziniert wahrscheinlich die Erfüllung seiner inneren Bedürfnisse, verrät seine Unlust bei steigendem Reiz und ausbleibender Befriedigung durch die motorische Abfuhr des Schreiens und Zappelns und erlebt darauf die halluzinierte Befriedigung. Er erlernt es später als Kind, diese Abfuhräußerungen absichtlich als Ausdrucksmittel zu gebrauchen. Da die Säuglingspflege das Vorbild der späteren Kinderfürsorge ist, kann die Herrschaft des Lustprinzips

Einsetzung des *Realitätsprinzips* erwies sich als ein folgenschwerer Schritt.

1) Zunächst machten die neuen Anforderungen eine Reihe von Adaptierungen des psychischen Apparats nötig, die wir infolge von ungenügender oder unsicherer Einsicht nur ganz beiläufig aufführen können.

Die erhöhte Bedeutung der äußeren Realität hob auch die Bedeutung der jener Außenwelt zugewendeten Sinnesorgane und des an sie geknüpften *Bewußtseins*, welches außer den bisher allein interessanten Lust- und Unlustqualitäten die Sinnesqualitäten auffassen lernte. Es wurde eine besondere Funktion eingerichtet, welche die Außenwelt periodisch abzusuchen hatte, damit die Daten derselben im vorhinein bekannt wären, wenn sich ein unaufschiebbares inneres Bedürfnis einstellte, die *Aufmerksamkeit*. Diese Tätigkeit geht den Sinneseindrücken entgegen, anstatt ihr Auftreten abzuwarten. Wahrscheinlich wurde gleichzeitig damit ein System von *Merken* eingesetzt, welches die Ergebnisse dieser periodischen Bewußtseinstätigkeit zu deponieren hatte, ein Teil von dem, was wir *Gedächtnis* heißen.

An Stelle der Verdrängung, welche einen Teil der auftauchenden Vorstellungen als unlusterzeugend von der Besetzung ausschloß, trat die unparteiische *Urteilsfällung*, welche entscheiden sollte, ob eine bestimmte Vorstellung wahr oder falsch, das heißt im Einklang mit der Realität sei oder nicht, und durch Vergleichung mit den Erinnerungsspuren der Realität darüber entschied.

Die motorische Abfuhr, die während der Herrschaft des Lustprin-

---

eigentlich erst mit der vollen psychischen Ablösung von den Eltern ein Ende nehmen. – Ein schönes Beispiel eines von den Reizen der Außenwelt abgeschlossenen psychischen Systems, welches selbst seine Ernährungsbedürfnisse autistisch (nach einem Worte Bleulers) befriedigen kann, gibt das mit seinem Nahrungsvorrat in die Eischale eingeschlossene Vogelei, für das sich die Mutterpflege auf die Wärmezufuhr einschränkt. – Ich werde es nicht als Korrektur, sondern nur als Erweiterung des in Rede stehenden Schemas ansehen, wenn man für das nach dem Lustprinzip lebende System Einrichtungen fordert, mittels deren es sich den Reizen der Realität entziehen kann. Diese Einrichtungen sind nur das Korrelat der »Verdrängung«, welche innere Unlustreize so behandelt, als ob sie äußere wären, sie also zur Außenwelt schlägt.

zips zur Entlastung des seelischen Apparats von Reizzuwächsen gedient hatte und dieser Aufgabe durch ins Innere des Körpers ge-
sandte Innervationen (Mimik, Affektäußerungen) nachgekommen
war, erhielt jetzt eine neue Funktion, indem sie zur zweckmäßigen
Veränderung der Realität verwendet wurde. Sie wandelte sich zum
Handeln.

Die notwendig gewordene Aufhaltung der motorischen Abfuhr
(des Handelns) wurde durch den *Denkprozeß* besorgt, welcher sich
aus dem Vorstellen herausbildete. Das Denken wurde mit Eigenschaften ausgestattet, welche dem seelischen Apparat das Ertragen
der erhöhten Reizspannung während des Aufschubs der Abfuhr er-
möglichten. Es ist im wesentlichen ein Probehandeln mit Verschiebung kleinerer Besetzungsquantitäten, unter geringer Verausga-
bung (Abfuhr) derselben. Dazu war eine Überführung der frei
verschiebbaren Besetzungen in gebundene erforderlich, und eine
solche wurde mittels einer Niveauerhöhung des ganzen Besetzungs-
vorganges erreicht. Das Denken war wahrscheinlich ursprünglich
unbewußt, insoweit es sich über das bloße Vorstellen erhob und sich
den Relationen der Objekteindrücke zuwendete, und erhielt weitere für das Bewußtsein wahrnehmbare Qualitäten erst durch die
Bindung an die Wortreste.

2) Eine allgemeine Tendenz unseres seelischen Apparats, die man
auf das ökonomische Prinzip der Aufwandersparnis zurückführen
kann, scheint sich in der Zähigkeit des Festhaltens an den zur Verfügung stehenden Lustquellen und in der Schwierigkeit des Verzichts
auf dieselben zu äußern. Mit der Einsetzung des Realitätsprinzips
wurde eine Art Denktätigkeit abgespalten, die von der Realitätsprüfung frei gehalten und allein dem Lustprinzip unterworfen blieb.[1] Es
ist dies das *Phantasieren*, welches bereits mit dem Spielen der Kinder beginnt und später als *Tagträumen* fortgesetzt die Anlehnung an
reale Objekte aufgibt.

3) Die Ablösung des Lustprinzips durch das Realitätsprinzip mit

---

1 Ähnlich wie eine Nation, deren Reichtum auf der Ausbeutung ihrer Boden-
schätze beruht, doch ein bestimmtes Gebiet reserviert, das im Urzustande be-
lassen werden und von den Veränderungen der Kultur verschont werden soll
(Yellowstonepark).

den aus ihr hervorgehenden psychischen Folgen, die hier in einer schematisierenden Darstellung in einen einzigen Satz gebannt ist, vollzieht sich in Wirklichkeit nicht auf einmal und nicht gleichzeitig auf der ganzen Linie. Während aber diese Entwicklung an den Ichtrieben vor sich geht, lösen sich die Sexualtriebe in sehr bedeutsamer Weise von ihnen ab. Die Sexualtriebe benehmen sich zunächst autoerotisch, sie finden ihre Befriedigung am eigenen Leib und gelangen daher nicht in die Situation der Versagung, welche die Einsetzung des Realitätsprinzips erzwungen hat. Wenn dann später bei ihnen der Prozeß der Objektfindung beginnt, erfährt er alsbald eine lange Unterbrechung durch die Latenzzeit, welche die Sexualentwicklung bis zur Pubertät verzögert. Diese beiden Momente – Autoerotismus und Latenzperiode – haben zur Folge, daß der Sexualtrieb in seiner psychischen Ausbildung aufgehalten wird und weit länger unter der Herrschaft des Lustprinzips verbleibt, welcher er sich bei vielen Personen überhaupt niemals zu entziehen vermag.

Infolge dieser Verhältnisse stellt sich eine nähere Beziehung her zwischen dem Sexualtrieb und der Phantasie einerseits, den Ichtrieben und den Bewußtseinstätigkeiten andererseits. Diese Beziehung tritt uns bei Gesunden wie Neurotikern als eine sehr innige entgegen, wenngleich sie durch diese Erwägungen aus der genetischen Psychologie als eine *sekundäre* erkannt wird. Der fortwirkende Autoerotismus macht es möglich, daß die leichtere momentane und phantastische Befriedigung am Sexualobjekte so lange an Stelle der realen, aber Mühe und Aufschub erfordernden festgehalten wird. Die Verdrängung bleibt im Reiche des Phantasierens allmächtig; sie bringt es zustande, Vorstellungen in statu nascendi, ehe sie dem Bewußtsein auffallen können, zu hemmen, wenn deren Besetzung zur Unlustentbindung Anlaß geben kann. Dies ist die schwache Stelle unserer psychischen Organisation, die dazu benutzt werden kann, um bereits rationell gewordene Denkvorgänge wieder unter die Herrschaft des Lustprinzips zu bringen. Ein wesentliches Stück der psychischen Disposition zur Neurose ist demnach durch die verspätete Erziehung des Sexualtriebs zur Beachtung der Realität und des weiteren durch die Bedingungen, welche diese Verspätung ermöglichen, gegeben.

4) Wie das Lust-Ich nichts anderes kann als *wünschen*, nach Lustgewinn arbeiten und der Unlust ausweichen, so braucht das Real-Ich nichts anderes zu tun, als nach *Nutzen* zu streben und sich gegen Schaden zu sichern.[1] In Wirklichkeit bedeutet die Ersetzung des Lustprinzips durch das Realitätsprinzip keine Absetzung des Lustprinzips, sondern nur eine Sicherung desselben. Eine momentane, in ihren Folgen unsichere Lust wird aufgegeben, aber nur darum, um auf dem neuen Wege eine später kommende, gesicherte zu gewinnen. Doch ist der endopsychische Eindruck dieser Ersetzung ein so mächtiger gewesen, daß er sich in einem besonderen religiösen Mythus spiegelt. Die Lehre von der Belohnung im Jenseits für den – freiwilligen oder aufgezwungenen – Verzicht auf irdische Lüste ist nichts anderes als die mythische Projektion dieser psychischen Umwälzung. Die *Religionen* haben in konsequenter Verfolgung dieses Vorbildes den absoluten Lustverzicht im Leben gegen Versprechen einer Entschädigung in einem künftigen Dasein durchsetzen können; eine Überwindung des Lustprinzips haben sie auf diesem Wege nicht erreicht. Am ehesten gelingt diese Überwindung der *Wissenschaft*, die aber auch intellektuelle Lust während der Arbeit bietet und endlichen praktischen Gewinn verspricht.

5) Die *Erziehung* kann ohne weitere Bedenken als Anregung zur Überwindung des Lustprinzips, zur Ersetzung desselben durch das Realitätsprinzip beschrieben werden; sie will also jenem das Ich betreffenden Entwicklungsprozeß eine Nachhilfe bieten, bedient sich zu diesem Zwecke der Liebesprämien von seiten der Erzieher und schlägt darum fehl, wenn das verwöhnte Kind glaubt, daß es diese Liebe ohnedies besitzt und ihrer unter keinen Umständen verlustig werden kann.

6) Die *Kunst* bringt auf einem eigentümlichen Weg eine Versöhnung der beiden Prinzipien zustande. Der Künstler ist ursprünglich ein Mensch, welcher sich von der Realität abwendet, weil er sich mit dem von ihr zunächst geforderten Verzicht auf Triebbefriedigung

---

1 Den Vorzug des Real-Ichs vor dem Lust-Ich drückt Bernard Shaw treffend in den Worten aus: *To be able to choose the line of greatest advantage instead of yielding in the direction of the least resistance.* (Man and Superman. A comedy and a philosophy.)

nicht befreunden kann und seine erotischen und ehrgeizigen Wünsche im Phantasieleben gewähren läßt. Er findet aber den Rückweg aus dieser Phantasiewelt zur Realität, indem er dank besonderer Begabungen seine Phantasien zu einer neuen Art von Wirklichkeiten gestaltet, die von den Menschen als wertvolle Abbilder der Realität zur Geltung zugelassen werden. Er wird so auf eine gewisse Weise wirklich der Held, König, Schöpfer, Liebling, der er werden wollte, ohne den gewaltigen Umweg über die wirkliche Veränderung der Außenwelt einzuschlagen. Er kann dies aber nur darum erreichen, weil die anderen Menschen die nämliche Unzufriedenheit mit dem real erforderlichen Verzicht verspüren wie er selbst, weil diese bei der Ersetzung des Lustprinzips durch das Realitätsprinzip resultierende Unzufriedenheit selbst ein Stück der Realität ist.[1]

7) Während das Ich die Umwandlung vom *Lust-Ich* zum *Real-Ich* durchmacht, erfahren die Sexualtriebe jene Veränderungen, die sie vom anfänglichen Autoerotismus durch verschiedene Zwischenphasen zur Objektliebe im Dienste der Fortpflanzungsfunktion führen. Wenn es richtig ist, daß jede Stufe dieser beiden Entwicklungsgänge zum Sitz einer Disposition für spätere neurotische Erkrankung werden kann, liegt es nahe, die Entscheidung über die Form der späteren Erkrankung (die *Neurosenwahl*) davon abhängig zu machen, in welcher Phase der Ich- und der Libidoentwicklung die disponierende Entwicklungshemmung eingetroffen ist. Die noch nicht studierten zeitlichen Charaktere der beiden Entwicklungen, deren mögliche Verschiebung gegeneinander, kommen so zu unvermuteter Bedeutung.

8) Der befremdendste Charakter der unbewußten (verdrängten) Vorgänge, an den sich jeder Unternehmer nur mit großer Selbstüberwindung gewöhnt, ergibt sich daraus, daß bei ihnen die Realitätsprüfung nichts gilt, die Denkrealität gleichgesetzt wird der äußeren Wirklichkeit, der Wunsch der Erfüllung, dem Ereignis, wie es sich aus der Herrschaft des alten Lustprinzips ohneweiters ableitet. Darum wird es auch so schwer, unbewußte Phantasien von unbewußt gewordenen Erinnerungen zu unterscheiden. Man lasse sich aber nie dazu verleiten, die Realitätswertung in die verdrängten psy-

---

1 Vgl. Ähnliches bei O. Rank, Der Künstler, Wien 1907.

chischen Bildungen einzutragen und etwa Phantasien darum für die Symptombildung geringzuschätzen, weil sie eben keine Wirklichkeiten sind, oder ein neurotisches Schuldgefühl anderswoher abzuleiten, weil sich kein wirklich ausgeführtes Verbrechen nachweisen läßt. Man hat die Verpflichtung, sich jener Währung zu bedienen, die in dem Lande, das man durchforscht, eben die herrschende ist, in unserem Falle der *neurotischen Währung*. Man versuche z. B., einen Traum wie den folgenden zu lösen. Ein Mann, der einst seinen Vater während seiner langen und qualvollen Todeskrankheit gepflegt, berichtet, daß er in den nächsten Monaten nach dessen Ableben wiederholt geträumt habe: *der Vater sei wieder am Leben und er spreche mit ihm wie sonst. Dabei habe er es aber äußerst schmerzlich empfunden, daß der Vater doch schon gestorben war und es nur nicht wußte.* Kein anderer Weg führt zum Verständnis des widersinnig klingenden Traumes als die Anfügung »nach seinem Wunsch« oder »infolge seines Wunsches« nach den Worten »daß der Vater doch gestorben war« und der Zusatz »daß er [der Träumer] es wünschte« zu den letzten Worten. Der Traumgedanke lautet dann: Es sei eine schmerzliche Erinnerung für ihn, daß er dem Vater den Tod (als Erlösung) wünschen mußte, als er noch lebte, und wie schrecklich, wenn der Vater dies geahnt hätte. Es handelt sich dann um den bekannten Fall der Selbstvorwürfe nach dem Verlust einer geliebten Person, und der Vorwurf greift in diesem Beispiel auf die infantile Bedeutung des Todeswunsches gegen den Vater zurück.

Die Mängel dieses kleinen, mehr vorbereitenden als ausführenden Aufsatzes sind vielleicht nur zum geringen Anteil entschuldigt, wenn ich sie für unvermeidlich ausgebe. In den wenigen Sätzen über die psychischen Folgen der Adaptierung an das Realitätsprinzip mußte ich Meinungen andeuten, die ich lieber noch zurückgehalten hätte und deren Rechtfertigung gewiß keine kleine Mühe kosten wird. Doch will ich hoffen, daß es wohlwollenden Lesern nicht entgehen wird, wo auch in dieser Arbeit die Herrschaft des Realitätsprinzips beginnt.

EINIGE BEMERKUNGEN ÜBER DEN BEGRIFF DES UNBEWUSSTEN IN DER PSYCHOANALYSE

(1912)

EINIGE BEMERKUNGEN ÜBER DEN BEGRIFF
DES UNBEWUSSTEN IN DER PSYCHOANALYSE

Ich möchte mit wenigen Worten und so klar als möglich darlegen, welcher Sinn dem Ausdruck »Unbewußtes« in der Psychoanalyse, nur in der Psychoanalyse, zukommt.

Eine Vorstellung – oder jedes andere psychische Element – kann jetzt in meinem Bewußtsein *gegenwärtig* sein und im nächsten Augenblick daraus *verschwinden*; sie kann nach einer Zwischenzeit ganz unverändert wiederum auftauchen, und zwar, wie wir es ausdrücken, aus der Erinnerung, nicht als Folge einer neuen Sinneswahrnehmung. Um dieser Tatsache Rechnung zu tragen, sind wir zu der Annahme genötigt, daß die Vorstellung auch während der Zwischenzeit in unserem Geiste gegenwärtig gewesen sei, wenn sie auch im Bewußtsein latent blieb. In welcher Gestalt sie aber existiert haben kann, während sie im Seelenleben gegenwärtig und im Bewußtsein *latent* war, darüber können wir keine Vermutungen aufstellen.

An diesem Punkte müssen wir darauf gefaßt sein, dem philosophischen Einwurf zu begegnen, daß die latente Vorstellung nicht als Objekt der Psychologie vorhanden gewesen sei, sondern nur als physische Disposition für den Wiederablauf desselben psychischen Phänomens, nämlich eben jener Vorstellung. Aber wir können darauf erwidern, daß eine solche Theorie das Gebiet der eigentlichen Psychologie weit überschreitet, daß sie das Problem einfach umgeht, indem sie daran festhält, daß »bewußt« und »psychisch« identische Begriffe sind, und daß sie offenbar im Unrecht ist, wenn sie der Psychologie das Recht bestreitet, eine ihrer gewöhnlichsten Tatsachen, wie das Gedächtnis, durch ihre eigenen Hilfsmittel zu erklären.

Wir wollen nun die Vorstellung, die in unserem Bewußtsein gegenwärtig ist und die wir wahrnehmen, »bewußt« nennen und nur dies als Sinn des Ausdruckes »bewußt« gelten lassen; hingegen sollen latente Vorstellungen, wenn wir Grund zur Annahme haben, daß sie im Seelenleben enthalten sind – wie es beim Gedächtnis der Fall war –, mit dem Ausdruck »unbewußt« gekennzeichnet werden.

Eine unbewußte Vorstellung ist dann eine solche, die wir nicht bemerken, deren Existenz wir aber trotzdem auf Grund anderweitiger Anzeichen und Beweise zuzugeben bereit sind.

Dies könnte als eine recht uninteressante deskriptive oder klassifikatorische Arbeit aufgefaßt werden, wenn keine andere Erfahrung für unser Urteil in Betracht käme als die Tatsachen des Gedächtnisses oder die der Assoziation über unbewußte Mittelglieder. Aber das wohlbekannte Experiment der »posthypnotischen Suggestion« lehrt uns an der Wichtigkeit der Unterscheidung zwischen *bewußt* und *unbewußt* festhalten und scheint ihren Wert zu erhöhen.

Bei diesem Experiment, wie es Bernheim ausgeführt hat, wird eine Person in einen hypnotischen Zustand versetzt und dann daraus erweckt. Während sie sich in dem hypnotischen Zustande, unter dem Einflusse des Arztes, befand, wurde ihr der Auftrag erteilt, eine bestimmte Handlung zu einem genau bestimmten Zeitpunkt, z.B. eine halbe Stunde später, auszuführen. Nach dem Erwachen ist allem Anscheine nach volles Bewußtsein und die gewöhnliche Geistesverfassung wiederum eingetreten, eine Erinnerung an den hypnotischen Zustand ist nicht vorhanden, und trotzdem drängt sich in dem vorher festgesetzten Augenblick der Impuls, dieses oder jenes zu tun, dem Geiste auf, und die Handlung wird mit Bewußtsein, wenn auch ohne zu wissen weshalb, ausgeführt. Es dürfte kaum möglich sein, eine andere Beschreibung des Phänomens zu geben als mit den Worten, daß der Vorsatz im Geiste jener Person *in latenter Form oder unbewußt* vorhanden war, bis der gegebene Moment kam, in dem er dann bewußt geworden ist. Aber nicht in seiner Gänze ist er im Bewußtsein aufgetaucht, sondern nur die Vorstellung des auszuführenden Aktes. Alle anderen mit dieser Vorstellung assoziierten Ideen – der Auftrag, der Einfluß des Arztes, die Erinnerung an den hypnotischen Zustand – blieben auch dann noch unbewußt.

Wir können aber aus einem solchen Experiment noch mehr lernen. Wir werden von einer rein beschreibenden zu einer *dynamischen* Auffassung des Phänomens hinübergeleitet. Die Idee der in der Hypnose aufgetragenen Handlung wurde in einem bestimmten Augenblick nicht bloß ein Objekt des Bewußtseins, sondern sie wurde auch *wirksam*, und dies ist die auffallendere Seite des Tatbestandes; sie wurde in Handlung übertragen, sobald das Bewußtsein ihre Gegenwart bemerkt hatte. Da der wirkliche Antrieb zum Handeln der Auftrag des Arztes ist, kann man kaum anders als einräumen, daß auch die Idee des Auftrages wirksam geworden ist.

Dennoch wurde dieser letztere Gedanke nicht ins Bewußtsein aufgenommen, wie es mit seinem Abkömmling, der Idee der Handlung, geschah: er verblieb unbewußt und war daher gleichzeitig *wirksam* und *unbewußt*.

Die posthypnotische Suggestion ist ein Produkt des Laboratoriums, eine künstlich geschaffene Tatsache. Aber wenn wir die Theorie der hysterischen Phänomene, die zuerst durch P. Janet aufgestellt und von Breuer und mir ausgearbeitet wurde, annehmen, so stehen uns natürliche Tatsachen in Fülle zur Verfügung, die den psychologischen Charakter der posthypnotischen Suggestion sogar noch klarer und deutlicher zeigen.

Das Seelenleben des hysterischen Patienten ist erfüllt mit wirksamen, aber unbewußten Gedanken; von ihnen stammen alle Symptome ab. Es ist in der Tat der auffälligste Charakterzug der hysterischen Geistesverfassung, daß sie von unbewußten Vorstellungen beherrscht wird. Wenn eine hysterische Frau erbricht, so kann sie dies wohl infolge der Idee tun, daß sie schwanger sei. Dennoch hat sie von dieser Idee keine Kenntnis, obwohl dieselbe durch eine der technischen Prozeduren der Psychoanalyse leicht in ihrem Seelenleben entdeckt und für sie bewußtgemacht werden kann. Wenn sie die Zuckungen und Gesten ausführt, die ihren »Anfall« ausmachen, so stellt sie sich nicht einmal die von ihr beabsichtigten Aktionen bewußt vor und beobachtet sie vielleicht mit den Gefühlen eines unbeteiligten Zuschauers. Nichtsdestoweniger vermag die Analyse nachzuweisen, daß sie ihre Rolle in der dramatischen Wiedergabe einer Szene aus ihrem Leben spielte, deren Erinnerung während der Attacke unbewußt wirksam war. Dasselbe Vorwalten wirksamer unbewußter Ideen wird durch die Analyse als das Wesentliche in der Psychologie aller anderen Formen von Neurose enthüllt.

Wir lernen also aus der Analyse neurotischer Phänomene, daß ein latenter oder unbewußter Gedanke nicht notwendigerweise schwach sein muß und daß die Anwesenheit eines solchen Gedankens im Seelenleben indirekte Beweise der zwingendsten Art gestattet, die dem direkten, durch das Bewußtsein gelieferten Beweis fast gleichwertig sind. Wir fühlen uns gerechtfertigt, unsere Klassifikation mit dieser Vermehrung unserer Kenntnisse in Übereinstimmung zu bringen, indem wir eine grundlegende Unterscheidung zwischen verschiedenen Arten von latenten und unbewußten Gedanken einführen. Wir waren gewohnt zu denken, daß jeder latente Gedanke dies infolge seiner Schwäche war und daß er bewußt wurde, sowie er Kraft erhielt. Wir haben nun die Überzeugung gewonnen, daß es gewisse latente Gedanken gibt, die nicht ins Bewußtsein eindringen, wie stark sie auch sein mögen. Wir wollen daher die latenten Gedanken der ersten Gruppe *vorbewußt* nennen, während wir den Ausdruck *unbewußt* (im eigentlichen Sinne) für die zweite Gruppe reservieren, die wir bei den Neurosen betrachtet haben. Der Ausdruck *unbewußt*, den wir bisher bloß im beschreibenden Sinne benützt haben, erhält jetzt eine erweiterte Bedeutung. Er bezeichnet nicht bloß latente Gedanken im allgemeinen, sondern besonders solche mit einem bestimmten dynamischen Charakter, nämlich diejenigen, die sich trotz ihrer Intensität und Wirksamkeit dem Bewußtsein fernehalten.

Ehe ich meine Auseinandersetzungen fortführe, will ich auf zwei Einwendungen Bezug nehmen, die sich voraussichtlich an diesem Punkte erheben. Die erste kann folgendermaßen formuliert werden: Anstatt uns die Hypothese der unbewußten Gedanken, von denen wir nichts wissen, anzueignen, täten wir besser anzunehmen, daß das Bewußtsein geteilt werden kann, so daß einzelne Gedanken oder andere Seelenvorgänge ein gesondertes Bewußtsein bilden können, das von der Hauptmasse bewußter psychischer Tätigkeit losgelöst und ihr entfremdet wurde. Wohlbekannte pathologische Fälle, wie jener des Dr. Azam, scheinen sehr geeignet zu sein, zu beweisen, daß die Teilung des Bewußtseins keine phantastische Einbildung ist.

Ich gestatte mir, dieser Theorie entgegenzuhalten, daß sie einfach aus dem Mißbrauch mit dem Worte »bewußt« Kapital schlägt. Wir haben kein Recht, den Sinn dieses Wortes so weit auszudehnen, daß damit auch ein Bewußtsein bezeichnet werden kann, von dem sein Besitzer nichts weiß. Wenn Philosophen eine Schwierigkeit darin finden, an die Existenz eines unbewußten Gedankens zu glauben, so scheint mir die Existenz eines unbewußten Bewußtseins noch angreifbarer. Die Fälle, die man als Teilung des Bewußtseins beschreibt, wie der des Dr. Azam, können besser als Wandern des Bewußtseins angesehen werden, wobei diese Funktion – oder was immer es sein mag – zwischen zwei verschiedenen psychischen Komplexen hin- und herschwankt, die abwechselnd bewußt und unbewußt werden.

Der andere Einwand, der voraussichtlich erhoben werden wird, wäre der, daß wir auf die Psychologie der Normalen Folgerungen anwenden, die hauptsächlich aus dem Studium pathologischer Zustände stammen. Wir können ihn durch eine Tatsache erledigen, deren Kenntnis wir der Psychoanalyse verdanken. Gewisse Funktionsstörungen, die sich bei Gesunden höchst häufig ereignen, z. B. Lapsus linguae, Gedächtnis- und Sprachirrtümer, Namenvergessen usw., können leicht auf die Wirksamkeit starker unbewußter Gedanken zurückgeführt werden, geradeso wie die neurotischen Symptome. Wir werden mit einem zweiten, noch überzeugenderen Argument in einem späteren Abschnitt dieser Erörterung zusammentreffen.

Durch die Auseinanderhaltung vorbewußter und unbewußter Gedanken werden wir dazu veranlaßt, das Gebiet der Klassifikation zu verlassen und uns über die funktionalen und dynamischen Relationen in der Tätigkeit der Psyche eine Meinung zu bilden. Wir fanden ein *wirksames Vorbewußtes*, das ohne Schwierigkeit ins Bewußtsein übergeht, und ein *wirksames Unbewußtes*, das unbewußt bleibt und vom Bewußtsein abgeschnitten zu sein scheint.

Wir wissen nicht, ob diese zwei Arten psychischer Tätigkeit von Anfang an identisch oder ihrem Wesen nach entgegengesetzt sind, aber wir können uns fragen, warum sie im Verlaufe der psychischen Vorgänge verschieden geworden sein sollten. Auf diese Frage gibt uns die Psychoanalyse ohne Zögern klare Antwort. Es ist dem Erzeugnis des wirksamen Unbewußten keineswegs unmöglich, ins Bewußtsein einzudringen, aber zu dieser Leistung ist ein gewisser Aufwand von Anstrengung notwendig. Wenn wir es an uns selbst versuchen, erhalten wir das deutliche Gefühl einer *Abwehr*, die bewältigt werden muß, und wenn wir es bei einem Patienten hervorrufen, so erhalten wir die unzweideutigsten Anzeichen von dem, was wir *Widerstand* dagegen nennen. So lernen wir, daß der unbewußte Gedanke vom Bewußtsein durch lebendige Kräfte ausgeschlossen wird, die sich seiner Aufnahme entgegenstellen, während sie anderen Gedanken, den vorbewußten, nichts in den Weg legen. Die Psychoanalyse läßt keine Möglichkeit übrig, daran zu zweifeln, daß die Abweisung unbewußter Gedanken bloß durch die in ihrem Inhalt verkörperten Tendenzen hervorgerufen wird. Die nächstliegende und wahrscheinlichste Theorie, die wir in diesem Stadium unseres Wissens bilden können, ist die folgende: Das Unbewußte ist eine regelmäßige und unvermeidliche Phase in den Vorgängen, die unsere psychische Tätigkeit begründen; jeder psychische Akt beginnt als unbewußter und kann entweder so bleiben oder sich weiterentwickelnd zum Bewußtsein fortschreiten, je nachdem, ob er auf Widerstand trifft oder nicht. Die Unterscheidung zwischen vorbewußter und unbewußter Tätigkeit ist keine primäre, sondern wird erst hergestellt, nachdem die »Abwehr« ins Spiel getreten ist. Erst dann gewinnt der Unterschied zwischen vorbewußten Gedanken, die im Bewußtsein erscheinen und jederzeit dahin zurückkehren können, und unbewußten Gedanken, denen dies versagt bleibt, theoretischen sowie praktischen Wert. Eine grobe, aber ziemlich angemessene Analogie dieses supponierten Verhältnisses der bewußten Tätigkeit zur unbewußten bietet das Gebiet der gewöhnlichen Photographie. Das erste Stadium der Photographie ist das Negativ; jedes photographische Bild muß den »Negativprozeß« durchmachen, und einige dieser Negative, die in der Prüfung gut bestanden haben, werden zu dem »Positivprozeß« zugelassen, der mit dem Bilde endigt.

Aber die Unterscheidung zwischen vorbewußter und unbewußter Tätigkeit und die Erkenntnis der sie trennenden Schranke ist weder das letzte noch das bedeutungsvollste Resultat der psychoanalytischen Durchforschung des Seelenlebens. Es gibt ein psychisches Produkt, das bei den normalsten Personen anzutreffen ist und doch eine höchst auffallende Analogie zu den wildesten Erzeugnissen des Wahnsinns bietet und den Philosophen nicht verständlicher war als der Wahnsinn selbst. Ich meine die Träume. Die Psychoanalyse gründet sich auf die Traumanalyse; die Traumdeutung ist das voll-

ständigste Stück Arbeit, das die junge Wissenschaft bis heute geleistet hat. Ein typischer Fall der Traumbildung kann folgendermaßen beschrieben werden: Ein Gedankenzug ist durch die geistige Tätigkeit des Tages wachgerufen worden und hat etwas von seiner Wirkungsfähigkeit zurückbehalten, durch die er dem allgemeinen Absinken des Interesses, welches den Schlaf herbeiführt und die geistige Vorbereitung für das Schlafen bildet, entgangen ist. Während der Nacht gelingt es diesem Gedankenzug, die Verbindung zu einem der unbewußten Wünsche zu finden, die von Kindheit an im Seelenleben des Träumers immer gegenwärtig, aber für gewöhnlich *verdrängt* und von seinem bewußten Dasein ausgeschlossen sind. Durch die von dieser unbewußten Unterstützung geliehene Kraft können die Gedanken, die Überbleibsel der Tagesarbeit, nun wiederum wirksam werden und im Bewußtsein in der Gestalt eines Traumes auftauchen. Es haben sich also dreierlei Dinge ereignet:
1) die Gedanken haben eine Verwandlung, Verkleidung und Entstellung durchgemacht, welche den Anteil des unbewußten Bundesgenossen darstellt;
2) den Gedanken ist es gelungen, das Bewußtsein zu einer Zeit zu besetzen, wo es ihnen nicht zugänglich hätte sein sollen;
3) ein Stück des Unbewußten, dem dies sonst unmöglich gewesen wäre, ist im Bewußtsein aufgetaucht.
Wir haben die Kunst gelernt, die »Tagesreste« und die *latenten Traumgedanken* herauszufinden; durch ihren Vergleich mit dem *manifesten Trauminhalt* sind wir befähigt, uns ein Urteil über die Wandlungen, die sie durchgemacht haben, und über die Art und Weise, wie diese zustande gekommen sind, zu bilden.
Die latenten Traumgedanken unterscheiden sich in keiner Weise von den Erzeugnissen unserer gewöhnlichen bewußten Seelentätigkeit. Sie verdienen den Namen von vorbewußten Gedanken und können in der Tat in einem Zeitpunkte des Wachlebens bewußt gewesen sein. Aber durch die Verbindung mit den unbewußten Strebungen, die sie während der Nacht eingegangen sind, wurden sie den letzteren assimiliert, gewissermaßen auf den Zustand unbewußter Gedanken herabgedrückt und den Gesetzen, durch welche die unbewußte Tätigkeit geregelt wird, unterworfen. Hier ergibt sich die Gelegenheit zu lernen, was wir auf Grund von Überlegungen

oder aus irgendeiner anderen Quelle empirischen Wissens nicht hätten erraten können, daß die Gesetze der unbewußten Seelentätigkeit sich im weiten Ausmaß von jenen der bewußten unterscheiden. Wir gewinnen durch Detailarbeit die Kenntnis der Eigentümlichkeiten des *Unbewußten* und können hoffen, daß wir durch gründlichere Erforschung der Vorgänge bei der Traumbildung noch mehr lernen werden.

Diese Untersuchung ist noch kaum zur Hälfte beendet, und eine Darlegung der bis jetzt erhaltenen Resultate ist nicht möglich, ohne in die höchst verwickelten Probleme der Traumdeutung einzugehen. Aber ich wollte diese Erörterung nicht abbrechen, ohne auf die Wandlung und den Fortschritt unseres Verständnisses des Unbewußten hinzuweisen, welche wir dem psychoanalytischen Studium der Träume verdanken.

Das Unbewußte schien uns anfangs bloß ein rätselhafter Charakter eines bestimmten psychischen Vorganges; nun bedeutet es uns mehr, es ist ein Anzeichen dafür, daß dieser Vorgang an der Natur einer gewissen psychischen Kategorie teilnimmt, die uns durch andere, bedeutsamere Charakterzüge bekannt ist, und daß er zu einem System psychischer Tätigkeit gehört, das unsere vollste Aufmerksamkeit verdient. Der Wert des Unbewußten als Index hat seine Bedeutung als Eigenschaft bei weitem hinter sich gelassen. Das System, welches sich uns durch das Kennzeichen kundgibt, daß die einzelnen Vorgänge, die es zusammensetzen, unbewußt sind, belegen wir mit dem Namen »das Unbewußte«, in Ermangelung eines besseren und weniger zweideutigen Ausdruckes. Ich schlage als Bezeichnung dieses Systems die Buchstaben »*Ubw*«, eine Abkürzung des Wortes »Unbewußt« vor.

Dies ist der dritte und wichtigste Sinn, den der Ausdruck »*unbewußt*« in der Psychoanalyse erworben hat.

ZUR EINFÜHRUNG DES NARZISSMUS

(1914)

ZUR EINFÜHRUNG DES NARZISSMUS

I

Der Terminus Narzißmus entstammt der klinischen Deskription und ist von P. Näcke 1899 zur Bezeichnung jenes Verhaltens gewählt worden, bei welchem ein Individuum den eigenen Leib in ähnlicher Weise behandelt wie sonst den eines Sexualobjekts, ihn also mit sexuellem Wohlgefallen beschaut, streichelt, liebkost, bis es durch diese Vornahmen zur vollen Befriedigung gelangt. In dieser Ausbildung hat der Narzißmus die Bedeutung einer Perversion, welche das gesamte Sexualleben der Person aufgesogen hat, und unterliegt darum auch den Erwartungen, mit denen wir an das Studium aller Perversionen herantreten.

Es ist dann der psychoanalytischen Beobachtung aufgefallen, daß einzelne Züge des narzißtischen Verhaltens bei vielen mit anderen Störungen behafteten Personen gefunden werden, so nach Sadger bei Homosexuellen, und endlich lag die Vermutung nahe, daß eine als Narzißmus zu bezeichnende Unterbringung der Libido in viel weiterem Umfang in Betracht kommen und eine Stelle in der regulären Sexualentwicklung des Menschen beanspruchen könnte.[1] Auf die nämliche Vermutung kam man von den Schwierigkeiten der psychoanalytischen Arbeit an Neurotikern her, denn es schien, als ob ein solches narzißtisches Verhalten derselben eine der Grenzen ihrer Beeinflußbarkeit herstellte. Narzißmus in diesem Sinne wäre keine Perversion, sondern die libidinöse Ergänzung zum Egoismus des Selbsterhaltungstriebes, von dem jedem Lebewesen mit Recht ein Stück zugeschrieben wird.

Ein dringendes Motiv, sich mit der Vorstellung eines primären und normalen Narzißmus zu beschäftigen, ergab sich, als der Versuch unternommen wurde, das Verständnis der Dementia praecox (Krae-

---

1 O. Rank, Ein Beitrag zum Narzissismus. Jahrbuch f. psychoanalyt. Forschungen. Bd. III, 1911.

pelin) oder Schizophrenie (Bleuler) unter die Voraussetzung der Libidotheorie zu bringen. Zwei fundamentale Charakterzüge zeigen solche Kranke, die ich vorgeschlagen habe als Paraphreniker zu bezeichnen: den Größenwahn und die Abwendung ihres Interesses von der Außenwelt (Personen und Dingen). Infolge der letzteren Veränderung entziehen sie sich der Beeinflussung durch die Psychoanalyse, werden sie für unsere Bemühungen unheilbar. Die Abwendung des Paraphrenikers von der Außenwelt bedarf aber einer genaueren Kennzeichnung. Auch der Hysteriker und Zwangsneurotiker hat, soweit seine Krankheit reicht, die Beziehung zur Realität aufgegeben. Die Analyse zeigt aber, daß er die erotische Beziehung zu Personen und Dingen keineswegs aufgehoben hat. Er hält sie noch in der Phantasie fest, das heißt, er hat einerseits die realen Objekte durch imaginäre seiner Erinnerung ersetzt oder sie mit ihnen vermengt, anderseits darauf verzichtet, die motorischen Aktionen zur Erreichung seiner Ziele an diesen Objekten einzuleiten. Für diesen Zustand der Libido sollte man allein den von Jung ohne Unterscheidung gebrauchten Ausdruck: *Introversion* der Libido gelten lassen. Anders der Paraphreniker. Dieser scheint seine Libido von den Personen und Dingen der Außenwelt wirklich zurückgezogen zu haben, ohne diese durch andere in seiner Phantasie zu ersetzen. Wo dies dann geschieht, scheint es sekundär zu sein und einem Heilungsversuch anzugehören, welcher die Libido zum Objekt zurückführen will.[1]

Es entsteht die Frage: Welches ist das Schicksal der den Objekten entzogenen Libido bei der Schizophrenie? Der Größenwahn dieser Zustände weist hier den Weg. Er ist wohl auf Kosten der Objektlibido entstanden. Die der Außenwelt entzogene Libido ist dem Ich zugeführt worden, so daß ein Verhalten entstand, welches wir Narzißmus heißen können. Der Größenwahn selbst ist aber keine Neuschöpfung, sondern, wie wir wissen, die Vergrößerung und

---

1 Vgl. für diese Aufstellungen die Diskussion des »Weltunterganges« in der Analyse des Senatspräsidenten Schreber. Jahrbuch, Bd. III (Ges. Werke, Bd. VIII), 1911. Ferner: Abraham, Die psychosexuellen Differenzen der Hysterie und der Dementia praecox. 1908. (Klinische Beiträge zur Psychoanalyse. S. 23 ff.)

Verdeutlichung eines Zustandes, der schon vorher bestanden hatte. Somit werden wir dazu geführt, den Narzißmus, der durch Einbeziehung der Objektbesetzungen entsteht, als einen sekundären aufzufassen, welcher sich über einen primären, durch mannigfache Einflüsse verdunkelten aufbaut.

Ich bemerke nochmals, daß ich hier keine Klärung oder Vertiefung des Schizophrenieproblems geben will, sondern nur zusammentrage, was bereits an anderen Stellen gesagt worden ist, um eine Einführung des Narzißmus zu rechtfertigen.

Ein dritter Zufluß zu dieser, wie ich meine, legitimen Weiterbildung der Libidotheorie ergibt sich aus unseren Beobachtungen und Auffassungen des Seelenlebens von Kindern und von primitiven Völkern. Wir finden bei diesen letzteren Züge, welche, wenn sie vereinzelt wären, dem Größenwahn zugerechnet werden könnten, eine Überschätzung der Macht ihrer Wünsche und psychischen Akte, die »Allmacht der Gedanken«, einen Glauben an die Zauberkraft der Worte, eine Technik gegen die Außenwelt, die »Magie«, welche als konsequente Anwendung dieser größensüchtigen Voraussetzungen erscheint.[1] Wir erwarten eine ganz analoge Einstellung zur Außenwelt beim Kinde unserer Zeit, dessen Entwicklung für uns weit undurchsichtiger ist.[2] Wir bilden so die Vorstellung einer ursprünglichen Libidobesetzung des Ichs, von der später an die Objekte abgegeben wird, die aber, im Grunde genommen, verbleibt und sich zu den Objektbesetzungen verhält wie der Körper eines Protoplasmatierchens zu den von ihm ausgeschickten Pseudopodien. Dieses Stück der Libidounterbringung mußte für unsere von den neurotischen Symptomen ausgehende Forschung zunächst verdeckt bleiben. Die Emanationen dieser Libido, die Objektbesetzungen, die ausgeschickt und wieder zurückgezogen werden können, wurden uns allein auffällig. Wir sehen auch im groben einen Gegensatz zwischen der Ichlibido und der Objektlibido. Je mehr die eine verbraucht, desto mehr verarmt die andere. Als die höchste Ent-

---

1 Siehe die entsprechenden Abschnitte in meinem Buch »Totem und Tabu«, 1912–13 (Ges. Werke, Bd. IX).
2 S. Ferenczi, Entwicklungsstufen des Wirklichkeitssinnes. Intern. Zschr. f. PsA. I, 1913.

wicklungsphase, zu der es die letztere bringt, erscheint uns der Zustand der Verliebtheit, der sich uns wie ein Aufgeben der eigenen Persönlichkeit gegen die Objektbesetzung darstellt und seinen Gegensatz in der Phantasie (oder Selbstwahrnehmung) der Paranoiker vom Weltuntergang findet.[1] Endlich folgern wir für die Unterscheidung der psychischen Energien, daß sie zunächst im Zustande des Narzißmus beisammen und für unsere grobe Analyse ununterscheidbar sind und daß es erst mit der Objektbesetzung möglich wird, eine Sexualenergie, die Libido, von einer Energie der Ichtriebe zu unterscheiden.

Ehe ich weitergehe, muß ich zwei Fragen berühren, welche mitten in die Schwierigkeiten des Themas leiten. Erstens: Wie verhält sich der Narzißmus, von dem wir jetzt handeln, zum Autoerotismus, den wir als einen Frühzustand der Libido beschrieben haben? Zweitens: Wenn wir dem Ich eine primäre Besetzung mit Libido zuerkennen, wozu ist es überhaupt noch nötig, eine sexuelle Libido von einer nicht sexuellen Energie der Ichtriebe zu trennen? Würde die Zugrundelegung einer einheitlichen psychischen Energie nicht alle Schwierigkeiten der Sonderung von Ichtriebenergie und Ichlibido, Ichlibido und Objektlibido ersparen? Zur ersten Frage bemerke ich: Es ist eine notwendige Annahme, daß eine dem Ich vergleichbare Einheit nicht von Anfang an im Individuum vorhanden ist; das Ich muß entwickelt werden. Die autoerotischen Triebe sind aber uranfänglich; es muß also irgend etwas zum Autoerotismus hinzukommen, eine neue psychische Aktion, um den Narzißmus zu gestalten.

Die Aufforderung, die zweite Frage in entschiedener Weise zu beantworten, muß bei jedem Psychoanalytiker ein merkliches Unbehagen erwecken. Man wehrt sich gegen das Gefühl, die Beobachtung für sterile theoretische Streitigkeiten zu verlassen, darf sich dem Versuch einer Klärung aber doch nicht entziehen. Gewiß sind Vorstellungen wie die einer Ichlibido, Ichtriebenergie und so weiter weder besonders klar faßbar noch inhaltsreich genug; eine spekulative Theorie der betreffenden Beziehungen würde vor allem einen scharf umschriebenen Begriff zur Grundlage gewinnen wol-

---

1 Es gibt zwei Mechanismen dieses Weltunterganges, wenn alle Libidobesetzung auf das geliebte Objekt abströmt und wenn alle in das Ich zurückfließt.

len. Allein ich meine, das ist eben der Unterschied zwischen einer spekulativen Theorie und einer auf Deutung der Empirie gebauten Wissenschaft. Die letztere wird der Spekulation das Vorrecht einer glatten, logisch unantastbaren Fundamentierung nicht neiden, sondern sich mit nebelhaft verschwindenden, kaum vorstellbaren Grundgedanken gerne begnügen, die sie im Laufe ihrer Entwicklung klarer zu erfassen hofft, eventuell auch gegen andere einzutauschen bereit ist. Diese Ideen sind nämlich nicht das Fundament der Wissenschaft, auf dem alles ruht; dies ist vielmehr allein die Beobachtung. Sie sind nicht das Unterste, sondern das Oberste des ganzen Baues und können ohne Schaden ersetzt und abgetragen werden. Wir erleben dergleichen in unseren Tagen wiederum an der Physik, deren Grundanschauungen über Materie, Kraftzentren, Anziehung und dergleichen kaum weniger bedenklich sind als die entsprechenden der Psychoanalyse.

Der Wert der Begriffe: Ichlibido, Objektlibido liegt darin, daß sie aus der Verarbeitung der intimen Charaktere neurotischer und psychotischer Vorgänge stammen. Die Sonderung der Libido in eine solche, die dem Ich eigen ist, und eine, die den Objekten angehängt wird, ist eine unerläßliche Fortführung einer ersten Annahme, welche Sexualtriebe und Ichtriebe voneinander schied. Dazu nötigte mich wenigstens die Analyse der reinen Übertragungsneurosen (Hysterie und Zwang), und ich weiß nur, daß alle Versuche, von diesen Phänomenen mit anderen Mitteln Rechenschaft zu geben, gründlich mißlungen sind.

Bei dem völligen Mangel einer irgendwie orientierenden Trieblehre ist es gestattet oder besser geboten, zunächst irgendeine Annahme in konsequenter Durchführung zu erproben, bis sie versagt oder sich bewährt. Für die Annahme einer ursprünglichen Sonderung von Sexualtrieben und anderen, Ichtrieben, spricht nun mancherlei nebst ihrer Brauchbarkeit für die Analyse der Übertragungsneurosen. Ich gebe zu, daß dieses Moment allein nicht unzweideutig wäre, denn es könnte sich um indifferente psychische Energie handeln, die erst durch den Akt der Objektbesetzung zur Libido wird. Aber diese begriffliche Scheidung entspricht erstens der populär so geläufigen Trennung von Hunger und Liebe. Zweitens machen sich *biologische* Rücksichten zu ihren Gunsten geltend. Das Individuum führt wirklich eine Doppelexistenz als sein Selbstzweck und als Glied in einer Kette, der es gegen, jedenfalls ohne seinen Willen dienstbar ist. Es hält selbst die Sexualität für eine seiner Absichten, während eine andere Betrachtung zeigt, daß es nur ein Anhängsel an sein Keimplasma ist, dem es seine Kräfte gegen eine Lustprämie zur Verfügung stellt, der sterbliche Träger einer – vielleicht – unsterblichen Substanz, wie ein Majoratsherr nur der jeweilige Inhaber einer ihn überdauernden Institution. Die Sonderung der Sexualtriebe von den Ichtrieben würde nur diese doppelte Funktion des Individuums spiegeln. Drittens muß man sich daran erinnern, daß all unsere psychologischen Vorläufigkeiten einmal auf den Boden organischer Träger gestellt werden sollen. Es wird dann wahrscheinlich, daß es besondere Stoffe und chemische Prozesse sind, welche die Wirkungen der Sexualität ausüben und die Fortsetzung des individuellen Lebens in das der Art vermitteln. Dieser Wahrscheinlichkeit tragen wir Rechnung, indem wir die besonderen chemischen Stoffe durch besondere psychische Kräfte substituieren.

Gerade weil ich sonst bemüht bin, alles andersartige, auch das biologische Denken, von der Psychologie fernezuhalten, will ich an dieser Stelle ausdrücklich zugestehen, daß die Annahme gesonderter Ich- und Sexualtriebe, also die Libidotheorie, zum wenigsten auf psychologischem Grunde ruht, wesentlich biologisch gestützt ist. Ich werde also auch konsequent genug sein, diese Annahme fallenzulassen, wenn sich aus der psychoanalytischen Arbeit selbst eine andere Voraussetzung über die Triebe als die besser verwertbare erheben würde. Dies ist bisher nicht der Fall gewesen. Es mag dann sein, daß die Sexualenergie, die Libido – im tiefsten Grund und in letzter Ferne –, nur ein Differenzierungsprodukt der sonst in der Psyche wirkenden Energie ist. Aber eine solche Behauptung ist nicht belangreich. Sie bezieht sich auf Dinge, die bereits so weit weg sind von den Problemen unserer Beobachtung und so wenig Kenntnisinhalt haben, daß es ebenso müßig ist, sie zu bestreiten, wie sie zu verwerten; möglicherweise hat diese Uridentität mit unseren analytischen Interessen sowenig zu tun wie die Urverwandtschaft aller Menschenrassen mit dem Nachweis der von der Erbschaftsbehörde geforderten Verwandtschaft mit dem Erblasser. Wir kommen mit all diesen Spekulationen zu nichts; da wir nicht warten können, bis uns die Entscheidungen der Trieblehre von einer anderen Wissenschaft geschenkt werden, ist es weit zweckmäßiger zu versuchen, welches Licht durch eine Synthese der psychologischen Phänomene auf jene biologischen Grundrätsel geworfen werden kann. Machen wir uns mit der Möglichkeit des Irrtums vertraut, aber lassen wir uns nicht abhalten, die ersterwähnte[1] Annahme eines Gegensatzes von Ich- und Sexualtrieben, die sich uns durch die Analyse der Übertragungsneurosen aufgedrängt hat, konsequent fortzuführen, ob sie sich widerspruchsfrei und fruchtbringend entwickeln und auch auf andere Affektionen, z. B. die Schizophrenie, anwenden läßt.

Anders stünde es natürlich, wenn der Beweis erbracht wäre, daß die Libidotheorie an der Erklärung der letztgenannten Krankheit bereits gescheitert ist. C. G. Jung hat diese Behauptung aufgestellt[2] und mich dadurch zu den letzten Ausführungen, die ich mir gern erspart hätte, genötigt. Ich hätte es vorgezogen, den in der Analyse des Falles Schreber betretenen Weg unter Stillschweigen über dessen Voraussetzungen bis zum Ende zu gehen. Die Behauptung von Jung ist aber zum mindesten eine Voreiligkeit. Seine Begründungen sind spärlich. Er beruft sich zunächst auf mein eigenes Zeugnis, daß ich selbst mich genötigt gesehen habe, angesichts der Schwierigkeiten der Schreber-Analyse den Begriff der Libido zu erweitern, das heißt seinen sexuellen Inhalt aufzugeben, Libido mit psychischem Interesse überhaupt zusammenfallen zu lassen. Was zur Richtigstellung dieser Fehldeutung zu sagen ist, hat Ferenczi in einer gründlichen Kritik der Jungschen Arbeit bereits vorgebracht.[3] Ich kann dem Kritiker nur beipflichten und wiederholen, daß ich keinen derartigen Verzicht auf die Libidotheorie ausgesprochen habe. Ein weiteres Argument von Jung, es sei nicht anzunehmen, daß der Verlust der normalen Realfunktion allein durch die Zurückziehung der Libido verursacht werden könne, ist kein Argument, sondern ein Dekret; *it begs the question*, es nimmt die Entscheidung vorweg und erspart die Diskussion, denn ob und wie das möglich ist, sollte eben

---

1 [In den Ausgaben vor 1924 lautete dieses Wort »ersterwählte«.]
2 Wandlungen und Symbole der Libido. Jahrbuch für psa. Forschungen, Bd. IV, 1912.
3 Intern. Zschr. f. PsA., Bd. I, 1913.

untersucht werden. In seiner nächsten großen Arbeit[1] ist Jung an der von mir längst angedeuteten Lösung knapp vorbeigekommen: »Dabei ist nun allerdings noch in Betracht zu ziehen – worauf übrigens Freud in seiner Arbeit in dem Schreberschen Falle Bezug nimmt –, daß die Introversion der Libido sexualis zu einer Besetzung des ›Ich‹ führt, wodurch möglicherweise jener Effekt des Realitätsverlustes herausgebracht wird. Es ist in der Tat eine verlockende Möglichkeit, die Psychologie des Realitätsverlustes in dieser Art zu erklären.« Allein Jung läßt sich mit dieser Möglichkeit nicht viel weiter ein. Wenige Seiten[2] später tut er sie mit der Bemerkung ab, daß aus dieser Bedingung »die Psychologie eines asketischen Anachoreten hervorgehen würde, nicht aber eine Dementia praecox«. Wie wenig dieser ungeeignete Vergleich eine Entscheidung bringen kann, mag die Bemerkung lehren, daß ein solcher Anachoret, der »jede Spur von Sexualinteresse auszurotten bestrebt ist« (doch nur im populären Sinne des Wortes »sexual«), nicht einmal eine pathogene Unterbringung der Libido aufzuweisen braucht. Er mag sein sexuelles Interesse von den Menschen gänzlich abgewendet und kann es doch zum gesteigerten Interesse für Göttliches, Natürliches, Tierisches sublimiert haben, ohne einer Introversion seiner Libido auf seine Phantasien oder einer Rückkehr derselben zu seinem Ich verfallen zu sein. Es scheint, daß dieser Vergleich die mögliche Unterscheidung vom Interesse aus erotischen Quellen und anderen von vornherein vernachlässigt. Erinnern wir uns ferner daran, daß die Untersuchungen der Schweizer Schule trotz all ihrer Verdienstlichkeit doch nur über zwei Punkte im Bilde der Dementia praecox Aufklärung gebracht haben, über die Existenz der von Gesunden wie von Neurotikern bekannten Komplexe und über die Ähnlichkeit ihrer Phantasiebildungen mit den Völkermythen, auf den Mechanismus der Erkrankung aber sonst kein Licht werfen konnten, so werden wir die Behauptung Jungs zurückweisen können, daß die Libidotheorie an der Bewältigung der Dementia praecox gescheitert und damit auch für die anderen Neurosen erledigt sei.

---

1 Versuch einer Darstellung der psychoanalytischen Theorie. Jahrbuch, Bd. V, 1913.

2 [Ein Druckfehler für richtig: »Zeilen«.]

II

Ein direktes Studium des Narzißmus scheint mir durch besondere Schwierigkeiten verwehrt zu sein. Der Hauptzugang dazu wird wohl die Analyse der Paraphrenien bleiben. Wie die Übertragungsneurosen uns die Verfolgung der libidinösen Triebregungen ermöglicht haben, so werden uns die Dementia praecox und Paranoia die Einsicht in die Ichpsychologie gestatten. Wiederum werden wir das anscheinend Einfache des Normalen aus den Verzerrungen und Vergröberungen des Pathologischen erraten müssen. Immerhin bleiben uns einige andere Wege offen, um uns der Kenntnis des Narzißmus anzunähern, die ich nun der Reihe nach beschreiben will: die Betrachtung der organischen Krankheit, der Hypochondrie und des Liebeslebens der Geschlechter.

Mit der Würdigung des Einflusses organischer Krankheit auf die Libidoverteilung folge ich einer mündlichen Anregung von S. Ferenczi. Es ist allgemein bekannt und erscheint uns selbstverständlich, daß der von organischem Schmerz und Mißempfindungen Gepeinigte das Interesse an den Dingen der Außenwelt, soweit sie nicht sein Leiden betreffen, aufgibt. Genauere Beobachtung lehrt, daß er auch das libidinöse Interesse von seinen Liebesobjekten zurückzieht, aufhört zu lieben, solange er leidet. Die Banalität dieser Tatsache braucht uns nicht abzuhalten, ihr eine Übersetzung in die Ausdrucksweise der Libidotheorie zu geben. Wir würden dann sagen: Der Kranke zieht seine Libidobesetzungen auf sein Ich zurück, um sie nach der Genesung wieder auszusenden. »Einzig in der engen Höhle«, sagt W. Busch vom zahnschmerzkranken Dichter, »des Backenzahnes weilt die Seele.« Libido und Ichinteresse haben dabei das gleiche Schicksal und sind wiederum voneinander nicht unterscheidbar. Der bekannte Egoismus der Kranken deckt beides. Wir finden ihn so selbstverständlich, weil wir gewiß sind, uns im gleichen Falle ebenso zu verhalten. Das Verscheuchen noch so intensiver Liebesbereitschaft durch körperliche Störungen, der plötzliche Ersatz derselben durch völlige Gleichgültigkeit, findet in der Komik entsprechende Ausnützung.

Ähnlich wie die Krankheit bedeutet auch der Schlafzustand ein narzißtisches Zurückziehen der Libidopositionen auf die eigene Person, des genaueren, auf den einen Wunsch zu schlafen. Der Egoismus der Träume fügt sich wohl in diesen Zusammenhang ein. In beiden Fällen sehen wir, wenn auch nichts anderes, Beispiele von Veränderungen der Libidoverteilung infolge von Ichveränderung.

Die Hypochondrie äußert sich wie das organische Kranksein in peinlichen und schmerzhaften Körperempfindungen und trifft auch in der Wirkung auf die Libidoverteilung mit ihm zusammen. Der Hypochondrische zieht Interesse wie Libido – die letztere besonders deutlich – von den Objekten der Außenwelt zurück und konzentriert beides auf das ihn beschäftigende Organ. Ein Unterschied zwischen Hypochondrie und organischer Krankheit drängt sich nun vor: im letzteren Falle sind die peinlichen Sensationen durch nachweisbare Veränderungen begründet, im ersteren Falle nicht. Es würde aber ganz in den Rahmen unserer sonstigen Auffassung der Neurosenvorgänge passen, wenn wir uns entschließen würden zu sagen: Die Hypochondrie muß recht haben, die Organveränderungen dürfen auch bei ihr nicht fehlen. Worin bestünden sie nun?

Wir wollen uns hier durch die Erfahrung bestimmen lassen, daß Körpersensationen unlustiger Art, den hypochondrischen vergleichbar, auch bei den anderen Neurosen nicht fehlen. Ich habe schon früher einmal die Neigung ausgesprochen, die Hypochondrie als dritte Aktualneurose neben die Neurasthenie und die Angstneurose hinzustellen. Man geht wahrscheinlich nicht zu weit, wenn man es so darstellt, als wäre regelmäßig bei den anderen Neurosen auch ein Stückchen Hypochondrie mitausgebildet. Am schönsten sieht man dies wohl bei der Angstneurose und der sie überbauenden Hysterie. Nun ist das uns bekannte Vorbild des schmerzhaft empfindlichen, irgendwie veränderten und doch nicht im gewöhnlichen Sinne kranken Organs das Genitale in seinen Erregungszuständen. Es wird dann blutdurchströmt, geschwellt, durchfeuchtet und der Sitz mannigfaltiger Sensationen. Nennen wir die Tätigkeit einer Körperstelle, sexuell erregende Reize ins Seelenleben zu schicken, ihre *Erogeneität* und denken daran, daß wir durch die Erwägungen der Sexualtheorie längst an die Auffassung gewöhnt sind, gewisse andere Körperstellen – die *erogenen* Zonen – könnten die Genitalien vertreten und sich ihnen analog verhalten, so haben wir hier nur einen Schritt weiter zu wagen. Wir können uns entschließen, die Erogeneität als allgemeine Eigenschaft aller Organe anzusehen, und dürfen dann von der Steigerung oder Herabsetzung derselben an einem bestimmten Körperteile sprechen. Jeder solchen Veränderung der Erogeneität in den Organen könnte eine Veränderung der Libidobesetzung im Ich parallel gehen. In solchen Momenten hätten wir das zu suchen, was wir der Hypochondrie zugrunde legen und was die nämliche Einwirkung auf die Libidoverteilung haben kann wie die materielle Erkrankung der Organe.

Wir merken, wenn wir diesen Gedankengang fortsetzen, stoßen wir auf das Problem nicht nur der Hypochondrie, sondern auch der anderen Aktualneurosen, der Neurasthenie und der Angstneurose. Wir wollen darum an dieser Stelle haltmachen; es liegt nicht in der Absicht einer rein psychologischen Untersuchung, die Grenze so weit ins Gebiet der physiologischen Forschung zu überschreiten. Es sei nur erwähnt, daß sich von hier aus vermuten läßt, die Hypochondrie stehe in einem ähnlichen Verhältnis zur Paraphrenie wie die anderen Aktualneurosen zur Hysterie und Zwangsneurose, hänge also von der Ichlibido ab, wie die anderen von der Objektlibido; die hypochondrische Angst sei das Gegenstück von der Ichlibido her zur neurotischen Angst. Ferner: Wenn wir mit der Vorstellung bereits vertraut sind, den Mechanismus der Erkrankung und Symptombildung bei den Übertragungsneurosen, den Fortschritt von der Introversion zur Regression, an eine Stauung der Objektlibido zu knüpfen[1], so dürfen wir auch der Vorstellung einer Stauung der Ichlibido nähertreten und sie in Beziehung zu den Phänomenen der Hypochondrie und der Paraphrenie bringen.

Natürlich wird unsere Wißbegierde hier die Frage aufwerfen, warum eine solche Libidostauung im Ich als unlustvoll empfunden werden muß. Ich möchte mich da mit der Antwort begnügen, daß Unlust überhaupt der Ausdruck der höheren Spannung ist, daß es also eine Quantität des materiellen Geschehens ist, die sich hier wie anderwärts in die psychische Qualität der Unlust umsetzt; für die Unlustentwicklung mag dann immerhin nicht die absolute Größe jenes materiellen Vorganges entscheidend sein, sondern eher eine

---

1 Vgl. »Über neurotische Erkrankungstypen«, 1912 (Ges. Werke, Bd. VIII).

gewisse Funktion dieser absoluten Größe. Von hier aus mag man es selbst wagen, an die Frage heranzutreten, woher denn überhaupt die Nötigung für das Seelenleben rührt, über die Grenzen des Narzißmus hinauszugehen und die Libido auf Objekte zu setzen. Die aus unserem Gedankengang abfolgende Antwort würde wiederum sagen, diese Nötigung trete ein, wenn die Ichbesetzung mit Libido ein gewisses Maß überschritten habe. Ein starker Egoismus schützt vor Erkrankung, aber endlich muß man beginnen zu lieben, um nicht krank zu werden, und muß erkranken, wenn man infolge von Versagung nicht lieben kann. Etwa nach dem Vorbild, wie sich H. Heine die Psychogenese der Weltschöpfung vorstellt:

> »Krankheit ist wohl der letzte Grund
> Des ganzen Schöpferdrangs gewesen;
> Erschaffend konnte ich genesen,
> Erschaffend wurde ich gesund.«

Wir haben in unserem seelischen Apparat vor allem ein Mittel erkannt, welchem die Bewältigung von Erregungen übertragen ist, die sonst peinlich empfunden oder pathogen wirksam würden. Die psychische Bearbeitung leistet Außerordentliches für die innere Ableitung von Erregungen, die einer unmittelbaren äußeren Abfuhr nicht fähig sind oder für die eine solche nicht augenblicklich wünschenswert wäre. Für eine solche innere Verarbeitung ist es aber zunächst gleichgültig, ob sie an realen oder an imaginären Objekten geschieht. Der Unterschied zeigt sich erst später, wenn die Wendung der Libido auf die irrealen Objekte (Introversion) zu einer Libidostauung geführt hat. Eine ähnliche innere Verarbeitung der ins Ich zurückgekehrten Libido gestattet bei den Paraphrenien der Größenwahn; vielleicht wird erst nach seinem Versagen die Libidostauung im Ich pathogen und regt den Heilungsprozeß an, der uns als Krankheit imponiert.

Ich versuche an dieser Stelle, einige kleine Schritte weit in den Mechanismus der Paraphrenie einzudringen, und stelle die Auffassungen zusammen, welche mir schon heute beachtenswert erscheinen. Den Unterschied dieser Affektionen von den Übertragungsneurosen verlege ich in den Umstand, daß die durch Versagung frei gewordene Libido nicht bei Objekten in der Phantasie bleibt, sondern sich aufs Ich zurückzieht; der Größenwahn entspricht dann der psychischen Bewältigung dieser Libidomenge, also der Introversion auf die Phantasiebildungen bei den Übertragungsneurosen; dem Versagen dieser psychischen Leistung entspringt die Hypochondrie der Paraphrenie, welche der Angst der Übertragungsneurosen homolog ist. Wir wissen, daß diese Angst durch weitere psychische Bearbeitung ablösbar ist, also durch Konversion, Reaktionsbildung, Schutzbildung (Phobie). Diese Stellung nimmt bei den Paraphrenien der Restitutionsversuch ein, dem wir die auffälligen Krankheitserscheinungen danken. Da die Paraphrenie häufig – wenn nicht zumeist – eine bloß partielle Ablösung der Libido von den Objekten mit sich bringt, so ließen sich in ihrem Bilde drei Gruppen von Erscheinungen sondern: 1) die der erhaltenen Normalität oder Neurose (Resterscheinungen), 2) die des Krankheitsprozesses (der Ablösung der Libido von den Objekten, dazu der Größenwahn, die Hypochondrie, die Affektstörung, alle Regressionen), 3) die der Restitution, welche nach Art einer Hysterie (Dementia praecox, eigentliche Paraphrenie) oder einer Zwangsneurose (Paranoia) die Libido wieder an die Objekte heftet. Diese neuerliche Libidobesetzung geschieht von einem anderen Niveau her, unter anderen Bedingungen als die primäre. Die Differenz der bei ihr geschaffenen Übertragungsneurosen von den entsprechenden Bildungen des normalen Ichs müßte die tiefste Einsicht in die Struktur unseres seelischen Apparates vermitteln können.

Einen dritten Zugang zum Studium des Narzißmus gestattet das Liebesleben der Menschen in seiner verschiedenartigen Differenzierung bei Mann und Weib. Ähnlich, wie die Objektlibido unserer Beachtung zuerst die Ichlibido verdeckt hat, so haben wir auch bei der Objektwahl des Kindes (und Heranwachsenden) zuerst gemerkt, daß es seine Sexualobjekte seinen Befriedigungserlebnissen entnimmt. Die ersten autoerotischen sexuellen Befriedigungen werden im Anschluß an lebenswichtige, der Selbsterhaltung dienende Funktionen erlebt. Die Sexualtriebe lehnen sich zunächst an die Befriedigung der Ichtriebe an, machen sich erst später von den letzteren selbständig; die Anlehnung zeigt sich aber noch darin, daß die

Personen, welche mit der Ernährung, Pflege, dem Schutz des Kindes zu tun haben, zu den ersten Sexualobjekten werden, also zunächst die Mutter oder ihr Ersatz. Neben diesem Typus und dieser Quelle der Objektwahl, den man den *Anlehnungs*typus heißen kann, hat uns aber die analytische Forschung einen zweiten kennen gelehrt, den zu finden wir nicht vorbereitet waren. Wir haben, besonders deutlich bei Personen, deren Libidoentwicklung eine Störung erfahren hat, wie bei Perversen und Homosexuellen, gefunden, daß sie ihr späteres Liebesobjekt nicht nach dem Vorbild der Mutter wählen, sondern nach dem ihrer eigenen Person. Sie suchen offenkundigerweise sich selbst als Liebesobjekt, zeigen den *narzißtisch* zu nennenden Typus der Objektwahl. In dieser Beobachtung ist das stärkste Motiv zu erkennen, welches uns zur Annahme des Narzißmus genötigt hat.

Wir haben nun nicht geschlossen, daß die Menschen in zwei scharf geschiedene Gruppen zerfallen, je nachdem sie den Anlehnungs- oder den narzißtischen Typus der Objektwahl haben, sondern ziehen die Annahme vor, daß jedem Menschen beide Wege zur Objektwahl offenstehen, wobei der eine oder der andere bevorzugt werden kann. Wir sagen, der Mensch habe zwei ursprüngliche Sexualobjekte: sich selbst und das pflegende Weib, und setzen dabei den primären Narzißmus jedes Menschen voraus, der eventuell in seiner Objektwahl dominierend zum Ausdruck kommen kann.

Die Vergleichung von Mann und Weib zeigt dann, daß sich in deren Verhältnis zum Typus der Objektwahl fundamentale, wenn auch natürlich nicht regelmäßige Unterschiede ergeben. Die volle Objektliebe nach dem Anlehnungstypus ist eigentlich für den Mann charakteristisch. Sie zeigt die auffällige Sexualüberschätzung, welche wohl dem ursprünglichen Narzißmus des Kindes entstammt und somit einer Übertragung desselben auf das Sexualobjekt entspricht. Diese Sexualüberschätzung gestattet die Entstehung des eigentümlichen, an neurotischen Zwang mahnenden Zustandes der Verliebtheit, der sich so auf eine Verarmung des Ichs an Libido zugunsten des Objektes zurückführt. Anders gestaltet sich die Entwicklung bei dem häufigsten, wahrscheinlich reinsten und echtesten Typus des Weibes. Hier scheint mit der Pubertätsentwicklung durch die Ausbildung der bis dahin latenten weiblichen Sexualorgane eine Steigerung des ursprünglichen Narzißmus aufzutreten, welche der Gestaltung einer ordentlichen, mit Sexualüberschätzung ausgestatteten Objektliebe ungünstig ist. Es stellt sich besonders im Falle der Entwicklung zur Schönheit eine Selbstgenügsamkeit des Weibes her, welche das Weib für die ihm sozial verkümmerte Freiheit der Objektwahl entschädigt. Solche Frauen lieben, streng genommen, nur sich selbst mit ähnlicher Intensität, wie der Mann sie liebt. Ihr Bedürfnis geht auch nicht dahin zu lieben, sondern geliebt zu werden, und sie lassen sich den Mann gefallen, welcher diese Bedingung erfüllt. Die Bedeutung dieses Frauentypus für das Liebesleben der Menschen ist sehr hoch einzuschätzen. Solche Frauen üben den größten Reiz auf die Männer aus, nicht nur aus ästhetischen Gründen, weil sie gewöhnlich die schönsten sind, sondern auch infolge interessanter psychologischer Konstellationen. Es erscheint nämlich deutlich erkennbar, daß der Narzißmus einer Person eine große Anziehung auf diejenigen anderen entfaltet, welche sich des vollen Ausmaßes ihres eigenen Narzißmus begeben haben und sich in der Werbung um die Objektliebe befinden; der Reiz des Kindes beruht zum guten Teil auf dessen Narzißmus, seiner Selbstgenügsamkeit und Unzugänglichkeit, ebenso der Reiz gewisser Tiere, die sich um uns nicht zu kümmern scheinen, wie der Katzen und großen Raubtiere, ja selbst der große Verbrecher und der Humorist zwingen in der poetischen Darstellung unser Interesse durch die narzißtische Konsequenz, mit welcher sie alles ihr Ich Verkleinernde von ihm fernzuhalten wissen. Es ist so, als beneideten wir sie um die Erhaltung eines seligen psychischen Zustandes, einer unangreifbaren Libidoposition, die wir selbst seither aufgegeben haben. Dem großen Reiz des narzißtischen Weibes fehlt aber die Kehrseite nicht; ein guter Teil der Unbefriedigung des verliebten Mannes, der Zweifel an der Liebe des Weibes, der Klagen über die Rätsel im Wesen desselben hat in dieser Inkongruenz der Objektwahltypen seine Wurzel.

Vielleicht ist es nicht überflüssig zu versichern, daß mir bei dieser Schilderung des weiblichen Liebeslebens jede Tendenz zur Herabsetzung des Weibes fernliegt. Abgesehen davon, daß mir Tendenzen überhaupt fernliegen, ich weiß auch, daß diese Ausbildungen nach verschiedenen Richtungen der Differenzierung von Funktionen in einem höchst komplizierten biologischen Zusammenhang entsprechen; ich bin ferner bereit zuzugestehen, daß es unbestimmt viele Frauen gibt, die nach dem männlichen Typus lieben und auch die dazugehörige Sexualüberschätzung entfalten.

Auch für die narzißtisch und gegen den Mann kühl gebliebenen Frauen gibt es einen Weg, der sie zur vollen Objektliebe führt. In dem Kinde, das sie gebären, tritt ihnen ein Teil des eigenen Körpers wie ein fremdes Objekt gegenüber, dem sie nun vom Narzißmus aus die volle Objektliebe schenken können. Noch andere Frauen brauchen nicht auf das Kind zu warten, um den Schritt in der Entwicklung vom (sekundären) Narzißmus zur Objektliebe zu machen. Sie haben sich selbst vor der Pubertät männlich gefühlt und ein Stück weit männlich entwickelt; nachdem diese Strebung mit dem Auftreten der weiblichen Reife abgebrochen wurde, bleibt ihnen die Fähigkeit, sich nach einem männlichen Ideal zu sehnen, welches eigentlich die Fortsetzung des knabenhaften Wesens ist, das sie selbst einmal waren.

Eine kurze Übersicht der Wege zur Objektwahl mag diese andeutenden Bemerkungen beschließen. Man liebt:

1) Nach dem narzißtischen Typus:
   a) was man selbst ist (sich selbst),
   b) was man selbst war,
   c) was man selbst sein möchte,
   d) die Person, die ein Teil des eigenen Selbst war.
2) Nach dem Anlehnungstypus:
   a) die nährende Frau,
   b) den schützenden Mann

und die in Reihen von ihnen ausgehenden Ersatzpersonen. Der Fall *c)* des ersten Typus kann erst durch später folgende Ausführungen gerechtfertigt werden.

Die Bedeutung der narzißtischen Objektwahl für die Homosexualität des Mannes bleibt in anderem Zusammenhange zu würdigen.

Der von uns supponierte primäre Narzißmus des Kindes, der eine der Voraussetzungen unserer Libidotheorien enthält, ist weniger leicht durch direkte Beobachtung zu erfassen als durch Rückschluß von einem anderen Punkte her zu bestätigen. Wenn man die Einstellung zärtlicher Eltern gegen ihre Kinder ins Auge faßt, muß man sie als Wiederaufleben und Reproduktion des eigenen, längst aufgegebenen Narzißmus erkennen. Das gute Kennzeichen der Überschätzung, welches wir als narzißtisches Stigma schon bei der Objektwahl gewürdigt haben, beherrscht, wie allbekannt, diese Gefühlsbeziehung. So besteht ein Zwang, dem Kinde alle Vollkommenheiten zuzusprechen, wozu nüchterne Beobachtung keinen Anlaß fände, und alle seine Mängel zu verdecken und zu vergessen, womit ja die Verleugnung der kindlichen Sexualität im Zusammenhange steht. Es besteht aber auch die Neigung, alle kulturellen Erwerbungen, deren Anerkennung man seinem Narzißmus abgezwungen hat, vor dem Kinde zu suspendieren und die Ansprüche auf längst aufgegebene Vorrechte bei ihm zu erneuern. Das Kind soll es besser haben als seine Eltern, es soll den Notwendigkeiten, die man als im Leben herrschend erkannt hat, nicht unterworfen sein. Krankheit, Tod, Verzicht auf Genuß, Einschränkung des eigenen Willens sollen für das Kind nicht gelten, die Gesetze der Natur wie der Gesellschaft vor ihm haltmachen, es soll wirklich wieder Mittelpunkt und Kern der Schöpfung sein. *His Majesty the Baby*, wie man sich einst selbst dünkte. Es soll die unausgeführten Wunschträume der Eltern erfüllen, ein großer Mann und Held werden an Stelle des Vaters, einen Prinzen zum Gemahl bekommen zur späten Entschädigung der Mutter. Der heikelste Punkt des narzißtischen Systems, die von der Realität hart bedrängte Unsterblichkeit des Ichs, hat ihre Sicherung in der Zuflucht zum Kinde gewonnen. Die rührende, im Grunde so kindliche Elternliebe ist nichts anderes als der wiedergeborene Narzißmus der Eltern, der in seiner Umwandlung zur Objektliebe sein einstiges Wesen unverkennbar offenbart.

III

Welchen Störungen der ursprüngliche Narzißmus des Kindes ausgesetzt ist und mit welchen Reaktionen er sich derselben erwehrt, auch auf welche Bahnen er dabei gedrängt wird, das möchte ich als einen wichtigen Arbeitsstoff, welcher noch der Erledigung harrt, beiseite stellen; das bedeutsamste Stück desselben kann man als

»Kastrationskomplex« (Penisangst beim Knaben, Penisneid beim Mädchen) herausheben und im Zusammenhange mit dem Einfluß der frühzeitigen Sexualeinschüchterung behandeln. Die psychoanalytische Untersuchung, welche uns sonst die Schicksale der libidinösen Triebe verfolgen läßt, wenn diese, von den Ichtrieben isoliert, sich in Opposition zu denselben befinden, gestattet uns auf diesem Gebiete Rückschlüsse auf eine Epoche und eine psychische Situation, in welcher beiderlei Triebe noch einhellig wirksam in untrennbarer Vermengung als narzißtische Interessen auftreten. A. Adler hat aus diesem Zusammenhange seinen »männlichen Protest« geschöpft, den er zur fast alleinigen Triebkraft der Charakter- wie der Neurosenbildung erhebt, während er ihn nicht auf eine narzißtische, also immer noch libidinöse Strebung, sondern auf eine soziale Wertung begründet. Vom Standpunkte der psychoanalytischen Forschung ist Existenz und Bedeutung des »männlichen Protestes« von allem Anfang an anerkannt, seine narzißtische Natur und Herkunft aus dem Kastrationskomplex aber gegen Adler vertreten worden. Er gehört der Charakterbildung an, in deren Genese er nebst vielen anderen Faktoren eingeht, und ist zur Aufklärung der Neurosenprobleme, an denen Adler nichts beachten will als die Art, wie sie dem Ichinteresse dienen, völlig ungeeignet. Ich finde es ganz unmöglich, die Genese der Neurose auf die schmale Basis des Kastrationskomplexes zu stellen, so mächtig dieser auch bei Männern unter den Widerständen gegen die Heilung der Neurose hervortreten mag. Ich kenne endlich auch Fälle von Neurosen, in denen der »männliche Protest« oder in unserem Sinne der Kastrationskomplex keine pathogene Rolle spielt oder überhaupt nicht vorkommt.

Die Beobachtung des normalen Erwachsenen zeigt dessen einstigen Größenwahn gedämpft und die psychischen Charaktere, aus denen wir seinen infantilen Narzißmus erschlossen haben, verwischt. Was ist aus seiner Ichlibido geworden? Sollen wir annehmen, daß ihr ganzer Betrag in Objektbesetzungen aufgegangen ist? Diese Möglichkeit widerspricht offenbar dem ganzen Zuge unserer Erörterungen; wir können aber auch aus der Psychologie der Verdrängung einen Hinweis auf eine andere Beantwortung der Frage entnehmen.

Wir haben gelernt, daß libidinöse Triebregungen dem Schicksal der pathogenen Verdrängung unterliegen, wenn sie in Konflikt mit den kulturellen und ethischen Vorstellungen des Individuums geraten. Unter dieser Bedingung wird niemals verstanden, daß die Person von der Existenz dieser Vorstellungen eine bloß intellektuelle Kenntnis habe, sondern stets, daß sie dieselben als maßgebend für sich anerkenne, sich den aus ihnen hervorgehenden Anforderungen unterwerfe. Die Verdrängung, haben wir gesagt, geht vom Ich aus; wir könnten präzisieren: von der Selbstachtung des Ichs. Dieselben Eindrücke, Erlebnisse, Impulse, Wunschregungen, welche der eine Mensch in sich gewähren läßt oder wenigstens bewußt verarbeitet, werden vom anderen in voller Empörung zurückgewiesen oder bereits vor ihrem Bewußtwerden erstickt. Der Unterschied der beiden aber, welcher die Bedingung der Verdrängung enthält, läßt sich leicht in Ausdrücke fassen, welche eine Bewältigung durch die Libidotheorie ermöglichen. Wir können sagen, der eine habe ein *Ideal* in sich aufgerichtet, an welchem er sein aktuelles Ich mißt, während dem anderen eine solche Idealbildung abgehe. Die Idealbildung wäre von seiten des Ichs die Bedingung der Verdrängung.

Diesem Idealich gilt nun die Selbstliebe, welche in der Kindheit das wirkliche Ich genoß. Der Narzißmus erscheint auf dieses neue ideale Ich verschoben, welches sich wie das infantile im Besitz aller wertvollen Vollkommenheiten befindet. Der Mensch hat sich hier, wie jedesmal auf dem Gebiete der Libido, unfähig erwiesen, auf die einmal genossene Befriedigung zu verzichten. Er will die narzißtische Vollkommenheit seiner Kindheit nicht entbehren, und wenn er diese nicht festhalten konnte, durch die Mahnungen während seiner Entwicklungszeit gestört und in seinem Urteil geweckt, sucht er sie in der neuen Form des Ichideals wiederzugewinnen. Was er als sein Ideal vor sich hin projiziert, ist[1] der Ersatz für den verlorenen Narzißmus seiner Kindheit, in der er sein eigenes Ideal war.

Es liegt nahe, die Beziehungen dieser Idealbildung zur Sublimierung zu untersuchen. Die Sublimierung ist ein Prozeß an der Objektlibido und besteht darin, daß sich der Trieb auf ein anderes, von der sexuellen Befriedigung entferntes Ziel wirft; der Akzent ruht dabei auf der Ablenkung vom Sexuellen. Die Idealisierung ist ein Vorgang

---

1 [In den Ausgaben vor 1924 heißt es: »ist nur«.]

mit dem Objekt, durch welchen dieses ohne Änderung seiner Natur vergrößert und psychisch erhöht wird. Die Idealisierung ist sowohl auf dem Gebiete der Ichlibido wie auch der Objektlibido möglich. So ist zum Beispiel die Sexualüberschätzung des Objektes eine Idealisierung desselben. Insofern also Sublimierung etwas beschreibt, was mit dem Trieb, Idealisierung etwas, was am Objekt vorgeht, sind die beiden begrifflich auseinanderzuhalten.

Die Ichidealbildung wird oft zum Schaden des Verständnisses mit der Triebsublimierung verwechselt. Wer seinen Narzißmus gegen die Verehrung eines hohen Ichideals eingetauscht hat, dem braucht darum die Sublimierung seiner libidinösen Triebe nicht gelungen zu sein. Das Ichideal fordert zwar solche Sublimierung, aber es kann sie nicht erzwingen; die Sublimierung bleibt ein besonderer Prozeß, dessen Einleitung vom Ideal angeregt werden mag, dessen Durchführung durchaus unabhängig von solcher Anregung bleibt. Man findet gerade bei den Neurotikern die höchsten Spannungsdifferenzen zwischen der Ausbildung des Ichideals und dem Maß von Sublimierung ihrer primitiven libidinösen Triebe, und es fällt im allgemeinen viel schwerer, den Idealisten von dem unzweckmäßigen Verbleib seiner Libido zu überzeugen, als den simplen, in seinen Ansprüchen genügsam gebliebenen Menschen. Das Verhältnis von Idealbildung und Sublimierung zur Verursachung der Neurose ist auch ein ganz verschiedenes. Die Idealbildung steigert, wie wir gehört haben, die Anforderungen des Ichs und ist die stärkste Begünstigung der Verdrängung; die Sublimierung stellt den Ausweg dar, wie die Anforderung erfüllt werden kann, ohne die Verdrängung herbeizuführen.

Es wäre nicht zu verwundern, wenn wir eine besondere psychische Instanz auffinden sollten, welche die Aufgabe erfüllt, über die Sicherung der narzißtischen Befriedigung aus dem Ichideal zu wachen, und in dieser Absicht das aktuelle Ich unausgesetzt beobachtet und am Ideal mißt. Wenn eine solche Instanz existiert, so kann es uns unmöglich zustoßen, sie zu entdecken; wir können sie nur als solche agnoszieren und dürfen uns sagen, daß das, was wir unser *Gewissen* heißen, diese Charakteristik erfüllt. Die Anerkennung dieser Instanz ermöglicht uns das Verständnis des sogenannten Beachtungs- oder richtiger *Beobachtungs*wahnes, welcher in der

70

Symptomatologie der paranoiden Erkrankungen so deutlich hervortritt, vielleicht auch als isolierte Erkrankung oder in eine Übertragungsneurose eingesprengt vorkommen kann. Die Kranken klagen dann darüber, daß man alle ihre Gedanken kennt, ihre Handlungen beobachtet und beaufsichtigt; sie werden von dem Walten dieser Instanz durch Stimmen informiert, welche charakteristischerweise in der dritten Person zu ihnen sprechen. (»Jetzt denkt sie wieder daran«; »jetzt geht er fort.«) Diese Klage hat recht, sie beschreibt die Wahrheit; eine solche Macht, die alle unsere Absichten beobachtet, erfährt und kritisiert, besteht wirklich, und zwar bei uns allen im normalen Leben. Der Beobachtungswahn stellt sie in regressiver Form dar, enthüllt dabei ihre Genese und den Grund, weshalb sich der Erkrankte gegen sie auflehnt.

Die Anregung zur Bildung des Ichideals, als dessen Wächter das Gewissen bestellt ist, war nämlich von dem durch die Stimme vermittelten kritischen Einfluß der Eltern ausgegangen, an welche sich im Laufe der Zeiten die Erzieher, Lehrer und als unübersehbarer, unbestimmbarer Schwarm alle anderen Personen des Milieus angeschlossen hatten. (Die Mitmenschen, die öffentliche Meinung.)

Große Beträge von wesentlich homosexueller Libido wurden so zur Bildung des narzißtischen Ichideals herangezogen und finden in der Erhaltung desselben Ableitung und Befriedigung. Die Institution des Gewissens war im Grunde eine Verkörperung zunächst der elterlichen Kritik, in weiterer Folge der Kritik der Gesellschaft, ein Vorgang, wie er sich bei der Entstehung einer Verdrängungsneigung aus einem zuerst äußerlichen Verbot oder Hindernis wiederholt. Die Stimmen sowie die unbestimmt gelassene Menge werden nun von der Krankheit zum Vorschein gebracht, damit die Entwicklungsgeschichte des Gewissens regressiv reproduziert. Das Sträuben gegen diese *zensorische Instanz* rührt aber daher, daß die Person, dem Grundcharakter der Krankheit entsprechend, sich von all diesen Einflüssen, vom elterlichen angefangen, ablösen will, die homosexuelle Libido von ihnen zurückzieht. Ihr Gewissen tritt ihr dann in regressiver Darstellung als Einwirkung von außen feindselig entgegen.

Die Klage der Paranoia zeigt auch, daß die Selbstkritik des Gewissens im Grunde mit der Selbstbeobachtung, auf die sie gebaut ist, zusammenfällt. Dieselbe psychische Tätigkeit, welche die Funktion des Gewissens übernommen hat, hat sich also auch in den Dienst der Innenforschung gestellt, welche der Philosophie das Material für ihre Gedankenoperationen liefert. Das mag für den Antrieb zur spekulativen Systembildung, welcher die Paranoia auszeichnet, nicht gleichgültig sein.[1]

Es wird uns gewiß bedeutsam sein, wenn wir die Anzeichen von der Tätigkeit dieser kritisch beobachtenden – zum Gewissen und zur philosophischen Introspektion gesteigerten – Instanz noch auf anderen Gebieten zu erkennen vermögen. Ich ziehe hier heran, was H. Silberer als das »funktionelle Phänomen« beschrieben hat, eine der wenigen Ergänzungen zur Traumlehre, deren Wert unbestreitbar ist. Silberer hat bekanntlich gezeigt, daß man in Zuständen zwischen Schlafen und Wachen die Umsetzung von Gedanken in visuelle Bilder direkt beobachten kann, daß aber unter solchen Verhältnissen häufig nicht eine Darstellung des Gedankeninhalts auftritt, sondern des Zustandes (von Bereitwilligkeit, Ermüdung usw.), in welchem sich die mit dem Schlaf kämpfende Person befindet. Ebenso hat er gezeigt, daß manche Schlüsse von Träumen und Absätze innerhalb des Trauminhaltes nichts anderes bedeuten als die Selbstwahrnehmung des Schlafens und Erwachens. Er hat also den Anteil der Selbstbeobachtung – im Sinne des paranoischen Beobachtungswahnes – an der Traumbildung nachgewiesen. Dieser Anteil ist ein inkonstanter; ich habe ihn wahrscheinlich darum übersehen, weil er in meinen eigenen Träumen keine große Rolle spielt; bei philosophisch begabten, an Introspektion gewöhnten Personen mag er sehr deutlich werden.

Wir erinnern uns, daß wir gefunden haben, die Traumbildung entstehe unter der Herrschaft einer Zensur, welche die Traumgedanken zur Entstellung nötigt. Unter dieser Zensur stellten wir uns aber keine besondere Macht vor, sondern wählten diesen Ausdruck für die den Traumgedanken zugewandte Seite der das Ich beherrschen-

---

1 Nur als Vermutung füge ich an, daß die Ausbildung und Erstarkung dieser beobachtenden Instanz auch die späte Entstehung des (subjektiven) Gedächtnisses und des für unbewußte Vorgänge nicht geltenden Zeitmoments in sich fassen könnte.

den, verdrängenden Tendenzen. Gehen wir in die Struktur des Ichs weiter ein, so dürfen wir im Ichideal und den dynamischen Äußerungen des Gewissens auch den *Traumzensor* erkennen. Merkt dieser Zensor ein wenig auch während des Schlafes auf, so werden wir verstehen, daß die Voraussetzung seiner Tätigkeit, die Selbstbeobachtung und Selbstkritik, mit Inhalten, wie: jetzt ist er zu schläfrig, um zu denken – jetzt wacht er auf, einen Beitrag zum Trauminhalt leistet.[1]

Von hier aus dürfen wir die Diskussion des Selbstgefühls beim Normalen und beim Neurotischen versuchen.

Das Selbstgefühl erscheint uns zunächst als Ausdruck der Ichgröße, deren Zusammengesetztheit nicht weiter in Betracht kommt. Alles, was man besitzt oder erreicht hat, jeder durch die Erfahrung bestätigte Rest des primitiven Allmachtgefühls hilft das Selbstgefühl steigern.

Wenn wir unsere Unterscheidung von Sexual- und Ichtrieben einführen, müssen wir dem Selbstgefühl eine besonders innige Abhängigkeit von der narzißtischen Libido zuerkennen. Wir lehnen uns dabei an die zwei Grundtatsachen an, daß bei den Paraphrenien das Selbstgefühl gesteigert, bei den Übertragungsneurosen herabgesetzt ist und daß im Liebesleben das Nichtgeliebtwerden das Selbstgefühl erniedrigt, das Geliebtwerden dasselbe erhöht. Wir haben angegeben, daß Geliebtwerden das Ziel und die Befriedigung bei narzißtischer Objektwahl darstellt.

Es ist ferner leicht zu beobachten, daß die Libidobesetzung der Objekte das Selbstgefühl nicht erhöht. Die Abhängigkeit vom geliebten Objekt wirkt herabsetzend; wer verliebt ist, ist demütig. Wer liebt, hat sozusagen ein Stück seines Narzißmus eingebüßt und kann es erst durch das Geliebtwerden ersetzt erhalten. In all diesen Beziehungen scheint das Selbstgefühl in Relation mit dem narzißtischen Anteil am Liebesleben zu bleiben.

Die Wahrnehmung der Impotenz, des eigenen Unvermögens zu lieben, infolge seelischer oder körperlicher Störungen, wirkt im hohen

---

1 Ob die Sonderung dieser zensorischen Instanz vom anderen Ich imstande ist, die philosophische Scheidung eines Bewußtseins von einem Selbstbewußtsein psychologisch zu fundieren, kann ich hier nicht entscheiden.

Grade herabsetzend auf das Selbstgefühl ein. Hier ist nach meinem Ermessen eine der Quellen für die so bereitwillig kundgegebenen Minderwertigkeitsgefühle der Übertragungsneurotiker zu suchen. Die Hauptquelle dieser Gefühle ist aber die Ichverarmung, welche sich aus den außerordentlich großen, dem Ich entzogenen Libidobesetzungen ergibt, also die Schädigung des Ichs durch die der Kontrolle nicht mehr unterworfenen Sexualstrebungen.

A. Adler hat mit Recht geltend gemacht, daß die Wahrnehmung eigener Organminderwertigkeiten anspornend auf ein leistungsfähiges Seelenleben wirkt und auf dem Wege der Überkompensation eine Mehrleistung hervorruft. Es wäre aber eine volle Übertreibung, wenn man jede gute Leistung nach seinem Vorgang auf diese Bedingung der ursprünglichen Organminderwertigkeit zurückführen wollte. Nicht alle Maler sind mit Augenfehlern behaftet, nicht alle Redner ursprünglich Stotterer gewesen. Es gibt auch reichlich vortreffliche Leistung auf Grund vorzüglicher Organbegabung. Für die Ätiologie der Neurose spielt organische Minderwertigkeit und Verkümmerung eine geringfügige Rolle, etwa die nämliche wie das aktuelle Wahrnehmungsmaterial für die Traumbildung. Die Neurose bedient sich desselben als Vorwand wie aller anderen tauglichen Momente. Hat man eben einer neurotischen Patientin den Glauben geschenkt, daß sie krank werden mußte, weil sie unschön, mißgebildet, reizlos sei, so daß niemand sie lieben könne, so wird man durch die nächste Neurotika eines Besseren belehrt, die in Neurose und Sexualablehnung verharrt, obwohl sie über das Durchschnittsmaß begehrenswert erscheint und begehrt wird. Die hysterischen Frauen gehören in ihrer Mehrzahl zu den anziehenden und selbst schönen Vertreterinnen ihres Geschlechts, und anderseits leistet die Häufung von Häßlichkeiten, Organverkümmerungen und Gebrechen bei den niederen Ständen unserer Gesellschaft nichts für die Frequenz neurotischer Erkrankungen in ihrer Mitte.

Die Beziehungen des Selbstgefühls zur Erotik (zu den libidinösen Objektbesetzungen) lassen sich formelhaft in folgender Weise darstellen: Man hat die beiden Fälle zu unterscheiden, ob die Liebesbesetzungen *ichgerecht* sind oder im Gegenteil eine Verdrängung erfahren haben. Im ersteren Falle (bei ichgerechter Verwendung der Libido) wird das Lieben wie jede andere Betätigung des Ichs gewertet. Das Lieben an sich, als Sehnen, Entbehren, setzt das Selbstgefühl herab, das Geliebtwerden, Gegenliebe finden, Besitzen eines geliebten Objekts hebt es wieder. Bei verdrängter Libido wird die Liebesbesetzung als arge Verringerung des Ichs empfunden, Liebesbefriedigung ist unmöglich, die Wiederbereicherung des Ichs wird nur durch die Zurückziehung der Libido von den Objekten möglich. Die Rückkehr der Objektlibido zum Ich, deren Verwandlung in Narzißmus, stellt gleichsam wieder eine glückliche Liebe dar[1], und anderseits entspricht auch eine reale glückliche Liebe dem Urzustand, in welchem Objekt- und Ichlibido voneinander nicht zu unterscheiden sind.

Die Wichtigkeit und Unübersichtlichkeit des Gegenstandes möge nun die Anfügung von einigen anderen Sätzen in loserer Anordnung rechtfertigen:

Die Entwicklung des Ichs besteht in einer Entfernung vom primären Narzißmus und erzeugt ein intensives Streben, diesen wiederzugewinnen. Diese Entfernung geschieht vermittels der Libidoverschiebung auf ein von außen aufgenötigtes Ichideal, die Befriedigung durch die Erfüllung dieses Ideals.

Gleichzeitig hat das Ich die libidinösen Objektbesetzungen ausgeschickt. Es ist zugunsten dieser Besetzungen wie des Ichideals verarmt und bereichert sich wieder durch die Objektbefriedigungen wie durch die Idealerfüllung.

Ein Anteil des Selbstgefühls ist primär, der Rest des kindlichen Narzißmus, ein anderer Teil stammt aus der durch Erfahrung bestätigten Allmacht (der Erfüllung des Ichideals), ein dritter aus der Befriedigung der Objektlibido.

Das Ichideal hat die Libidobefriedigung an den Objekten unter schwierige Bedingungen gebracht, indem es einen Teil derselben durch seinen Zensor als unverträglich abweisen läßt. Wo sich ein solches Ideal nicht entwickelt hat, da tritt die betreffende sexuelle Strebung unverändert als Perversion in die Persönlichkeit ein. Wiederum ihr eigenes Ideal sein, auch in betreff der Sexualstrebungen, wie in der Kindheit, das wollen die Menschen als ihr Glück erreichen.

---

1 [In der Erstausgabe heißt es statt »dar«: »her«.]

Die Verliebtheit besteht in einem Überströmen der Ichlibido auf das Objekt. Sie hat die Kraft, Verdrängungen aufzuheben und Perversionen wiederherzustellen. Sie erhebt das Sexualobjekt zum Sexualideal. Da sie bei dem Objekt- oder Anlehnungstypus auf Grund der Erfüllung infantiler Liebesbedingungen erfolgt, kann man sagen: Was diese Liebesbedingung erfüllt, wird idealisiert.

Das Sexualideal kann in eine interessante Hilfsbeziehung zum Ichideal treten. Wo die narzißtische Befriedigung auf reale Hindernisse stößt, kann das Sexualideal zur Ersatzbefriedigung verwendet werden. Man liebt dann nach dem Typus der narzißtischen Objektwahl das, was man war und eingebüßt hat oder was die Vorzüge besitzt, die man überhaupt nicht hat (vergleiche oben unter *c*). Die der obigen parallele Formel lautet: Was den dem Ich zum Ideal fehlenden Vorzug besitzt, wird geliebt. Dieser Fall der Aushilfe hat eine besondere Bedeutung für den Neurotiker, der durch seine übermäßigen Objektbesetzungen im Ich verarmt und außerstande ist, sein Ichideal zu erfüllen. Er sucht dann von seiner Libidoverschwendung an die Objekte den Rückweg zum Narzißmus, indem er sich ein Sexualideal nach dem narzißtischen Typus wählt, welches die von ihm nicht zu erreichenden Vorzüge besitzt. Dies ist die Heilung durch Liebe, welche er in der Regel der analytischen vorzieht. Ja, er kann an einen anderen Mechanismus der Heilung nicht glauben, bringt meist die Erwartung desselben in die Kur mit und richtet sie auf die Person des ihn behandelnden Arztes. Diesem Heilungsplan steht natürlich die Liebesunfähigkeit des Kranken infolge seiner ausgedehnten Verdrängungen im Wege. Hat man dieser durch die Behandlung bis zu einem gewissen Grade abgeholfen, so erlebt man häufig den unbeabsichtigten Erfolg, daß der Kranke sich nun der weiteren Behandlung entzieht, um eine Liebeswahl zu treffen und die weitere Herstellung dem Zusammenleben mit der geliebten Person zu überlassen. Man könnte mit diesem Ausgang zufrieden sein, wenn er nicht alle Gefahren der drückenden Abhängigkeit von diesem Nothelfer mit sich brächte.

Vom Ichideal aus führt ein bedeutsamer Weg zum Verständnis der Massenpsychologie. Dies Ideal hat außer seinem individuellen einen sozialen Anteil, es ist auch das gemeinsame Ideal einer Familie, eines Standes, einer Nation. Es hat außer der narzißtischen Libido einen großen Betrag der homosexuellen Libido einer Person gebunden, welcher auf diesem Wege ins Ich zurückgekehrt ist. Die Unbefriedigung durch Nichterfüllung dieses Ideals macht homosexuelle Libido frei, welche sich in Schuldbewußtsein (soziale Angst) verwandelt. Das Schuldbewußtsein war ursprünglich Angst vor der Strafe der Eltern, richtiger gesagt: vor dem Liebesverlust bei ihnen; an Stelle der Eltern ist später die unbestimmte Menge der Genossen getreten. Die häufige Verursachung der Paranoia durch Kränkung des Ichs, Versagung der Befriedigung im Bereiche des Ichideals, wird so verständlicher, auch das Zusammentreffen von Idealbildung und Sublimierung im Ichideal, die Rückbildung der Sublimierungen und eventuelle Umbildung der Ideale bei den paraphrenischen Erkrankungen.

TRIEBE UND TRIEBSCHICKSALE

(1915)

TRIEBE UND TRIEBSCHICKSALE

Wir haben oftmals die Forderung vertreten gehört, daß eine Wissenschaft über klaren und scharf definierten Grundbegriffen aufgebaut sein soll. In Wirklichkeit beginnt keine Wissenschaft mit solchen Definitionen, auch die exaktesten nicht. Der richtige Anfang der wissenschaftlichen Tätigkeit besteht vielmehr in der Beschreibung von Erscheinungen, die dann weiterhin gruppiert, angeordnet und in Zusammenhänge eingetragen werden. Schon bei der Beschreibung kann man es nicht vermeiden, gewisse abstrakte Ideen auf das Material anzuwenden, die man irgendwoher, gewiß nicht aus der neuen Erfahrung allein, herbeiholt. Noch unentbehrlicher sind solche Ideen – die späteren Grundbegriffe der Wissenschaft – bei der weiteren Verarbeitung des Stoffes. Sie müssen zunächst ein gewisses Maß von Unbestimmtheit an sich tragen; von einer klaren Umzeichnung ihres Inhaltes kann keine Rede sein. Solange sie sich in diesem Zustande befinden, verständigt man sich über ihre Bedeutung durch den wiederholten Hinweis auf das Erfahrungsmaterial, dem sie entnommen scheinen, das aber in Wirklichkeit ihnen unterworfen wird. Sie haben also strenge genommen den Charakter von Konventionen, wobei aber alles darauf ankommt, daß sie doch nicht willkürlich gewählt werden, sondern durch bedeutsame Beziehungen zum empirischen Stoffe bestimmt sind, die man zu erraten vermeint, noch ehe man sie erkennen und nachweisen kann. Erst nach gründlicherer Erforschung des betreffenden Erscheinungsgebietes kann man auch dessen wissenschaftliche Grundbegriffe schärfer erfassen und sie fortschreitend so abändern, daß sie in großem Umfange brauchbar und dabei durchaus widerspruchsfrei werden. Dann mag es auch an der Zeit sein, sie in Definitionen zu bannen. Der Fortschritt der Erkenntnis duldet aber auch keine Starrheit der Definitionen. Wie das Beispiel der Physik in glänzender Weise lehrt, erfahren auch die in Definitionen festgelegten »Grundbegriffe« einen stetigen Inhaltswandel.

Ein solcher konventioneller, vorläufig noch ziemlich dunkler

Grundbegriff, den wir aber in der Psychologie nicht entbehren können, ist der des *Triebes*. Versuchen wir es, ihn von verschiedenen
Seiten her mit Inhalt zu erfüllen.

Zunächst von seiten der Physiologie. Diese hat uns den Begriff des
Reizes und das Reflexschema gegeben, demzufolge ein *von* außen
her an das lebende Gewebe (der Nervensubstanz) gebrachter Reiz
durch Aktion *nach* außen abgeführt wird. Diese Aktion wird dadurch zweckmäßig, daß sie die gereizte Substanz der Einwirkung
des Reizes entzieht, aus dem Bereich der Reizwirkung entrückt.

Wie verhält sich nun der »Trieb« zum »Reiz«? Es hindert uns
nichts, den Begriff des Triebes unter den des Reizes zu subsumie-
ren: der Trieb sei ein Reiz für das Psychische. Aber wir werden
sofort davor gewarnt, Trieb und psychischen Reiz gleichzusetzen.
Es gibt offenbar für das Psychische noch andere Reize als die Triebreize, solche, die sich den physiologischen Reizen weit ähnlicher
benehmen. Wenn z. B. ein starkes Licht auf das Auge fällt, so ist das
kein Triebreiz; wohl aber, wenn sich die Austrocknung der
Schlundschleimhaut fühlbar macht oder die Anätzung der Magen-
schleimhaut.[1]

Wir haben nun Material für die Unterscheidung von Triebreiz und
anderem (physiologischem) Reiz, der auf das Seelische einwirkt, gewonnen. Erstens: Der Triebreiz stammt nicht aus der Außenwelt,
sondern aus dem Innern des Organismus selbst. Er wirkt darum
auch anders auf das Seelische und erfordert zu seiner Beseitigung
andere Aktionen. Ferner: Alles für den Reiz Wesentliche ist gegeben, wenn wir annehmen, er wirke wie ein einmaliger Stoß; er kann
dann auch durch eine einmalige zweckmäßige Aktion erledigt werden, als deren Typus die motorische Flucht vor der Reizquelle hinzustellen ist. Natürlich können sich diese Stöße auch wiederholen
und summieren, aber das ändert nichts an der Auffassung des Vorganges und an den Bedingungen der Reizaufhebung. Der Trieb hingegen wirkt nie wie eine *momentane Stoßkraft*, sondern immer wie
eine *konstante* Kraft. Da er nicht von außen, sondern vom Körperinnern her angreift, kann auch keine Flucht gegen ihn nützen. Wir

---

1 Vorausgesetzt nämlich, daß diese inneren Vorgänge die organischen Grundlagen der Bedürfnisse Durst und Hunger sind.

heißen den Triebreiz besser »Bedürfnis«; was dieses Bedürfnis aufhebt, ist die »*Befriedigung*«. Sie kann nur durch eine zielgerechte (adäquate) Veränderung der inneren Reizquelle gewonnen werden.

Stellen wir uns auf den Standpunkt eines fast völlig hilflosen, in der Welt noch unorientierten Lebewesens, welches Reize in seiner Nervensubstanz auffängt. Dies Wesen wird sehr bald in die Lage kommen, eine erste Unterscheidung zu machen und eine erste Orientierung zu gewinnen. Es wird einerseits Reize verspüren, denen es sich durch eine Muskelaktion (Flucht) entziehen kann, diese Reize rechnet es zu einer Außenwelt; anderseits aber auch noch Reize, gegen welche eine solche Aktion nutzlos bleibt, die trotzdem ihren konstant drängenden Charakter behalten; diese Reize sind das Kennzeichen einer Innenwelt, der Beweis für Triebbedürfnisse. Die wahrnehmende Substanz des Lebewesens wird so an der Wirksamkeit ihrer Muskeltätigkeit einen Anhaltspunkt gewonnen haben, um ein »Außen« von einem »Innen« zu scheiden.

Wir finden also das Wesen des Triebes zunächst in seinen Hauptcharakteren, der Herkunft von Reizquellen im Innern des Organismus, dem Auftreten als konstante[r] Kraft, und leiten davon eines seiner weiteren Merkmale, seine Unbezwingbarkeit durch Fluchtaktionen ab. Während dieser Erörterungen mußte uns aber etwas auffallen, was uns ein weiteres Eingeständnis abnötigt. Wir bringen nicht nur gewisse Konventionen als Grundbegriffe an unser Erfahrungsmaterial heran, sondern bedienen uns auch mancher komplizierter *Voraussetzungen*, um uns bei der Bearbeitung der psychologischen Erscheinungswelt leiten zu lassen. Die wichtigste dieser Voraussetzungen haben wir bereits angeführt; es erübrigt uns nur noch, sie ausdrücklich hervorzuheben. Sie ist *biologischer* Natur, arbeitet mit dem Begriff der Tendenz (eventuell der Zweckmäßigkeit) und lautet: Das Nervensystem ist ein Apparat, dem die Funktion erteilt ist, die anlangenden Reize wieder zu beseitigen, auf möglichst niedriges Niveau herabzusetzen, oder der, wenn es nur möglich wäre, sich überhaupt reizlos erhalten wollte. Nehmen wir an der Unbestimmtheit dieser Idee vorläufig keinen Anstoß und geben wir dem Nervensystem die Aufgabe – allgemein gesprochen: der *Reizbewältigung*. Wir sehen dann, wie sehr die Einführung der

Triebe das einfache physiologische Reflexschema kompliziert. Die äußeren Reize stellen nur die eine Aufgabe, sich ihnen zu entziehen, dies geschieht dann durch Muskelbewegungen, von denen endlich eine das Ziel erreicht und dann als die zweckmäßige zur erblichen Disposition wird. Die im Innern des Organismus entstehenden Triebreize sind durch diesen Mechanismus nicht zu erledigen. Sie stellen also weit höhere Anforderungen an das Nervensystem, veranlassen es zu verwickelten, ineinandergreifenden Tätigkeiten, welche die Außenwelt so weit verändern, daß sie der inneren Reizquelle die Befriedigung bietet, und nötigen es vor allem, auf seine ideale Absicht der Reizfernhaltung zu verzichten, da sie eine unvermeidliche kontinuierliche Reizzufuhr unterhalten. Wir dürfen also wohl schließen, daß sie, die Triebe, und nicht die äußeren Reize, die eigentlichen Motoren der Fortschritte sind, welche das so unendlich leistungsfähige Nervensystem auf seine gegenwärtige Entwicklungshöhe gebracht haben. Natürlich steht nichts der Annahme im Wege, daß die Triebe selbst, wenigstens zum Teil, Niederschläge äußerer Reizwirkungen sind, welche im Laufe der Phylogenese auf die lebende Substanz verändernd einwirkten.

Wenn wir dann finden, daß die Tätigkeit auch der höchstentwickelten Seelenapparate dem *Lustprinzip* unterliegt, d. h. durch Empfindungen der Lust-Unlustreihe automatisch reguliert wird, so können wir die weitere Voraussetzung schwerlich abweisen, daß diese Empfindungen die Art, wie die Reizbewältigung vor sich geht, wiedergeben. Sicherlich in dem Sinne, daß die Unlustempfindung mit Steigerung, die Lustempfindung mit Herabsetzung des Reizes zu tun hat. Die weitgehende Unbestimmtheit dieser Annahme wollen wir aber sorgfältig festhalten, bis es uns etwa gelingt, die Art der Beziehung zwischen Lust-Unlust und den Schwankungen der auf das Seelenleben wirkenden Reizgrößen zu erraten. Es sind gewiß sehr mannigfache und nicht sehr einfache solcher Beziehungen möglich.

Wenden wir uns nun von der biologischen Seite her der Betrachtung des Seelenlebens zu, so erscheint uns der »Trieb« als ein Grenzbegriff zwischen Seelischem und Somatischem, als psychischer Repräsentant der aus dem Körperinnern stammenden, in die Seele gelangenden Reize, als ein Maß der Arbeitsanforderung, die dem

Seelischen infolge seines Zusammenhanges mit dem Körperlichen auferlegt ist.

Wir können nun einige Termini diskutieren, welche im Zusammenhang mit dem Begriffe Trieb gebraucht werden, wie: Drang, Ziel, Objekt, Quelle des Triebes.

Unter dem *Drange* eines Triebes versteht man dessen motorisches Moment, die Summe von Kraft oder das Maß von Arbeitsanforderung, das er repräsentiert. Der Charakter des Drängenden ist eine allgemeine Eigenschaft der Triebe, ja das Wesen derselben. Jeder Trieb ist ein Stück Aktivität; wenn man lässigerweise von passiven Trieben spricht, kann man nichts anderes meinen als Triebe mit passivem Ziele.

Das *Ziel* eines Triebes ist allemal die Befriedigung, die nur durch Aufhebung des Reizzustandes an der Triebquelle erreicht werden kann. Aber wenn auch dies Endziel für jeden Trieb unveränderlich bleibt, so können doch verschiedene Wege zum gleichen Endziel führen, so daß sich mannigfache nähere oder intermediäre Ziele für einen Trieb ergeben können, die miteinander kombiniert oder gegeneinander vertauscht werden. Die Erfahrung gestattet uns auch, von »zielgehemmten« Trieben zu sprechen bei Vorgängen, die ein Stück weit in der Richtung der Triebbefriedigung zugelassen werden, dann aber eine Hemmung oder Ablenkung erfahren. Es ist anzunehmen, daß auch mit solchen Vorgängen eine partielle Befriedigung verbunden ist.

Das *Objekt* des Triebes ist dasjenige, an welchem oder durch welches der Trieb sein Ziel erreichen kann. Es ist das variabelste am Triebe, nicht ursprünglich mit ihm verknüpft, sondern ihm nur infolge seiner Eignung zur Ermöglichung der Befriedigung zugeordnet. Es ist nicht notwendig ein fremder Gegenstand, sondern ebensowohl ein Teil des eigenen Körpers. Es kann im Laufe der Lebensschicksale des Triebes beliebig oft gewechselt werden; dieser Verschiebung des Triebes fallen die bedeutsamsten Rollen zu. Es kann der Fall vorkommen, daß dasselbe Objekt gleichzeitig mehreren Trieben zur Befriedigung dient, nach Alfred Adler der Fall der *Triebverschränkung*. Eine besonders innige Bindung des Triebes an das Objekt wird als *Fixierung* desselben hervorgehoben. Sie vollzieht sich oft in sehr frühen Perioden der Triebentwicklung und macht der Beweglichkeit des Triebes ein Ende, indem sie der Lösung intensiv widerstrebt.

Unter der *Quelle* des Triebes versteht man jenen somatischen Vorgang in einem Organ oder Körperteil, dessen Reiz im Seelenleben durch den Trieb repräsentiert ist. Es ist unbekannt, ob dieser Vorgang regelmäßig chemischer Natur ist oder auch der Entbindung anderer, z. B. mechanischer Kräfte entsprechen kann. Das Studium der Triebquellen gehört der Psychologie nicht mehr an; obwohl die Herkunft aus der somatischen Quelle das schlechtweg Entscheidende für den Trieb ist, wird er uns im Seelenleben doch nicht anders als durch seine Ziele bekannt. Die genauere Erkenntnis der Triebquellen ist für die Zwecke der psychologischen Forschung nicht durchwegs erforderlich. Manchmal ist der Rückschluß aus den Zielen des Triebes auf dessen Quellen gesichert.

Soll man annehmen, daß die verschiedenen aus dem Körperlichen stammenden, auf das Seelische wirkenden Triebe auch durch verschiedene Qualitäten ausgezeichnet sind und darum in qualitativ verschiedener Art sich im Seelenleben benehmen? Es scheint nicht gerechtfertigt; man reicht vielmehr mit der einfacheren Annahme aus, daß die Triebe alle qualitativ gleichartig sind und ihre Wirkung nur den Erregungsgrößen, die sie führen, verdanken, vielleicht noch gewissen Funktionen dieser Quantität. Was die psychischen Leistungen der einzelnen Triebe voneinander unterscheidet, läßt sich auf die Verschiedenheit der Triebquellen zurückführen. Es kann allerdings erst in einem späteren Zusammenhange klargelegt werden, was das Problem der Triebqualität bedeutet.

Welche Triebe darf man aufstellen und wie viele? Dabei ist offenbar der Willkür ein weiter Spielraum gelassen. Man kann nichts dagegen einwenden, wenn jemand den Begriff eines Spieltriebes, Destruktionstriebes, Geselligkeitstriebes in Anwendung bringt, wo der Gegenstand es fordert und die Beschränkung der psychologischen Analyse es zuläßt. Man sollte aber die Frage nicht außer acht lassen, ob diese einerseits so sehr spezialisierten Triebmotive nicht eine weitere Zerlegung in der Richtung nach den Triebquellen gestatten, so daß nur die weiter nicht zerlegbaren Urtriebe eine Bedeutung beanspruchen können.

Ich habe vorgeschlagen, von solchen Urtrieben zwei Gruppen zu unterscheiden, die der *Ich-* oder *Selbsterhaltungstriebe* und die der *Sexualtriebe*. Dieser Aufstellung kommt aber nicht die Bedeutung einer notwendigen Voraussetzung zu, wie z. B. der Annahme über die biologische Tendenz des seelischen Apparates (s. o.); sie ist eine bloße Hilfskonstruktion, die nicht länger festgehalten werden soll, als sie sich nützlich erweist, und deren Ersetzung durch eine andere an den Ergebnissen unserer beschreibenden und ordnenden Arbeit wenig ändern wird. Der Anlaß zu dieser Aufstellung hat sich aus der Entwicklungsgeschichte der Psychoanalyse ergeben, welche die Psychoneurosen, und zwar die als »Übertragungsneurosen« zu bezeichnende Gruppe derselben (Hysterie und Zwangsneurose), zum ersten Objekt nahm und an ihnen zur Einsicht gelangte, daß ein Konflikt zwischen den Ansprüchen der Sexualität und denen des Ichs an der Wurzel jeder solchen Affektion zu finden sei. Es ist immerhin möglich, daß ein eindringendes Studium der anderen neurotischen Affektionen (vor allem der narzißtischen Psychoneurosen: der Schizophrenien) zu einer Abänderung dieser Formel und somit zu einer anderen Gruppierung der Urtriebe nötigen wird. Aber gegenwärtig kennen wir diese neue Formel nicht und haben auch noch kein Argument gefunden, welches der Gegenüberstellung von Ich- und Sexualtrieben ungünstig wäre.

Es ist mir überhaupt zweifelhaft, ob es möglich sein wird, auf Grund der Bearbeitung des psychologischen Materials entscheidende Winke zur Scheidung und Klassifizierung der Triebe zu gewinnen. Es erscheint vielmehr notwendig, zum Zwecke dieser Bearbeitung bestimmte Annahmen über das Triebleben an das Material heranzubringen, und es wäre wünschenswert, daß man diese Annahmen einem anderen Gebiete entnehmen könnte, um sie auf die Psychologie zu übertragen. Was die Biologie hiefür leistet, läuft der Sonderung von Ich- und Sexualtrieben gewiß nicht zuwider. Die Biologie lehrt, daß die Sexualität nicht gleichzustellen ist den anderen Funktionen des Individuums, da ihre Tendenzen über das Individuum hinausgehen und die Produktion neuer Individuen, also die Erhaltung der Art, zum Inhalt haben. Sie zeigt uns ferner, daß zwei Auffassungen des Verhältnisses zwischen Ich und Sexualität wie gleichberechtigt nebeneinanderstehen, die eine, nach welcher das Individuum die Hauptsache ist und die Sexualität als eine seiner Betätigungen, die Sexualbefriedigung als eines seiner Bedürfnisse wertet, und eine andere, derzufolge das Individuum ein zeitweiliger und vergänglicher Anhang an das quasi unsterbliche Keimplasma ist, welches ihm von der Generation anvertraut wurde. Die Annahme, daß sich die Sexualfunktion durch einen besonderen Chemismus von den anderen Körpervorgängen scheidet, bildet, soviel ich weiß, auch eine Voraussetzung der Ehrlichschen biologischen Forschung.

Da das Studium des Trieblebens vom Bewußtsein her kaum übersteigbare Schwierigkeiten bietet, bleibt die psychoanalytische Erforschung der Seelenstörungen die Hauptquelle unserer Kenntnis. Ihrem Entwicklungsgang entsprechend hat uns aber die Psychoanalyse bisher nur über die Sexualtriebe einigermaßen befriedigende Auskünfte bringen können, weil sie gerade nur diese Triebgruppe an den Psychoneurosen wie isoliert beobachten konnte. Mit der Ausdehnung der Psychoanalyse auf die anderen neurotischen Affektionen wird gewiß auch unsere Kenntnis der Ichtriebe begründet werden, obwohl es vermessen erscheint, auf diesem weiteren Forschungsgebiete ähnlich günstige Bedingungen für die Beobachtung zu erwarten.

Zu einer allgemeinen Charakteristik der Sexualtriebe kann man folgendes aussagen: Sie sind zahlreich, entstammen vielfältigen organischen Quellen, betätigen sich zunächst unabhängig voneinander und werden erst spät zu einer mehr oder minder vollkommenen Synthese zusammengefaßt. Das Ziel, das jeder von ihnen anstrebt, ist die Erreichung der *Organlust*; erst nach vollzogener Synthese treten sie in den Dienst der *Fortpflanzungsfunktion*, womit sie dann als Sexualtriebe allgemein kenntlich werden. Bei ihrem ersten Auftreten lehnen sie sich zuerst an die Erhaltungstriebe an, von denen sie sich erst allmählich ablösen, folgen auch bei der Objektfindung den Wegen, die ihnen die Ichtriebe weisen. Ein Anteil von ihnen bleibt den Ichtrieben zeitlebens gesellt und stattet diese mit *libidinösen* Komponenten aus, welche während der normalen Funktion leicht übersehen und erst durch die Erkrankung klargelegt werden. Sie sind dadurch ausgezeichnet, daß sie in großem Ausmaße vikariierend füreinander eintreten und leicht ihre Objekte wechseln können. Infolge der letztgenannten Eigenschaften sind sie zu Leistungen befähigt, die weitab von ihren ursprünglichen Zielhandlungen liegen. *(Sublimierung.)*

Die Untersuchung, welche Schicksale Triebe im Laufe der Entwicklung und des Lebens erfahren können, werden wir auf die uns besser bekannten Sexualtriebe einschränken müssen. Die Beobachtung lehrt uns als solche Triebschicksale folgende kennen:

Die Verkehrung ins Gegenteil.

Die Wendung gegen die eigene Person.

Die Verdrängung.

Die Sublimierung.

Da ich die Sublimierung hier nicht zu behandeln gedenke, die Verdrängung aber ein besonderes Kapitel beansprucht, erübrigt uns nur Beschreibung und Diskussion der beiden ersten Punkte. Mit Rücksicht auf Motive, welche einer direkten Fortsetzung der Triebe entgegenwirken, kann man die Triebschicksale auch als Arten der *Abwehr* gegen die Triebe darstellen.

Die *Verkehrung ins Gegenteil* löst sich bei näherem Zusehen in zwei verschiedene Vorgänge auf, in die *Wendung* eines Triebes *von der Aktivität zur Passivität* und in die *inhaltliche Verkehrung*. Beide Vorgänge sind, weil wesensverschieden, auch gesondert zu behandeln.

Beispiele für den ersteren Vorgang ergeben die Gegensatzpaare Sadismus–Masochismus und Schaulust–Exhibition. Die Verkehrung betrifft nur die *Ziele* des Triebes; für das aktive Ziel: quälen, beschauen, wird das passive: gequält werden, beschaut werden eingesetzt. Die inhaltliche Verkehrung findet sich in dem einen Falle der Verwandlung des Liebens in ein Hassen.

Die *Wendung gegen die eigene Person* wird uns durch die Erwägung nahegelegt, daß der Masochismus ja ein gegen das eigene Ich gewendeter Sadismus ist, die Exhibition das Beschauen des eigenen Körpers mit einschließt. Die analytische Beobachtung läßt auch keinen Zweifel daran bestehen, daß der Masochist das Wüten gegen seine Person, der Exhibitionist das Entblößen derselben mitgenießt. Das Wesentliche an dem Vorgang ist also der Wechsel des *Objektes* bei ungeändertem Ziel.

Es kann uns indes nicht entgehen, daß Wendung gegen die eigene Person und Wendung von der Aktivität zur Passivität in diesen Beispielen zusammentreffen oder zusammenfallen. Zur Klarstellung der Beziehungen wird eine gründlichere Untersuchung unerläßlich.

Beim Gegensatzpaar Sadismus–Masochismus kann man den Vorgang folgendermaßen darstellen:

a) Der Sadismus besteht in Gewalttätigkeit, Machtbetätigung gegen eine andere Person als Objekt.

b) Dieses Objekt wird aufgegeben und durch die eigene Person ersetzt. Mit der Wendung gegen die eigene Person ist auch die Verwandlung des aktiven Triebzieles in ein passives vollzogen.

c) Es wird neuerdings eine fremde Person als Objekt gesucht, welche infolge der eingetretenen Zielverwandlung die Rolle des Subjekts übernehmen muß.

Fall *c* ist der des gemeinhin so genannten Masochismus. Die Befriedigung erfolgt auch bei ihm auf dem Wege des ursprünglichen Sadismus, indem sich das passive Ich phantastisch in seine frühere Stelle versetzt, die jetzt dem fremden Subjekt überlassen ist. Ob es auch eine direktere masochistische Befriedigung gibt, ist durchaus zweifelhaft. Ein ursprünglicher Masochismus, der nicht auf die beschriebene Art aus dem Sadismus entstanden wäre, scheint nicht vorzukommen.[1] Daß die Annahme der Stufe *b* nicht überflüssig ist, geht wohl aus dem Verhalten des sadistischen Triebes bei der Zwangsneurose hervor. Hier findet sich die Wendung gegen die eigene Person ohne die Passivität gegen eine neue. Die Verwandlung geht nur bis zur Stufe *b*. Aus der Quälsucht wird Selbstquälerei, Selbstbestrafung, nicht Masochismus. Das aktive Verbum wandelt sich nicht in das Passivum, sondern in ein reflexives Medium.

Die Auffassung des Sadismus wird auch durch den Umstand beeinträchtigt, daß dieser Trieb neben seinem allgemeinen Ziel (vielleicht besser: innerhalb desselben) eine ganz spezielle Zielhandlung anzustreben scheint. Neben der Demütigung, Überwältigung, die Zufügung von Schmerzen. Nun scheint die Psychoanalyse zu zeigen, daß das Schmerzzufügen unter den ursprünglichen Zielhandlungen

---

1 [*Zusatz 1924:*] In späteren Arbeiten (siehe: Das ökonomische Problem des Masochismus, 1924; Bd. XIII dieser Ausgabe [der *Gesammelten Werke;* unten, S. 297–310]) habe ich im Zusammenhang mit Problemen des Trieblebens mich zu einer gegenteiligen Auffassung bekannt.

des Triebes keine Rolle spielt. Das sadistische Kind zieht die Zufügung von Schmerzen nicht in Betracht und beabsichtigt sie nicht. Wenn sich aber einmal die Umwandlung in Masochismus vollzogen hat, eignen sich die Schmerzen sehr wohl, ein passives masochistisches Ziel abzugeben, denn wir haben allen Grund anzunehmen, daß auch die Schmerz- wie andere Unlustempfindungen auf die Sexualerregung übergreifen und einen lustvollen Zustand erzeugen, um dessentwillen man sich auch die Unlust des Schmerzes gefallen lassen kann. Ist das Empfinden von Schmerzen einmal ein masochistisches Ziel geworden, so kann sich rückgreifend auch das sadistische Ziel, Schmerzen zuzufügen, ergeben, die man, während man sie anderen erzeugt, selbst masochistisch in der Identifizierung mit dem leidenden Objekt genießt. Natürlich genießt man in beiden Fällen nicht den Schmerz selbst, sondern die ihn begleitende Sexualerregung, und dies dann als Sadist besonders bequem. Das Schmerzgenießen wäre also ein ursprünglich masochistisches Ziel, das aber nur beim ursprünglich Sadistischen zum Triebziele werden kann.

Der Vollständigkeit zuliebe füge ich an, daß das *Mitleid* nicht als ein Ergebnis der Triebverwandlung beim Sadismus beschrieben werden kann, sondern die Auffassung einer *Reaktionsbildung* gegen den Trieb (über den Unterschied s. später) erfordert.

Etwas andere und einfachere Ergebnisse liefert die Untersuchung eines anderen Gegensatzpaares, der Triebe, die das Schauen und Sichzeigen zum Ziele haben. (Voyeur und Exhibitionist in der Sprache der Perversionen.) Auch hier kann man die nämlichen Stufen aufstellen wie im vorigen Falle: *a)* Das Schauen als *Aktivität* gegen ein fremdes Objekt gerichtet; *b)* das Aufgeben des Objektes, die Wendung des Schautriebes gegen einen Teil des eigenen Körpers, damit die Verkehrung in Passivität und die Aufstellung des neuen Zieles: beschaut zu werden; *c)* die Einsetzung eines neuen Subjektes, dem man sich zeigt, um von ihm beschaut zu werden. Es ist auch kaum zweifelhaft, daß das aktive Ziel früher auftritt als das passive, das Schauen dem Beschautwerden vorangeht. Aber eine bedeutsame Abweichung vom Falle des Sadismus liegt darin, daß beim Schautrieb eine noch frühere Stufe als die mit *a* bezeichnete zu erkennen ist. Der Schautrieb ist nämlich zu Anfang seiner Betätigung autoerotisch, er hat wohl ein Objekt, aber er findet es am eigenen Körper. Erst späterhin wird er dazu geleitet (auf dem Wege der Vergleichung), dies Objekt mit einem analogen des fremden Körpers zu vertauschen (Stufe *a*). Diese Vorstufe ist nun dadurch interessant, daß aus ihr die beiden Situationen des resultierenden Gegensatzpaares hervorgehen, je nachdem der Wechsel an der einen oder anderen Stelle vorgenommen wird. Das Schema für den Schautrieb könnte lauten:

α) Selbst ein Sexualglied beschauen = Sexualglied von eigener Person beschaut werden

β) Selbst fremdes Objekt beschauen (aktive Schaulust)

γ) Eigenes Objekt von fremder Person beschaut werden. (Zeigelust, Exhibition).

Eine solche Vorstufe fehlt dem Sadismus, der sich von vornherein auf ein fremdes Objekt richtet, obwohl es nicht gerade widersinnig wäre, sie aus den Bemühungen des Kindes, das seiner eigenen Glieder Herr werden will, zu konstruieren.[1]

Für beide hier betrachteten Triebbeispiele gilt die Bemerkung, daß die Triebverwandlung durch Verkehrung der Aktivität in Passivität und Wendung gegen die eigene Person eigentlich niemals am ganzen Betrag der Triebregung vorgenommen wird. Die ältere, aktive Triebrichtung bleibt in gewissem Ausmaße neben der jüngeren, passiven bestehen, auch wenn der Prozeß der Triebumwandlung sehr ausgiebig ausgefallen ist. Die einzig richtige Aussage über den Schautrieb müßte lauten, daß alle Entwicklungsstufen des Triebes, die autoerotische Vorstufe wie die aktive und passive Endgestaltung, nebeneinander bestehenbleiben, und diese Behauptung wird evident, wenn man anstatt der Triebhandlungen den Mechanismus der Befriedigung zur Grundlage seines Urteiles nimmt. Vielleicht ist übrigens noch eine andere Auffassungs- und Darlegungsweise gerechtfertigt. Man kann sich jedes Triebleben in einzelne zeitlich geschiedene und innerhalb der (beliebigen) Zeiteinheit gleichartige

---

1 [*Zusatz 1924:*] Siehe Anmerkung auf Seite 90.

Schübe zerlegen, die sich etwa zueinander verhalten wie sukzessive Lavaeruptionen. Dann kann man sich etwa vorstellen, die erste und ursprünglichste Trieberuption setze sich ungeändert fort und erfahre überhaupt keine Entwicklung. Ein nächster Schub unterliege von Anfang an einer Veränderung, etwa der Wendung zur Passivität, und addiere sich nun mit diesem neuen Charakter zum früheren hinzu usw. Überblickt man dann die Triebregung von ihrem Anfang an bis zu einem gewissen Haltepunkt, so muß die beschriebene Sukzession der Schübe das Bild einer bestimmten Entwicklung des Triebes ergeben.

Die Tatsache, daß zu jener späteren Zeit der Entwicklung neben einer Triebregung ihr (passiver) Gegensatz zu beobachten ist, verdient die Hervorhebung durch den trefflichen, von Bleuler eingeführten Namen: *Ambivalenz*.

Die Triebentwicklung wäre unserem Verständnis durch den Hinweis auf die Entwicklungsgeschichte des Triebes und die Permanenz der Zwischenstufe nahegerückt. Das Ausmaß der nachweisbaren Ambivalenz wechselt erfahrungsgemäß in hohem Grade bei Individuen, Menschengruppen oder Rassen. Eine ausgiebige Triebambivalenz bei einem heute Lebenden kann als archaisches Erbteil aufgefaßt werden, da wir Grund zur Annahme haben, der Anteil der unverwandelten aktiven Regungen am Triebleben sei in Urzeiten größer gewesen als durchschnittlich heute.

Wir haben uns daran gewöhnt, die frühe Entwicklungsphase des Ichs, während welcher dessen Sexualtriebe sich autoerotisch befriedigen, *Narzißmus* zu heißen, ohne zunächst die Beziehung zwischen Autoerotismus und Narzißmus in Diskussion zu ziehen. Dann müssen wir von der Vorstufe des Schautriebes, auf der die Schaulust den eigenen Körper zum Objekt hat, sagen, sie gehöre dem Narzißmus an, sei eine narzißtische Bildung. Aus ihr entwickele sich der aktive Schautrieb, indem er den Narzißmus verläßt, der passive Schautrieb halte aber das narzißtische Objekt fest. Ebenso bedeute die Umwandlung des Sadismus in Masochismus eine Rückkehr zum narzißtischen Objekt, während in beiden Fällen das narzißtische Subjekt durch Identifizierung mit einem anderen, fremden Ich vertauscht wird. Mit Rücksichtnahme auf die konstruierte narzißtische Vorstufe des Sadismus nähern wir uns so der allgemeine-

ren Einsicht, daß die Triebschicksale der Wendung gegen das eigene
Ich und der Verkehrung von Aktivität in Passivität von der narzißti-
schen Organisation des Ichs abhängig sind und den Stempel dieser
Phase an sich tragen. Sie entsprechen vielleicht den Abwehrver-
suchen, die auf höheren Stufen der Ichentwicklung mit anderen
Mitteln durchgeführt werden.

Wir besinnen uns hier, daß wir bisher nur die zwei Triebgegensatz-
paare: Sadismus–Masochismus und Schaulust–Zeigelust in Erörterung gezogen haben. Es sind dies die bestbekannten ambivalent
auftretenden Sexualtriebe. Die anderen Komponenten der späteren
Sexualfunktion sind der Analyse noch nicht genug zugänglich geworden, um sie in ähnlicher Weise diskutieren zu können. Wir können von ihnen allgemein aussagen, daß sie sich *autoerotisch* betätigen, d. h., ihr Objekt verschwindet gegen das Organ, das ihre Quelle
ist, und fällt in der Regel mit diesem zusammen. Das Objekt des
Schautriebes, obwohl auch zuerst ein Teil des eigenen Körpers, ist
doch nicht das Auge selbst, und beim Sadismus weist die Organquelle, wahrscheinlich die aktionsfähige Muskulatur, direkt auf ein
anderes Objekt, sei es auch am eigenen Körper hin. Bei den autoerotischen Trieben ist die Rolle der Organquelle so ausschlaggebend, daß nach einer ansprechenden Vermutung von P. Federn und
L. Jekels[1] Form und Funktion des Organs über die Aktivität und
Passivität des Triebzieles entscheiden.

Die Verwandlung eines Triebes in sein (materielles) Gegenteil wird
nur in einem Falle beobachtet, bei der *Umsetzung von Liebe in
Haß*.[2] Da diese beiden besonders häufig gleichzeitig auf dasselbe
Objekt gerichtet vorkommen, ergibt diese Koexistenz auch das bedeutsamste Beispiel einer Gefühlsambivalenz.

Der Fall von Liebe und Haß erwirbt ein besonderes Interesse durch
den Umstand, daß er der Einreihung in unsere Darstellung der
Triebe widerstrebt. Man kann an der innigsten Beziehung zwischen
diesen beiden Gefühlsgegensätzen und dem Sexualleben nicht zweifeln, muß sich aber natürlich dagegen sträuben, das Lieben etwa als

---

1 Inter. Zeitschrift für Psychoanalyse, I, 1913.
2 [Vor 1924 lautete diese Wendung: »Umsetzung von Liebe und Haß«.]

einen besonderen Partialtrieb der Sexualität wie die anderen aufzufassen. Man möchte eher das Lieben als den Ausdruck der ganzen
Sexualstrebung ansehen, kommt aber auch damit nicht zurecht und
weiß nicht, wie man ein materielles Gegenteil dieser Strebung verstehen soll.

Das Lieben ist nicht nur eines, sondern dreier Gegensätze fähig.
Außer dem Gegensatz: lieben–hassen gibt es den anderen: lieben–geliebt werden, und überdies setzen sich lieben und hassen zusammen-
genommen dem Zustande der Indifferenz oder Gleichgültigkeit entgegen. Von diesen drei Gegensätzen entspricht der zweite, der von
lieben–geliebt werden, durchaus der Wendung von der Aktivität zur
Passivität und läßt auch die nämliche Zurückführung auf eine Grundsituation wie beim Schautrieb zu. Diese heißt: *sich selbst lieben*, was
für uns die Charakteristik des Narzißmus ist. Je nachdem nun das
Objekt oder das Subjekt gegen ein fremdes vertauscht wird, ergibt
sich die aktive Zielstrebung des Liebens oder die passive des Geliebt-
werdens, von denen die letztere dem Narzißmus nahe verbleibt.

Vielleicht kommt man dem Verständnis der mehrfachen Gegenteile
des Liebens näher, wenn man sich besinnt, daß das seelische Leben
überhaupt von *drei Polaritäten* beherrscht wird, den Gegensätzen
von:

Subjekt (Ich)–Objekt (Außenwelt).

Lust–Unlust.

Aktiv–Passiv.

Der Gegensatz von Ich–Nicht-Ich (Außen), (Subjekt–Objekt),
wird dem Einzelwesen, wie wir bereits erwähnt haben, frühzeitig
aufgedrängt durch die Erfahrung, daß es Außenreize durch seine
Muskelaktion zum Schweigen bringen kann, gegen Treibreize aber
wehrlos ist. Er bleibt vor allem in der intellektuellen Betätigung sou-
verän und schafft die Grundsituation für die Forschung, die durch
kein Bemühen abgeändert werden kann. Die Polarität von Lust–
Unlust haftet an einer Empfindungsreihe, deren unübertroffene
Bedeutung für die Entscheidung unserer Aktionen (Wille) bereits
betont worden ist. Der Gegensatz von Aktiv–Passiv ist nicht mit
dem von Ich-Subjekt–Außen-Objekt zu verwechseln. Das Ich verhält sich passiv gegen die Außenwelt, insoweit es Reize von ihr empfängt, aktiv, wenn es auf dieselben reagiert. Zu ganz besonderer

Aktivität gegen die Außenwelt wird es durch seine Triebe gezwungen, so daß man unter Hervorhebung des Wesentlichen sagen könnte: Das Ich-Subjekt sei passiv gegen die äußeren Reize, aktiv durch seine eigenen Triebe. Der Gegensatz Aktiv–Passiv verschmilzt späterhin mit dem von Männlich–Weiblich, der, ehe dies geschehen ist, keine psychologische Bedeutung hat. Die Verlötung der Aktivität mit der Männlichkeit, der Passivität mit der Weiblichkeit tritt uns nämlich als biologische Tatsache entgegen; sie ist aber keineswegs so regelmäßig durchgreifend und ausschließlich, wie wir anzunehmen geneigt sind.

Die drei seelischen Polaritäten gehen die bedeutsamsten Verknüpfungen miteinander ein. Es gibt eine psychische Ursituation, in welcher zwei derselben zusammentreffen. Das Ich findet sich ursprünglich, zu allem Anfang des Seelenlebens, triebbesetzt und zum Teil fähig, seine Triebe an sich selbst zu befriedigen. Wir heißen diesen Zustand den des Narzißmus, die Befriedigungsmöglichkeit die autoerotische.[1] Die Außenwelt ist derzeit nicht mit Interesse (allgemein gesprochen) besetzt und für die Befriedigung gleichgültig. Es fällt also um diese Zeit das Ich-Subjekt mit dem Lustvollen, die Außenwelt mit dem Gleichgültigen (eventuell als Reizquelle Unlustvollen) zusammen. Definieren wir zunächst das Lieben als die Relation des Ichs zu seinen Lustquellen, so erläutert die Situation, in der es nur sich selbst liebt und gegen die Welt gleichgültig ist, die erste der Gegensatzbeziehungen, in denen wir das »Lieben« gefunden haben.

Das Ich bedarf der Außenwelt nicht, insofern es autoerotisch ist, es bekommt aber Objekte aus ihr infolge der Erlebnisse der Icherhal-

---

1 Ein Anteil der Sexualtriebe ist, wie wir wissen, dieser autoerotischen Befriedigung fähig, eignet sich also zum Träger der nachstehend [im obigen Text] geschilderten Entwicklung unter der Herrschaft des Lustprinzips. Die Sexualtriebe, welche von vornherein ein Objekt fordern, und die autoerotisch niemals zu befriedigenden Bedürfnisse der Ichtriebe stören natürlich diesen Zustand und bereiten die Fortschritte vor. Ja, der narzißtische Urzustand könnte nicht jene Entwicklung nehmen, wenn nicht jedes Einzelwesen eine Periode von *Hilflosigkeit* und *Pflege* durchmachte, währenddessen seine drängenden Bedürfnisse durch Dazutun von Außen befriedigt und somit von der Entwicklung abgehalten würden.

tungstriebe und kann doch nicht umhin, innere Triebreize als unlustvoll für eine Zeit zu verspüren. Unter der Herrschaft des Lustprinzips vollzieht sich nun in ihm eine weitere Entwicklung. Es nimmt die dargebotenen Objekte, insofern sie Lustquellen sind, in sein Ich auf, introjiziert sich dieselben (nach dem Ausdrucke Ferenczis) und stößt anderseits von sich aus, was ihm im eigenen Innern Unlustanlaß wird. (Siehe später den Mechanismus der Projektion.)

Es wandelt sich so aus dem anfänglichen Real-Ich, welches Innen und Außen nach einem guten objektiven Kennzeichen unterschieden hat, in ein purifiziertes *Lust-Ich*, welches den Lustcharakter über jeden anderen setzt. Die Außenwelt zerfällt ihm in einen Lustanteil, den es sich einverleibt hat, und einen Rest, der ihm fremd ist. Aus dem eigenen Ich hat es einen Bestandteil ausgesondert, den es in die Außenwelt wirft und als feindlich empfindet. Nach dieser Umordnung ist die Deckung der beiden Polaritäten

Ich-Subjekt – mit Lust

Außenwelt – mit Unlust (von früher her Indifferenz)

wiederhergestellt.

Mit dem Eintreten des Objekts in die Stufe des primären Narzißmus erreicht auch der zweite Gegensinn des Liebens, das Hassen, seine Ausbildung.

Das Objekt wird dem Ich, wie wir gehört haben, zuerst von den Selbsterhaltungstrieben aus der Außenwelt gebracht, und es ist nicht abzuweisen, daß auch der ursprüngliche Sinn des Hassens die Relation gegen die fremde und reizzuführende Außenwelt bedeutet. Die Indifferenz ordnet sich dem Haß, der Abneigung, als Spezialfall ein, nachdem sie zuerst als dessen Vorläufer aufgetreten ist. Das Äußere, das Objekt, das Gehaßte wären zu allem Anfang identisch. Erweist sich späterhin das Objekt als Lustquelle, so wird es geliebt, aber auch dem Ich einverleibt, so daß für das purifizierte Lust-Ich das Objekt doch wiederum mit dem Fremden und Gehaßten zusammenfällt.

Wir merken aber jetzt auch, wie das Gegensatzpaar Liebe–Indifferenz die Polarität Ich–Außenwelt spiegelt, so reproduziert der zweite Gegensatz Liebe–Haß die mit der ersteren verknüpfte Polarität von Lust–Unlust. Nach der Ablösung der rein narzißtischen

Stufe durch die Objektstufe bedeuten Lust und Unlust Relationen des Ichs zum Objekt. Wenn das Objekt die Quelle von Lustempfindungen wird, so stellt sich eine motorische Tendenz heraus, welche dasselbe dem Ich annähern, ins Ich einverleiben will; wir sprechen dann auch von der »Anziehung«, die das lustspendende Objekt ausübt, und sagen, daß wir das Objekt »lieben«. Umgekehrt, wenn das Objekt Quelle von Unlustempfindungen ist, bestrebt sich eine Tendenz, die Distanz zwischen ihm und dem Ich zu vergrößern, den ursprünglichen Fluchtversuch vor der reizausschickenden Außenwelt an ihm zu wiederholen. Wir empfinden die »Abstoßung« des Objekts und hassen es; dieser Haß kann sich dann zur Aggressionsneigung gegen das Objekt, zur Absicht, es zu vernichten, steigern.

Man könnte zur Not von einem Trieb aussagen, daß er das Objekt »liebt«, nach dem er zu seiner Befriedigung strebt. Daß ein Trieb ein Objekt »haßt«, klingt uns aber befremdend, so daß wir aufmerksam werden, die Beziehungen[1] Liebe und Haß seien nicht für die Relationen der Triebe zu ihren Objekten verwendbar, sondern für die Relation des Gesamt-Ichs zu den Objekten reserviert. Die Beobachtung des gewiß sinnvollen Sprachgebrauches zeigt uns aber eine weitere Einschränkung in der Bedeutung von Liebe und Haß. Von den Objekten, welche der Icherhaltung dienen, sagt man nicht aus, daß man sie liebt, sondern betont, daß man ihrer bedarf, und gibt etwa einem Zusatz von andersartiger Relation Ausdruck, indem man Worte gebraucht, die ein sehr abgeschwächtes Lieben andeuten, wie: gerne haben, gerne sehen, angenehm finden.

Das Wort »lieben« rückt also immer mehr in die Sphäre der reinen Lustbeziehung des Ichs zum Objekt und fixiert sich schließlich an die Sexualobjekte im engeren Sinne und an solche Objekte, welche die Bedürfnisse sublimierter Sexualtriebe befriedigen. Die Scheidung der Ichtriebe von den Sexualtrieben, welche wir unserer Psychologie aufgedrängt haben, erweist sich so als konform mit dem Geiste unserer Sprache. Wenn wir nicht gewohnt sind zu sagen, der einzelne Sexualtrieb liebe sein Objekt, aber die adäquateste Verwendung des Wortes »lieben« in der Beziehung des Ichs zu seinem

---

1 [In der Erstauflage: »Bezeichnungen«.]

Sexualobjekt finden, so lehrt uns diese Beobachtung, daß dessen Verwendbarkeit in dieser Relation erst mit der Synthese aller Partialtriebe der Sexualität unter dem Primat der Genitalien und im Dienste der Fortpflanzungsfunktion beginnt.

Es ist bemerkenswert, daß im Gebrauche des Wortes »hassen« keine so innige Beziehung zur Sexuallust und Sexualfunktion zum Vorschein kommt, sondern die Unlustrelation die einzig entscheidende scheint. Das Ich haßt, verabscheut, verfolgt mit Zerstörungsabsichten alle Objekte, die ihm zur Quelle von Unlustempfindungen werden, gleichgültig ob sie ihm eine Versagung sexueller Befriedigung oder der Befriedigung von Erhaltungsbedürfnissen bedeuten. Ja, man kann behaupten, daß die richtigen Vorbilder für die Haßrelation nicht aus dem Sexualleben, sondern aus dem Ringen des Ichs um seine Erhaltung und Behauptung stammen.

Liebe und Haß, die sich uns als volle materielle Gegensätze vorstellen, stehen also doch in keiner einfachen Beziehung zueinander. Sie sind nicht aus der Spaltung eines Urgemeinsamen hervorgegangen, sondern haben verschiedene Ursprünge und haben ein jedes seine eigene Entwicklung durchgemacht, bevor sie sich unter dem Einfluß der Lust-Unlustrelation zu Gegensätzen formiert haben. Es erwächst uns hier die Aufgabe zusammenzustellen, was wir von der Genese von Liebe und Haß wissen.

Die Liebe stammt von der Fähigkeit des Ichs, einen Anteil seiner Triebregungen autoerotisch, durch die Gewinnung von Organlust zu befriedigen. Sie ist ursprünglich narzißtisch, übergeht dann auf die Objekte, die dem erweiterten Ich einverleibt worden sind, und drückt das motorische Streben des Ichs nach diesen Objekten als Lustquellen aus. Sie verknüpft sich innig mit der Betätigung der späteren Sexualtriebe und fällt, wenn deren Synthese vollzogen ist, mit dem Ganzen der Sexualstrebung zusammen. Vorstufen des Liebens ergeben sich als vorläufige Sexualziele, während die Sexualtriebe ihre komplizierte Entwicklung durchlaufen. Als erste derselben erkennen wir das *Sicheinverleiben* oder *Fressen*, eine Art der Liebe, welche mit der Aufhebung der Sonderexistenz des Objekts vereinbar ist, also als ambivalent bezeichnet werden kann. Auf der höheren Stufe der prägenitalen sadistisch-analen Organisation tritt das Streben nach dem Objekt in der Form des Bemächtigungsdranges auf, dem die Schädigung oder Vernichtung des Objekts gleichgültig ist. Diese Form und Vorstufe der Liebe ist in ihrem Verhalten gegen das Objekt vom Haß kaum zu unterscheiden. Erst mit der Herstellung der Genitalorganisation ist die Liebe zum Gegensatz vom Haß geworden.

Der Haß ist als Relation zum Objekt älter als die Liebe, er entspringt der uranfänglichen Ablehnung der reizspendenden Außenwelt von seiten des narzißtischen Ichs. Als Äußerung der durch Objekte hervorgerufenen Unlustreaktion bleibt er immer in inniger Beziehung zu den Trieben der Icherhaltung, so daß Ichtriebe und Sexualtriebe leicht in einen Gegensatz geraten können, der den von Hassen und Lieben wiederholt. Wenn die Ichtriebe die Sexualfunktion beherrschen wie auf der Stufe der sadistisch-analen Organisation, so leihen sie auch dem Triebziel die Charaktere des Hasses.

Die Entstehungs- und Beziehungsgeschichte der Liebe macht es uns verständlich, daß sie so häufig »ambivalent«, d. h. in Begleitung von Haßregungen gegen das nämliche Objekt auftritt. Der der Liebe beigemengte Haß rührt zum Teil von den nicht völlig überwundenen Vorstufen des Liebens her, zum anderen Teil begründet er sich durch Ablehnungsreaktionen der Ichtriebe, die sich bei den häufigen Konflikten zwischen Ich- und Liebesinteressen auf reale und aktuelle Motive berufen können. In beiden Fällen geht also der beigemengte Haß auf die Quelle der Icherhaltungstriebe zurück. Wenn die Liebesbeziehung zu einem bestimmten Objekt abgebrochen wird, so tritt nicht selten Haß an deren Stelle, woraus wir den Eindruck einer Verwandlung der Liebe in Haß empfangen. Über diese Deskription hinaus führt dann die Auffassung, daß dabei der real motivierte Haß durch die Regression des Liebens auf die sadistische Vorstufe verstärkt wird, so daß das Hassen einen erotischen Charakter erhält und die Kontinuität einer Liebesbeziehung gewährleistet wird.

Die dritte Gegensätzlichkeit des Liebens, die Verwandlung des Liebens in ein Geliebtwerden, entspricht der Einwirkung der Polarität von Aktivität und Passivität und unterliegt derselben Beurteilung wie die Fälle des Schautriebes und des Sadismus. Wir dürfen zusammenfassend hervorheben, die Triebschicksale bestehen im wesentlichen darin, daß die *Triebregungen den Einflüssen der drei großen*

das Seelenleben beherrschenden Polaritäten unterzogen werden.
Von diesen drei Polaritäten könnte man die der Aktivität–Passivität als die *biologische*, die Ich–Außenwelt als die *reale*, endlich die von Lust–Unlust als die *ökonomische* bezeichnen.

Das Triebschicksal der *Verdrängung* wird den Gegenstand einer anschließenden Untersuchung bilden.

DIE VERDRÄNGUNG

(1915)

DIE VERDRÄNGUNG

Es kann das Schicksal einer Triebregung werden, daß sie auf Widerstände stößt, welche sie unwirksam machen wollen. Unter Bedingungen, deren nähere Untersuchung uns bevorsteht, gelangt sie dann in den Zustand der *Verdrängung*. Handelte es sich um die Wirkung eines äußeren Reizes, so wäre offenbar die Flucht das geeignete Mittel. Im Falle des Triebes kann die Flucht nichts nützen, denn das Ich kann sich nicht selbst entfliehen. Später einmal wird in der Urteilsverwerfung (*Verurteilung*) ein gutes Mittel gegen die Triebregung gefunden werden. Eine Vorstufe der Verurteilung, ein Mittelding zwischen Flucht und Verurteilung ist die Verdrängung, deren Begriff in der Zeit vor den psychoanalytischen Studien nicht aufgestellt werden konnte.

Die Möglichkeit einer Verdrängung ist theoretisch nicht leicht abzuleiten. Warum sollte eine Triebregung einem solchen Schicksal verfallen? Offenbar muß hier die Bedingung erfüllt sein, daß die Erreichung des Triebzieles Unlust an Stelle von Lust bereitet. Aber dieser Fall ist nicht gut denkbar. Solche Triebe gibt es nicht, eine Triebbefriedigung ist immer lustvoll. Es müßten besondere Verhältnisse anzunehmen sein, irgendein Vorgang, durch den die Befriedigungslust in Unlust verwandelt wird.

Wir können zur besseren Abgrenzung der Verdrängung einige andere Triebsituationen in Erörterung ziehen. Es kann vorkommen, daß sich ein äußerer Reiz, z. B. dadurch, daß er ein Organ anätzt und zerstört, verinnerlicht und so eine neue Quelle beständiger Erregung und Spannungsvermehrung ergibt. Er erwirbt damit eine weitgehende Ähnlichkeit mit einem Trieb. Wir wissen, daß wir diesen Fall als *Schmerz* empfinden. Das Ziel dieses Pseudotriebes ist aber nur das Aufhören der Organveränderung und der mit ihr verbundenen Unlust. Andere, direkte Lust kann aus dem Aufhören des Schmerzes nicht gewonnen werden. Der Schmerz ist auch imperativ; er unterliegt nur noch der Einwirkung einer toxischen Aufhebung und der Beeinflussung durch psychische Ablenkung.

Der Fall des Schmerzes ist zu wenig durchsichtig, um etwas für unsere Absicht zu leisten. Nehmen wir den Fall, daß ein Triebreiz wie der Hunger unbefriedigt bleibt. Er wird dann imperativ, ist durch nichts anderes als durch die Befriedigungsaktion zu beschwichtigen, unterhält eine beständige Bedürfnisspannung. Etwas wie eine Verdrängung scheint hier auf lange hinaus nicht in Betracht zu kommen.

Der Fall der Verdrängung ist also gewiß nicht gegeben, wenn die Spannung infolge von Unbefriedigung einer Triebregung unerträglich groß wird. Was dem Organismus an Abwehrmitteln gegen diese Situation gegeben ist, muß in anderem Zusammenhang erörtert werden.

Halten wir uns lieber an die klinische Erfahrung, wie sie uns in der psychoanalytischen Praxis entgegentritt. Dann werden wir belehrt, daß die Befriedigung des der Verdrängung unterliegenden Triebes wohl möglich und daß sie auch jedesmal an sich lustvoll wäre, aber sie wäre mit anderen Ansprüchen und Vorsätzen unvereinbar; sie würde also Lust an der einen, Unlust an anderer Stelle erzeugen. Zur Bedingung der Verdrängung ist dann geworden, daß das Unlustmotiv eine stärkere Macht gewinnt als die Befriedigungslust. Wir werden ferner durch die psychoanalytische Erfahrung an den Übertragungsneurosen zu dem Schluß genötigt, daß die Verdrängung kein ursprünglich vorhandener Abwehrmechanismus ist, daß sie nicht eher entstehen kann, als bis sich eine scharfe Sonderung von bewußter und unbewußter Seelentätigkeit hergestellt hat, und daß *ihr Wesen nur in der Abweisung und Fernhaltung vom Bewußten besteht.* Diese Auffassung der Verdrängung würde durch die Annahme ergänzt werden, daß vor solcher Stufe der seelischen Organisation die anderen Triebschicksale, wie die Verwandlung ins Gegenteil, die Wendung gegen die eigene Person, die Aufgabe der Abwehr von Triebregungen bewältigen.

Wir meinen jetzt auch, Verdrängung und Unbewußtes seien in so großem Ausmaße korrelativ, daß wir die Vertiefung in das Wesen der Verdrängung aufschieben müssen, bis wir mehr von dem Aufbau des psychischen Instanzenzuges und der Differenzierung von Unbewußt und Bewußt erfahren haben. Vorher können wir nur noch einige klinisch erkannte Charaktere der Verdrängung in rein deskriptiver Weise zusammenstellen, auf die Gefahr hin, vieles anderwärts Gesagte ungeändert zu wiederholen.

Wir haben also Grund, eine *Urverdrängung* anzunehmen, eine erste Phase der Verdrängung, die darin besteht, daß der psychischen (Vorstellungs-)Repräsentanz des Triebes die Übernahme ins Bewußte versagt wird. Mit dieser ist eine *Fixierung* gegeben; die betreffende Repräsentanz bleibt von da an unveränderlich bestehen und der Trieb an sie gebunden. Dies geschieht infolge der später zu besprechenden Eigenschaften unbewußter Vorgänge.

Die zweite Stufe der Verdrängung, die *eigentliche Verdrängung*, betrifft psychische Abkömmlinge der verdrängten Repräsentanz oder solche Gedankenzüge, die, anderswoher stammend, in assoziative Beziehung zu ihr geraten sind. Wegen dieser Beziehung erfahren diese Vorstellungen dasselbe Schicksal wie das Urverdrängte. Die eigentliche Verdrängung ist also ein Nachdrängen. Man tut übrigens unrecht, wenn man nur die Abstoßung hervorhebt, die vom Bewußten her auf das zu Verdrängende wirkt. Es kommt ebensosehr die Anziehung in Betracht, welche das Urverdrängte auf alles ausübt, womit es sich in Verbindung setzen kann. Wahrscheinlich würde die Verdrängungstendenz ihre Absicht nicht erreichen, wenn diese Kräfte nicht zusammenwirkten, wenn es nicht ein vorher Verdrängtes gäbe, welches das vom Bewußten Abgestoßene aufzunehmen bereit wäre.

Unter dem Einfluß des Studiums der Psychoneurosen, welches uns die bedeutsamen Wirkungen der Verdrängung vorführt, werden wir geneigt, deren psychologischen Inhalt zu überschätzen, und vergessen zu leicht, daß die Verdrängung die Triebrepräsentanz nicht daran hindert, im Unbewußten fortzubestehen, sich weiter zu organisieren, Abkömmlinge zu bilden und Verbindungen anzuknüpfen. Die Verdrängung stört wirklich nur die Beziehung zu einem psychischen System, dem des Bewußten.

Die Psychoanalyse kann uns noch anderes zeigen, was für das Verständnis der Wirkungen der Verdrängung bei den Psychoneurosen bedeutsam ist. Z. B., daß die Triebrepräsentanz sich ungestörter und reichhaltiger entwickelt, wenn sie durch die Verdrängung dem bewußten Einfluß entzogen ist. Sie wuchert dann sozusagen im Dunkeln und findet extreme Ausdrucksformen, welche, wenn sie dem

Neurotiker übersetzt und vorgehalten werden, ihm nicht nur fremd erscheinen müssen, sondern ihn auch durch die Vorspiegelung einer außerordentlichen und gefährlichen Triebstärke schrecken. Diese täuschende Triebstärke ist das Ergebnis einer ungehemmten Entfaltung in der Phantasie und der Aufstauung infolge versagter Befriedigung. Daß dieser letztere Erfolg an die Verdrängung geknüpft ist, weist darauf hin, worin wir ihre eigentliche Bedeutung zu suchen haben.

Indem wir aber noch zur Gegenansicht zurückkehren, stellen wir fest, es sei nicht einmal richtig, daß die Verdrängung alle Abkömmlinge des Urverdrängten vom Bewußten abhalte. Wenn sich diese weit genug von der verdrängten Repräsentanz entfernt haben, sei es durch Annahme von Entstellungen oder durch die Anzahl der eingeschobenen Mittelglieder, so steht ihnen der Zugang zum Bewußten ohne weiteres frei. Es ist, als ob der Widerstand des Bewußten gegen sie eine Funktion ihrer Entfernung vom ursprünglich Verdrängten wäre. Während der Ausübung der psychoanalytischen Technik fordern wir den Patienten unausgesetzt dazu auf, solche Abkömmlinge des Verdrängten zu produzieren, die infolge ihrer Entfernung oder Entstellung die Zensur des Bewußten passieren können. Nichts anderes sind ja die Einfälle, die wir unter Verzicht auf alle bewußten Zielvorstellungen und alle Kritik von ihm verlangen und aus denen wir eine bewußte Übersetzung der verdrängten Repräsentanz wiederherstellen. Wir beobachten dabei, daß der Patient eine solche Einfallsreihe fortspinnen kann, bis er in ihrem Ablauf auf eine Gedankenbildung stößt, bei welcher die Beziehung zum Verdrängten so intensiv durchwirkt, daß er seinen Verdrängungsversuch wiederholen muß. Auch die neurotischen Symptome müssen der obigen Bedingung genügt haben, denn sie sind Abkömmlinge des Verdrängten, welches sich mittels dieser Bildungen den ihm versagten Zugang zum[1] Bewußtsein endlich erkämpft hat.

Wie weit die Entstellung und Entfernung vom Verdrängten gehen muß, bis der Widerstand des Bewußten aufgehoben ist, läßt sich

---

1 [In den Ausgaben vor 1924 stand anstelle »zum«: »vom«, was einen anderen Sinn ergibt.]

allgemein nicht angeben. Es findet dabei eine feine Abwägung statt, deren Spiel uns verdeckt ist, deren Wirkungsweise uns aber erraten läßt, es handle sich darum, vor einer bestimmten Intensität der Besetzung des Unbewußten haltzumachen, mit deren Überschreitung es zur Befriedigung durchdringen würde. Die Verdrängung arbeitet also *höchst individuell*; jeder einzelne Abkömmling des Verdrängten kann sein besonderes Schicksal haben; ein wenig mehr oder weniger von Entstellung macht, daß der ganze Erfolg umschlägt. In demselben Zusammenhang ist auch zu begreifen, daß die bevorzugten Objekte der Menschen, ihre Ideale, aus denselben Wahrnehmungen und Erlebnissen stammen wie die von ihnen am meisten verabscheuten und sich ursprünglich nur durch geringe Modifikationen voneinander unterscheiden. Ja, es kann, wie wir's bei der Entstehung des Fetisch gefunden haben, die ursprüngliche Triebrepräsentanz in zwei Stücke zerlegt worden sein, von denen das eine der Verdrängung verfiel, während der Rest, gerade wegen dieser innigen Verknüpftheit, das Schicksal der Idealisierung erfuhr.

Dasselbe, was ein Mehr oder Weniger an Entstellung leistet, kann auch sozusagen am anderen Ende des Apparates durch eine Modifikation in den Bedingungen der Lust-Unlustproduktion erzielt werden. Es sind besondere Techniken ausgebildet worden, deren Absicht dahin geht, solche Veränderungen des psychischen Kräftespieles herbeizuführen, daß dasselbe, was sonst Unlust erzeugt, auch einmal lustbringend wird, und sooft solch ein technisches Mittel in Aktion tritt, wird die Verdrängung für eine sonst abgewiesene Triebrepräsentanz aufgehoben. Diese Techniken sind bisher nur für den *Witz* genauer verfolgt worden. In der Regel ist die Aufhebung der Verdrängung nur eine vorübergehende; sie wird alsbald wiederhergestellt.

Erfahrungen dieser Art reichen aber hin, uns auf weitere Charaktere der Verdrängung aufmerksam zu machen. Sie ist nicht nur, wie eben ausgeführt, *individuell*, sondern auch im hohen Grade *mobil*. Man darf sich den Verdrängungsvorgang nicht wie ein einmaliges Geschehen mit Dauererfolg vorstellen, etwa wie wenn man etwas Lebendes erschlagen hat, was von da an tot ist; sondern die Verdrängung erfordert einen anhaltenden Kraftaufwand, mit dessen Unterlassung ihr Erfolg in Frage gestellt wäre, so daß ein neuerlicher Verdrängungsakt notwendig würde. Wir dürfen uns vorstellen, daß das Verdrängte einen kontinuierlichen Druck in der Richtung zum Bewußten hin ausübt, dem durch unausgesetzten Gegendruck das Gleichgewicht gehalten werden muß. Die Erhaltung einer Verdrängung setzt also eine beständige Kraftausgabe voraus, und ihre Aufhebung bedeutet ökonomisch eine Ersparung. Die Mobilität der Verdrängung findet übrigens auch einen Ausdruck in den psychischen Charakteren des Schlafzustandes, welcher allein die Traumbildung ermöglicht. Mit dem Erwachen werden die eingezogenen Verdrängungsbesetzungen wieder ausgeschickt.

Wir dürfen endlich nicht vergessen, daß wir von einer Triebregung erst sehr wenig ausgesagt haben, wenn wir feststellen, sie sei eine verdrängte. Sie kann sich unbeschadet der Verdrängung in sehr verschiedenen Zuständen befinden, inaktiv sein, d. h. sehr wenig mit psychischer Energie besetzt, oder in wechselndem Grade besetzt und damit zur Aktivität befähigt. Ihre Aktivierung wird zwar nicht die Folge haben, daß sie die Verdrängung direkt aufhebt, wohl aber alle die Vorgänge anregen, welche mit dem Durchdringen zum Bewußtsein auf Umwegen einen Abschluß finden. Bei unverdrängten Abkömmlingen des Unbewußten entscheidet oft das Ausmaß der Aktivierung oder Besetzung über das Schicksal der einzelnen Vorstellung. Es ist ein alltägliches Vorkommnis, daß ein solcher Abkömmling unverdrängt bleibt, solange er eine geringe Energie repräsentiert, obwohl sein Inhalt geeignet wäre, einen Konflikt mit dem bewußt Herrschenden zu ergeben. Das quantitative Moment zeigt sich aber als entscheidend für den Konflikt; sobald die im Grunde anstößige Vorstellung sich über ein gewisses Maß verstärkt, wird der Konflikt aktuell, und gerade die Aktivierung zieht die Verdrängung nach sich. Zunahme der Energiebesetzung wirkt also in Sachen der Verdrängung gleichsinnig wie Annäherung an das Unbewußte, Abnahme derselben wie Entfernung davon oder Entstellung. Wir verstehen, daß die verdrängenden Tendenzen in der Abschwächung des Unliebsamen einen Ersatz für dessen Verdrängung finden können.

In den bisherigen Erörterungen behandelten wir die Verdrängung einer Triebrepräsentanz und verstanden unter einer solchen eine Vorstellung oder Vorstellungsgruppe, welche vom Trieb her mit einem bestimmten Betrag von psychischer Energie (Libido, Interesse) besetzt ist. Die klinische Beobachtung nötigt uns nun zu zerlegen, was wir bisher einheitlich aufgefaßt hatten, denn sie zeigt uns, daß etwas anderes, was den Trieb repräsentiert, neben der Vorstellung in Betracht kommt und daß dieses andere ein Verdrängungsschicksal erfährt, welches von dem der Vorstellung ganz verschieden sein kann. Für dieses andere Element der psychischen Repräsentanz hat sich der Name *Affektbetrag* eingebürgert; es entspricht dem Triebe, insofern er sich von der Vorstellung abgelöst hat und einen seiner Quantität gemäßen Ausdruck in Vorgängen findet, welche als Affekte der Empfindung bemerkbar werden. Wir werden von nun an, wenn wir einen Fall von Verdrängung beschreiben, gesondert verfolgen müssen, was durch die Verdrängung aus der Vorstellung und was aus der an ihr haftenden Triebenergie geworden ist.

Gern würden wir über beiderlei Schicksale etwas Allgemeines aussagen wollen. Dies wird uns auch nach einiger Orientierung möglich. Das allgemeine Schicksal der den Trieb repräsentierenden Vorstellung kann nicht leicht etwas anderes sein, als daß sie aus dem Bewußten verschwindet, wenn sie früher bewußt war, oder vom Bewußtsein abgehalten wird, wenn sie im Begriffe war, bewußt zu werden. Der Unterschied ist nicht mehr bedeutsam; er kommt etwa darauf hinaus, ob ich einen unliebsamen Gast aus meinem Salon hinausbefördere oder aus meinem Vorzimmer oder ihn, nachdem ich ihn erkannt habe, überhaupt nicht über die Schwelle der Wohnungstür treten lasse.[1] Das Schicksal des quantitativen Faktors der Triebrepräsentanz kann ein dreifaches sein, wie uns eine flüchtige Übersicht über die in der Psychoanalyse gemachten Erfahrungen lehrt: Der Trieb wird entweder ganz unterdrückt, so daß man nichts von ihm auffindet, oder er kommt als irgendwie qualitativ gefärbter Affekt zum Vorschein, oder er wird in Angst verwandelt. Die bei-

---

1 Dieses für den Verdrängungsvorgang brauchbare Gleichnis kann auch über einen früher erwähnten Charakter der Verdrängung ausgedehnt werden. Ich brauche nur hinzuzufügen, daß ich die dem Gast verbotene Tür durch einen ständigen Wächter bewachen lassen muß, weil der Abgewiesene sie sonst aufsprengen würde. (S. o.)

den letzteren Möglichkeiten stellen uns die Aufgabe, die *Umsetzung* der psychischen Energien der *Triebe* in *Affekte* und ganz besonders in *Angst* als neues Triebschicksal ins Auge zu fassen.

Wir erinnern uns, daß Motiv und Absicht der Verdrängung nichts anderes als die Vermeidung von Unlust war. Daraus folgt, daß das Schicksal des Affektbetrags der Repräsentanz bei weitem wichtiger ist als das der Vorstellung und daß dies über die Beurteilung des Verdrängungsvorganges entscheidet. Gelingt es einer Verdrängung nicht, die Entstehung von Unlustempfindungen oder Angst zu ver-hüten, so dürfen wir sagen, sie sei mißglückt, wenngleich sie ihr Ziel an dem Vorstellungsanteil erreicht haben mag. Natürlich wird die mißglückte Verdrängung mehr Anspruch auf unser Interesse erhe-ben als die etwa geglückte, die sich zumeist unserem Studium ent-ziehen wird.

Wir wollen nun Einblick in den Mechanismus des Verdrängungs-vorganges gewinnen und vor allem wissen, ob es nur einen einzigen Mechanismus der Verdrängung gibt oder mehrere und ob vielleicht jede der Psychoneurosen durch einen ihr eigentümlichen Mechanis-mus der Verdrängung ausgezeichnet ist. Zu Beginn dieser Untersu-chung stoßen wir aber auf Komplikationen. Der Mechanismus einer Verdrängung wird uns nur zugänglich, wenn wir aus den Erfolgen der Verdrängung auf ihn zurückschließen. Beschränken wir die Beobachtung auf die Erfolge an dem Vorstellungsanteil der Reprä-sentanz, so erfahren wir, daß die Verdrängung in der Regel eine *Ersatzbildung* schafft. Welches ist nun der Mechanismus einer sol-chen Ersatzbildung, oder gibt es hier auch mehrere Mechanismen zu unterscheiden? Wir wissen auch, daß die Verdrängung *Symptome* hinterläßt. Dürfen wir nun Ersatzbildung und Symptombildung zu-sammenfallen lassen, und wenn dies im ganzen angeht, deckt sich der Mechanismus der Symptombildung mit dem der Verdrängung? Die vorläufige Wahrscheinlichkeit scheint dafür zu sprechen, daß beide weit auseinandergehen, daß es nicht die Verdrängung selbst ist, wel-che Ersatzbildungen und Symptome schafft, sondern daß diese letz-teren als Anzeichen einer *Wiederkehr des Verdrängten* ganz anderen Vorgängen ihr Entstehen verdanken. Es scheint sich auch zu empfeh-len, daß man die Mechanismen der Ersatz- und Symptombildung vor denen der Verdrängung in Untersuchung ziehe.

Es ist klar, daß die Spekulation hier weiter nichts zu suchen hat, sondern durch die sorgfältige Analyse der bei den einzelnen Neurosen zu beobachtenden Erfolge der Verdrängung abgelöst werden muß. Ich muß aber den Vorschlag machen, auch diese Arbeit aufzuschieben, bis wir uns verläßliche Vorstellungen über das Verhältnis des Bewußten zum Unbewußten gebildet haben. Nur um die vorliegende Erörterung nicht ganz unfruchtbar ausgehen zu lassen, will ich vorwegnehmen, daß 1. der Mechanismus der Verdrängung tatsächlich nicht mit dem oder den Mechanismen der Ersatzbildung zusammenfällt, 2. daß es sehr verschiedene Mechanismen der Ersatzbildung gibt, und 3. daß den Mechanismen der Verdrängung wenigstens eines gemeinsam ist, die *Entziehung der Energiebesetzung* (oder *Libido*, wenn wir von Sexualtrieben handeln).

Ich will auch unter Einschränkung auf die drei bekanntesten Psychoneurosen an einigen Beispielen zeigen, wie die hier eingeführten Begriffe auf das Studium der Verdrängung Anwendung finden. Von der *Angsthysterie* werde ich das gut analysierte Beispiel einer Tierphobie wählen. Die der Verdrängung unterliegende Triebregung ist eine libidinöse Einstellung zum Vater, gepaart mit der Angst vor demselben. Nach der Verdrängung ist diese Regung aus dem Bewußtsein geschwunden, der Vater kommt als Objekt der Libido nicht darin vor. Als Ersatz findet sich an analoger Stelle ein Tier, das sich mehr oder weniger gut zum Angstobjekt eignet. Die Ersatzbildung des Vorstellungsanteiles hat sich auf dem Wege der *Verschiebung* längs eines in bestimmter Weise determinierten Zusammenhanges hergestellt. Der quantitative Anteil ist nicht verschwunden, sondern hat sich in Angst umgesetzt. Das Ergebnis ist eine Angst vor dem Wolf an Stelle eines Liebesanspruches an den Vater. Natürlich reichen die hier verwendeten Kategorien nicht aus, um den Erklärungsansprüchen auch nur des einfachsten Falles von Psychoneurose zu genügen. Es kommen immer noch andere Gesichtspunkte in Betracht.

Eine solche Verdrängung wie im Falle der Tierphobie darf als eine gründlich mißglückte bezeichnet werden. Das Werk der Verdrängung besteht nur in der Beseitigung und Ersetzung der Vorstellung, die Unlustersparnis ist überhaupt nicht gelungen. Deshalb ruht die Arbeit der Neurose auch nicht, sondern setzt sich in einem zweiten

Tempo fort, um ihr nächstes, wichtigeres Ziel zu erreichen. Es kommt zur Bildung eines Fluchtversuches, der eigentlichen *Phobie*, einer Anzahl von Vermeidungen, welche die Angstentbindung ausschließen sollen. Durch welchen Mechanismus die Phobie ans Ziel gelangt, können wir in einer spezielleren Untersuchung verstehen lernen.

Zu einer ganz anderen Würdigung des Verdrängungsvorganges nötigt uns das Bild der echten *Konversionshysterie*. Hier ist das Hervorstechende, daß es gelingen kann, den Affektbetrag zum völligen Verschwinden zu bringen. Der Kranke zeigt dann gegen seine Symptome das Verhalten, welches Charcot »*la belle indifférence des hystériques*« genannt hat. Andere Male gelingt diese Unterdrückung nicht so vollständig, ein Anteil peinlicher Sensationen knüpft sich an die Symptome selbst, oder ein Stück Angstentbindung hat sich nicht vermeiden lassen, das seinerseits den Mechanismus der Phobiebildung ins Werk setzt. Der Vorstellungsinhalt der Triebrepräsentanz ist dem Bewußtsein gründlich entzogen; als Ersatzbildung – und gleichzeitig als Symptom – findet sich eine überstarke – in den vorbildlichen Fällen somatische – Innervation, bald sensorischer, bald motorischer Natur, entweder als Erregung oder als Hemmung. Die überinnervierte Stelle erweist sich bei näherer Betrachtung als ein Stück der verdrängten Triebrepräsentanz selbst, welches wie durch *Verdichtung* die gesamte Besetzung auf sich gezogen hat. Natürlich decken auch diese Bemerkungen den Mechanismus einer Konversionshysterie nicht restlos auf; vor allem ist noch das Moment der *Regression* hinzuzufügen, das in anderem Zusammenhang gewürdigt werden soll.

Die Verdrängung der Hysterie kann als völlig mißglückt beurteilt werden, insofern sie nur durch ausgiebige Ersatzbildungen ermöglicht worden ist; mit Bezug auf die Erledigung des Affektbetrages, die eigentliche Aufgabe der Verdrängung, bedeutet sie aber in der Regel einen vollen Erfolg. Der Verdrängungsvorgang der Konversionshysterie ist dann auch mit der Symptombildung abgeschlossen und braucht sich nicht wie bei Angsthysterie zweizeitig – oder eigentlich unbegrenzt – fortzusetzen.

Ein ganz anderes Ansehen zeigt die Verdrängung wieder bei der dritten Affektion, die wir zu dieser Vergleichung heranziehen, bei der *Zwangsneurose*. Hier gerät man zuerst in Zweifel, was man als die der Verdrängung unterliegende Repräsentanz anzusehen hat, eine libidinöse oder eine feindselige Strebung. Die Unsicherheit rührt daher, daß die Zwangsneurose auf der Voraussetzung einer Regression ruht, durch welche eine sadistische Strebung an die Stelle der zärtlichen getreten ist. Dieser feindselige Impuls gegen eine geliebte Person ist es, welcher der Verdrängung unterliegt. Der Effekt ist in einer ersten Phase der Verdrängungsarbeit ein ganz anderer als später. Zunächst hat diese vollen Erfolg, der Vorstellungsinhalt wird abgewiesen und der Affekt zum Verschwinden gebracht. Als Ersatzbildung findet sich eine Ichveränderung, die Steigerung der Gewissenhaftigkeit, die man nicht gut ein Symptom heißen kann. Ersatz- und Symptombildung fallen hier auseinander. Hier erfährt man auch etwas über den Mechanismus der Verdrängung. Diese hat wie überall eine Libidoentziehung zustande gebracht, aber sich zu diesem Zwecke der *Reaktionsbildung* durch Verstärkung eines Gegensatzes bedient. Die Ersatzbildung hat also hier denselben Mechanismus wie die Verdrängung und fällt im Grunde mit ihr zusammen, sie trennt sich aber zeitlich, wie begrifflich, von der Symptombildung. Es ist sehr wahrscheinlich, daß das Ambivalenzverhältnis, in welches der zu verdrängende sadistische Impuls eingetragen ist, den ganzen Vorgang ermöglicht.

Die anfänglich gute Verdrängung hält aber nicht stand, im weiteren Verlaufe drängt sich das Mißglücken der Verdrängung immer mehr vor. Die Ambivalenz, welche die Verdrängung durch Reaktionsbildung gestattet hat, ist auch die Stelle, an welcher dem Verdrängten die Wiederkehr gelingt. Der verschwundene Affekt kommt in der Verwandlung zur sozialen Angst, Gewissensangst, Vorwurf ohne Ersparnis wieder, die abgewiesene Vorstellung ersetzt sich durch *Verschiebungsersatz*, oft durch Verschiebung auf Kleinstes, Indifferentes. Eine Tendenz zur intakten Herstellung der verdrängten Vorstellung ist meist unverkennbar. Das Mißglücken in der Verdrängung des quantitativen, affektiven Faktors bringt denselben Mechanismus der Flucht durch Vermeidungen und Verbote ins Spiel, den wir bei der Bildung der hysterischen Phobie kennengelernt haben. Die Abweisung der Vorstellung vom Bewußten wird aber hartnäckig festgehalten, weil mit ihr die Abhaltung von der

Aktion, die motorische Fesselung des Impulses, gegeben ist. So läuft die Verdrängungsarbeit der Zwangsneurose in ein erfolgloses und unabschließbares Ringen aus.

Aus der kleinen, hier vorgebrachten Vergleichsreihe kann man sich die Überzeugung holen, daß es noch umfassender Untersuchungen bedarf, ehe man hoffen kann, die mit der Verdrängung und neurotischen Symptombildung zusammenhängenden Vorgänge zu durchschauen. Die außerordentliche Verschlungenheit aller in Betracht kommenden Momente läßt uns nur einen Weg zur Darstellung frei. Wir müssen bald den einen, bald den anderen Gesichtspunkt herausgreifen und ihn durch das Material hindurchverfolgen, solange seine Anwendung etwas zu leisten scheint. Jede einzelne dieser Bearbeitungen wird an sich unvollständig sein und dort Unklarheiten nicht vermeiden können, wo sie an das noch nicht Bearbeitete anrührt; wir dürfen aber hoffen, daß sich aus der endlichen Zusammensetzung ein gutes Verständnis ergeben wird.

DAS UNBEWUSSTE

(1915)

DAS UNBEWUSSTE

Wir haben aus der Psychoanalyse erfahren, das Wesen des Prozesses der Verdrängung bestehe nicht darin, eine den Trieb repräsentierende Vorstellung aufzuheben, zu vernichten, sondern sie vom Bewußtwerden abzuhalten. Wir sagen dann, sie befinde sich im Zustande des »Unbewußten«, und haben gute Beweise dafür vorzubringen, daß sie auch unbewußt Wirkungen äußern kann, auch solche, die endlich das Bewußtsein erreichen. Alles Verdrängte muß unbewußt bleiben, aber wir wollen gleich eingangs feststellen, daß das Verdrängte nicht alles Unbewußte deckt. Das Unbewußte hat den weiteren Umfang; das Verdrängte ist ein Teil des Unbewußten.

Wie sollen wir zur Kenntnis des Unbewußten kommen? Wir kennen es natürlich nur als Bewußtes, nachdem es eine Umsetzung oder Übersetzung in Bewußtes erfahren hat. Die psychoanalytische Arbeit läßt uns alltäglich die Erfahrung machen, daß solche Übersetzung möglich ist. Es wird hiezu erfordert, daß der Analysierte gewisse Widerstände überwinde, die nämlichen, welche es seinerzeit durch Abweisung vom Bewußten zu einem Verdrängten gemacht haben.

I

Die Rechtfertigung des Unbewußten

Die Berechtigung, ein unbewußtes Seelisches anzunehmen und mit dieser Annahme wissenschaftlich zu arbeiten, wird uns von vielen Seiten bestritten. Wir können dagegen anführen, daß die Annahme des Unbewußten *notwendig* und *legitim* ist und daß wir für die Existenz des Unbewußten mehrfache *Beweise* besitzen. Sie ist notwendig, weil die Daten des Bewußtseins in hohem Grade lückenhaft sind; sowohl bei Gesunden als bei Kranken kommen häufig psychische Akte vor, welche zu ihrer Erklärung andere Akte voraussetzen, für die aber das Bewußtsein nicht zeugt. Solche Akte sind nicht nur die Fehlhandlungen und die Träume bei Gesunden, alles, was man psychische Symptome und Zwangserscheinungen heißt, bei Kranken – unsere persönlichste tägliche Erfahrung macht uns mit Einfällen bekannt, deren Herkunft wir nicht kennen, und mit Denkresultaten, deren Ausarbeitung uns verborgen geblieben ist. Alle diese bewußten Akte blieben zusammenhanglos und unverständlich, wenn wir den Anspruch festhalten wollen, daß wir auch alles durchs Bewußtsein erfahren müssen, was an seelischen Akten in uns vorgeht, und ordnen sich in einen aufzeigbaren Zusammenhang ein, wenn wir die erschlossenen unbewußten Akte interpolieren. Gewinn an Sinn und Zusammenhang ist aber ein vollberechtigtes Motiv, das uns über die unmittelbare Erfahrung hinaus führen darf. Zeigt es sich dann noch, daß wir auf die Annahme des Unbewußten ein erfolgreiches Handeln aufbauen können, durch welches wir den Ablauf der bewußten Vorgänge zweckdienlich beeinflussen, so haben wir in diesem Erfolg einen unanfechtbaren Beweis für die Existenz des Angenommenen gewonnen. Man muß sich dann auf den Standpunkt stellen, es sei nichts anderes als eine *unhaltbare Anmaßung*, zu fordern, daß alles, was im Seelischen vorgeht, auch dem Bewußtsein bekannt werden müsse.

Man kann weitergehen und zur Unterstützung eines unbewußten psychischen Zustandes anführen, daß das Bewußtsein in jedem Moment nur einen geringen Inhalt umfaßt, so daß der größte Teil dessen, was wir bewußte Kenntnis heißen, sich ohnedies über die längsten Zeiten im Zustande der Latenz, also in einem Zustande von psychischer Unbewußtheit, befinden muß. Der Widerspruch gegen das Unbewußte würde mit Rücksicht auf alle unsere latenten Erinnerungen völlig unbegreiflich werden. Wir stoßen dann auf den Einwand, daß diese latenten Erinnerungen nicht mehr als psychisch zu bezeichnen seien, sondern den Resten von somatischen Vorgängen entsprechen, aus denen das Psychische wieder hervorgehen kann. Es liegt nahe zu erwidern, die latente Erinnerung sei im Gegenteil ein unzweifelhafter Rückstand eines psychischen Vorganges. Wichtiger ist es aber, sich klarzumachen, daß der Einwand auf der nicht ausgesprochenen, aber von vornherein fixierten Gleichstellung des

Bewußten mit dem Seelischen ruht. Diese Gleichstellung ist entweder eine petitio principii, welche die Frage, ob alles Psychische auch bewußt sein müsse, nicht zuläßt, oder eine Sache der Konvention, der Nomenklatur. In letzterem Charakter ist sie natürlich wie jede Konvention unwiderlegbar. Es bleibt nur die Frage offen, ob sie sich als so zweckmäßig erweist, daß man sich ihr anschließen muß. Man darf antworten, die konventionelle Gleichstellung des Psychischen mit dem Bewußten ist durchaus unzweckmäßig. Sie zerreißt die psychischen Kontinuitäten, stürzt uns in die unlösbaren Schwierigkeiten des psychophysischen Parallelismus, unterliegt dem Vorwurf, daß sie ohne einsichtliche Begründung die Rolle des Bewußtseins überschätzt, und nötigt uns, das Gebiet der psychologischen Forschung vorzeitig zu verlassen, ohne uns von anderen Gebieten her Entschädigung bringen zu können.

Immerhin ist es klar, daß die Frage, ob man die unabweisbaren latenten Zustände des Seelenlebens als unbewußte seelische oder als physische auffassen soll, auf einen Wortstreit hinauszulaufen droht. Es ist darum ratsam, das in den Vordergrund zu rücken, was uns von der Natur dieser fraglichen Zustände mit Sicherheit bekannt ist. Nun sind sie uns nach ihren physischen Charakteren vollkommen unzugänglich; keine physiologische Vorstellung, kein chemischer Prozeß kann uns eine Ahnung von ihrem Wesen vermitteln. Auf der anderen Seite steht fest, daß sie mit den bewußten seelischen Vorgängen die ausgiebigste Berührung haben; sie lassen sich mit einer gewissen Arbeitsleistung in sie umsetzen, durch sie ersetzen, und sie können mit all den Kategorien beschrieben werden, die wir auf die bewußten Seelenakte anwenden, als Vorstellungen, Strebungen, Entschließungen u. dgl. Ja, von manchen dieser latenten Zustände müssen wir aussagen, sie unterscheiden sich von den bewußten eben nur durch den Wegfall des Bewußtseins. Wir werden also nicht zögern, sie als Objekte psychologischer Forschung und in innigstem Zusammenhang mit den bewußten seelischen Akten zu behandeln.

Die hartnäckige Ablehnung des psychischen Charakters der latenten seelischen Akte erklärt sich daraus, daß die meisten der in Betracht kommenden Phänomene außerhalb der Psychoanalyse nicht Gegenstand des Studiums geworden sind. Wer die pathologischen

Tatsachen nicht kennt, die Fehlhandlungen des Normalen als Zufäl-
ligkeiten gelten läßt und sich bei der alten Weisheit bescheidet,
Träume seien Schäume, der braucht dann nur noch einige Rätsel der
Bewußtseinspsychologie zu vernachlässigen, um sich die Annahme
unbewußter seelischer Tätigkeit zu ersparen. Übrigens haben die
hypnotischen Experimente, besonders die posthypnotische Suggestion, Existenz und Wirkungsweise des seelisch Unbewußten bereits vor der Zeit der Psychoanalyse sinnfällig demonstriert.

Die Annahme des Unbewußten ist aber auch eine völlig *legitime*,
insofern wir bei ihrer Aufstellung keinen Schritt von unserer gewohnten, für korrekt gehaltenen Denkweise abweichen. Das Bewußtsein vermittelt jedem einzelnen von uns nur die Kenntnis von
eigenen Seelenzuständen; daß auch ein anderer Mensch ein Bewußtsein hat, ist ein Schluß, der per analogiam auf Grund der wahrnehm-
baren Äußerungen und Handlungen dieses anderen gezogen wird,
um uns dieses Benehmen des anderen verständlich zu machen.
(Psychologisch richtiger ist wohl die Beschreibung, daß wir ohne
besondere Überlegung jedem anderen außer uns unsere eigene Konstitution, und also auch unser Bewußtsein, beilegen und daß diese
Identifizierung die Voraussetzung unseres Verständnisses ist.) Dieser Schluß – oder diese Identifizierung – wurde einst vom Ich auf
andere Menschen, Tiere, Pflanzen, Unbelebtes und auf das Ganze
der Welt ausgedehnt und erwies sich als brauchbar, solange die
Ähnlichkeit mit dem Einzel-Ich eine überwältigend große war,
wurde aber in dem Maße unverläßlicher, als sich das andere vom Ich
entfernte. Unsere heutige Kritik wird bereits beim Bewußtsein der
Tiere unsicher, verweigert sich dem Bewußtsein der Pflanzen und
weist die Annahme eines Bewußtseins des Unbelebten der Mystik
zu. Aber auch, wo die ursprüngliche Identifizierungsneigung die
kritische Prüfung bestanden hat, bei dem uns nächsten menschlichen anderen, ruht die Annahme eines Bewußtseins auf einem
Schluß und kann nicht die unmittelbare Sicherheit unseres eigenen
Bewußtseins teilen.

Die Psychoanalyse fordert nun nichts anderes, als daß dieses
Schlußverfahren auch gegen die eigene Person gewendet werde,
wozu eine konstitutionelle Neigung allerdings nicht besteht. Geht
man so vor, so muß man sagen, alle die Akte und Äußerungen, die

ich an mir bemerke und mit meinem sonstigen psychischen Leben nicht zu verknüpfen weiß, müssen beurteilt werden, als ob sie einer anderen Person angehörten, und sollen durch ein ihr zugeschriebenes Seelenleben Aufklärung finden. Die Erfahrung zeigt auch, daß man dieselben Akte, denen man bei der eigenen Person die psychische Anerkennung verweigert, bei anderen sehr wohl zu deuten, d. h. in den seelischen Zusammenhang einzureihen versteht. Unsere Forschung wird hier offenbar durch ein besonderes Hindernis von der eigenen Person abgelenkt und an deren richtiger Erkenntnis behindert.

Dies trotz inneren Widerstrebens gegen die eigene Person gewendete Schlußverfahren führt nun nicht zur Aufdeckung eines Unbewußten, sondern korrekterweise zur Annahme eines anderen, zweiten Bewußtseins, welches mit dem mir bekannten in meiner Person vereinigt ist. Allein hier findet die Kritik berechtigten Anlaß, einiges einzuwerfen. Erstens ist ein Bewußtsein, von dem der eigene Träger nichts weiß, noch etwas anderes als ein fremdes Bewußtsein, und es wird fraglich, ob ein solches Bewußtsein, dem der wichtigste Charakter abgeht, überhaupt noch Diskussion verdient. Wer sich gegen die Annahme eines unbewußten Psychischen gesträubt hat, der wird nicht zufrieden sein können, dafür ein *unbewußtes Bewußtsein* einzutauschen. Zweitens weist die Analyse darauf hin, daß die einzelnen latenten Seelenvorgänge, die wir erschließen, sich eines hohen Grades von gegenseitiger Unabhängigkeit erfreuen, so als ob sie miteinander nicht in Verbindung stünden und nichts voneinander wüßten. Wir müssen also bereit sein, nicht nur ein zweites Bewußtsein in uns anzunehmen, sondern auch ein drittes, viertes, vielleicht eine unabschließbare Reihe von Bewußtseinszuständen, die sämtlich uns und miteinander unbekannt sind. Drittens kommt als schwerstes Argument in Betracht, daß wir durch die analytische Untersuchung erfahren, ein Teil dieser latenten Vorgänge besitze Charaktere und Eigentümlichkeiten, welche uns fremd, selbst unglaublich erscheinen und den uns bekannten Eigenschaften des Bewußtseins direkt zuwiderlaufen. Somit werden wir Grund haben, den gegen die eigene Person gewendeten Schluß dahin abzuändern, er beweise uns nicht ein zweites Bewußtsein in uns, sondern die Existenz von psychischen Akten, welche des Bewußtseins entbehren. Wir werden auch die Bezeichnung eines »Unterbewußtseins« als inkorrekt und irreführend ablehnen dürfen. Die bekannten Fälle von »*double conscience*« (Bewußtseinsspaltung) beweisen nichts gegen unsere Auffassung. Sie lassen sich am zutreffendsten beschreiben als Fälle von Spaltung der seelischen Tätigkeiten in zwei Gruppen, wobei sich dann das nämliche Bewußtsein alternierend dem einen oder dem anderen Lager zuwendet.

Es bleibt uns in der Psychoanalyse gar nichts anderes übrig, als die seelischen Vorgänge für an sich unbewußt zu erklären und ihre Wahrnehmung durch das Bewußtsein mit der Wahrnehmung der Außenwelt durch die Sinnesorgane zu vergleichen. Wir hoffen sogar aus diesem Vergleich einen Gewinn für unsere Erkenntnis zu ziehen. Die psychoanalytische Annahme der unbewußten Seelentätigkeit erscheint uns einerseits als eine weitere Fortbildung des primitiven Animismus, der uns überall Ebenbilder unseres Bewußtseins vorspiegelte, und anderseits als die Fortsetzung der Korrektur, die Kant an unserer Auffassung der äußeren Wahrnehmung vorgenommen hat. Wie Kant uns gewarnt hat, die subjektive Bedingtheit unserer Wahrnehmung nicht zu übersehen und unsere Wahrnehmung nicht für identisch mit dem unerkennbaren Wahrgenommenen zu halten, so mahnt die Psychoanalyse, die Bewußtseinswahrnehmung nicht an die Stelle des unbewußten psychischen Vorganges zu setzen, welcher ihr Objekt ist. Wie das Physische, so braucht auch das Psychische nicht in Wirklichkeit so zu sein, wie es uns erscheint. Wir werden uns aber mit Befriedigung auf die Erfahrung vorbereiten, daß die Korrektur der inneren Wahrnehmung nicht ebenso große Schwierigkeit bietet wie die der äußeren, daß das innere Objekt minder unerkennbar ist als die Außenwelt.

II
Die Vieldeutigkeit des Unbewußten
und der topische Gesichtspunkt

Ehe wir weitergehen, wollen wir die wichtige, aber auch beschwerliche Tatsache feststellen, daß die Unbewußtheit nur ein Merkmal des Psychischen ist, welches für dessen Charakteristik keineswegs ausreicht. Es gibt psychische Akte von sehr verschiedener Dignität, die doch in dem Charakter, unbewußt zu sein, übereinstimmen. Das Unbewußte umfaßt einerseits Akte, die bloß latent, zeitweilig unbewußt sind, sich aber sonst von den bewußten in nichts unterscheiden, und anderseits Vorgänge wie die verdrängten, die, wenn sie bewußt würden, sich von den übrigen bewußten aufs grellste abheben müßten. Es würde allen Mißverständnissen ein Ende machen, wenn wir von nun an bei der Beschreibung der verschiedenartigen psychischen Akte ganz davon absehen würden, ob sie bewußt oder unbewußt sind, und sie bloß nach ihrer Beziehung zu den Trieben und Zielen, nach ihrer Zusammensetzung und Angehörigkeit zu den einander übergeordneten psychischen Systemen klassifizieren und in Zusammenhang bringen würden. Dies ist aber aus verschiedenen Gründen undurchführbar, und somit können wir der Zweideutigkeit nicht entgehen, daß wir die Worte bewußt und unbewußt bald im deskriptiven Sinne gebrauchen, bald im systematischen, wo sie dann Zugehörigkeit zu bestimmten Systemen und Begabung mit gewissen Eigenschaften bedeuten. Man könnte noch den Versuch machen, die Verwirrung dadurch zu vermeiden, daß man die erkannten psychischen Systeme mit willkürlich gewählten Namen bezeichnet, in denen die Bewußtheit nicht gestreift wird. Allein man müßte vorher Rechenschaft ablegen, worauf man die Unterscheidung der Systeme gründet, und könnte dabei die Bewußtheit nicht umgehen, da sie den Ausgangspunkt aller unserer Untersuchungen bildet. Wir können vielleicht einige Abhilfe von dem Vorschlag erwarten, wenigstens in der Schrift Bewußtsein durch die Darstellung *Bw* und Unbewußtes durch die entsprechende Abkürzung *Ubw* zu ersetzen, wenn wir die beiden Worte im systematischen Sinne gebrauchen.

In positiver Darstellung sagen wir nun als Ergebnis der Psychoanalyse aus, daß ein psychischer Akt im allgemeinen zwei Zustandsphasen durchläuft, zwischen welche eine Art Prüfung (*Zensur*) eingeschaltet ist. In der ersten Phase ist er unbewußt und gehört dem System *Ubw* an; wird er bei der Prüfung von der Zensur abgewiesen, so ist ihm der Übergang in die zweite Phase versagt; er heißt dann »verdrängt« und muß unbewußt bleiben. Besteht er aber diese Prüfung, so tritt er in die zweite Phase ein und wird dem zweiten System zugehörig, welches wir das System *Bw* nennen wollen. Sein Verhältnis zum Bewußtsein ist aber durch diese Zugehörigkeit noch nicht eindeutig bestimmt. Er ist noch nicht bewußt, wohl aber *bewußtseinsfähig* (nach dem Ausdruck von J. Breuer), d. h., er kann nun ohne besonderen Widerstand beim Zutreffen gewisser Bedingungen Objekt des Bewußtseins werden. Mit Rücksicht auf diese Bewußtseinsfähigkeit heißen wir das System *Bw* auch das »*Vorbewußte*«. Sollte es sich herausstellen, daß auch das Bewußtwerden des Vorbewußten durch eine gewisse Zensur mitbestimmt wird, so werden wir die Systeme *Vbw* und *Bw* strenger voneinander sondern. Vorläufig genüge es festzuhalten, daß das System *Vbw* die Eigenschaften des Systems *Bw* teilt und daß die strenge Zensur am Übergang vom *Ubw* zum *Vbw* (oder *Bw*) ihres Amtes waltet.

Mit der Aufnahme dieser (zwei oder drei) psychischen Systeme hat sich die Psychoanalyse einen Schritt weiter von der deskriptiven Bewußtseinspsychologie entfernt, sich eine neue Fragestellung und einen neuen Inhalt beigelegt. Sie unterschied sich von der Psychologie bisher hauptsächlich durch die *dynamische* Auffassung der seelischen Vorgänge; nun kommt hinzu, daß sie auch die psychische *Topik* berücksichtigen und von einem beliebigen seelischen Akt angeben will, innerhalb welchen Systems oder zwischen welchen Systemen er sich abspielt. Wegen dieses Bestrebens hat sie auch den Namen einer *Tiefenpsychologie* erhalten. Wir werden hören, daß sie auch noch um einen anderen Gesichtspunkt bereichert werden kann.

Wollen wir mit einer Topik der seelischen Akte Ernst machen, so müssen wir unser Interesse einer an dieser Stelle auftauchenden Zweifel[s]frage zuwenden. Wenn ein psychischer Akt (beschränken wir uns hier auf einen solchen von der Natur einer Vorstellung) die

Umsetzung aus dem System *Ubw* in das System *Bw* (oder *Vbw*) erfährt, sollen wir annehmen, daß mit dieser Umsetzung eine neuerliche Fixierung, gleichsam eine zweite Niederschrift der betreffenden Vorstellung verbunden ist, die also auch in einer neuen psychischen Lokalität enthalten sein kann und neben welcher die ursprüngliche, unbewußte Niederschrift fortbesteht? Oder sollen wir eher glauben, daß die Umsetzung in einer Zustandsänderung besteht, welche sich an dem nämlichen Material und an derselben Lokalität vollzieht? Diese Frage kann abstrus erscheinen, muß aber aufgeworfen werden, wenn wir uns von der psychischen Topik, der psychischen Tiefendimension, eine bestimmtere Idee bilden wollen. Sie ist schwierig, weil sie über das rein Psychologische hinausgeht und die Beziehungen des seelischen Apparates zur Anatomie streift. Wir wissen, daß solche Beziehungen im gröbsten existieren. Es ist ein unerschütterliches Resultat der Forschung, daß die seelische Tätigkeit an die Funktion des Gehirns gebunden ist wie an kein anderes Organ. Ein Stück weiter – es ist nicht bekannt, wie weit – führt die Entdeckung von der Ungleichwertigkeit der Gehirnteile und deren Sonderbeziehung zu bestimmten Körperteilen und geistigen Tätigkeiten. Aber alle Versuche, von da aus eine Lokalisation der seelischen Vorgänge zu erraten, alle Bemühungen, die Vorstellungen in Nervenzellen aufgespeichert zu denken und die Erregungen auf Nervenfasern wandern zu lassen, sind gründlich gescheitert. Dasselbe Schicksal würde einer Lehre bevorstehen, die etwa den anatomischen Ort des Systems *Bw*, der bewußten Seelentätigkeit, in der Hirnrinde erkennen und die unbewußten Vorgänge in die subkortikalen Hirnpartien versetzen wollte. Es klafft hier eine Lücke, deren Ausfüllung derzeit nicht möglich ist, auch nicht zu den Aufgaben der Psychologie gehört. Unsere psychische Topik hat *vorläufig* nichts mit der Anatomie zu tun; sie bezieht sich auf Regionen des seelischen Apparats, wo immer sie im Körper gelegen sein mögen, und nicht auf anatomische Örtlichkeiten.

Unsere Arbeit ist also in dieser Hinsicht frei und darf nach ihren eigenen Bedürfnissen vorgehen. Es wird auch förderlich sein, wenn wir uns daran mahnen, daß unsere Annahmen zunächst nur den Wert von Veranschaulichungen beanspruchen. Die erstere der beiden in Betracht gezogenen Möglichkeiten, nämlich daß die *bw*

Phase der Vorstellung eine neue, an anderem Orte befindliche Niederschrift derselben bedeute, ist unzweifelhaft die gröbere, aber auch die bequemere. Die zweite Annahme, die einer bloß *funktionellen* Zustandsänderung, ist die von vornherein wahrscheinlichere, aber sie ist minder plastisch, weniger leicht zu handhaben. Mit der ersten, der topischen Annahme ist die einer topischen Trennung der Systeme *Ubw* und *Bw* und die Möglichkeit verknüpft, daß eine Vorstellung gleichzeitig an zwei Stellen des psychischen Apparats vorhanden sei, ja, daß sie, wenn durch die Zensur ungehemmt, regelmäßig von dem einen Ort an den anderen vorrücke, eventuell ohne ihre erste Niederlassung oder Niederschrift zu verlieren. Das mag befremdlich aussehen, kann sich aber an Eindrücke aus der psychoanalytischen Praxis anlehnen.

Wenn man einem Patienten eine seinerzeit von ihm verdrängte Vorstellung, die man erraten hat, mitteilt, so ändert dies zunächst an seinem psychischen Zustand nichts. Es hebt vor allem nicht die Verdrängung auf, macht deren Folgen nicht rückgängig, wie man vielleicht erwarten konnte, weil die früher unbewußte Vorstellung nun bewußt geworden ist. Man wird im Gegenteil zunächst nur eine neuerliche Ablehnung der verdrängten Vorstellung erzielen. Der Patient hat aber jetzt tatsächlich dieselbe Vorstellung in zweifacher Form an verschiedenen Stellen seines seelischen Apparats, erstens hat er die bewußte Erinnerung an die Gehörspur der Vorstellung durch die Mitteilung, zweitens trägt er daneben, wie wir mit Sicherheit wissen, die unbewußte Erinnerung an das Erlebte in der früheren Form in sich. In Wirklichkeit tritt nun eine Aufhebung der Verdrängung nicht eher ein, als bis die bewußte Vorstellung sich nach Überwindung der Widerstände mit der unbewußten Erinnerungsspur in Verbindung gesetzt hat. Erst durch das Bewußtmachen dieser letzteren selbst wird der Erfolg erreicht. Damit schiene ja für oberflächliche Erwägung erwiesen, daß bewußte und unbewußte Vorstellungen verschiedene und topisch gesonderte Niederschriften des nämlichen Inhaltes sind. Aber die nächste Überlegung zeigt, daß die Identität der Mitteilung mit der verdrängten Erinnerung des Patienten nur eine scheinbare ist. Das Gehörthaben und das Erlebthaben sind zwei nach ihrer psychologischen Natur ganz verschiedene Dinge, auch wenn sie den nämlichen Inhalt haben.

Wir sind also zunächst nicht imstande, zwischen den beiden erörterten Möglichkeiten zu entscheiden. Vielleicht treffen wir späterhin auf Momente, welche für eine von beiden den Ausschlag geben können. Vielleicht steht uns die Entdeckung bevor, daß unsere Fragestellung unzureichend war und daß die Unterscheidung der unbewußten Vorstellung von der bewußten noch ganz anders zu bestimmen ist.

III
Unbewußte Gefühle

Wir haben die vorstehende Diskussion auf Vorstellungen eingeschränkt und können nun eine neue Frage aufwerfen, deren Beantwortung zur Klärung unserer theoretischen Ansichten beitragen muß. Wir sagten, es gäbe bewußte und unbewußte Vorstellungen; gibt es aber auch unbewußte Triebregungen, Gefühle, Empfindungen, oder ist es diesmal sinnlos, solche Zusammensetzungen zu bilden?

Ich meine wirklich, der Gegensatz von bewußt und unbewußt hat auf den Trieb keine Anwendung. Ein Trieb kann nie Objekt des Bewußtseins werden, nur die Vorstellung, die ihn repräsentiert. Er kann aber auch im Unbewußten nicht anders als durch die Vorstellung repräsentiert sein. Würde der Trieb sich nicht an eine Vorstellung heften oder nicht als ein Affektzustand zum Vorschein kommen, so könnten wir nichts von ihm wissen. Wenn wir aber doch von einer unbewußten Triebregung oder einer verdrängten Triebregung reden, so ist dies eine harmlose Nachlässigkeit des Ausdrucks. Wir können nichts anderes meinen als eine Triebregung, deren Vorstellungsrepräsentanz unbewußt ist, denn etwas anderes kommt nicht in Betracht.

Man sollte meinen, die Antwort auf die Frage nach den unbewußten Empfindungen, Gefühlen, Affekten sei ebenso leicht zu geben. Zum Wesen eines Gefühls gehört es doch, daß es verspürt, also dem Bewußtsein bekannt wird. Die Möglichkeit einer Unbewußtheit würde also für Gefühle, Empfindungen, Affekte völlig entfallen.

Wir sind aber in der psychoanalytischen Praxis gewöhnt, von unbewußter Liebe, Haß, Wut usw. zu sprechen und finden selbst die befremdliche Vereinigung »unbewußtes Schuldbewußtsein« oder eine paradoxe »unbewußte Angst« unvermeidlich. Geht dieser Sprachgebrauch an Bedeutung über den im Falle des »unbewußten Triebes« hinaus?

Der Sachverhalt ist hier wirklich ein anderer. Es kann zunächst vorkommen, daß eine Affekt- oder Gefühlsregung wahrgenommen, aber verkannt wird. Sie ist durch die Verdrängung ihrer eigentlichen Repräsentanz zur Verknüpfung mit einer anderen Vorstellung genötigt worden und wird nun vom Bewußtsein für die Äußerung dieser letzteren gehalten. Wenn wir den richtigen Zusammenhang wiederherstellen, heißen wir die ursprüngliche Affektregung eine »unbewußte«, obwohl ihr Affekt niemals unbewußt war, nur ihre Vorstellung der Verdrängung erlegen ist. Der Gebrauch der Ausdrücke »unbewußter Affekt« und »unbewußtes Gefühl« weist überhaupt auf die Schicksale des quantitativen Faktors der Triebregung infolge der Verdrängung zurück (siehe die Abhandlung über Verdrängung). Wir wissen, daß dies Schicksal ein dreifaches sein kann; der Affekt bleibt entweder – ganz oder teilweise – als solcher bestehen, oder er erfährt eine Verwandlung in einen qualitativ anderen Affektbetrag, vor allem in Angst, oder er wird unterdrückt, d. h. seine Entwicklung überhaupt verhindert. (Diese Möglichkeiten sind an der Traumarbeit vielleicht noch leichter zu studieren als bei den Neurosen.) Wir wissen auch, daß die Unterdrückung der Affektentwicklung das eigentliche Ziel der Verdrängung ist und daß deren Arbeit unabgeschlossen bleibt, wenn das Ziel nicht erreicht wird. In allen Fällen, wo der Verdrängung die Hemmung der Affektentwicklung gelingt, heißen wir die Affekte, die wir im Redressement der Verdrängungsarbeit wieder einsetzen, »unbewußte«. Dem Sprachgebrauch ist also die Konsequenz nicht abzustreiten; es besteht aber im Vergleiche mit der unbewußten Vorstellung der bedeutsame Unterschied, daß die unbewußte Vorstellung nach der Verdrängung als reale Bildung im System *Ubw* bestehenbleibt, während dem unbewußten Affekt ebendort nur eine Ansatzmöglichkeit, die nicht zur Entfaltung kommen durfte, entspricht. Strenggenommen und obwohl der Sprachgebrauch tadellos bleibt, gibt es also keine unbewußten Affekte, wie es unbewußte Vorstellungen gibt. Es kann aber sehr wohl im System *Ubw* Affektbildungen geben, die wie andere bewußt werden. Der ganze Unterschied rührt daher, daß Vorstellungen Besetzungen – im Grunde von Erinnerungsspuren – sind, während die Affekte und Gefühle Abfuhrvorgängen entsprechen, deren letzte Äußerungen als Empfindungen wahrgenommen werden. Im gegenwärtigen Zustand unserer Kenntnis von den Affekten und Gefühlen können wir diesen Unterschied nicht klarer ausdrücken.

Die Feststellung, daß es der Verdrängung gelingen kann, die Umsetzung der Triebregung in Affektäußerung zu hemmen, ist für uns von besonderem Interesse. Sie zeigt uns, daß das System *Bw* normalerweise die Affektivität wie den Zugang zur Motilität beherrscht, und hebt den Wert der Verdrängung, indem sie als deren Folgen nicht nur die Abhaltung vom Bewußtsein, sondern auch von der Affektentwicklung und von der Motivierung der Muskeltätigkeit aufzeigt. Wir können auch in umgekehrter Darstellung sagen: Solange das System *Bw* Affektivität und Motilität beherrscht, heißen wir den psychischen Zustand des Individuums normal. Indes ist ein Unterschied in der Beziehung des herrschenden Systems zu den beiden einander nahestehenden Abfuhraktionen unverkennbar.[1] Während die Herrschaft des *Bw* über die willkürliche Motilität fest gegründet ist, dem Ansturm der Neurose regelmäßig widersteht und erst in der Psychose zusammenbricht, ist die Beherrschung der Affektentwicklung durch *Bw* minder gefestigt. Noch innerhalb des normalen Lebens läßt sich ein beständiges Ringen der beiden Systeme *Bw* und *Ubw* um den Primat in der Affektivität erkennen, grenzen sich gewisse Einflußsphären voneinander ab und stellen sich Vermengungen der wirksamen Kräfte her.

Die Bedeutung des Systems *Bw (Vbw)* für die Zugänge zur Affektentbindung und Aktion macht uns auch die Rolle verständlich, welche in der Krankheitsgestaltung der Ersatzvorstellung zufällt. Es

---

1 Die Affektivität äußert sich wesentlich in motorischer (sekretorischer, gefäßregulierender) Abfuhr zur (inneren) Veränderung des eigenen Körpers ohne Beziehung zur Außenwelt, die Motilität in Aktionen, die zur Veränderung der Außenwelt bestimmt sind.

ist möglich, daß die Affektentwicklung direkt vom System *Ubw* ausgeht, in diesem Falle hat sie immer den Charakter der Angst, gegen welche alle »verdrängten« Affekte eingetauscht werden. Häufig aber muß die Triebregung warten, bis sie eine Ersatzvorstellung im System *Bw* gefunden hat. Dann ist die Affektentwicklung von diesem bewußten Ersatz her ermöglicht und der qualitative Charakter des Affekts durch dessen Natur bestimmt. Wir haben behauptet, daß bei der Verdrängung eine Trennung des Affekts von seiner Vorstellung stattfindet, worauf beide ihren gesonderten Schicksalen entgegengehen. Das ist deskriptiv unbestreitbar; der wirkliche Vorgang aber ist in der Regel, daß ein Affekt so lange nicht zustande kommt, bis nicht der Durchbruch zu einer neuen Vertretung im System *Bw* gelungen ist.

IV
Topik und Dynamik der Verdrängung

Wir haben das Resultat erhalten, daß die Verdrängung im wesentlichen ein Vorgang ist, der sich an Vorstellungen an der Grenze der Systeme *Ubw* und *Vbw (Bw)* vollzieht, und können nun einen neuerlichen Versuch machen, diesen Vorgang eingehender zu beschreiben. Es muß sich dabei um eine *Entziehung* von Besetzung handeln, aber es fragt sich, in welchem System findet die Entziehung statt, und welchem System gehört die entzogene Besetzung an.

Die verdrängte Vorstellung bleibt im *Ubw* aktionsfähig; sie muß also ihre Besetzung behalten haben. Das Entzogene muß etwas anderes sein. Nehmen wir den Fall der eigentlichen Verdrängung vor (des Nachdrängens), wie sie sich an der vorbewußten oder selbst bereits bewußten Vorstellung abspielt, dann kann die Verdrängung nur darin bestehen, daß der Vorstellung die (vor)bewußte Besetzung entzogen wird, die dem System *Vbw* angehört. Die Vorstellung bleibt dann unbesetzt, oder sie erhält Besetzung vom *Ubw* her, oder sie behält die *ubw* Besetzung, die sie schon früher hatte. Also Entziehung der vorbewußten, Erhaltung der unbewußten Besetzung oder Ersatz der vorbewußten Besetzung durch eine unbewußte. Wir bemerken übrigens, daß wir dieser Betrachtung wie unabsichtlich die Annahme zugrunde gelegt haben, der Übergang aus dem System *Ubw* in ein nächstes geschehe nicht durch eine neue Niederschrift, sondern durch eine Zustandsänderung, einen Wandel in der Besetzung. Die funktionale Annahme hat hier die topische mit leichter Mühe aus dem Felde geschlagen.

Dieser Vorgang der Libidoentziehung reicht aber nicht aus, um einen anderen Charakter der Verdrängung begreiflich zu machen. Es ist nicht einzusehen, warum die besetzt gebliebene oder vom *Ubw* her mit Besetzung versehene Vorstellung nicht den Versuch erneuern sollte, kraft ihrer Besetzung in das System *Vbw* einzudringen. Dann müßte sich die Libidoentziehung an ihr wiederholen, und dasselbe Spiel würde sich unabgeschlossen fortsetzen, das Ergebnis aber nicht das der Verdrängung sein. Ebenso würde der besprochene Mechanismus der Entziehung vorbewußter Besetzung versagen, wenn es sich um die Darstellung der Urverdrängung handelt; in diesem Falle liegt ja eine unbewußte Vorstellung vor, die noch keine Besetzung vom *Vbw* erhalten hat, der eine solche also auch nicht entzogen werden kann.

Wir bedürfen also hier eines anderen Vorganges, welcher im ersten Falle die Verdrängung unterhält, im zweiten ihre Herstellung und Fortdauer besorgt, und können diesen nur in der Annahme einer *Gegenbesetzung* finden, durch welche sich das System *Vbw* gegen das Andrängen der unbewußten Vorstellung schützt. Wie sich eine solche Gegenbesetzung, die im System *Vbw* vor sich geht, äußert, werden wir an klinischen Beispielen sehen. Sie ist es, welche den Daueraufwand einer Urverdrängung repräsentiert, aber auch deren Dauerhaftigkeit verbürgt. Die Gegenbesetzung ist der alleinige Mechanismus der Urverdrängung; bei der eigentlichen Verdrängung (dem Nachdrängen) kommt die Entziehung der *vbw* Besetzung hinzu. Es ist sehr wohl möglich, daß gerade die der Vorstellung entzogene Besetzung zur Gegenbesetzung verwendet wird.

Wir merken, wie wir allmählich dazu gekommen sind, in der Darstellung psychischer Phänomene einen dritten Gesichtspunkt zur Geltung zu bringen, außer dem dynamischen und dem topischen den *ökonomischen*, der die Schicksale der Erregungsgrößen zu verfolgen und eine wenigstens relative Schätzung derselben zu gewinnen strebt. Wir werden es nicht unbillig finden, die Betrachtungsweise, welche die Vollendung der psychoanalytischen Forschung ist, durch einen besonderen Namen auszuzeichnen. Ich schlage vor, daß es eine *metapsychologische* Darstellung genannt werden soll, wenn es uns gelingt, einen psychischen Vorgang nach seinen *dynamischen, topischen* und *ökonomischen* Beziehungen zu beschreiben. Es ist vorherzusagen, daß es uns bei dem gegenwärtigen Stand unserer Einsichten nur an vereinzelten Stellen gelingen wird.

Machen wir einen zaghaften Versuch, eine metapsychologische Beschreibung des Verdrängungsvorganges bei den drei bekannten Übertragungsneurosen zu geben. Wir dürfen dabei »Besetzung« durch »Libido« ersetzen, weil es sich ja, wie wir wissen, um die Schicksale von Sexualtrieben handelt.

Eine erste Phase des Vorganges bei der Angsthysterie wird häufig übersehen, vielleicht auch wirklich übergangen, ist aber bei sorgfältiger Beobachtung gut kenntlich. Sie besteht darin, daß Angst auftritt, ohne daß wahrgenommen würde, wovor. Es ist anzunehmen, daß im *Ubw* eine Liebesregung vorhanden war, die nach der Umsetzung ins System *Vbw* verlangte; aber die von diesem System her ihr zugewendete Besetzung zog sich nach Art eines Fluchtversuches von ihr zurück, und die unbewußte Libidobesetzung der zurückgewiesenen Vorstellung wurde als Angst abgeführt. Bei einer etwaigen Wiederholung des Vorganges wurde ein erster Schritt zur Bewältigung der unliebsamen Angstentwicklung unternommen. Die fliehende Besetzung wendete sich einer Ersatzvorstellung zu, die einerseits assoziativ mit der abgewiesenen Vorstellung zusammenhing, anderseits durch die Entfernung von ihr der Verdrängung entzogen war (*Verschiebungsersatz*) und eine Rationalisierung der noch unhemmbaren Angstentwicklung gestattete. Die Ersatzvorstellung spielt nun für das System *Bw (Vbw)* die Rolle einer Gegenbesetzung, indem sie es gegen das Auftauchen der verdrängten Vorstellung im *Bw* versichert, anderseits ist sie die Ausgangsstelle der nun erst recht unhemmbaren Angstaffektentbindung oder benimmt sich als solche. Die klinische Beobachtung zeigt, daß z. B. das an der Tierphobie leidende Kind nun unter zweierlei Bedingungen Angst verspürt, erstens wenn die verdrängte Liebesregung eine Verstärkung erfährt, und zweitens wenn das Angsttier wahrgenommen wird. Die Ersatzvorstellung benimmt sich in dem einen Falle wie die Stelle einer Überleitung aus dem System *Ubw* in das System *Bw*, im anderen wie eine selbständige Quelle der Angstentbindung. Die Ausdehnung der Herrschaft des Systems *Bw* pflegt sich darin zu äußern, daß die erste Erregungsweise der Ersatzvorstellung gegen die zweite immer mehr zurücktritt. Vielleicht benimmt sich am Ende das Kind so, als hätte es gar keine Neigung zu dem Vater, wäre ganz von ihm freigeworden, und als hätte es wirklich Angst vor dem Tier. Nur daß diese Tierangst, aus der unbewußten Triebquelle gespeist, sich widerspenstig und übergroß gegen alle Beeinflussungen aus dem System *Bw* erweist und dadurch ihre Herkunft aus dem System *Ubw* verrät.

Die Gegenbesetzung aus dem System *Bw* hat also in der zweiten Phase der Angsthysterie zur Ersatzbildung geführt. Derselbe Mechanismus findet bald eine neuerliche Anwendung. Der Verdrängungsvorgang ist, wie wir wissen, noch nicht abgeschlossen und findet ein weiteres Ziel in der Aufgabe, die vom Ersatz ausgehende Angstentwicklung zu hemmen. Dies geschieht in der Weise, daß die gesamte assoziierte Umgebung der Ersatzvorstellung mit besonderer Intensität besetzt wird, so daß sie eine hohe Empfindlichkeit gegen Erregung bezeigen kann. Eine Erregung irgendeiner Stelle dieses Vorbaues muß zufolge der Verknüpfung mit der Ersatzvorstellung den Anstoß zu einer geringen Angstentwicklung geben, welche nun als Signal benützt wird, um durch neuerliche Flucht der Besetzung den weiteren Fortgang der Angstentwicklung zu hemmen. Je weiter weg vom gefürchteten Ersatz die empfindlichen und wachsamen Gegenbesetzungen angebracht sind, desto präziser kann der Mechanismus funktionieren, der die Ersatzvorstellung isolieren und neue Erregungen von ihr abhalten soll. Diese Vorsichten schützen natürlich nur gegen Erregungen, die von außen, durch die Wahrnehmung an die Ersatzvorstellung herantreten, aber niemals gegen die Trieberregung, die von der Verbindung mit der verdrängten Vorstellung her die Ersatzvorstellung trifft. Sie beginnen also erst zu wirken, wenn der Ersatz die Vertretung des Verdrängten gut übernommen hat, und können niemals ganz verläßlich wirken. Bei jedem Ansteigen der Trieberregung muß der schützende Wall um die Ersatzvorstellung um ein Stück weiter hinaus verlegt werden. Die ganze Konstruktion, die in analoger Weise bei den anderen Neurosen hergestellt wird, trägt den Namen einer *Phobie*. Der Ausdruck der Flucht vor bewußter Besetzung der Ersatzvorstellung sind die Vermeidungen, Verzichte und Verbote, an denen man die Angsthysterie erkennt. Überschaut man den ganzen Vorgang, so kann man sagen, die dritte Phase hat die Arbeit der zweiten in größerem Ausmaß wiederholt. Das System *Bw* schützt sich jetzt gegen die Aktivierung der Ersatzvorstellung durch die Gegenbesetzung der Umgebung, wie es sich vorhin durch die Besetzung der Ersatzvorstellung gegen das Auftauchen der verdrängten Vorstellung gesichert hatte. Die Ersatzbildung durch Verschiebung hat sich in solcher Weise fortgesetzt. Man muß auch hinzufügen, daß das System *Bw* früher nur eine kleine Stelle besaß, die eine Einbruchspforte der verdrängten Triebregung war, die Ersatzvorstellung nämlich, daß aber am Ende der ganze phobische Vorbau einer solchen Enklave des unbewußten Einflusses entspricht. Man kann ferner den interessanten Gesichtspunkt hervorheben, daß durch den ganzen ins Werk gesetzten Abwehrmechanismus eine Projektion der Triebgefahr nach außen erreicht worden ist. Das Ich benimmt sich so, als ob ihm die Gefahr der Angstentwicklung nicht von einer Triebregung, sondern von einer Wahrnehmung her drohte, und darf darum gegen diese äußere Gefahr mit den Fluchtversuchen der phobischen Vermeidungen reagieren. Eines gelingt bei diesem Vorgang der Verdrängung: die Entbindung von Angst läßt sich einigermaßen eindämmen, aber nur unter schweren Opfern an persönlicher Freiheit. Fluchtversuche vor Triebansprüchen sind aber im allgemeinen nutzlos, und das Ergebnis der phobischen Flucht bleibt doch unbefriedigend.

Von den Verhältnissen, die wir bei der Angsthysterie erkannt haben, gilt ein großer Anteil auch für die beiden anderen Neurosen, so daß wir die Erörterung auf die Unterschiede und die Rolle der Gegenbesetzung beschränken können. Bei der Konversionshysterie wird die Triebbesetzung der verdrängten Vorstellung in die Innervation des Symptoms umgesetzt. Inwieweit und unter welchen Umständen die unbewußte Vorstellung durch diese Abfuhr zur Innervation drainiert ist, so daß sie ihr Andrängen gegen das System *Bw* aufgeben kann, diese und ähnliche Fragen bleiben besser einer speziellen Untersuchung der Hysterie vorbehalten. Die Rolle der Gegenbesetzung, die vom System *Bw (Vbw)* ausgeht, ist bei der Konversionshysterie deutlich und kommt in der Symptombildung zum Vorschein. Die Gegenbesetzung ist es, welche die Auswahl trifft, auf welches Stück der Triebrepräsentanz die ganze Besetzung derselben konzentriert werden darf. Dies zum Symptom erlesene Stück erfüllt die Bedingung, daß es dem Wunschziel der Triebregung ebensosehr Ausdruck gibt wie dem Abwehr- oder Strafbestreben des Systems *Bw*; es wird also überbesetzt und von beiden Seiten her gehalten wie die Ersatzvorstellung der Angsthysterie. Wir können aus diesem Verhältnis ohne weiteres den Schluß ziehen, daß der Verdrängungsaufwand des Systems *Bw* nicht so groß zu sein braucht wie die Besetzungsenergie des Symptoms, denn die Stärke der Verdrängung wird durch die aufgewendete Gegenbesetzung gemessen, und das Symptom stützt sich nicht nur auf die Gegenbesetzung, sondern auch auf die in ihm verdichtete Triebbesetzung aus dem System *Ubw*.

Für die Zwangsneurose hätten wir den in der vorigen Abhandlung enthaltenen Bemerkungen nur hinzuzufügen, daß hier die Gegenbesetzung des Systems *Bw* am sinnfälligsten in den Vordergrund tritt. Sie ist es, die, als Reaktionsbildung organisiert, die erste Verdrängung besorgt und an welcher später der Durchbruch der verdrängten Vorstellung erfolgt. Man darf der Vermutung Raum geben, daß es an dem Vorwiegen der Gegenbesetzung und Ausfallen einer Abfuhr liegt, wenn das Werk der Verdrängung bei Angsthysterie und Zwangsneurose weit weniger geglückt erscheint als bei der Konversionshysterie.

V

Die besonderen Eigenschaften des Systems *Ubw*

Eine neue Bedeutung erhält die Unterscheidung der beiden psychischen Systeme, wenn wir darauf aufmerksam werden, daß die Vorgänge des einen Systems, des *Ubw*, Eigenschaften zeigen, die sich in dem nächst höheren nicht wiederfinden.

Der Kern des *Ubw* besteht aus Triebrepräsentanzen, die ihre Besetzung abführen wollen, also aus Wunschregungen. Diese Triebregungen sind einander koordiniert, bestehen unbeeinflußt nebeneinander, widersprechen einander nicht. Wenn zwei Wunschregungen gleichzeitig aktiviert werden, deren Ziele uns unvereinbar erscheinen müssen, so ziehen sich die beiden Regungen nicht etwa voneinander ab oder heben einander auf, sondern sie treten zur Bildung eines mittleren Zieles, eines Kompromisses, zusammen.

Es gibt in diesem System keine Negation, keinen Zweifel, keine Grade von Sicherheit. All dies wird erst durch die Arbeit der Zensur zwischen *Ubw* und *Vbw* eingetragen. Die Negation ist ein Ersatz der Verdrängung von höherer Stufe. Im *Ubw* gibt es nur mehr oder weniger stark besetzte Inhalte.

Es herrscht eine weit größere Beweglichkeit der Besetzungsintensitäten. Durch den Prozeß der *Verschiebung* kann eine Vorstellung den ganzen Betrag ihrer Besetzung an eine andere abgeben, durch den der *Verdichtung* die ganze Besetzung mehrerer anderer an sich nehmen. Ich habe vorgeschlagen, diese beiden Prozesse als Anzeichen des sogenannten psychischen *Primärvorganges* anzusehen. Im System *Vbw* herrscht der *Sekundärvorgang*[1]; wo ein solcher Primärvorgang sich an Elementen des Systems *Vbw* abspielen darf, erscheint er »komisch« und erregt Lachen.

Die Vorgänge des Systems *Ubw* sind *zeitlos*, d. h. sie sind nicht zeitlich geordnet, werden durch die verlaufende Zeit nicht abgeändert, haben überhaupt keine Beziehung zur Zeit. Auch die Zeitbeziehung ist an die Arbeit des *Bw*[2]-Systems geknüpft.

Ebensowenig kennen die *Ubw*-Vorgänge eine Rücksicht auf die *Realität*. Sie sind dem Lustprinzip unterworfen; ihr Schicksal hängt nur davon ab, wie stark sie sind und ob sie die Anforderungen der Lust-Unlustregulierung erfüllen.

Fassen wir zusammen: *Widerspruchslosigkeit*, *Primärvorgang* (Beweglichkeit der Besetzungen), *Zeitlosigkeit* und *Ersetzung der*

---

1 Siehe die Ausführungen im VII. Abschnitt der Traumdeutung (Ges. Werke, Band II/III), welche sich auf die von J. Breuer in den »Studien über Hysterie« entwickelten Ideen stützt.

2 [In der Erstveröffentlichung: »*Vbw*«.]

äußeren Realität durch die psychische sind die Charaktere, die wir an zum System *Ubw* gehörigen Vorgängen zu finden erwarten dürfen.[1]

Die unbewußten Vorgänge werden für uns nur unter den Bedingungen des Träumens und der Neurosen erkennbar, also dann, wenn Vorgänge des höheren *Vbw*-Systems durch eine Erniedrigung (Regression) auf eine frühere Stufe zurückversetzt werden. An und für sich sind sie unerkennbar, auch existenzunfähig, weil das System *Ubw* sehr frühzeitig von dem *Vbw* überlagert wird, welches den Zugang zum Bewußtsein und zur Motilität an sich gerissen hat. Die Abfuhr des Systems *Ubw* geht in die Körperinnervation zur Affektentwicklung, aber auch dieser Entladungsweg wird ihm, wie wir gehört haben, vom *Vbw* streitig gemacht. Für sich allein könnte das *Ubw*-System unter normalen Verhältnissen keine zweckmäßige Muskelaktion zustande bringen, mit Ausnahme jener, die als Reflexe bereits organisiert sind.

Die volle Bedeutung der beschriebenen Charaktere des Systems *Ubw* könnte uns erst einleuchten, wenn wir sie den Eigenschaften des Systems *Vbw* gegenüberstellen und an ihnen messen würden. Allein dies würde uns so weitab führen, daß ich vorschlage, wiederum einen Aufschub gutzuheißen und die Vergleichung der beiden Systeme erst im Anschluß an die Würdigung des höheren Systems vorzunehmen. Nur das Allerdringendste soll schon jetzt seine Erwähnung finden.

Die Vorgänge des Systems *Vbw* zeigen – und zwar gleichgültig, ob sie bereits bewußt oder nur bewußtseinsfähig sind – eine Hemmung der Abfuhrneigung von den besetzten Vorstellungen. Wenn der Vorgang von einer Vorstellung auf eine andere übergeht, so hält die erstere einen Teil ihrer Besetzung fest, und nur ein kleiner Anteil erfährt die Verschiebung. Verschiebungen und Verdichtungen wie beim Primärvorgang sind ausgeschlossen oder sehr eingeschränkt. Dieses Verhältnis hat J. Breuer veranlaßt, zwei verschiedene Zustände der Besetzungsenergie im Seelenleben anzunehmen, einen tonisch gebundenen und einen frei beweglichen, der Abfuhr zustre-

---

1 Die Erwähnung eines anderen bedeutsamen Vorrechtes des *Ubw* sparen wir für einen anderen Zusammenhang auf.

benden. Ich glaube, daß diese Unterscheidung bis jetzt unsere tiefste Einsicht in das Wesen der nervösen Energie darstellt, und sehe nicht, wie man um sie herumkommen soll. Es wäre ein dringendes Bedürfnis der metapsychologischen Darstellung – vielleicht aber noch ein allzu gewagtes Unternehmen –, an dieser Stelle die Diskussion fortzuführen.

Dem System *Vbw* fallen ferner zu die Herstellung einer Verkehrsfähigkeit unter den Vorstellungsinhalten, so daß sie einander beeinflussen können, die zeitliche Anordnung derselben, die Einführung der einen Zensur oder mehrerer Zensuren, die Realitätsprüfung und das Realitätsprinzip. Auch das bewußte Gedächtnis scheint ganz am *Vbw*[1] zu hängen, es ist scharf von den Erinnerungsspuren zu scheiden, in denen sich die Erlebnisse des *Ubw* fixieren, und entspricht wahrscheinlich einer besonderen Niederschrift, wie wir sie für das Verhältnis der bewußten zur unbewußten Vorstellung annehmen wollten, aber bereits verworfen haben. In diesem Zusammenhang werden wir auch die Mittel finden, unserem Schwanken in der Benennung des höheren Systems, das wir jetzt richtungslos bald *Vbw* bald *Bw* heißen, ein Ende zu machen.

Es wird auch die Warnung am Platze sein, nicht voreilig zu verallgemeinern, was wir hier über die Verteilung der seelischen Leistungen an die beiden Systeme zutage gefördert haben. Wir beschreiben die Verhältnisse, wie sie sich beim reifen Menschen zeigen, bei dem das System *Ubw* strenggenommen nur als Vorstufe der höheren Organisation funktioniert. Welchen Inhalt und welche Beziehungen dies System während der individuellen Entwicklung hat und welche Bedeutung ihm beim Tiere zukommt, das soll nicht aus unserer Beschreibung abgeleitet, sondern selbständig erforscht werden. Wir müssen auch beim Menschen darauf gefaßt sein, etwa krankhafte Bedingungen zu finden, unter denen die beiden Systeme Inhalt wie Charaktere ändern oder selbst miteinander tauschen.

---

1 [In der Erstveröffentlichung: »*Bw*«.]

VI
Der Verkehr der beiden Systeme

Es wäre doch unrecht sich vorzustellen, daß das *Ubw* in Ruhe verbleibt, während die ganze psychische Arbeit vom *Vbw* geleistet wird, daß das *Ubw* etwas Abgetanes, ein rudimentäres Organ, ein Residuum der Entwicklung sei. Oder anzunehmen, daß sich der Verkehr der beiden Systeme auf den Akt der Verdrängung beschränkt, indem das *Vbw* alles, was ihm störend erscheint, in den Abgrund des *Ubw* wirft. Das *Ubw* ist vielmehr lebend, entwicklungsfähig und unterhält eine Anzahl von anderen Beziehungen zum *Vbw*, darunter auch die der Kooperation. Man muß zusammenfassend sagen, das *Ubw* setzt sich in die sogenannten Abkömmlinge fort, es ist den Einwirkungen des Lebens zugänglich, beeinflußt beständig das *Vbw* und ist seinerseits sogar Beeinflussungen von seiten des *Vbw* unterworfen.

Das Studium der Abkömmlinge des *Ubw* wird unseren Erwartungen einer schematisch reinlichen Scheidung zwischen den beiden psychischen Systemen eine gründliche Enttäuschung bereiten. Das wird gewiß Unzufriedenheit mit unseren Ergebnissen erwecken und wahrscheinlich dazu benützt werden, den Wert unserer Art der Trennung der psychischen Vorgänge in Zweifel zu ziehen. Allein wir werden geltend machen, daß wir keine andere Aufgabe haben, als die Ergebnisse der Beobachtung in Theorie umzusetzen, und die Verpflichtung von uns weisen, auf den ersten Anlauf eine glatte und durch Einfachheit sich empfehlende Theorie zu erreichen. Wir vertreten deren Komplikationen, solange sie sich der Beobachtung adäquat erweisen, und geben die Erwartung nicht auf, gerade durch sie zur endlichen Erkenntnis eines Sachverhaltes geleitet zu werden, der, an sich einfach, den Komplikationen der Realität gerecht werden kann.

Unter den Abkömmlingen der *ubw* Triebregungen vom beschriebenen Charakter gibt es welche, die entgegengesetzte Bestimmungen in sich vereinigen. Sie sind einerseits hochorganisiert, widerspruchsfrei, haben allen Erwerb des Systems *Bw* verwertet und würden sich für unser Urteil von den Bildungen dieses Systems kaum unterscheiden. Anderseits sind sie unbewußt und unfähig, bewußt zu werden.

Sie gehören also qualitativ zum System *Vbw*, faktisch aber zum *Ubw*. Ihre Herkunft bleibt das für ihr Schicksal Entscheidende. Man muß sie mit den Mischlingen menschlicher Rassen vergleichen, die im großen und ganzen bereits den Weißen gleichen, ihre farbige Abkunft aber durch den einen oder anderen auffälligen Zug verraten und darum von der Gesellschaft ausgeschlossen bleiben und keines der Vorrechte der Weißen genießen. Solcher Art sind die Phantasiebildungen der Normalen wie der Neurotiker, die wir als Vorstufen der Traum- wie der Symptombildung erkannt haben und die trotz ihrer hohen Organisation verdrängt bleiben und als solche nicht bewußt werden können. Sie kommen nahe ans Bewußtsein heran, bleiben ungestört, solange sie keine intensive Besetzung haben, werden aber zurückgeworfen, sobald sie eine gewisse Höhe der Besetzung überschreiten. Ebensolche höher organisierte Abkömmlinge des *Ubw* sind die Ersatzbildungen, denen aber der Durchbruch zum Bewußtsein dank einer günstigen Relation gelingt, wie z. B. durch das Zusammentreffen mit einer Gegenbesetzung des *Vbw*.

Wenn wir an anderer Stelle die Bedingungen des Bewußtwerdens eingehender untersuchen, wird uns ein Teil der hier auftauchenden Schwierigkeiten lösbar werden. Hier mag es uns vorteilhaft erscheinen, der bisherigen, vom *Ubw* her aufsteigenden Betrachtung eine vom Bewußtsein ausgehende gegenüberzustellen. Dem Bewußtsein tritt die ganze Summe der psychischen Vorgänge als das Reich des Vorbewußten entgegen. Ein sehr großer Anteil dieses Vorbewußten stammt aus dem Unbewußten, hat den Charakter der Abkömmlinge desselben und unterliegt einer Zensur, ehe er bewußt werden kann. Ein anderer Anteil des *Vbw* ist ohne Zensur bewußtseinsfähig. Wir gelangen hier zu einem Widerspruch gegen eine frühere Annahme. In der Betrachtung der Verdrängung wurden wir genötigt, die für das Bewußtwerden entscheidende Zensur zwischen die Systeme *Ubw* und *Vbw* zu verlegen. Jetzt wird uns eine Zensur zwischen *Vbw* und *Bw* nahegelegt. Wir tun aber gut daran, in dieser Komplikation keine Schwierigkeit zu erblicken, sondern anzunehmen, daß jedem Übergang von einem System zum nächst höheren, also jedem Fortschritt zu einer höheren Stufe psychischer Organisation eine neue Zensur entspreche. Die Annahme einer fortlaufenden Erneuerung der Niederschriften ist damit allerdings abgetan.

Der Grund all dieser Schwierigkeiten ist darin zu suchen, daß die Bewußtheit, der einzige uns unmittelbar gegebene Charakter der psychischen Vorgänge, sich zur Systemunterscheidung in keiner Weise eignet. Abgesehen davon, daß das Bewußte nicht immer bewußt, sondern zeitweilig auch latent ist, hat uns die Beobachtung gezeigt, daß vieles, was die Eigenschaften des Systems *Vbw* teilt, nicht bewußt wird, und haben wir noch zu erfahren, daß das Bewußtwerden durch gewisse Richtungen seiner Aufmerksamkeit eingeschränkt ist. Das Bewußtsein hat so weder zu den Systemen noch zur Verdrängung ein einfaches Verhältnis. Die Wahrheit ist, daß nicht nur das psychisch Verdrängte dem Bewußtsein fremd bleibt, sondern auch ein Teil der unser Ich beherrschenden Regungen, also der stärkste funktionelle Gegensatz des Verdrängten. In dem Maße, als wir uns zu einer metapsychologischen Betrachtung des Seelenlebens durchringen wollen, müssen wir lernen, uns von der Bedeutung des Symptoms »Bewußtheit« zu emanzipieren.

Solange wir noch an diesem haften, sehen wir unsere Allgemeinheiten regelmäßig durch Ausnahmen durchbrochen. Wir sehen, daß Abkömmlinge des *Ubw* [1] als Ersatzbildungen und als Symptome bewußt werden, in der Regel nach großen Entstellungen gegen das Unbewußte, aber oft mit Erhaltung vieler zur Verdrängung auffordernden Charaktere. Wir finden, daß viele vorbewußte Bildungen unbewußt bleiben, die, sollten wir meinen, ihrer Natur nach sehr wohl bewußt werden dürften. Wahrscheinlich macht sich bei ihnen die stärkere Anziehung des *Ubw* geltend. Wir werden darauf hingewiesen, die bedeutsamere Differenz nicht zwischen dem Bewußten und dem Vorbewußten, sondern zwischen dem Vorbewußten und dem Unbewußten zu suchen. Das *Ubw* wird an der Grenze des *Vbw* durch die Zensur zurückgewiesen, Abkömmlinge desselben können diese Zensur umgehen, sich hoch organisieren, im *Vbw* bis zu einer gewissen Intensität der Besetzung heranwachsen, werden aber dann, wenn sie diese überschritten haben und sich dem Bewußtsein aufdrängen wollen, als Abkömmlinge des *Ubw* erkannt und an der neuen Zensurgrenze zwischen *Vbw* und *Bw* neuerlich

---

1 [So im Originalmanuskript. Wo in früheren deutschen Ausgaben »*Vbw*« steht, handelt es sich um einen Druckfehler.]

verdrängt. Die erstere Zensur funktioniert so gegen das *Ubw* selbst, die letztere gegen die *vbw* Abkömmlinge desselben. Man könnte meinen, die Zensur habe sich im Laufe der individuellen Entwicklung um ein Stück vorgeschoben.

In der psychoanalytischen Kur erbringen wir den unanfechtbaren Beweis für die Existenz der zweiten Zensur, der zwischen den Systemen *Vbw* und *Bw*. Wir fordern den Kranken auf, reichlich Abkömmlinge des *Ubw* zu bilden, verpflichten ihn dazu, die Einwendungen der Zensur gegen das Bewußtwerden dieser vorbewußten Bildungen zu überwinden, und bahnen uns durch die Besiegung dieser Zensur den Weg zur Aufhebung der Verdrängung, die das Werk der früheren Zensur ist. Fügen wir noch die Bemerkung an, daß die Existenz der Zensur zwischen *Vbw* und *Bw* uns mahnt, das Bewußtwerden sei kein bloßer Wahrnehmungsakt, sondern wahrscheinlich auch eine *Überbesetzung*, ein weiterer Fortschritt der psychischen Organisation.

Wenden wir uns zum Verkehr des *Ubw* mit den anderen Systemen, weniger um Neues festzustellen, als um nicht das Sinnfälligste zu übergehen. An den Wurzeln der Triebtätigkeit kommunizieren die Systeme aufs ausgiebigste miteinander. Ein Anteil der hier erregten Vorgänge geht durch das *Ubw* wie durch eine Vorbereitungsstufe durch und erreicht die höchste psychische Ausbildung im *Bw*, ein anderer wird als *Ubw* zurückgehalten. Das *Ubw* wird aber auch von den aus der äußeren Wahrnehmung stammenden Erlebnissen getroffen. Alle Wege von der Wahrnehmung zum *Ubw* bleiben in der Norm frei; erst die vom *Ubw* weiterführenden Wege unterliegen der Sperrung durch die Verdrängung.

Es ist sehr bemerkenswert, daß das *Ubw* eines Menschen mit Umgehung des *Bw* auf das *Ubw* eines anderen reagieren kann. Die Tatsache verdient eingehendere Untersuchung, besonders nach der Richtung, ob sich vorbewußte Tätigkeit dabei ausschließen läßt, ist aber als Beschreibung unbestreitbar.

Der Inhalt des Systems *Vbw* (oder *Bw*) entstammt zu einem Teile dem Triebleben (durch Vermittlung des *Ubw*), zum anderen Teile der Wahrnehmung. Es ist zweifelhaft, inwieweit die Vorgänge dieses Systems eine direkte Einwirkung auf das *Ubw* äußern können; die Erforschung pathologischer Fälle zeigt oft eine kaum glaubliche

Selbständigkeit und Unbeeinflußbarkeit des *Ubw*. Ein völliges Auseinandergehen der Strebungen, ein absoluter Zerfall der beiden Systeme ist überhaupt die Charakteristik des Krankseins. Allein die psychoanalytische Kur ist auf die Beeinflussung des *Ubw* vom *Bw* her gebaut und zeigt jedenfalls, daß solche, wiewohl mühsam, nicht unmöglich ist. Die zwischen beiden Systemen vermittelnden Abkömmlinge des *Ubw* bahnen uns, wie schon erwähnt, den Weg zu dieser Leistung. Wir dürfen aber wohl annehmen, daß die spontan erfolgende Veränderung des *Ubw* von seiten des *Bw* ein schwieriger und langsam verlaufender Prozeß ist.

Eine Kooperation zwischen einer vorbewußten und einer unbewußten, selbst intensiv verdrängten Regung kann zustande kommen, wenn es die Situation ergibt, daß die unbewußte Regung gleichsinnig mit einer der herrschenden Strebungen wirken kann. Die Verdrängung wird für diesen Fall aufgehoben, die verdrängte Aktivität als Verstärkung der vom Ich beabsichtigten zugelassen. Das Unbewußte wird für diese eine Konstellation ichgerecht, ohne daß sonst an einer Verdrängung etwas abgeändert würde. Der Erfolg des *Ubw* ist bei dieser Kooperation unverkennbar; die verstärkten Strebungen benehmen sich doch anders als die normalen, sie befähigen zu besonders vollkommener Leistung, und sie zeigen gegen Widersprüche eine ähnliche Resistenz wie etwa die Zwangssymptome.

Den Inhalt des *Ubw* kann man einer psychischen Urbevölkerung vergleichen. Wenn es beim Menschen ererbte psychische Bildungen, etwas dem Instinkt der Tiere Analoges gibt, so macht dies den Kern des *Ubw* aus. Dazu kommt später das während der Kindheitsentwicklung als unbrauchbar Beseitigte hinzu, was seiner Natur nach von dem Ererbten nicht verschieden zu sein braucht. Eine scharfe und endgültige Scheidung des Inhaltes der beiden Systeme stellt sich in der Regel erst mit dem Zeitpunkte der Pubertät her.

VII

Die Agnoszierung des Unbewußten

Soviel, als wir in den vorstehenden Erörterungen zusammengetragen haben, läßt sich etwa über das *Ubw* aussagen, solange man nur aus der Kenntnis des Traumlebens und der Übertragungsneurosen schöpft. Es ist gewiß nicht viel, macht stellenweise den Eindruck des Ungeklärten und Verwirrenden und läßt vor allem die Möglichkeit vermissen, das *Ubw* an einen bereits bekannten Zusammenhang anzuordnen oder es in ihn einzureihen. Erst die Analyse einer der Affektionen, die wir narzißtische Psychoneurosen heißen, verspricht uns Auffassungen zu liefern, durch welche uns das rätselvolle *Ubw* nähergerückt und gleichsam greifbar gemacht wird.

Seit einer Arbeit von Abraham (1908), welche der gewissenhafte Autor auf meine Anregung zurückgeführt hat, versuchen wir die Dementia praecox Kraepelins (Schizophrenie Bleulers) durch ihr Verhalten zum Gegensatz von Ich und Objekt zu charakterisieren. Bei den Übertragungsneurosen (Angst- und Konversionshysterie, Zwangsneurose) lag nichts vor, was diesen Gegensatz in den Vordergrund gerückt hätte. Man wußte zwar, daß die Versagung des Objekts den Ausbruch der Neurose herbeiführt und daß die Neurose den Verzicht auf das reale Objekt involviert, auch daß die dem realen Objekt entzogene Libido auf ein phantasiertes Objekt und von da aus auf ein verdrängtes zurückgeht (Introversion). Aber die Objektbesetzung überhaupt wird bei ihnen mit großer Energie festgehalten, und die feinere Untersuchung des Verdrängungsvorganges hat uns anzunehmen genötigt, daß die Objektbesetzung im System *Ubw* trotz der Verdrängung – vielmehr infolge derselben – fortbesteht. Die Fähigkeit zur Übertragung, welche wir bei diesen Affektionen therapeutisch ausnützen, setzt ja die ungestörte Objektbesetzung voraus.

Bei der Schizophrenie hat sich uns dagegen die Annahme aufgedrängt, daß nach dem Prozesse der Verdrängung die abgezogene Libido kein neues Objekt suche, sondern ins Ich zurücktrete, daß also hier die Objektbesetzungen aufgegeben und ein primitiver, objektloser Zustand von Narzißmus wiederhergestellt werde. Die Unfähigkeit dieser Patienten zur Übertragung – soweit der Krankheitsprozeß reicht –, ihre daraus folgende therapeutische Unzugänglichkeit, die ihnen eigentümliche Ablehnung der Außenwelt, das Auftreten von Zeichen einer Überbesetzung des eigenen Ichs, der Ausgang in völlige Apathie, all diese klinischen Charaktere scheinen zu der Annahme eines Aufgebens der Objektbesetzungen trefflich zu stimmen. Von seiten des Verhältnisses der beiden psychischen Systeme wurde allen Beobachtern auffällig, daß bei der Schizophrenie vieles als bewußt geäußert wird, was wir bei den Übertragungsneurosen erst durch Psychoanalyse im *Ubw* nachweisen müssen. Aber es gelang zunächst nicht, zwischen der Ich-Objektbeziehung und den Bewußtseinsrelationen eine verständliche Verknüpfung herzustellen.

Das Gesuchte scheint sich auf folgendem unvermuteten Wege zu ergeben. Bei den Schizophrenen beobachtet man, zumal in den so lehrreichen Anfangsstadien, eine Anzahl von Veränderungen der *Sprache*, von denen einige es verdienen, unter einem bestimmten Gesichtspunkt betrachtet zu werden. Die Ausdrucksweise wird oft Gegenstand einer besonderen Sorgfalt, sie wird »gewählt«, »geziert«. Die Sätze erfahren eine besondere Desorganisation des Aufbaues, durch welche sie uns unverständlich werden, so daß wir die Äußerungen der Kranken für unsinnig halten. Im Inhalt dieser Äußerungen wird oft eine Beziehung zu Körperorganen oder Körperinnervationen in den Vordergrund gerückt. Dem kann man anreihen, daß in solchen Symptomen der Schizophrenie, welche hysterischen oder zwangsneurotischen Ersatzbildungen gleichen, doch die Beziehung zwischen dem Ersatz und dem Verdrängten Eigentümlichkeiten zeigt, welche uns bei den beiden genannten Neurosen befremden würden.

Herr Dr. V. Tausk (Wien) hat mir einige seiner Beobachtungen bei beginnender Schizophrenie zur Verfügung gestellt, die durch den Vorzug ausgezeichnet sind, daß die Kranke selbst noch die Aufklärung ihrer Reden geben wollte. Ich will nun an zweien seiner Beispiele zeigen, welche Auffassung ich zu vertreten beabsichtige, zweifle übrigens nicht daran, daß es jedem Beobachter leicht sein würde, solches Material in Fülle vorzubringen.

Eine der Kranken Tausks, ein Mädchen, das nach einem Zwist mit ihrem Geliebten auf die Klinik gebracht wurde, klagt:

Die Augen sind nicht richtig, sie sind verdreht. Das erläutert sie selbst, indem sie in geordneter Sprache eine Reihe von Vorwürfen gegen den Geliebten vorbringt. »Sie kann ihn gar nicht verstehen, er sieht jedesmal anders aus, er ist ein Heuchler, ein *Augenverdreher,* er hat ihr die Augen verdreht, jetzt hat sie verdrehte Augen, es sind nicht mehr ihre Augen, sie sieht die Welt jetzt mit anderen Augen.«

Die Äußerungen der Kranken zu ihrer unverständlichen Rede haben den Wert einer Analyse, da sie deren Äquivalent in allgemein verständlicher Ausdrucksweise enthalten; sie geben gleichzeitig Aufschluß über Bedeutung und über Genese der schizophrenen Wortbildung. In Übereinstimmung mit Tausk hebe ich aus diesem Beispiel hervor, daß die Beziehung zum Organ (zum Auge) sich zur Vertretung des ganzen Inhaltes aufgeworfen hat. Die schizophrene Rede hat hier einen hypochondrischen Zug, sie ist *Organ*sprache geworden.

Eine zweite Mitteilung derselben Kranken: »Sie steht in der Kirche, plötzlich gibt es ihr einen Ruck, sie muß sich *anders stellen, als stellte sie jemand, als würde sie gestellt.*«

Dazu die Analyse durch eine neue Reihe von Vorwürfen gegen den Geliebten, »der ordinär ist, der sie, die vom Hause aus fein war, auch ordinär gemacht hat. Er hat sie sich ähnlich gemacht, indem er sie glauben machte, er sei ihr überlegen; nun sei sie so geworden, wie er ist, weil sie glaubte, sie werde besser sein, wenn sie ihm gleich werde. Er hat sich *verstellt,* sie ist jetzt so wie er (Identifizierung!), er hat sie *verstellt.*«

Die Bewegung »des Sich-anders-Stellen«, bemerkt Tausk, ist eine Darstellung des Wortes »verstellen« und der Identifizierung mit dem Geliebten. Ich hebe wiederum die Prävalenz jenes Elements des ganzen Gedankenganges hervor, welches eine körperliche Innervation (vielmehr deren Empfindung) zum Inhalt hat. Eine Hysterika hätte übrigens im ersten Falle krampfhaft die Augen verdreht, im zweiten den Ruck wirklich ausgeführt, anstatt den Impuls dazu oder die Sensation davon zu verspüren, und in beiden Fällen hätte sie keinen bewußten Gedanken dabei gehabt und wäre auch nachträglich nicht imstande gewesen, solche zu äußern.

Soweit zeugen diese beiden Beobachtungen für das, was wir hypochondrische oder Organsprache genannt haben. Sie mahnen aber auch, was uns wichtiger erscheint, an einen anderen Sachverhalt, der sich beliebig oft z. B. an den in Bleulers Monographie gesammelten Beispielen nachweisen und in eine bestimmte Formel fassen läßt. Bei der Schizophrenie werden die *Worte* demselben Prozeß unterworfen, der aus den latenten Traumgedanken die Traumbilder macht, den wir den *psychischen Primärvorgang* geheißen haben. Sie werden verdichtet und übertragen einander ihre Besetzungen restlos durch Verschiebung; der Prozeß kann so weit gehen, daß ein einziges, durch mehrfache Beziehungen dazu geeignetes Wort die Vertretung einer ganzen Gedankenkette übernimmt. Die Arbeiten von Bleuler, Jung und ihren Schülern haben gerade für diese Behauptung reichliches Material ergeben.[1]

Ehe wir aus solchen Eindrücken einen Schluß ziehen, wollen wir noch der feinen, aber doch befremdlich wirkenden Unterschiede zwischen der schizophrenen und der hysterischen und zwangsneurotischen Ersatzbildung gedenken. Ein Patient, den ich gegenwärtig beobachte, läßt sich durch den schlechten Zustand seiner Gesichtshaut von allen Interessen des Lebens abziehen. Er behauptet, Mitesser zu haben und tiefe Löcher im Gesicht, die ihm jedermann ansieht. Die Analyse weist nach, daß er seinen Kastrationskomplex an seiner Haut abspielt. Er beschäftigte sich zunächst reuelos mit seinen Mitessern, deren Ausdrücken ihm große Befriedigung bereitete, weil dabei etwas herausspritzte, wie er sagt. Dann begann er zu glauben, daß überall dort, wo er einen Comedo beseitigt hatte, eine tiefe Grube entstanden sei, und er machte sich die heftigsten Vorwürfe, durch sein »beständiges Herumarbeiten mit der Hand« seine Haut für alle Zeiten verdorben zu haben. Es ist evident, daß ihm das Auspressen des Inhaltes der Mitesser ein Ersatz für die Onanie ist. Die Grube, die darauf durch seine Schuld entsteht, ist das weibliche Genitale, d. h. die Erfüllung der durch die Onanie provozierten Kastrationsdrohung (resp. der sie vertretenden Phantasie). Diese Ersatzbildung hat trotz ihres hypochondrischen Charakters viel Ähnlichkeit mit einer hysterischen Konversion, und doch wird man

---

1 Gelegentlich behandelt die Traumarbeit die Worte wie die Dinge und schafft dann sehr ähnliche »schizophrene« Reden oder Wortneubildungen.

das Gefühl haben, daß hier etwas anderes vorgehen müsse, daß man solche Ersatzbildung einer Hysterie nicht zutrauen dürfe, noch ehe man sagen kann, worin die Verschiedenheit begründet ist. Ein winziges Grübchen wie eine Hautpore wird ein Hysteriker kaum zum Symbol der Vagina nehmen, die er sonst mit allen möglichen Gegenständen vergleicht, welche einen Hohlraum umschließen. Auch meinen wir, daß die Vielheit der Grübchen ihn abhalten wird, sie als Ersatz für das weibliche Genitale zu verwenden. Ähnliches gilt für einen jugendlichen Patienten, über den Tausk vor Jahren der Wiener Psychoanalytischen Gesellschaft berichtet hat. Er benahm sich sonst ganz wie ein Zwangsneurotiker, verbrauchte Stunden für seine Toilette u. dgl. Es war aber an ihm auffällig, daß er widerstandslos die Bedeutung seiner Hemmungen mitteilen konnte. Beim Anziehen der Strümpfe störte ihn z. B. die Idee, daß er die Maschen des Gewebes, also Löcher, auseinanderziehen müsse, und jedes Loch war ihm Symbol der weiblichen Geschlechtsöffnung. Auch dies ist einem Zwangsneurotiker nicht zuzutrauen; ein solcher, aus der Beobachtung von R. Reitler, der am gleichen Verweilen beim Strumpfanziehen litt, fand nach Überwindung der Widerstände die Erklärung, daß der Fuß ein Penissymbol sei, das Überziehen des Strumpfes ein onanistischer Akt, und er mußte den Strumpf fortgesetzt an- und ausziehen, zum Teil, um das Bild der Onanie zu vervollkommnen, zum Teil, um sie ungeschehen zu machen.

Fragen wir uns, was der schizophrenen Ersatzbildung und dem Symptom den befremdlichen Charakter verleiht, so erfassen wir endlich, daß es das Überwiegen der Wortbeziehung über die Sachbeziehung ist. Zwischen dem Ausdrücken eines Mitessers und einer Ejakulation aus dem Penis besteht eine recht geringe Sachähnlichkeit, eine noch geringere zwischen den unzähligen seichten Hautporen und der Vagina; aber im ersten Falle spritzt beide Male etwas heraus, und für den zweiten gilt wörtlich der zynische Satz: Loch ist Loch. Die Gleichheit des sprachlichen Ausdruckes, nicht die Ähnlichkeit der bezeichneten Dinge, hat den Ersatz vorgeschrieben. Wo die beiden – Wort und Ding – sich nicht decken, weicht die schizophrene Ersatzbildung von der bei den Übertragungsneurosen ab.

Setzen wir diese Einsicht mit der Annahme zusammen, daß bei der Schizophrenie die Objektbesetzungen aufgegeben werden. Wir müssen dann modifizieren: die Besetzung der Wortvorstellungen der Objekte wird festgehalten. Was wir die bewußte Objektvorstellung heißen durften, zerlegt sich uns jetzt in die *Wortvorstellung* und in die *Sachvorstellung*, die in der Besetzung, wenn nicht der direkten Sacherinnerungsbilder, doch entfernterer und von ihnen abgeleiteter Erinnerungsspuren besteht. Mit einem Male glauben wir nun zu wissen, wodurch sich eine bewußte Vorstellung von einer unbewußten unterscheidet. Die beiden sind nicht, wie wir gemeint haben, verschiedene Niederschriften desselben Inhaltes an verschiedenen psychischen Orten, auch nicht verschiedene funktionelle Besetzungszustände an demselben Orte, sondern die bewußte Vorstellung umfaßt die Sachvorstellung plus der zugehörigen Wortvorstellung, die unbewußte ist die Sachvorstellung allein. Das System *Ubw* enthält die Sachbesetzungen der Objekte, die ersten und eigentlichen Objektbesetzungen; das System *Vbw* entsteht, indem diese Sachvorstellung durch die Verknüpfung mit den ihr entsprechenden Wortvorstellungen überbesetzt wird. Solche Überbesetzungen, können wir vermuten, sind es, welche eine höhere psychische Organisation herbeiführen und die Ablösung des Primärvorganges durch den im *Vbw* herrschenden Sekundärvorgang ermöglichen. Wir können jetzt auch präzise ausdrücken, was die Verdrängung bei den Übertragungsneurosen der zurückgewiesenen Vorstellung verweigert: Die Übersetzung in Worte, welche mit dem Objekt verknüpft bleiben sollen. Die nicht in Worte gefaßte Vorstellung oder der nicht überbesetzte psychische Akt bleibt dann im *Ubw* als verdrängt zurück.

Ich darf darauf aufmerksam machen, wie frühzeitig wir bereits die Einsicht besessen haben, die uns heute einen der auffälligsten Charaktere der Schizophrenie verständlich macht. Auf den letzten Seiten der 1900 veröffentlichten »Traumdeutung« ist ausgeführt, daß die Denkvorgänge, d. i. die von den Wahrnehmungen entfernteren Besetzungsakte, an sich qualitätslos und unbewußt sind und ihre Fähigkeit, bewußt zu werden, nur durch die Verknüpfung mit den Resten der Wortwahrnehmungen erlangen. Die Wortvorstellungen entstammen ihrerseits der Sinneswahrnehmung in gleicher Weise wie die Sachvorstellungen, so daß man die Frage aufwerfen könnte, warum die Objektvorstellungen nicht mittels ihrer eigenen Wahrnehmungsreste bewußt werden können. Aber wahrscheinlich geht das Denken in Systemen vor sich, die von den ursprünglichen Wahrnehmungsresten so weit entfernt sind, daß sie von deren Qualitäten nichts mehr erhalten haben und zum Bewußtwerden einer Verstärkung durch neue Qualitäten bedürfen. Außerdem können durch die Verknüpfung mit Worten auch solche Besetzungen mit Qualität versehen werden, die aus den Wahrnehmungen selbst keine Qualität mitbringen konnten, weil sie bloß Relationen zwischen den Objektvorstellungen entsprechen. Solche erst durch Worte faßbar gewordene Relationen sind ein Hauptbestandteil unserer Denkvorgänge. Wir verstehen, daß die Verknüpfung mit Wortvorstellungen noch nicht mit dem Bewußtwerden zusammenfällt, sondern bloß die Möglichkeit dazu gibt, daß sie also kein anderes System als das des *Vbw* charakterisiert. Nun merken wir aber, daß wir mit diesen Erörterungen unser eigentliches Thema verlassen und mitten in die Probleme des Vorbewußten und Bewußten geraten, die wir zweckmäßigerweise einer gesonderten Behandlung vorbehalten.

Bei der Schizophrenie, die wir ja hier auch nur so weit berühren, als uns zur allgemeinen Erkennung des *Ubw* unerläßlich scheint, muß uns der Zweifel auftauchen, ob der hier Verdrängung genannte Vorgang überhaupt noch etwas mit der Verdrängung bei den Übertragungsneurosen gemein hat. Die Formel, die Verdrängung sei ein Vorgang zwischen dem System *Ubw* und dem *Vbw* (oder *Bw*) mit dem Erfolg der Fernhaltung vom Bewußtsein, bedarf jedenfalls einer Abänderung, um den Fall der Dementia praecox und anderer narzißtischer Affektionen miteinschließen zu können. Aber der Fluchtversuch des Ichs, der sich in der Abziehung der bewußten Besetzung äußert, bleibt immerhin als das Gemeinsame bestehen. Um wie vieles gründlicher und tiefgreifender dieser Fluchtversuch, diese Flucht des Ichs bei den narzißtischen Neurosen ins Werk gesetzt wird, lehrt die oberflächlichste Überlegung.

Wenn diese Flucht bei der Schizophrenie in der Einziehung der Triebbesetzung von den Stellen besteht, welche die unbewußte Objektvorstellung repräsentieren, so mag es befremdlich erscheinen, daß der dem System *Vbw* angehörige Teil derselben Objektvorstellung – die ihr entsprechenden Wortvorstellungen – vielmehr eine intensivere Besetzung erfahren sollen. Man könnte eher erwarten, daß die Wortvorstellung als der vorbewußte Anteil den ersten Stoß der Verdrängung auszuhalten hat und daß sie ganz und gar unbesetzbar wird, nachdem sich die Verdrängung bis zu den unbewußten Sachvorstellungen fortgesetzt hat. Dies ist allerdings eine Schwierigkeit des Verständnisses. Es ergibt sich die Auskunft, daß die Besetzung der Wortvorstellung nicht zum Verdrängungsakt gehört, sondern den ersten der Herstellungs- oder Heilungsversuche darstellt, welche das klinische Bild der Schizophrenie so auffällig beherrschen. Diese Bemühungen wollen die verlorenen Objekte wiedergewinnen, und es mag wohl sein, daß sie in dieser Absicht den Weg zum Objekt über den Wortanteil desselben einschlagen, wobei sie sich aber dann mit den Worten an Stelle der Dinge begnügen müssen. Unsere seelische Tätigkeit bewegt sich ja ganz allgemein in zwei entgegengesetzten Verlaufsrichtungen, entweder von den Trieben her durch das System *Ubw* zur bewußten Denkarbeit oder auf Anregung von außen durch das System des *Bw* und *Vbw* bis zu den *ubw* Besetzungen des Ichs und der Objekte. Dieser zweite Weg muß trotz der vorgefallenen Verdrängung passierbar bleiben und steht den Bemühungen der Neurose, ihre Objekte wiederzugewinnen, ein Stück weit offen. Wenn wir abstrakt denken, sind wir in Gefahr, die Beziehungen der Worte zu den unbewußten Sachvorstellungen zu vernachlässigen, und es ist nicht zu leugnen, daß unser Philosophieren dann eine unerwünschte Ähnlichkeit in Ausdruck und Inhalt mit der Arbeitsweise der Schizophrenie gewinnt. Anderseits kann man von der Denkweise der Schizophrenen die Charakteristik versuchen, sie behandeln konkrete Dinge, als ob sie abstrakte wären.

Wenn wir wirklich das *Ubw* agnosziert und den Unterschied einer unbewußten Vorstellung von einer vorbewußten richtig bestimmt haben, so werden unsere Untersuchungen von vielen anderen Stellen her zu dieser Einsicht zurückführen müssen.

METAPSYCHOLOGISCHE ERGÄNZUNG ZUR TRAUMLEHRE

(1917)

METAPSYCHOLOGISCHE ERGÄNZUNG
ZUR TRAUMLEHRE[1]

Wir werden bei verschiedenen Anlässen die Erfahrung machen können, wie vorteilhaft es für unsere Forschung ist, wenn wir gewisse Zustände und Phänomene zur Vergleichung heranziehen, die man als *Normalvorbilder* krankhafter Affektionen auffassen kann. Dahin gehören Affektzustände wie Trauer und Verliebtheit, aber auch der Zustand des Schlafes und das Phänomen des Träumens.

Wir sind nicht gewöhnt, viele Gedanken daran zu knüpfen, daß der Mensch allnächtlich die Hüllen ablegt, die er über seine Haut gezogen hat, und etwa noch die Ergänzungsstücke seiner Körperorgane, soweit es ihm gelungen ist, deren Mängel durch Ersatz zu decken, also die Brille, falschen Haare, Zähne usw. Man darf hinzufügen, daß er beim Schlafengehen eine ganz analoge Entkleidung seines Psychischen vornimmt, auf die meisten seiner psychischen Erwerbungen verzichtet und so von beiden Seiten her eine außerordentliche Annäherung an die Situation herstellt, welche der Ausgang seiner Lebensentwicklung war. Das Schlafen ist somatisch eine Reaktivierung des Aufenthalts im Mutterleibe mit der Erfüllung der Bedingungen von Ruhelage, Wärme und Reizabhaltung; ja viele Menschen nehmen im Schlafe die fötale Körperhaltung wieder ein. Der psychische Zustand der Schlafenden charakterisiert sich durch nahezu völlige Zurückziehung aus der Welt der Umgebung und Einstellung alles Interesses für sie.

Wenn man die psychoneurotischen Zustände untersucht, wird man veranlaßt, in jedem derselben die sogenannten *zeitlichen Regres-*

---

1 Die beiden nachstehenden Abhandlungen stammen aus einer Sammlung, die ich ursprünglich unter dem Titel »Zur Vorbereitung einer Metapsychologie« in Buchform veröffentlichen wollte. Sie schließen an Arbeiten an, welche im III. Jahrgang der Intern. Zeitschrift für ärztl. Psychoanalyse abgedruckt worden sind. (»Triebe und Triebschicksale« – »Die Verdrängung« – »Das Unbewußte«; enthalten in diesem Bande.) Absicht dieser Reihe ist die Klärung und Vertiefung der theoretischen Annahmen, die man einem psychoanalytischen System zugrunde legen könnte.

sionen hervorzuheben, den Betrag des ihm eigentümlichen Rückgreifens in der Entwicklung. Man unterscheidet zwei solcher Regressionen, die der Ich- und die der Libidoentwicklung. Die letztere reicht beim Schlafzustand bis zur Herstellung des *primitiven Narzißmus*, die erstere bis zur Stufe der *halluzinatorischen Wunschbefriedigung*.

Was man von den psychischen Charakteren des Schlafzustandes weiß, hat man natürlich durch das Studium des Traumes erfahren. Zwar zeigt uns der Traum den Menschen, insofern er nicht schläft, aber er kann doch nicht umhin, uns dabei auch Charaktere des Schlafes selbst zu verraten. Wir haben aus der Beobachtung einige Eigentümlichkeiten des Traumes kennengelernt, die wir zunächst nicht verstehen konnten und nun mit leichter Mühe einreihen können. So wissen wir, der Traum sei absolut egoistisch, und die Person, die in seinen Szenen die Hauptrolle spiele, sei immer als die eigene zu agnoszieren. Das leitet sich nun leicht begreiflicherweise von dem Narzißmus des Schlafzustandes ab. Narzißmus und Egoismus fallen ja zusammen; das Wort »Narzißmus« will nur betonen, daß der Egoismus auch ein libidinöses Phänomen sei, oder, um es anders auszudrücken, der Narzißmus kann als die libidinöse Ergänzung des Egoismus bezeichnet werden. Ebenso verständlich wird auch die allgemein anerkannte und für rätselhaft gehaltene »diagnostische« Fähigkeit des Traumes, in welchem beginnende Körperleiden oft früher und deutlicher als im Wachen verspürt werden und alle gerade aktuellen Körperempfindungen ins Riesenhafte vergrößert auftreten. Diese Vergrößerung ist hypochondrischer Natur, sie hat zur Voraussetzung, daß alle psychische Besetzung von der Außenwelt auf das eigene Ich zurückgezogen wurde, und sie ermöglicht nun die frühzeitige Erkennung von körperlichen Veränderungen, die im Wachleben noch eine Weile unbemerkt geblieben wären.

Ein Traum zeigt uns an, daß etwas vorging, was den Schlaf stören wollte, und gestattet uns Einsicht in die Art, wie diese Störung abgewehrt werden konnte. Am Ende hat der Schlafende geträumt und kann seinen Schlaf fortsetzen; an Stelle des inneren Anspruches, der ihn beschäftigen wollte, ist ein äußeres Erlebnis getreten, dessen Anspruch erledigt worden ist. Ein Traum ist also auch eine *Projek-*

tion, eine Veräußerlichung eines inneren Vorganges. Wir erinnern uns, daß wir die Projektion bereits an anderer Stelle unter den Mitteln der Abwehr begegnet haben. Auch der Mechanismus der hysterischen Phobie gipfelte darin, daß das Individuum sich durch Fluchtversuche vor einer äußeren Gefahr schützen durfte, welche an die Stelle eines inneren Triebanspruches getreten war. Eine gründliche Erörterung der Projektion sparen wir uns aber auf, bis wir zur Zergliederung jener narzißtischen Affektion gekommen sind, bei welcher dieser Mechanismus die auffälligste Rolle spielt.

Auf welche Weise kann aber der Fall herbeigeführt werden, daß die Absicht zu schlafen eine Störung erfährt? Die Störung kann von innerer Erregung oder von äußerem Reiz ausgehen. Wir wollen den minder durchsichtigen und interessanteren Fall der Störung von innen zuerst in Betracht ziehen; die Erfahrung zeigt uns als Erreger des Traumes Tagesreste, Denkbesetzungen, welche sich der allgemeinen Abziehung der Besetzungen nicht gefügt und ihr zum Trotz ein gewisses Maß von libidinösem oder anderem Interesse behalten haben. Der Narzißmus des Schlafes hat also hier von vornherein eine Ausnahme zulassen müssen, und mit dieser hebt die Traumbildung an. Diese Tagesreste lernen wir in der Analyse als latente Traumgedanken kennen und müssen sie nach ihrer Natur wie zufolge der ganzen Situation als vorbewußte Vorstellungen, als Angehörige des Systems *Vbw* gelten lassen.

Die weitere Aufklärung der Traumbildung gelingt nicht ohne Überwindung gewisser Schwierigkeiten. Der Narzißmus des Schlafzustandes bedeutet ja die Abziehung der Besetzung von allen Objektvorstellungen, sowohl der unbewußten wie der vorbewußten Anteile derselben. Wenn also gewisse »Tagesreste« besetzt geblieben sind, so hat es Bedenken anzunehmen, daß diese zur Nachtzeit soviel Energie erwerben, um sich die Beachtung des Bewußtseins zu erzwingen; man ist eher geneigt anzunehmen, daß die ihnen verbliebene Besetzung um vieles schwächer ist, als die ihnen tagsüber eigen war. Die Analyse überhebt uns hier weiterer Spekulationen, indem sie uns nachweist, daß diese Tagesreste eine Verstärkung aus den Quellen unbewußter Triebregungen bekommen müssen, wenn sie als Traumbildner auftreten sollen. Diese Annahme hat zunächst keine Schwierigkeiten, denn wir müssen glauben, daß die

Zensur zwischen *Vbw* und *Ubw* im Schlafe sehr herabgesetzt, der Verkehr zwischen beiden Systemen also eher erleichtert ist.

Aber ein anderes Bedenken darf nicht verschwiegen werden. Wenn der narzißtische Schlafzustand die Einziehung aller Besetzungen der Systeme *Ubw* und *Vbw* zur Folge gehabt hat, so entfällt ja auch die Möglichkeit, daß die vorbewußten Tagesreste eine Verstärkung aus den unbewußten Triebregungen beziehen, die selbst ihre Besetzungen an das Ich abgegeben haben. Die Theorie der Traumbildung läuft hier in einen Widerspruch aus, oder sie muß durch eine Modifikation der Annahme über den Schlafnarzißmus gerettet werden.

Eine solche einschränkende Annahme wird, wie sich später ergeben soll, auch in der Theorie der Dementia praecox unabweisbar. Sie kann nur lauten, daß der verdrängte Anteil des Systems *Ubw* dem vom Ich ausgehenden Schlafwunsche nicht gehorcht, seine Besetzung ganz oder teilweise behält und sich überhaupt infolge der Verdrängung ein gewisses Maß von Unabhängigkeit vom Ich geschaffen hat. In weiterer Entsprechung müßte auch ein gewisser Betrag des Verdrängungsaufwandes (der *Gegenbesetzung*) die Nacht über aufrechterhalten werden, um der Triebgefahr zu begegnen, obwohl die Unzugänglichkeit aller Wege zur Affektentbindung und zur Motilität die Höhe der notwendigen Gegenbesetzung erheblich herabsetzen mag. Wir würden uns also die zur Traumbildung führende Situation folgenderart ausmalen: Der Schlafwunsch versucht alle vom Ich ausgeschickten Besetzungen einzuziehen und einen absoluten Narzißmus herzustellen. Das kann nur teilweise gelingen, denn das Verdrängte des Systems *Ubw* folgt dem Schlafwunsche nicht. Es muß also auch ein Teil der Gegenbesetzungen aufrechterhalten werden und die Zensur zwischen *Ubw* und *Vbw*, wenngleich nicht in voller Stärke, verbleiben. Soweit die Herrschaft des Ichs reicht, sind alle Systeme von Besetzungen entleert. Je stärker die *ubw* Triebbesetzungen sind, desto labiler ist der Schlaf. Wir kennen auch den extremen Fall, daß das Ich den Schlafwunsch aufgibt, weil es sich unfähig fühlt, die während des Schlafes frei gewordenen verdrängten Regungen zu hemmen, mit anderen Worten, daß es auf den Schlaf verzichtet, weil es sich vor seinen Träumen fürchtet.

Wir werden später die Annahme von der Widersetzlichkeit der verdrängten Regungen als eine folgenschwere schätzen lernen. Verfolgen wir nun die Situation der Traumbildung weiter.

Als zweiten Einbruch in den Narzißmus müssen wir die vorhin erwähnte Möglichkeit würdigen, daß auch einige der vorbewußten Tagesgedanken sich resistent erweisen und einen Teil ihrer Besetzung festhalten. Die beiden Fälle können im Grunde identisch sein; die Resistenz der Tagesreste mag sich auf die bereits im Wachleben bestehende Verknüpfung mit unbewußten Regungen zurückführen, oder es geht etwas weniger einfach zu, und die nicht ganz entleerten Tagesreste setzen sich erst im Schlafzustand, dank der erleichterten Kommunikation zwischen *Vbw* und *Ubw*, mit dem Verdrängten in Beziehung. In beiden Fällen erfolgt nun der nämliche entscheidende Fortschritt der Traumbildung: Es wird der vorbewußte Traumwunsch geformt, welcher *der unbewußten Regung Ausdruck gibt in dem Material der vorbewußten Tagesreste*. Diesen Traumwunsch sollte man von den Tagesresten scharf unterscheiden; er muß im Wachleben nicht bestanden haben, er kann bereits den irrationellen Charakter zeigen, den alles Unbewußte an sich trägt, wenn man es ins Bewußte übersetzt. Der Traumwunsch darf auch nicht mit den Wunschregungen verwechselt werden, die sich möglicherweise, aber gewiß nicht notwendigerweise, unter den vorbewußten (latenten) Traumgedanken befunden haben. Hat es aber solche vorbewußte Wünsche gegeben, so gesellt sich ihnen der Traumwunsch als wirksamste Verstärkung hinzu.

Es handelt sich nun um die weiteren Schicksale dieser in ihrem Wesen einen unbewußten Triebanspruch vertretenden Wunschregung, die sich im *Vbw* als Traumwunsch (wunscherfüllende Phantasie) gebildet hat. Sie könnte ihre Erledigung auf drei verschiedenen Wegen finden, sagt uns die Überlegung. Entweder auf dem Wege, der im Wachleben der normale wäre, aus dem *Vbw* zum Bewußtsein drängen, oder sich mit Umgehung des *Bw* direkte motorische Abfuhr schaffen, oder den unvermuteten Weg nehmen, den uns die Beobachtung wirklich verfolgen läßt. Im ersteren Falle würde sie zu einer *Wahnidee* mit dem Inhalt der Wunscherfüllung, aber das geschieht im Schlafzustande nie. (Mit den metapsychologischen Bedingungen der seelischen Prozesse so wenig vertraut, können wir aus dieser Tatsache vielleicht den Wink entnehmen, daß die völlige

Entleerung eines Systems es für Anregungen wenig ansprechbar macht.) Der zweite Fall, die direkte motorische Abfuhr, sollte durch das nämliche Prinzip ausgeschlossen sein, denn der Zugang zur Motilität liegt normalerweise noch ein Stück weiter weg von der Bewußtseinszensur, aber er kommt ausnahmsweise als *Somnambulismus* zur Beobachtung. Wir wissen nicht, welche Bedingungen dies ermöglichen und warum er sich nicht häufiger ereignet. Was bei der Traumbildung wirklich geschieht, ist eine sehr merkwürdige und ganz unvorhergesehene Entscheidung. Der im *Vbw* angesponnene und durch das *Ubw* verstärkte Vorgang nimmt einen rückläufigen Weg durch das *Ubw* zu der dem Bewußtsein sich aufdrängenden Wahrnehmung. Diese *Regression* ist die dritte Phase der Traumbildung. Wir wiederholen hier zur Übersicht die früheren: Verstärkung der *vbw* Tagesreste durch das *Ubw* – Herstellung des Traumwunsches.

Wir heißen eine solche Regression eine *topische* zum Unterschied von der vorhin erwähnten *zeitlichen* oder entwicklungsgeschichtlichen. Die beiden müssen nicht immer zusammenfallen, tun es aber gerade in dem uns vorliegenden Beispiele. Die Rückwendung des Ablaufes der Erregung vom *Vbw* durch das *Ubw* zur Wahrnehmung ist gleichzeitig die Rückkehr zu der frühen Stufe der halluzinatorischen Wunscherfüllung.

Es ist aus der »Traumdeutung« bekannt, in welcher Weise die Regression der vorbewußten Tagesreste bei der Traumbildung vor sich geht. Gedanken werden dabei in – vorwiegend visuelle – Bilder umgesetzt, also Wortvorstellungen auf die ihnen entsprechenden Sachvorstellungen zurückgeführt, im ganzen so, als ob eine Rücksicht auf *Darstellbarkeit* den Prozeß beherrschen würde. Nach vollzogener Regression erübrigt eine Reihe von Besetzungen im System *Ubw*, Besetzungen von Sacherinnerungen, auf welche der psychische Primärvorgang einwirkt, bis er durch deren Verdichtung und Verschiebung der Besetzungen zwischen ihnen den manifesten Trauminhalt gestaltet hat. Nur wo die Wortvorstellungen in den Tagesresten frische, aktuelle Reste von Wahrnehmungen sind, nicht Gedankenausdruck, werden sie wie Sachvorstellungen behandelt und unterliegen an sich den Einflüssen der Verdichtung und Verschiebung. Daher die in der Traumdeutung gegebene, seither zur Evidenz bestätigte Regel, daß Worte und Reden im Trauminhalt nicht neugebildet, sondern Reden des Traumtages (oder sonstigen frischen Eindrücken, auch aus Gelesenem) nachgebildet werden. Es ist sehr bemerkenswert, wie wenig die Traumarbeit an den Wortvorstellungen festhält; sie ist jederzeit bereit, die Worte miteinander zu vertauschen, bis sie jenen Ausdruck findet, welcher der plastischen Darstellung die günstigste Handhabe bietet.[1]

In diesem Punkte zeigt sich nun der entscheidende Unterschied zwischen der Traumarbeit und der Schizophrenie. Bei letzterer werden die Worte selbst, in denen der vorbewußte Gedanke ausgedrückt war, Gegenstand der Bearbeitung durch den Primärvorgang; im Traume sind es nicht die Worte, sondern die Sachvorstellungen, auf welche die Worte zurückgeführt wurden. Der Traum kennt eine topische Regression, die Schizophrenie nicht; beim Traume ist der Verkehr zwischen *(vbw)* Wortbesetzungen und *(ubw)* Sachbesetzungen frei; für die Schizophrenie bleibt charakteristisch, daß er abgesperrt ist. Der Eindruck dieser Verschiedenheit wird gerade durch die Traumdeutungen, die wir in der psychoanalytischen Praxis vornehmen, abgeschwächt. Indem die Traumdeutung den Verlauf der Traumarbeit aufspürt, die Wege verfolgt, die von den latenten Gedanken zu den Traumelementen führen, die Ausbeutung der

---

1 Der Rücksicht auf Darstellbarkeit schreibe ich auch die von Silberer betonte und vielleicht von ihm überschätzte Tatsache zu, daß manche Träume zwei gleichzeitig zutreffende und doch wesensverschiedene Deutungen gestatten, von denen Silberer die eine die *analytische*, die andere die *anagogische* heißt. Es handelt sich dann immer um Gedanken von sehr abstrakter Natur, die der Darstellung im Traume große Schwierigkeiten bereiten mußten. Man halte sich zum Vergleiche etwa die Aufgabe vor, den Leitartikel einer politischen Zeitung durch Illustrationen zu ersetzen! In solchen Fällen muß die Traumarbeit den abstrakten Gedankentext erst durch einen konkreteren ersetzen, welcher mit ihm irgendwie durch Vergleich, Symbolik, allegorische Anspielung, am besten aber genetisch verknüpft ist und der nun an seiner Stelle Material der Traumarbeit wird. Die abstrakten Gedanken ergeben die sogenannte anagogische Deutung, die wir bei der Deutungsarbeit leichter erraten als die eigentlich analytische. Nach einer richtigen Bemerkung von O. Rank sind gewisse Kurträume von analytisch behandelten Patienten die besten Vorbilder für die Auffassung solcher Träume mit mehrfacher Deutung.

Wortzweideutigkeiten aufdeckt und die Wortbrücken zwischen verschiedenen Materialkreisen nachweist, macht sie einen bald witzigen, bald schizophrenen Eindruck und läßt uns daran vergessen, daß alle Operationen an Worten für den Traum nur Vorbereitung zur Sachregression sind.

Die Vollendung des Traumvorganges liegt darin, daß der regressiv verwandelte, zu einer Wunschphantasie umgearbeitete Gedankeninhalt als sinnliche Wahrnehmung bewußt wird, wobei er die sekundäre Bearbeitung erfährt, welcher jeder Wahrnehmungsinhalt unterliegt. Wir sagen, der Traumwunsch wird *halluziniert* und findet als Halluzination den Glauben an die Realität seiner Erfüllung. Gerade an dieses abschließende Stück der Traumbildung knüpfen sich die stärksten Unsicherheiten, zu deren Klärung wir den Traum in Vergleich mit ihm verwandten pathologischen Zuständen bringen wollen.

Die Bildung der Wunschphantasie und deren Regression zur Halluzination sind die wesentlichsten Stücke der Traumarbeit, doch kommen sie ihm nicht ausschließend zu. Vielmehr finden sie sich ebenso bei zwei krankhaften Zuständen, bei der akuten halluzinatorischen Verworrenheit, der *Amentia* (Meynerts), und in der halluzinatorischen Phase der Schizophrenie. Das halluzinatorische Delir der Amentia ist eine deutlich kennbare Wunschphantasie, oft völlig geordnet wie ein schöner Tagtraum. Man könnte ganz allgemein von einer *halluzinatorischen Wunschpsychose* sprechen und sie dem Traume wie der Amentia in gleicher Weise zuerkennen. Es kommen auch Träume vor, welche aus nichts anderem als aus sehr reichhaltigen, unentstellten Wunschphantasien bestehen. Die halluzinatorische Phase der Schizophrenie ist minder gut studiert; sie scheint in der Regel zusammengesetzter Natur zu sein, dürfte aber im wesentlichen einem neuen Restitutionsversuch entsprechen, der die libidinöse Besetzung zu den Objektvorstellungen zurückbringen will.[1] Die anderen halluzinatorischen Zustände bei mannigfaltigen pathologischen Affektionen kann ich nicht zum Vergleich heran-

---

1 Als ersten solchen Versuch haben wir in der Abhandlung über das »Unbewußte« die Überbesetzung der Wortvorstellungen kennengelernt [vgl. oben, S. 151 ff.].

ziehen, weil ich hier weder über eigene Erfahrung verfüge noch die anderer verwerten kann.

Machen wir uns klar, daß die halluzinatorische Wunschpsychose – im Traume oder anderwärts – zwei keineswegs ineinanderfallende Leistungen vollzieht. Sie bringt nicht nur verborgene oder verdrängte Wünsche zum Bewußtsein, sondern stellt sie auch unter vollem Glauben als erfüllt dar. Es gilt dieses Zusammentreffen zu verstehen. Man kann keineswegs behaupten, die unbewußten Wünsche müßten für Realitäten gehalten werden, nachdem sie einmal bewußt geworden sind, denn unser Urteil ist bekanntermaßen sehr wohl imstande, Wirklichkeiten von noch so intensiven Vorstellungen und Wünschen zu unterscheiden. Dagegen scheint es gerechtfertigt anzunehmen, daß der Realitätsglaube an die Wahrnehmung durch die Sinne geknüpft ist. Wenn einmal ein Gedanke den Weg zur Regression bis zu den unbewußten Objekterinnerungsspuren und von da bis zur Wahrnehmung gefunden hat, so anerkennen wir seine Wahrnehmung als real. Die Halluzination bringt also den Realitätsglauben mit sich. Es fragt sich nun, welches die Bedingung für das Zustandekommen einer Halluzination ist. Die erste Antwort würde lauten: Die Regression, und somit die Frage nach der Entstehung der Halluzination durch die nach dem Mechanismus der Regression ersetzen. Die Antwort darauf brauchten wir für den Traum nicht lange schuldig zu bleiben. Die Regression der *vbw* Traumgedanken zu den Sacherinnerungsbildern ist offenbar die Folge der Anziehung, welche diese *ubw* Triebrepräsentanzen – z. B. verdrängte Erlebniserinnerungen – auf die in Worte gefaßten Gedanken ausüben. Allein wir merken bald, daß wir auf falsche Fährte geraten sind. Wäre das Geheimnis der Halluzination kein anderes als das der Regression, so müßte jede genug intensive Regression eine Halluzination mit Realitätsglauben ergeben. Wir kennen aber sehr wohl die Fälle, in denen ein regressives Nachdenken sehr deutliche visuelle Erinnerungsbilder zum Bewußtsein bringt, die wir darum keinen Augenblick für reale Wahrnehmung halten. Wir könnten uns auch sehr wohl vorstellen, daß die Traumarbeit bis zu solchen Erinnerungsbildern vordringt, uns die bisher unbewußten bewußtmacht und uns eine Wunschphantasie vorspiegelt, die wir sehnsüchtig empfinden, aber nicht als die reale Erfüllung des Wunsches erkennen würden. Die Halluzination muß also mehr sein als die regressive Belebung der an sich *ubw* Erinnerungsbilder.

Halten wir uns noch vor, daß es von großer praktischer Bedeutung ist, Wahrnehmungen von noch so intensiv erinnerten Vorstellungen zu unterscheiden. Unser ganzes Verhältnis zur Außenwelt, zur Realität, hängt von dieser Fähigkeit ab. Wir haben die Fiktion aufgestellt, daß wir diese Fähigkeit nicht immer besaßen und daß wir zu Anfang unseres Seelenlebens wirklich das befriedigende Objekt halluzinierten, wenn wir das Bedürfnis nach ihm verspürten. Aber die Befriedigung blieb in solchem Falle aus, und der Mißerfolg muß uns sehr bald bewogen haben, eine Einrichtung zu schaffen, mit deren Hilfe eine solche Wunschwahrnehmung von einer realen Erfüllung unterschieden und im weiteren vermieden werden konnte. Wir haben mit anderen Worten sehr frühzeitig die halluzinatorische Wunschbefriedigung aufgegeben und eine Art der *Realitätsprüfung* eingerichtet. Die Frage erhebt sich nun, worin bestand diese Realitätsprüfung, und wie bringt es die halluzinatorische Wunschpsychose des Traumes und der Amentia u. dgl. zustande, sie aufzuheben und den alten Modus der Befriedigung wiederherzustellen.

Die Antwort läßt sich geben, wenn wir nun darangehen, das dritte unserer psychischen Systeme, das System *Bw*, welches wir bisher vom *Vbw* nicht scharf gesondert haben, näher zu bestimmen. Wir haben uns schon in der Traumdeutung entschließen müssen, die bewußte Wahrnehmung als die Leistung eines besonderen Systems in Anspruch zu nehmen, dem wir gewisse merkwürdige Eigenschaften zugeschrieben haben und mit guten Gründen noch weitere Charaktere beilegen werden. Dieses dort *W* genannte System bringen wir zur Deckung mit dem System *Bw*, an dessen Arbeit in der Regel das Bewußtwerden hängt. Noch immer aber deckt sich die Tatsache des Bewußtwerdens nicht völlig mit der Systemzugehörigkeit, denn wir haben ja erfahren, daß sinnliche Erinnerungsbilder bemerkt werden können, denen wir unmöglich einen psychischen Ort im System *Bw* oder *W* zugestehen können.

Allein die Behandlung dieser Schwierigkeit darf wiederum aufgeschoben werden, bis wir das System *Bw* selbst als Mittelpunkt unseres Interesses einstellen können. Für unseren gegenwärtigen Zusammenhang darf uns die Annahme gestattet werden, daß die Halluzination in einer Besetzung des Systems *Bw (W)* besteht, die aber nicht wie normal von außen, sondern von innen her erfolgt, und daß sie zur Bedingung hat, die Regression müsse so weit gehen, daß sie dies System selbst erreicht und sich dabei über die Realitätsprüfung hinaussetzen kann.[1]

Wir haben in einem früheren Zusammenhang (»Triebe und Triebschicksale«) für den noch hilflosen Organismus die Fähigkeit in Anspruch genommen, mittels seiner Wahrnehmungen eine erste Orientierung in der Welt zu schaffen, indem er »außen« und »innen« nach der Beziehung zu einer Muskelaktion unterscheidet. Eine Wahrnehmung, die durch eine Aktion zum Verschwinden gebracht wird, ist als eine äußere, als Realität erkannt; wo solche Aktion nichts ändert, kommt die Wahrnehmung aus dem eigenen Körperinnern, sie ist nicht real. Es ist dem Individuum wertvoll, daß es ein solches Kennzeichen der Realität besitzt, welches gleichzeitig eine Abhilfe gegen sie bedeutet, und es wollte gern mit ähnlicher Macht gegen seine oft unerbittlichen Triebansprüche ausgestattet sein. Darum wendet es solche Mühe daran, was ihm von innen her beschwerlich wird, nach außen zu versetzen, zu *projizieren*.

Diese Leistung der Orientierung in der Welt durch Unterscheidung von innen und außen müssen wir nun nach einer eingehenden Zergliederung des seelischen Apparates dem System *Bw (W)* allein zuschreiben. *Bw* muß über eine motorische Innervation verfügen, durch welche festgestellt wird, ob die Wahrnehmung zum Verschwinden zu bringen ist oder sich resistent verhält. Nichts anderes als diese Einrichtung braucht die *Realitätsprüfung* zu sein.[2] Näheres darüber können wir nicht aussagen, da Natur und Arbeitsweise des Systems *Bw* noch zu wenig bekannt sind. Die Realitätsprüfung werden wir als eine der großen *Institutionen des Ichs* neben die uns bekannt gewordenen *Zensuren* zwischen den psychischen Systemen hinstellen und erwarten, daß uns die Analyse der narziß-

---

1 Ich füge ergänzend hinzu, daß ein Erklärungsversuch der Halluzination nicht an der positiven, sondern vielmehr an der *negativen* Halluzination angreifen müßte.

2 Über die Unterscheidung einer Aktualitäts- von einer Realitätsprüfung siehe an späterer Stelle.

tischen Affektionen andere solcher Institutionen aufzudecken verhilft.

Hingegen können wir schon jetzt aus der Pathologie erfahren, auf welche Weise die Realitätsprüfung aufgehoben oder außer Tätigkeit gesetzt werden kann, und zwar werden wir es in der Wunschpsychose, der Amentia, unzweideutiger erkennen als am Traum: Die Amentia ist die Reaktion auf einen Verlust, den die Realität behauptet, der aber vom Ich als unerträglich verleugnet werden soll. Darauf bricht das Ich die Beziehung zur Realität ab, es entzieht dem System der Wahrnehmungen *Bw* die Besetzung oder vielleicht besser eine Besetzung, deren besondere Natur noch Gegenstand einer Untersuchung werden kann. Mit dieser Abwendung von der Realität ist die Realitätsprüfung beseitigt, die – unverdrängten, durchaus bewußten – Wunschphantasien können ins System vordringen und werden von dort aus als bessere Realität anerkannt. Eine solche Entziehung darf den Verdrängungsvorgängen beigeordnet werden; die Amentia bietet uns das interessante Schauspiel einer Entzweiung des Ichs mit einem seiner Organe, welches ihm vielleicht am getreuesten diente und am innigsten verbunden war.[1]

Was bei der Amentia die »Verdrängung« leistet, das macht beim Traum der freiwillige Verzicht. Der Schlafzustand will nichts von der Außenwelt wissen, interessiert sich nicht für die Realität oder nur insoweit, als das Verlassen des Schlafzustandes, das Erwachen, in Betracht kommt. Er zieht also auch die Besetzung vom System *Bw* ab, wie von den anderen Systemen, dem *Vbw* und dem *Ubw*, soweit die in ihnen vorhandenen Positionen dem Schlafwunsch gehorchen. Mit dieser Unbesetztheit des Systems *Bw* ist die Möglichkeit einer Realitätsprüfung aufgegeben, und die Erregungen, welche vom Schlafzustand unabhängig den Weg der Regression eingeschlagen haben, werden ihn frei finden bis zum System *Bw*, in welchem sie als unbestrittene Realität gelten werden.[2] Für die hallu-

---

1 Man kann von hier aus die Vermutung wagen, daß auch die toxischen Halluzinosen, z. B. das Alkoholdelirium, in analoger Weise zu verstehen sind. Der unerträgliche Verlust, der von der Realität auferlegt wird, wäre eben der des Alkohols, Zuführung desselben hebt die Halluzinationen auf.

2 Das Prinzip der Unerregbarkeit unbesetzter Systeme erscheint hier für das *Bw* (*W*) außer Kraft gesetzt. Aber es kann sich um nur teilweise Aufhebung der

zinatorische Psychose der Dementia praecox werden wir aus unseren Erwägungen ableiten, daß sie nicht zu den Eingangssymptomen der Affektion gehören kann. Sie wird erst ermöglicht, wenn das Ich des Kranken so weit zerfallen ist, daß die Realitätsprüfung nicht mehr die Halluzination verhindert.

Zur Psychologie der Traumvorgänge erhalten wir das Resultat, daß alle wesentlichen Charaktere des Traumes durch die Bedingung des Schlafzustandes determiniert werden. Der alte Aristoteles behält mit seiner unscheinbaren Aussage, der Traum sei die seelische Tätigkeit des Schlafenden, in allen Stücken recht. Wir konnten ausführen: ein Rest von seelischer Tätigkeit, dadurch ermöglicht, daß sich der narzißtische Schlafzustand nicht ausnahmslos durchsetzen ließ. Das lautet ja nicht viel anders, als was Psychologen und Philosophen von jeher gesagt haben, ruht aber auf ganz abweichenden Ansichten über den Bau und die Leistung des seelischen Apparates, die den Vorzug vor den früheren haben, daß sie auch alle Einzelheiten des Traumes unserem Verständnis nahebringen konnten.

Werfen wir am Ende noch einen Blick auf die Bedeutung, welche eine *Topik* des Verdrängungsvorganges für unsere Einsicht in den Mechanismus der seelischen Störungen gewinnt. Beim Traum betrifft die Entziehung der Besetzung (Libido, Interesse) alle Systeme gleichmäßig, bei den Übertragungsneurosen wird die *Vbw* Besetzung zurückgezogen, bei der Schizophrenie die des *Ubw*, bei der Amentia die des *Bw*.

Besetzung handeln, und gerade für das Wahrnehmungssystem werden wir eine Anzahl von Erregungsbedingungen annehmen müssen, die von denen anderer Systeme weit abweichen. – Der unsicher tastende Charakter dieser metapsychologischen Erörterungen soll natürlich in keiner Weise verschleiert oder beschönigt werden. Erst weitere Vertiefung kann zu einem gewissen Grade von Wahrscheinlichkeit führen.

TRAUER UND MELANCHOLIE

(1917)

TRAUER UND MELANCHOLIE

Nachdem uns der Traum als Normalvorbild der narzißtischen Seelenstörungen gedient hat, wollen wir den Versuch machen, das Wesen der Melancholie durch ihre Vergleichung mit dem Normalaffekt der Trauer zu erhellen. Wir müssen aber diesmal ein Bekenntnis vorausschicken, welches vor Überschätzung des Ergebnisses warnen soll. Die Melancholie, deren Begriffsbestimmung auch in der deskriptiven Psychiatrie schwankend ist, tritt in verschiedenartigen klinischen Formen auf, deren Zusammenfassung zur Einheit nicht gesichert scheint, von denen einige eher an somatische als an psychogene Affektionen mahnen. Unser Material beschränkt sich, abgesehen von den Eindrücken, die jedem Beobachter zu Gebote stehen, auf eine kleine Anzahl von Fällen, deren psychogene Natur keinem Zweifel unterlag. So werden wir den Anspruch auf allgemeine Gültigkeit unserer Ergebnisse von vornherein fallenlassen und uns mit der Erwägung trösten, daß wir mit unseren gegenwärtigen Forschungsmitteln kaum etwas finden können, was nicht *typisch* wäre, wenn nicht für eine ganze Klasse von Affektionen, so doch für eine kleinere Gruppe.

Die Zusammenstellung von Melancholie und Trauer erscheint durch das Gesamtbild der beiden Zustände gerechtfertigt.[1] Auch die Anlässe zu beiden aus den Lebenseinwirkungen fallen dort, wo sie überhaupt durchsichtig sind, zusammen. Trauer ist regelmäßig die Reaktion auf den Verlust einer geliebten Person oder einer an ihre Stelle gerückten Abstraktion wie Vaterland, Freiheit, ein Ideal usw. Unter den nämlichen Einwirkungen zeigt sich bei manchen Personen, die wir darum unter den Verdacht einer krankhaften Disposition setzen, an Stelle der Trauer eine Melancholie. Es ist auch sehr bemerkenswert, daß es uns niemals einfällt, die Trauer als einen

---

1 Auch Abraham, dem wir die bedeutsamste unter den wenigen analytischen Studien über den Gegenstand verdanken, ist von dieser Vergleichung ausgegangen. (Zentralblatt für Psychoanalyse, II, 6, 1912.)

krankhaften Zustand zu betrachten und dem Arzt zur Behandlung zu übergeben, obwohl sie schwere Abweichungen vom normalen Lebensverhalten mit sich bringt. Wir vertrauen darauf, daß sie nach einem gewissen Zeitraum überwunden sein wird, und halten eine Störung derselben für unzweckmäßig, selbst für schädlich.

Die Melancholie ist seelisch ausgezeichnet durch eine tief schmerzliche Verstimmung, eine Aufhebung des Interesses für die Außenwelt, durch den Verlust der Liebesfähigkeit, durch die Hemmung jeder Leistung und die Herabsetzung des Selbstgefühls, die sich in Selbstvorwürfen und Selbstbeschimpfungen äußert und bis zur wahnhaften Erwartung von Strafe steigert. Dies Bild wird unserem Verständnis nähergerückt, wenn wir erwägen, daß die Trauer dieselben Züge aufweist, bis auf einen einzigen; die Störung des Selbstgefühls fällt bei ihr weg. Sonst aber ist es dasselbe. Die schwere Trauer, die Reaktion auf den Verlust einer geliebten Person, enthält die nämliche schmerzliche Stimmung, den Verlust des Interesses für die Außenwelt – soweit sie nicht an den Verstorbenen mahnt –, den Verlust der Fähigkeit, irgendein neues Liebesobjekt zu wählen – was den Betrauerten ersetzen hieße –, die Abwendung von jeder Leistung, die nicht mit dem Andenken des Verstorbenen in Beziehung steht. Wir fassen es leicht, daß diese Hemmung und Einschränkung des Ichs der Ausdruck der ausschließlichen Hingabe an die Trauer ist, wobei für andere Absichten und Interessen nichts übrigbleibt. Eigentlich erscheint uns dieses Verhalten nur darum nicht pathologisch, weil wir es so gut zu erklären wissen.

Wir werden auch den Vergleich gutheißen, der die Stimmung der Trauer eine »schmerzliche« nennt. Seine Berechtigung wird uns wahrscheinlich einleuchten, wenn wir imstande sind, den Schmerz ökonomisch zu charakterisieren.

Worin besteht nun die Arbeit, welche die Trauer leistet? Ich glaube, daß es nichts Gezwungenes enthalten wird, sie in folgender Art darzustellen: Die Realitätsprüfung hat gezeigt, daß das geliebte Objekt nicht mehr besteht, und erläßt nun die Aufforderung, alle Libido aus ihren Verknüpfungen mit diesem Objekt abzuziehen. Dagegen erhebt sich ein begreifliches Sträuben – es ist allgemein zu beobachten, daß der Mensch eine Libidoposition nicht gern verläßt, selbst dann nicht, wenn ihm Ersatz bereits winkt. Dies Sträuben kann so

intensiv sein, daß eine Abwendung von der Realität und ein Festhalten des Objekts durch eine halluzinatorische Wunschpsychose
(siehe die vorige Abhandlung) zustande kommt. Das Normale ist,
daß der Respekt vor der Realität den Sieg behält. Doch kann ihr
Auftrag nicht sofort erfüllt werden. Er wird nun im einzelnen unter
großem Aufwand von Zeit und Besetzungsenergie durchgeführt
und unterdes die Existenz des verlorenen Objekts psychisch fortgesetzt. Jede einzelne der Erinnerungen und Erwartungen, in denen
die Libido an das Objekt geknüpft war, wird eingestellt, überbesetzt und an ihr die Lösung der Libido vollzogen. Warum diese
Kompromißleistung der Einzeldurchführung des Realitätsgebotes
so außerordentlich schmerzhaft ist, läßt sich in ökonomischer Begründung gar nicht leicht angeben. Es ist merkwürdig, daß uns diese
Schmerzunlust selbstverständlich erscheint. Tatsächlich wird aber
das Ich nach der Vollendung der Trauerarbeit wieder frei und ungehemmt.

Wenden wir nun auf die Melancholie an, was wir von der Trauer
erfahren haben. In einer Reihe von Fällen ist es offenbar, daß auch
sie Reaktion auf den Verlust eines geliebten Objekts sein kann; bei
anderen Veranlassungen kann man erkennen, daß der Verlust von
mehr ideeller Natur ist. Das Objekt ist nicht etwa real gestorben,
aber es ist als Liebesobjekt verlorengegangen (z. B. der Fall einer
verlassenen Braut). In noch anderen Fällen glaubt man an der Annahme eines solchen Verlustes festhalten zu sollen, aber man kann
nicht deutlich erkennen, was verloren wurde, und darf um so eher
annehmen, daß auch der Kranke nicht bewußt erfassen kann, was er
verloren hat. Ja, dieser Fall könnte auch dann noch vorliegen, wenn
der die Melancholie veranlassende Verlust dem Kranken bekannt
ist, indem er zwar weiß *wen*, aber nicht, *was* er an ihm verloren hat.
So würde uns nahegelegt, die Melancholie irgendwie auf einen dem
Bewußtsein entzogenen Objektverlust zu beziehen, zum Unterschied von der Trauer, bei welcher nichts an dem Verluste unbewußt ist.

Bei der Trauer fanden wir Hemmung und Interesselosigkeit durch
die das Ich absorbierende Trauerarbeit restlos aufgeklärt. Eine
ähnliche innere Arbeit wird auch der unbekannte Verlust bei der
Melancholie zur Folge haben und darum für die Hemmung der Me-

lancholie verantwortlich werden. Nur daß uns die melancholische Hemmung einen rätselhaften Eindruck macht, weil wir nicht sehen können, was die Kranken so vollständig absorbiert. Der Melancholiker zeigt uns noch eines, was bei der Trauer entfällt, eine außerordentliche Herabsetzung seines Ichgefühls, eine großartige Ichverarmung. Bei der Trauer ist die Welt arm und leer geworden, bei der Melancholie ist es das Ich selbst. Der Kranke schildert uns sein Ich als nichtswürdig, leistungsunfähig und moralisch verwerflich, er macht sich Vorwürfe, beschimpft sich und erwartet Ausstoßung und Strafe. Er erniedrigt sich vor jedem anderen, bedauert jeden der Seinigen, daß er an seine so unwürdige Person gebunden sei. Er hat nicht das Urteil einer Veränderung, die an ihm vorgefallen ist, sondern streckt seine Selbstkritik über die Vergangenheit aus; er behauptet, niemals besser gewesen zu sein. Das Bild dieses – vorwiegend moralischen – Kleinheitswahnes vervollständigt sich durch Schlaflosigkeit, Ablehnung der Nahrung und eine psychologisch höchst merkwürdige Überwindung des Triebes, der alles Lebende am Leben festzuhalten zwingt.

Es wäre wissenschaftlich wie therapeutisch gleich unfruchtbar, dem Kranken zu widersprechen, der solche Anklagen gegen sein Ich vorbringt. Er muß wohl irgendwie recht haben und etwas schildern, was sich so verhält, wie es ihm erscheint. Einige seiner Angaben müssen wir ja ohne Einschränkung sofort bestätigen. Er ist wirklich so interesselos, so unfähig zur Liebe und zur Leistung, wie er sagt. Aber das ist, wie wir wissen, sekundär, ist die Folge der inneren, uns unbekannten, der Trauer vergleichbaren Arbeit, welche sein Ich aufzehrt. In einigen anderen Selbstanklagen scheint er uns gleichfalls recht zu haben und die Wahrheit nur schärfer zu erfassen als andere, die nicht melancholisch sind. Wenn er sich in gesteigerter Selbstkritik als kleinlichen, egoistischen, unaufrichtigen, unselbständigen Menschen schildert, der nur immer bestrebt war, die Schwächen seines Wesens zu verbergen, so mag er sich unseres Wissens der Selbsterkenntnis ziemlich angenähert haben, und wir fragen uns nur, warum man erst krank werden muß, um solcher Wahrheit zugänglich zu sein. Denn es leidet keinen Zweifel, wer eine solche Selbsteinschätzung gefunden hat und sie vor anderen äußert – eine Schätzung, wie sie Prinz Hamlet für sich und alle anderen bereit hat[1] –, der ist krank, ob er nun die Wahrheit sagt oder sich mehr oder weniger unrecht tut. Es ist auch nicht schwer zu bemerken, daß zwischen dem Ausmaß der Selbsterniedrigung und ihrer realen Berechtigung nach unserem Urteil keine Entsprechung besteht. Die früher brave, tüchtige und pflichttreue Frau wird in der Melancholie nicht besser von sich sprechen als die in Wahrheit nichtsnutzige, ja vielleicht hat die erstere mehr Aussicht, an Melancholie zu erkranken, als die andere, von der auch wir nichts Gutes zu sagen wüßten. Endlich muß uns auffallen, daß der Melancholiker sich doch nicht ganz so benimmt wie ein normalerweise von Reue und Selbstvorwurf Zerknirschter. Es fehlt das Schämen vor anderen, welches diesen letzteren Zustand vor allem charakterisieren würde, oder es tritt wenigstens nicht auffällig hervor. Man könnte am Melancholiker beinahe den gegenteiligen Zug einer aufdringlichen Mitteilsamkeit hervorheben, die an der eigenen Bloßstellung eine Befriedigung findet.

Es ist also nicht wesentlich, ob der Melancholiker mit seiner peinlichen Selbstherabsetzung insofern recht hat, als diese Kritik mit dem Urteil der anderen zusammentrifft. Es muß sich vielmehr darum handeln, daß er seine psychologische Situation richtig beschreibt. Er hat seine Selbstachtung verloren und muß guten Grund dazu haben. Wir stehen dann allerdings vor einem Widerspruch, der uns ein schwer lösbares Rätsel aufgibt. Nach der Analogie mit der Trauer mußten wir schließen, daß er einen Verlust am Objekte erlitten hat; aus seinen Aussagen geht ein Verlust an seinem Ich hervor.

Ehe wir uns mit diesem Widerspruch beschäftigen, verweilen wir einen Moment lang bei dem Einblick, den uns die Affektion des Melancholikers in die Konstitution des menschlichen Ichs gewährt. Wir sehen bei ihm, wie sich ein Teil des Ichs dem anderen gegenüberstellt, es kritisch wertet, es gleichsam zum Objekt nimmt. Unser Verdacht, daß die hier vom Ich abgespaltene kritische Instanz auch unter anderen Verhältnissen ihre Selbständigkeit erweisen könne, wird durch alle weiteren Beobachtungen bestätigt werden. Wir werden wirklich Grund finden, diese Instanz vom übrigen Ich zu sondern. Was wir hier kennenlernen, ist die gewöhnlich *Gewis-*

---

1 *Use every man after his desert, and who shall 'scape whipping?* Hamlet, II, 2.

sen genannte Instanz; wir werden sie mit der Bewußtseinszensur und der Realitätsprüfung zu den großen Ichinstitutionen rechnen und irgendwo auch die Beweise dafür finden, daß sie für sich allein erkranken kann. Das Krankheitsbild der Melancholie läßt das moralische Mißfallen am eigenen Ich vor anderen Ausstellungen hervortreten: körperliche Gebrechen, Häßlichkeit, Schwäche, soziale Minderwertigkeit sind weit seltener Gegenstand der Selbsteinschätzung; nur die Verarmung nimmt unter den Befürchtungen oder Behauptungen des Kranken eine bevorzugte Stelle ein.

Zur Aufklärung des vorhin aufgestellten Widerspruches führt dann eine Beobachtung, die nicht einmal schwer anzustellen ist. Hört man die mannigfachen Selbstanklagen des Melancholikers geduldig an, so kann man sich endlich des Eindruckes nicht erwehren, daß die stärksten unter ihnen zur eigenen Person oft sehr wenig passen, aber mit geringfügigen Modifikationen einer anderen Person anzupassen sind, die der Kranke liebt, geliebt hat oder lieben sollte. Sooft man den Sachverhalt untersucht, bestätigt er diese Vermutung. So hat man denn den Schlüssel des Krankheitsbildes in der Hand, indem man die Selbstvorwürfe als Vorwürfe gegen ein Liebesobjekt erkennt, die von diesem weg auf das eigene Ich gewälzt sind.

Die Frau, die laut ihren Mann bedauert, daß er an eine so untüchtige Frau gebunden ist, will eigentlich die Untüchtigkeit des Mannes anklagen, in welchem Sinne diese auch gemeint sein mag. Man braucht sich nicht zu sehr zu verwundern, daß einige echte Selbstvorwürfe unter die rückgewendeten eingestreut sind; sie dürfen sich vordrängen, weil sie dazu verhelfen, die anderen zu verdecken und die Erkenntnis des Sachverhaltes unmöglich zu machen, sie stammen ja auch aus dem Für und Wider des Liebesstreites, der zum Liebesverlust geführt hat. Auch das Benehmen der Kranken wird jetzt um vieles verständlicher. Ihre *Klagen* sind *Anklagen*, gemäß dem alten Sinne des Wortes; sie schämen und verbergen sich nicht, weil alles Herabsetzende, was sie von sich aussagen, im Grunde von einem anderen gesagt wird; und sie sind weit davon entfernt, gegen ihre Umgebung die Demut und Unterwürfigkeit zu bezeugen, die allein so unwürdigen Personen geziemen würde, sie sind vielmehr im höchsten Grade quälerisch, immer wie gekränkt und als ob ihnen ein großes Unrecht widerfahren wäre. Dies ist alles nur möglich, weil die Reaktionen ihres Benehmens noch von der seelischen Konstellation der Auflehnung ausgehen, welche dann durch einen gewissen Vorgang in die melancholische Zerknirschung übergeführt worden ist.

Es hat dann keine Schwierigkeit, diesen Vorgang zu rekonstruieren. Es hatte eine Objektwahl, eine Bindung der Libido an eine bestimmte Person bestanden; durch den Einfluß einer *realen Kränkung oder Enttäuschung* von seiten der geliebten Person trat eine Erschütterung dieser Objektbeziehung ein. Der Erfolg war nicht der normale einer Abziehung der Libido von diesem Objekt und Verschiebung derselben auf ein neues, sondern ein anderer, der mehrere Bedingungen für sein Zustandekommen zu erfordern scheint. Die Objektbesetzung erwies sich als wenig resistent, sie wurde aufgehoben, aber die freie Libido nicht auf ein anderes Objekt verschoben, sondern ins Ich zurückgezogen. Dort fand sie aber nicht eine beliebige Verwendung, sondern diente dazu, eine *Identifizierung* des Ichs mit dem aufgegebenen Objekt herzustellen. Der Schatten des Objekts fiel so auf das Ich, welches nun von einer besonderen Instanz wie ein Objekt, wie das verlassene Objekt, beurteilt werden konnte. Auf diese Weise hatte sich der Objektverlust in einen Ichverlust verwandelt, der Konflikt zwischen dem Ich und der geliebten Person in einen Zwiespalt zwischen der Ichkritik und dem durch Identifizierung veränderten Ich.

Von den Voraussetzungen und Ergebnissen eines solchen Vorganges läßt sich einiges unmittelbar erraten. Es muß einerseits eine starke Fixierung an das Liebesobjekt vorhanden sein, anderseits aber im Widerspruch dazu eine geringe Resistenz der Objektbesetzung. Dieser Widerspruch scheint nach einer treffenden Bemerkung von O. Rank zu fordern, daß die Objektwahl auf narzißtischer Grundlage erfolgt sei, so daß die Objektbesetzung, wenn sich Schwierigkeiten gegen sie erheben, auf den Narzißmus regredieren kann. Die narzißtische Identifizierung mit dem Objekt wird dann zum Ersatz der Liebesbesetzung, was den Erfolg hat, daß die Liebesbeziehung trotz des Konflikts mit der geliebten Person nicht aufgegeben werden muß. Ein solcher Ersatz der Objektliebe durch Identifizierung ist ein für die narzißtischen Affektionen bedeutsamer Mechanismus; K. Landauer hat ihn kürzlich in dem Heilungsvorgang einer Schizophrenie aufdecken können.[1] Er entspricht natürlich der *Regression* von einem Typus der Objektwahl auf den ursprünglichen Narzißmus. Wir haben an anderer Stelle ausgeführt, daß die Identifizierung die Vorstufe der Objektwahl ist und die erste, in ihrem Ausdruck ambivalente Art, wie das Ich ein Objekt auszeichnet. Es möchte sich dieses Objekt einverleiben, und zwar der oralen oder kannibalischen Phase der Libidoentwicklung entsprechend auf dem Wege des Fressens. Auf diesen Zusammenhang führt Abraham wohl mit Recht die Ablehnung der Nahrungsaufnahme zurück, welche sich bei schwerer Ausbildung des melancholischen Zustandes kundgibt.

Der von der Theorie geforderte Schluß, welcher die Disposition zur melancholischen Erkrankung oder eines Stückes von ihr in die Vorherrschaft des narzißtischen Typus der Objektwahl verlegt, entbehrt leider noch der Bestätigung durch die Untersuchung. Ich habe in den einleitenden Sätzen dieser Abhandlung bekannt, daß das empirische Material, auf welches diese Studie gebaut ist, für unsere Ansprüche nicht zureicht. Dürf[t]en wir eine Übereinstimmung der Beobachtung mit unseren Ableitungen annehmen, so würden wir nicht zögern, die Regression von der Objektbesetzung auf die noch dem Narzißmus angehörige orale Libidophase in die Charakteristik der Melancholie aufzunehmen. Identifizierungen mit dem Objekt sind auch bei den Übertragungsneurosen keineswegs selten, vielmehr ein bekannter Mechanismus der Symptombildung, zumal bei der Hysterie. Wir dürfen aber den Unterschied der narzißtischen Identifizierung von der hysterischen darin erblicken, daß bei ersterer die Objektbesetzung aufgelassen wird, während sie bei letzterer bestehenbleibt und eine Wirkung äußert, die sich gewöhnlich auf gewisse einzelne Aktionen und Innervationen beschränkt. Immerhin ist die Identifizierung auch bei den Übertragungsneurosen der Ausdruck einer Gemeinschaft, welche Liebe bedeuten kann. Die narzißtische Identifizierung ist die ursprünglichere und eröffnet uns den Zugang zum Verständnis der weniger gut studierten hysterischen.

Die Melancholie entlehnt also einen Teil ihrer Charaktere der

---

1 Intern. Zeitschr. für ärztl. Psychoanalyse, II, 1914.

Trauer, den anderen Teil dem Vorgang der Regression von der narzißtischen Objektwahl zum Narzißmus. Sie ist einerseits wie die
Trauer Reaktion auf den realen Verlust des Liebesobjekts, aber sie
ist überdies mit einer Bedingung behaftet, welche der normalen
Trauer abgeht oder dieselbe, wo sie hinzutritt, in eine pathologische
verwandelt. Der Verlust des Liebesobjekts ist ein ausgezeichneter
Anlaß, um die Ambivalenz der Liebesbeziehungen zur Geltung und
zum Vorschein zu bringen. Wo die Disposition zur Zwangsneurose
vorhanden ist, verleiht darum der Ambivalenzkonflikt der Trauer
eine pathologische Gestaltung und zwingt sie, sich in der Form von
Selbstvorwürfen, daß man den Verlust des Liebesobjekts selbst ver-
schuldet, d. h. gewollt habe, zu äußern. In solchen zwangsneurotischen Depressionen nach dem Tode geliebter Personen wird uns
vorgeführt, was der Ambivalenzkonflikt für sich allein leistet, wenn
die regressive Einziehung der Libido nicht mit dabei ist. Die Anlässe
der Melancholie gehen meist über den klaren Fall des Verlustes
durch den Tod hinaus und umfassen alle die Situationen von Kränkung, Zurücksetzung und Enttäuschung, durch welche ein Gegensatz von Lieben und Hassen in die Beziehung eingetragen oder eine
vorhandene Ambivalenz verstärkt werden kann. Dieser Ambivalenzkonflikt, bald mehr realer, bald mehr konstitutiver Herkunft,
ist unter den Voraussetzungen der Melancholie nicht zu vernachlässigen. Hat sich die Liebe zum Objekt, die nicht aufgegeben werden
kann, während das Objekt selbst aufgegeben wird, in die narzißtische Identifizierung geflüchtet, so betätigt sich an diesem Ersatzob-
jekt der Haß, indem er es beschimpft, erniedrigt, leiden macht und
an diesem Leiden eine sadistische Befriedigung gewinnt. Die unzweifelhaft genußreiche Selbstquälerei der Melancholie bedeutet
ganz wie das entsprechende Phänomen der Zwangsneurose die Befriedigung von sadistischen und Haßtendenzen [1], die einem Objekt
gelten und auf diesem Wege eine Wendung gegen die eigene Person
erfahren haben. Bei beiden Affektionen pflegt es den Kranken noch
zu gelingen, auf dem Umwege über die Selbstbestrafung Rache an
den ursprünglichen Objekten zu nehmen und ihre Lieben durch

---

1 Über deren Unterscheidung siehe den Aufsatz über »Triebe und Triebschicksale« [oben, S. 94–100].

Vermittlung des Krankseins zu quälen, nachdem sie sich in die Krankheit begeben haben, um ihnen ihre Feindseligkeit nicht direkt zeigen zu müssen. Die Person, welche die Gefühlsstörung des Kranken hervorgerufen, nach welcher sein Kranksein orientiert ist, ist doch gewöhnlich in der nächsten Umgebung des Kranken zu finden. So hat die Liebesbesetzung des Melancholischen für sein Objekt ein zweifaches Schicksal erfahren; sie ist zum Teil auf die Identifizierung regrediert, zum anderen Teil aber unter dem Einfluß des Ambivalenzkonflikts auf die ihm nähere Stufe des Sadismus zurückversetzt worden.

Erst dieser Sadismus löst uns das Rätsel der Selbstmordneigung, durch welche die Melancholie so interessant und so – gefährlich wird. Wir haben als den Urzustand, von dem das Triebleben ausgeht, eine so großartige Selbstliebe des Ichs erkannt, wir sehen in der Angst, die bei Lebensbedrohung auftritt, einen so riesigen Betrag der narzißtischen Libido frei werden, daß wir es nicht erfassen, wie dies Ich seiner Selbstzerstörung zustimmen könne. Wir wußten zwar längst, daß kein Neurotiker Selbstmordabsichten verspürt, der solche nicht von einem Mordimpuls gegen andere auf sich zurückwendet, aber es blieb unverständlich, durch welches Kräftespiel eine solche Absicht sich zur Tat durchsetzen kann. Nun lehrt uns die Analyse der Melancholie, daß das Ich sich nur dann töten kann, wenn es durch die Rückkehr der Objektbesetzung sich selbst wie ein Objekt behandeln kann, wenn es die Feindseligkeit gegen sich richten darf, die einem Objekt gilt und die die ursprüngliche Reaktion des Ichs gegen Objekte der Außenwelt vertritt. (Siehe »Triebe und Triebschicksale«.) So ist bei der Regression von der narzißtischen Objektwahl das Objekt zwar aufgehoben worden, aber es hat sich doch mächtiger erwiesen als das Ich selbst. In den zwei entgegengesetzten Situationen der äußersten Verliebtheit und des Selbstmordes wird das Ich, wenn auch auf gänzlich verschiedenen Wegen, vom Objekt überwältigt.

Es liegt dann doch nahe, für den einen auffälligen Charakter der Melancholie, das Hervortreten der Verarmungsangst, die Ableitung der aus ihren Verbindungen gerissenen und regressiv verwandelten Analerotik zuzulassen.

Die Melancholie stellt uns noch vor andere Fragen, deren Beant-

wortung uns zum Teil entgeht. Daß sie nach einem gewissen Zeitraum abgelaufen ist, ohne nachweisbare grobe Veränderungen zu
hinterlassen, diesen Charakter teilt sie mit der Trauer. Dort fanden wir die Auskunft, die Zeit werde für die Detaildurchführung
des Gebotes der Realitätsprüfung benötigt, nach welcher Arbeit
das Ich seine Libido vom verlorenen Objekt freibekommen habe.
Mit einer analogen Arbeit können wir das Ich während der Melancholie beschäftigt denken; das ökonomische Verständnis des
Herganges bleibt hier wie dort aus. Die Schlaflosigkeit der Melancholie bezeugt wohl die Starrheit des Zustandes, die Unmöglich-
keit, die für den Schlaf erforderliche allgemeine Einziehung der
Besetzungen durchzuführen. Der melancholische Komplex verhält sich wie eine offene Wunde, zieht von allen Seiten Beset-
zungsenergien an sich (die wir bei den Übertragungsneurosen
»Gegenbesetzungen« geheißen haben) und entleert das Ich bis zur
völligen Verarmung; er kann sich leicht resistent gegen den
Schlafwunsch des Ichs erweisen. – Ein wahrscheinlich somatisches,
psychogen nicht aufzuklärendes Moment kommt in der regelmäßigen Linderung des Zustandes zur Abendzeit zum Vorschein. An
diese Erörterungen schließt die Frage an, ob nicht Ichverlust ohne
Rücksicht auf das Objekt (rein narzißtische Ichkränkung) hin-
reicht, das Bild der Melancholie zu erzeugen, und ob nicht direkt
toxische Verarmung an Ichlibido gewisse Formen der Affektion
ergeben kann.
Die merkwürdigste und aufklärungsbedürftigste Eigentümlichkeit
der Melancholie ist durch ihre Neigung gegeben, in den sympto-
matisch gegensätzlichen Zustand der Manie umzuschlagen. Bekanntlich hat nicht jede Melancholie dieses Schicksal. Manche Fälle
verlaufen in periodischen Rezidiven, deren Intervalle entweder
keine oder eine nur sehr geringfügige Tönung von Manie erkennen
lassen. Andere zeigen jene regelmäßige Abwechslung von melancholischen und manischen Phasen, die in der Aufstellung des zy-
klischen Irreseins Ausdruck gefunden hat. Man wäre versucht,
diese Fälle von der psychogenen Auffassung auszuschließen, wenn
nicht die psychoanalytische Arbeit gerade für mehrere dieser Erkrankungen Auflösung wie therapeutische Beeinflussung zustande
gebracht hätte. Es ist also nicht nur gestattet, sondern sogar gebo-

ten, eine analytische Aufklärung der Melancholie auch auf die Manie auszudehnen.

Ich kann nicht versprechen, daß dieser Versuch voll befriedigend ausfallen wird. Er reicht vielmehr nicht weit über die Möglichkeit einer ersten Orientierung hinaus. Es stehen uns hier zwei Anhaltspunkte zu Gebote, der erste ein psychoanalytischer Eindruck, der andere eine, man darf wohl sagen, allgemeine ökonomische Erfahrung. Der Eindruck, dem bereits mehrere psychoanalytische Forscher Worte geliehen haben, geht dahin, daß die Manie keinen anderen Inhalt hat als die Melancholie, daß beide Affektionen mit demselben »Komplex« ringen, dem das Ich wahrscheinlich in der Melancholie erlegen ist, während es ihn in der Manie bewältigt oder beiseite geschoben hat. Den anderen Anhalt gibt die Erfahrung, daß alle Zustände von Freude, Jubel, Triumph, die uns das Normalvorbild der Manie zeigen, die nämliche ökonomische Bedingtheit erkennen lassen. Es handelt sich bei ihnen um eine Einwirkung, durch welche ein großer lange unterhaltener oder gewohnheitsmäßig hergestellter psychischer Aufwand endlich überflüssig wird, so daß er für mannigfache Verwendungen und Abfuhrmöglichkeiten bereitsteht. Also zum Beispiel: Wenn ein armer Teufel durch einen großen Geldgewinn plötzlich der chronischen Sorge um das tägliche Brot enthoben wird, wenn ein langes und mühseliges Ringen sich am Ende durch den Erfolg gekrönt sieht, wenn man in die Lage kommt, einen drückenden Zwang, eine lange fortgesetzte Verstellung mit einem Schlage aufzugeben u. dgl. Alle solche Situationen zeichnen sich durch die gehobene Stimmung, die Abfuhrzeichen des freudigen Affekts, und durch die gesteigerte Bereitwilligkeit zu allerlei Aktionen aus, ganz wie die Manie und im vollen Gegensatz zur Depression und Hemmung der Melancholie. Man kann wagen es auszusprechen, daß die Manie nichts anderes ist als ein solcher Triumph, nur daß es wiederum dem Ich verdeckt bleibt, was es überwunden hat und worüber es triumphiert. Den in dieselbe Reihe von Zuständen gehörigen Alkoholrausch wird man – insofern er ein heiterer ist – ebenso zurechtlegen dürfen; es handelt sich bei ihm wahrscheinlich um die toxisch erzielte Aufhebung von Verdrängungsaufwänden. Die Laienmeinung nimmt gern an, daß man in solcher maniakalischer

Verfassung darum so bewegungs- und unternehmungslustig ist, weil man so »gut aufgelegt« ist. Diese falsche Verknüpfung wird man natürlich auflösen müssen. Es ist jene erwähnte ökonomische Bedingung im Seelenleben erfüllt worden, und darum ist man einerseits in so heiterer Stimmung und anderseits so ungehemmt im Tun.

Setzen wir die beiden Andeutungen zusammen, so ergibt sich: In der Manie muß das Ich den Verlust des Objekts (oder die Trauer über den Verlust oder vielleicht das Objekt selbst) überwunden haben, und nun ist der ganze Betrag von Gegenbesetzung, den das schmerzhafte Leiden der Melancholie aus dem Ich an sich gezogen und gebunden hatte, verfügbar geworden. Der Manische demonstriert uns auch unverkennbar seine Befreiung von dem Objekt, an dem er gelitten hatte, indem er wie ein Heißhungriger auf neue Objektbesetzungen ausgeht.

Diese Aufklärung klingt ja plausibel, aber sie ist erstens noch zu wenig bestimmt und läßt zweitens mehr neue Fragen und Zweifel auftauchen, als wir beantworten können. Wir wollen uns der Diskussion derselben nicht entziehen, wenn wir auch nicht erwarten können, durch sie hindurch den Weg zur Klarheit zu finden.

Zunächst: Die normale Trauer überwindet ja auch den Verlust des Objekts und absorbiert gleichfalls während ihres Bestandes alle Energien des Ichs. Warum stellt sich bei ihr die ökonomische Bedingung für eine Phase des Triumphes nach ihrem Ablaufe auch nicht andeutungsweise her? Ich finde es unmöglich, auf diesen Einwand kurzerhand zu antworten. Er macht uns auch darauf aufmerksam, daß wir nicht einmal sagen können, durch welche ökonomischen Mittel die Trauer ihre Aufgabe löst; aber vielleicht kann hier eine Vermutung aushelfen. An jede einzelne der Erinnerungen und Erwartungssituationen, welche die Libido an das verlorene Objekt geknüpft zeigen, bringt die Realität ihr Verdikt heran, daß das Objekt nicht mehr existiere, und das Ich, gleichsam vor die Frage gestellt, ob es dieses Schicksal teilen will, läßt sich durch die Summe der narzißtischen Befriedigungen, am Leben zu sein, bestimmen, seine Bindung an das vernichtete Objekt zu lösen. Man kann sich etwa vorstellen, diese Lösung gehe so langsam und schrittweise vor sich, daß mit der Beendigung der Arbeit auch der für sie erforderliche Aufwand zerstreut ist.[1]

Es ist verlockend, von der Mutmaßung über die Arbeit der Trauer den Weg zu einer Darstellung der melancholischen Arbeit zu suchen. Da kommt uns zuerst eine Unsicherheit in den Weg. Wir haben bisher den topischen Gesichtspunkt bei der Melancholie noch kaum berücksichtigt und die Frage nicht aufgeworfen, in und zwischen welchen psychischen Systemen die Arbeit der Melancholie vor sich geht. Was von den psychischen Vorgängen der Affektion spielt sich noch an den aufgelassenen unbewußten Objektbesetzungen, was an deren Identifizierungsersatz im Ich ab?

Es spricht sich nun rasch aus und schreibt sich leicht nieder, daß die »unbewußte (Ding-)Vorstellung des Objekts von der Libido verlassen wird«. Aber in Wirklichkeit ist diese Vorstellung durch ungezählte Einzeleindrücke (unbewußte Spuren derselben) vertreten, und die Durchführung dieser Libidoabziehung kann nicht ein momentaner Vorgang sein, sondern gewiß wie bei der Trauer ein langwieriger, allmählich fortschreitender Prozeß. Ob er an vielen Stellen gleichzeitig beginnt oder eine irgendwie bestimmte Reihenfolge enthält, läßt sich ja nicht leicht unterscheiden; in den Analysen kann man oft feststellen, daß bald diese, bald jene Erinnerung aktiviert ist und daß die gleichlautenden, durch ihre Monotonie ermüdenden Klagen doch jedesmal von einer anderen unbewußten Begründung herrühren. Wenn das Objekt keine so große, durch tausendfältige Verknüpfung verstärkte Bedeutung für das Ich hat, so ist sein Verlust auch nicht geeignet, eine Trauer oder eine Melancholie zu verursachen. Der Charakter der Einzeldurchführung der Libidoablösung ist also der Melancholie wie der Trauer in gleicher Weise zuzuschreiben, stützt sich wahrscheinlich auf die gleichen ökonomischen Verhältnisse und dient denselben Tendenzen.

Die Melancholie hat aber, wie wir gehört haben, etwas mehr zum Inhalt als die normale Trauer. Das Verhältnis zum Objekt ist bei ihr

---

1 Der ökonomische Gesichtspunkt ist bisher in psychoanalytischen Arbeiten wenig berücksichtigt worden. Als Ausnahme sei der Aufsatz von V. Tausk, Entwertung des Verdrängungsmotivs durch Rekompense (Intern. Zeitschr. für ärztl. Psychoanalyse, I, 1913) hervorgehoben.

kein einfaches, es wird durch den Ambivalenzkonflikt kompliziert. Die Ambivalenz ist entweder konstitutionell, d. h., sie hängt jeder Liebesbeziehung dieses Ichs an, oder sie geht gerade aus den Erlebnissen hervor, welche die Drohung des Objektverlustes mit sich bringen. Die Melancholie kann darum in ihren Veranlassungen weit über die Trauer hinausgehen, welche in der Regel nur durch den Realverlust, den Tod des Objekts, ausgelöst wird. Es spinnt sich also bei der Melancholie eine Unzahl von Einzelkämpfen um das Objekt an, in denen Haß und Liebe miteinander ringen, die eine, um die Libido vom Objekt zu lösen, die andere, um diese Libidoposition gegen den Ansturm zu behaupten. Diese Einzelkämpfe können wir in kein anderes System verlegen als in das *Ubw*, in das Reich der sachlichen Erinnerungsspuren (im Gegensatz zu den Wortbesetzungen). Ebendort spielen sich auch die Lösungsversuche bei der Trauer ab, aber bei dieser letzteren besteht kein Hindernis dagegen, daß sich diese Vorgänge auf dem normalen Wege durch das *Vbw* zum Bewußtsein fortsetzen. Dieser Weg ist für die melancholische Arbeit gesperrt, vielleicht infolge einer Mehrzahl von Ursachen oder des Zusammenwirkens derselben. Die konstitutive Ambivalenz gehört an und für sich dem Verdrängten an, die traumatischen Erlebnisse mit dem Objekt mögen anderes Verdrängte aktiviert haben. So bleibt alles an diesen Ambivalenzkämpfen dem Bewußtsein entzogen, bis nicht der für die Melancholie charakteristische Ausgang eingetreten ist. Er besteht, wie wir wissen, darin, daß die bedrohte Libidobesetzung endlich das Objekt verläßt, aber nur, um sich auf die Stelle des Ichs, von der sie ausgegangen war, zurückzuziehen. Die Liebe hat sich so durch ihre Flucht ins Ich der Aufhebung entzogen. Nach dieser Regression der Libido kann der Vorgang bewußt werden und repräsentiert sich dem Bewußtsein als ein Konflikt zwischen einem Teil des Ichs und der kritischen Instanz.

Was das Bewußtsein von der melancholischen Arbeit erfährt, ist also nicht das wesentliche Stück derselben, auch nicht jenes, dem wir einen Einfluß auf die Lösung des Leidens zutrauen können. Wir sehen, daß das Ich sich herabwürdigt und gegen sich wütet, und verstehen sowenig wie der Kranke, wozu das führen und wie sich das ändern kann. Dem unbewußten Stück der Arbeit können

wir eine solche Leistung eher zuschreiben, weil es nicht schwer-
fällt, eine wesentliche Analogie zwischen der Arbeit der Melancholie und jener der Trauer herauszufinden. Wie die Trauer das
Ich dazu bewegt, auf das Objekt zu verzichten, indem es das Objekt für tot erklärt und dem Ich die Prämie des Am-Leben-Blei-
bens bietet, so lockert auch jeder einzelne Ambivalenzkampf die
Fixierung der Libido an das Objekt, indem er dieses entwertet,
herabsetzt, gleichsam auch erschlägt. Es ist die Möglichkeit gegeben, daß der Prozeß im *Ubw* zu Ende komme, sei es nachdem die
Wut sich ausgetobt hat, sei es nachdem das Objekt als wertlos
aufgegeben wurde. Es fehlt uns der Einblick, welche dieser beiden
Möglichkeiten regelmäßig oder vorwiegend häufig der Melancholie ein Ende bereitet und wie diese Beendigung den weiteren Verlauf des Falles beeinflußt. Das Ich mag dabei die Befriedigung
genießen, daß es sich als das Bessere, als dem Objekt überlegen
anerkennen darf.

Mögen wir diese Auffassung der melancholischen Arbeit auch annehmen, sie kann uns doch das eine nicht leisten, auf dessen Erklärung wir ausgegangen sind. Unsere Erwartung, die ökonomische
Bedingung für das Zustandekommen der Manie nach abgelaufener
Melancholie aus der Ambivalenz abzuleiten, welche diese Affektion
beherrscht, könnte sich auf Analogien aus verschiedenen anderen
Gebieten stützen; aber es gibt eine Tatsache, vor welcher sie sich
beugen muß. Von den drei Voraussetzungen der Melancholie: Verlust des Objekts, Ambivalenz und Regression der Libido ins Ich,
finden wir die beiden ersten bei den Zwangsvorwürfen nach Todes-
fällen wieder. Dort ist es die Ambivalenz, die unzweifelhaft die
Triebfeder des Konflikts darstellt, und die Beobachtung zeigt, daß
nach Ablauf desselben nichts von einem Triumph einer manischen
Verfassung erübrigt. Wir werden so auf das dritte Moment als das
einzig wirksame hingewiesen. Jene Anhäufung von zunächst gebundener Besetzung, welche nach Beendigung der melancholischen Arbeit frei wird und die Manie ermöglicht, muß mit der Regression der
Libido auf den Narzißmus zusammenhängen. Der Konflikt im Ich,
den die Melancholie für den Kampf um das Objekt eintauscht, muß
ähnlich wie eine schmerzhafte Wunde wirken, die eine außerordentlich hohe Gegenbesetzung in Anspruch nimmt. Aber hier wird es

wiederum zweckmäßig sein, haltzumachen und die weitere Aufklärung der Manie zu verschieben, bis wir Einsicht in die ökonomische Natur zunächst des körperlichen und dann des ihm analogen seelischen *Schmerzes* gewonnen haben. Wir wissen es ja schon, daß der Zusammenhang der verwickelten seelischen Probleme uns nötigt, jede Untersuchung unvollendet abzubrechen, bis ihr die Ergebnisse einer anderen zu Hilfe kommen können.[1]

---

1 [*Zusatz 1925:*] Siehe die weitere Fortsetzung des Problems der Manie in »Massenpsychologie und Ich-Analyse« (Ges. Werke, Bd. XIII).

JENSEITS DES LUSTPRINZIPS

(1920)

JENSEITS DES LUSTPRINZIPS

I

In der psychoanalytischen Theorie nehmen wir unbedenklich an, daß der Ablauf der seelischen Vorgänge automatisch durch das Lustprinzip reguliert wird, das heißt, wir glauben, daß er jedesmal durch eine unlustvolle Spannung angeregt wird und dann eine solche Richtung einschlägt, daß sein Endergebnis mit einer Herabsetzung dieser Spannung, also mit einer Vermeidung von Unlust oder Erzeugung von Lust zusammenfällt. Wenn wir die von uns studierten seelischen Prozesse mit Rücksicht auf diesen Ablauf betrachten, führen wir den ökonomischen Gesichtspunkt in unsere Arbeit ein. Wir meinen, eine Darstellung, die neben dem topischen und dem dynamischen Moment noch dies ökonomische zu würdigen versuche, sei die vollständigste, die wir uns derzeit vorstellen können, und verdiene es, durch den Namen einer *metapsychologischen* hervorgehoben zu werden.

Es hat dabei für uns kein Interesse zu untersuchen, inwieweit wir uns mit der Aufstellung des Lustprinzips einem bestimmten, historisch festgelegten, philosophischen System angenähert oder angeschlossen haben. Wir gelangen zu solchen spekulativen Annahmen bei dem Bemühen, von den Tatsachen der täglichen Beobachtung auf unserem Gebiete Beschreibung und Rechenschaft zu geben. Priorität und Originalität gehören nicht zu den Zielen, die der psychoanalytischen Arbeit gesetzt sind, und die Eindrücke, welche der Aufstellung dieses Prinzips zugrunde liegen, sind so augenfällig, daß es kaum möglich ist, sie zu übersehen. Dagegen würden wir uns gerne zur Dankbarkeit gegen eine philosophische oder psychologische Theorie bekennen, die uns zu sagen wüßte, was die Bedeutungen der für uns so imperativen Lust- und Unlustempfindungen sind. Leider wird uns hier nichts Brauchbares geboten. Es ist das dunkelste und unzugänglichste Gebiet des Seelenlebens, und wenn wir unmöglich vermeiden können, es zu berühren, so wird die lokkerste Annahme darüber, meine ich, die beste sein. Wir haben uns entschlossen, Lust und Unlust mit der Quantität der im Seelenleben vorhandenen – und nicht irgendwie gebundenen – Erregung in Beziehung zu bringen, solcherart, daß Unlust einer Steigerung, Lust einer Verringerung dieser Quantität entspricht. Wir denken dabei nicht an ein einfaches Verhältnis zwischen der Stärke der Empfindungen und den Veränderungen, auf die sie bezogen werden; am wenigsten – nach allen Erfahrungen der Psychophysiologie – an direkte Proportionalität; wahrscheinlich ist das Maß der Verringerung oder Vermehrung in der Zeit das für die Empfindung entscheidende Moment. Das Experiment fände hier möglicherweise Zutritt, für uns Analytiker ist weiteres Eingehen in diese Probleme nicht geraten, solange nicht ganz bestimmte Beobachtungen uns leiten können.

Es kann uns aber nicht gleichgültig lassen, wenn wir finden, daß ein so tiefblickender Forscher wie G. Th. Fechner eine Auffassung von Lust und Unlust vertreten hat, welche im wesentlichen mit der zusammenfällt, die uns von der psychoanalytischen Arbeit aufgedrängt wird. Die Äußerung Fechners ist in seiner kleinen Schrift: Einige Ideen zur Schöpfungs- und Entwicklungsgeschichte der Organismen, 1873 (Abschnitt XI, Zusatz, S. 94), enthalten und lautet wie folgt: »Insofern bewußte Antriebe immer mit Lust oder Unlust in Beziehung stehen, kann auch Lust oder Unlust mit Stabilitäts- und Instabilitätsverhältnissen in psychophysischer Beziehung gedacht werden, und es läßt sich hierauf die anderwärts von mir näher zu entwickelnde Hypothese begründen, daß jede die Schwelle des Bewußtseins übersteigende psychophysische Bewegung nach Maßgabe mit Lust behaftet sei, als sie sich der vollen Stabilität über eine gewisse Grenze hinaus nähert, mit Unlust nach Maßgabe, als sie über eine gewisse Grenze davon abweicht, indes zwischen beiden, als qualitative Schwelle der Lust und Unlust zu bezeichnenden Grenzen eine gewisse Breite ästhetischer Indifferenz besteht...«

Die Tatsachen, die uns veranlaßt haben, an die Herrschaft des Lustprinzips im Seelenleben zu glauben, finden auch ihren Ausdruck in der Annahme, daß es ein Bestreben des seelischen Apparates sei, die in ihm vorhandene Quantität von Erregung möglichst niedrig oder wenigstens konstant zu erhalten. Es ist dasselbe, nur in andere Fassung gebracht, denn wenn die Arbeit des seelischen Apparates dahin geht, die Erregungsquantität niedrig zu halten, so muß alles, was dieselbe zu steigern geeignet ist, als funktionswidrig, das heißt als unlustvoll empfunden werden. Das Lustprinzip leitet sich aus dem Konstanzprinzip ab; in Wirklichkeit wurde das Konstanzprinzip aus den Tatsachen erschlossen, die uns die Annahme des Lustprinzips aufnötigten. Bei eingehenderer Diskussion werden wir auch finden, daß dies von uns angenommene Bestreben des seelischen Apparates sich als spezieller Fall dem Fechnerschen Prinzip der *Tendenz zur Stabilität* unterordnet, zu dem er die Lust-Unlustempfindungen in Beziehung gebracht hat.

Dann müssen wir aber sagen, es sei eigentlich unrichtig, von einer Herrschaft des Lustprinzips über den Ablauf der seelischen Prozesse zu reden. Wenn eine solche bestände, müßte die übergroße Mehrheit unserer Seelenvorgänge von Lust begleitet sein oder zur Lust führen, während doch die allgemeinste Erfahrung dieser Folgerung energisch widerspricht. Es kann also nur so sein, daß eine starke Tendenz zum Lustprinzip in der Seele besteht, der sich aber gewisse andere Kräfte oder Verhältnisse widersetzen, so daß der Endausgang nicht immer der Lusttendenz entsprechen kann. Vergleiche die Bemerkung Fechners bei ähnlichem Anlasse (ebenda, S. 90): »Damit aber, daß die Tendenz zum Ziele noch nicht die Erreichung des Zieles bedeutet und das Ziel überhaupt nur in Approximationen erreichbar ist…« Wenn wir uns nun der Frage zuwenden, welche Umstände die Durchsetzung des Lustprinzips zu vereiteln vermögen, dann betreten wir wieder sicheren und bekannten Boden und können unsere analytischen Erfahrungen in reichem Ausmaße zur Beantwortung heranziehen.

Der erste Fall einer solchen Hemmung des Lustprinzips ist uns als ein gesetzmäßiger vertraut. Wir wissen, daß das Lustprinzip einer primären Arbeitsweise des seelischen Apparates eignet und daß es für die Selbstbehauptung des Organismus unter den Schwierigkeiten der Außenwelt so recht von Anfang an unbrauchbar, ja in hohem Grade gefährlich ist. Unter dem Einflusse der Selbsterhaltungstriebe des Ichs wird es vom *Realitätsprinzip* abgelöst, welches, ohne die Absicht endlicher Lustgewinnung aufzugeben, doch den Aufschub der Befriedigung, den Verzicht auf mancherlei Möglichkeiten einer solchen und die zeitweilige Duldung der Unlust auf dem langen Umwege zur Lust fordert und durchsetzt. Das Lustprinzip bleibt dann noch lange Zeit die Arbeitsweise der schwerer »erziehbaren« Sexualtriebe, und es kommt immer wieder vor, daß es, sei es von diesen letzteren aus, sei es im Ich selbst, das Realitätsprinzip zum Schaden des ganzen Organismus überwältigt.

Es ist indes unzweifelhaft, daß die Ablösung des Lustprinzips durch das Realitätsprinzip nur für einen geringen und nicht für den intensivsten Teil der Unlusterfahrungen verantwortlich gemacht werden kann. Eine andere, nicht weniger gesetzmäßige Quelle der Unlustentbindung ergibt sich aus den Konflikten und Spaltungen im seelischen Apparat, während das Ich seine Entwicklung zu höher zusammengesetzten Organisationen durchmacht. Fast alle Energie, die den Apparat erfüllt, stammt aus den mitgebrachten Triebregungen, aber diese werden nicht alle zu den gleichen Entwicklungsphasen zugelassen. Unterwegs geschieht es immer wieder, daß einzelne Triebe oder Triebanteile sich in ihren Zielen oder Ansprüchen als unverträglich mit den übrigen erweisen, die sich zu der umfassenden Einheit des Ichs zusammenschließen können. Sie werden dann von dieser Einheit durch den Prozeß der Verdrängung abgespalten, auf niedrigeren Stufen der psychischen Entwicklung zurückgehalten und zunächst von der Möglichkeit einer Befriedigung abgeschnitten. Gelingt es ihnen dann, was bei den verdrängten Sexualtrieben so leicht geschieht, sich auf Umwegen zu einer direkten oder Ersatzbefriedigung durchzuringen, so wird dieser Erfolg, der sonst eine Lustmöglichkeit gewesen wäre, vom Ich als Unlust empfunden. Infolge des alten, in die Verdrängung auslaufenden Konfliktes hat das Lustprinzip einen neuerlichen Durchbruch erfahren, gerade während gewisse Triebe am Werke waren, in Befolgung des Prinzips neue Lust zu gewinnen. Die Einzelheiten des Vorganges, durch welchen die Verdrängung eine Lustmöglichkeit in eine Unlustquelle verwandelt, sind noch nicht gut verstanden oder nicht klar darstellbar, aber sicherlich ist alle neurotische Unlust von solcher Art, ist Lust, die nicht als solche empfunden werden kann.[1]

---

1 [*Zusatz 1925:*] Das Wesentliche ist wohl, daß Lust und Unlust als bewußte Empfindungen an das Ich gebunden sind.

Die beiden hier angezeigten Quellen der Unlust decken noch lange nicht die Mehrzahl unserer Unlusterlebnisse, aber vom Rest wird man mit einem Anschein von gutem Recht behaupten, daß sein Vorhandensein der Herrschaft des Lustprinzips nicht widerspricht. Die meiste Unlust, die wir verspüren, ist ja Wahrnehmungsunlust, entweder Wahrnehmung des Drängens unbefriedigter Triebe oder äußere Wahrnehmung, sei es, daß diese an sich peinlich ist oder daß sie unlustvolle Erwartungen im seelischen Apparat erregt, von ihm als »Gefahr« erkannt wird. Die Reaktion auf diese Triebansprüche und Gefahrdrohungen, in der sich die eigentliche Tätigkeit des seelischen Apparates äußert, kann dann in korrekter Weise vom Lustprinzip oder dem es modifizierenden Realitätsprinzip geleitet werden. Somit scheint es nicht notwendig, eine weitergehende Einschränkung des Lustprinzips anzuerkennen, und doch kann gerade die Untersuchung der seelischen Reaktion auf die äußerliche Gefahr neuen Stoff und neue Fragestellungen zu dem hier behandelten Problem liefern.

II

Nach schweren mechanischen Erschütterungen, Eisenbahnzusammenstößen und anderen, mit Lebensgefahr verbundenen Unfällen ist seit langem ein Zustand beschrieben worden, dem dann der Name »traumatische Neurose« verblieben ist. Der schreckliche, eben jetzt abgelaufene Krieg hat eine große Anzahl solcher Erkrankungen entstehen lassen und wenigstens der Versuchung ein Ende gesetzt, sie auf organische Schädigung des Nervensystems durch Einwirkung mechanischer Gewalt zurückzuführen.[1] Das Zustandsbild der traumatischen Neurose nähert sich der Hysterie durch seinen Reichtum an ähnlichen motorischen Symptomen, übertrifft diese aber in der Regel durch die stark ausgebildeten Anzeichen sub-

---

1 Vgl. Zur Psychoanalyse der Kriegsneurosen. Mit Beiträgen von Ferenczi, Abraham, Simmel und E. Jones. Band I der Internationalen Psychoanalytischen Bibliothek, 1919.

jektiven Leidens, etwa wie bei einer Hypochondrie oder Melancholie, und durch die Beweise einer weit umfassenderen allgemeinen
Schwächung und Zerrüttung der seelischen Leistungen. Ein volles
Verständnis ist bisher weder für die Kriegsneurosen noch für die
traumatischen Neurosen des Friedens erzielt worden. Bei den
Kriegsneurosen wirkte es einerseits aufklärend, aber doch wiederum
verwirrend, daß dasselbe Krankheitsbild gelegentlich ohne Mithilfe
einer groben mechanischen Gewalt zustande kam; an der gemeinen
traumatischen Neurose heben sich zwei Züge hervor, an welche die
Überlegung anknüpfen konnte, erstens, daß das Hauptgewicht der
Verursachung auf das Moment der Überraschung, auf den Schreck,
zu fallen schien, und zweitens, daß eine gleichzeitig erlittene Verletzung oder Wunde zumeist der Entstehung der Neurose entgegen-
wirkte. Schreck, Furcht, Angst werden mit Unrecht wie synonyme
Ausdrücke gebraucht; sie lassen sich in ihrer Beziehung zur Gefahr
gut auseinanderhalten. Angst bezeichnet einen gewissen Zustand wie
Erwartung der Gefahr und Vorbereitung auf dieselbe, mag sie auch
eine unbekannte sein; Furcht verlangt ein bestimmtes Objekt, vor
dem man sich fürchtet; Schreck aber benennt den Zustand, in den
man gerät, wenn man in Gefahr kommt, ohne auf sie vorbereitet zu
sein, betont das Moment der Überraschung. Ich glaube nicht, daß die
Angst eine traumatische Neurose erzeugen kann; an der Angst ist
etwas, was gegen den Schreck und also auch gegen die Schreckneu-
rose schützt. Wir werden auf diesen Satz später zurückkommen.
Das Studium des Traumes dürfen wir als den zuverlässigsten Weg
zur Erforschung der seelischen Tiefenvorgänge betrachten. Nun
zeigt das Traumleben der traumatischen Neurose den Charakter,
daß es den Kranken immer wieder in die Situation seines Unfalles
zurückführt, aus der er mit neuem Schrecken erwacht. Darüber ver-
wundert man sich viel zuwenig. Man meint, es sei eben ein Beweis
für die Stärke des Eindruckes, den das traumatische Erlebnis gemacht hat, daß es sich dem Kranken sogar im Schlaf immer wieder
aufdrängt. Der Kranke sei an das Trauma sozusagen psychisch fixiert. Solche Fixierungen an das Erlebnis, welches die Erkrankung
ausgelöst hat, sind uns seit langem bei der Hysterie bekannt. Breuer
und Freud äußerten 1893: Die Hysterischen leiden großenteils an
Reminiszenzen. Auch bei den Kriegsneurosen haben Beobachter

wie Ferenczi und Simmel manche motorische Symptome durch Fixierung an den Moment des Traumas erklären können.

Allein es ist mir nicht bekannt, daß die an traumatischer Neurose Krankenden sich im Wachleben viel mit der Erinnerung an ihren Unfall beschäftigen. Vielleicht bemühen sie sich eher, nicht an ihn zu denken. Wenn man es als selbstverständlich hinnimmt, daß der nächtliche Traum sie wieder in die krankmachende Situation versetzt, so verkennt man die Natur des Traumes. Dieser würde es eher entsprechen, dem Kranken Bilder aus der Zeit der Gesundheit oder der erhofften Genesung vorzuführen. Sollen wir durch die Träume der Unfallsneurotiker nicht an der wunscherfüllenden Tendenz des Traumes irre werden, so bleibt uns etwa noch die Auskunft, bei diesem Zustand sei wie so vieles andere auch die Traumfunktion erschüttert und von ihren Absichten abgelenkt worden, oder wir müßten der rätselhaften masochistischen Tendenzen des Ichs gedenken.

Ich mache nun den Vorschlag, das dunkle und düstere Thema der traumatischen Neurose zu verlassen und die Arbeitsweise des seelischen Apparates an einer seiner frühzeitigsten normalen Betätigungen zu studieren. Ich meine das Kinderspiel.

Die verschiedenen Theorien des Kinderspieles sind erst kürzlich von S. Pfeifer in der »Imago« (V/4) zusammengestellt und analytisch gewürdigt worden; ich kann hier auf diese Arbeit verweisen. Diese Theorien bemühen sich, die Motive des Spielens der Kinder zu erraten, ohne daß dabei der ökonomische Gesichtspunkt, die Rücksicht auf Lustgewinn, in den Vordergrund gerückt würde. Ich habe, ohne das Ganze dieser Erscheinungen umfassen zu wollen, eine Gelegenheit ausgenützt, die sich mir bot, um das erste selbstgeschaffene Spiel eines Knaben im Alter von 1½ Jahren aufzuklären. Es war mehr als eine flüchtige Beobachtung, denn ich lebte durch einige Wochen mit dem Kinde und dessen Eltern unter einem Dach, und es dauerte ziemlich lange, bis das rätselhafte und andauernd wiederholte Tun mir seinen Sinn verriet.

Das Kind war in seiner intellektuellen Entwicklung keineswegs voreilig, es sprach mit 1½ Jahren erst wenige verständliche Worte und verfügte außerdem über mehrere bedeutungsvolle Laute, die von der Umgebung verstanden wurden. Aber es war in gutem Rapport mit den Eltern und dem einzigen Dienstmädchen und wurde wegen seines »anständigen« Charakters gelobt. Es störte die Eltern nicht zur Nachtzeit, befolgte gewissenhaft die Verbote, manche Gegenstände zu berühren und in gewisse Räume zu gehen, und vor allem anderen, es weinte nie, wenn die Mutter es für Stunden verließ, obwohl es dieser Mutter zärtlich anhing, die das Kind nicht nur selbst genährt, sondern auch ohne jede fremde Beihilfe gepflegt und betreut hatte. Dieses brave Kind zeigte nun die gelegentlich störende Gewohnheit, alle kleinen Gegenstände, deren es habhaft wurde, weit weg von sich in eine Zimmerecke, unter ein Bett usw. zu schleudern, so daß das Zusammensuchen seines Spielzeuges oft keine leichte Arbeit war. Dabei brachte es mit dem Ausdruck von Interesse und Befriedigung ein lautes, langgezogenes *o–o–o–o* hervor, das nach dem übereinstimmenden Urteil der Mutter und des Beobachters keine Interjektion war, sondern »fort« bedeutete. Ich merkte endlich, daß das ein Spiel sei und daß das Kind alle seine Spielsachen nur dazu benütze, mit ihnen »Fortsein« zu spielen. Eines Tages machte ich dann die Beobachtung, die meine Auffassung bestätigte. Das Kind hatte eine Holzspule, die mit einem Bindfaden umwickelt war. Es fiel ihm nie ein, sie zum Beispiel am Boden hinter sich herzuziehen, also Wagen mit ihr zu spielen, sondern es warf die am Faden gehaltene Spule mit großem Geschick über den Rand seines verhängten Bettchens, so daß sie darin verschwand, sagte dazu sein bedeutungsvolles *o–o–o–o* und zog dann die Spule am Faden wieder aus dem Bett heraus, begrüßte aber deren Erscheinen jetzt mit einem freudigen »Da«. Das war also das komplette Spiel, Verschwinden und Wiederkommen, wovon man zumeist nur den ersten Akt zu sehen bekam, und dieser wurde für sich allein unermüdlich als Spiel wiederholt, obwohl die größere Lust unzweifelhaft dem zweiten Akt anhing.[1]

---

1 Diese Deutung wurde dann durch eine weitere Beobachtung völlig gesichert. Als eines Tages die Mutter über viele Stunden abwesend gewesen war, wurde sie beim Wiederkommen mit der Mitteilung begrüßt: *Bebi o–o–o–o!*, die zunächst unverständlich blieb. Es ergab sich aber bald, daß das Kind während dieses langen Alleinseins ein Mittel gefunden hatte, sich selbst verschwinden zu lassen. Es hatte sein Bild in dem fast bis zum Boden reichenden Standspiegel entdeckt und sich dann niedergekauert, so daß das Spiegelbild »fort« war.

Die Deutung des Spieles lag dann nahe. Es war im Zusammenhang mit der großen kulturellen Leistung des Kindes, mit dem von ihm zustande gebrachten Triebverzicht (Verzicht auf Triebbefriedigung), das Fortgehen der Mutter ohne Sträuben zu gestatten. Es entschädigte sich gleichsam dafür, indem es dasselbe Verschwinden und Wiederkommen mit den ihm erreichbaren Gegenständen selbst in Szene setzte. Für die affektive Einschätzung dieses Spieles ist es natürlich gleichgültig, ob das Kind es selbst erfunden oder sich infolge einer Anregung zu eigen gemacht hatte. Unser Interesse wird sich einem anderen Punkte zuwenden. Das Fortgehen der Mutter kann dem Kinde unmöglich angenehm oder auch nur gleichgültig gewesen sein. Wie stimmt es also zum Lustprinzip, daß es dieses ihm peinliche Erlebnis als Spiel wiederholt? Man wird vielleicht antworten wollen, das Fortgehen müßte als Vorbedingung des erfreulichen Wiedererscheinens gespielt werden, im letzteren sei die eigentliche Spielabsicht gelegen. Dem würde die Beobachtung widersprechen, daß der erste Akt, das Fortgehen, für sich allein als Spiel inszeniert wurde, und zwar ungleich häufiger als das zum lustvollen Ende fortgeführte Ganze.

Die Analyse eines solchen einzelnen Falles ergibt keine sichere Entscheidung; bei unbefangener Betrachtung gewinnt man den Eindruck, daß das Kind das Erlebnis aus einem anderen Motiv zum Spiel gemacht hat. Es war dabei passiv, wurde vom Erlebnis betroffen und bringt sich nun in eine aktive Rolle, indem es dasselbe, trotzdem es unlustvoll war, als Spiel wiederholt. Dieses Bestreben könnte man einem Bemächtigungstrieb zurechnen, der sich davon unabhängig macht, ob die Erinnerung an sich lustvoll war oder nicht. Man kann aber auch eine andere Deutung versuchen. Das Wegwerfen des Gegenstandes, so daß er fort ist, könnte die Befriedigung eines im Leben unterdrückten Racheimpulses gegen die Mutter sein, weil sie vom Kinde fortgegangen ist, und dann die trotzige Bedeutung haben: Ja, geh' nur fort, ich brauch' dich nicht, ich schick' dich selber weg. Dasselbe Kind, das ich mit 1½ Jahren bei seinem ersten Spiel beobachtete, pflegte ein Jahr später ein Spielzeug, über das es sich geärgert hatte, auf den Boden zu werfen und dabei zu sagen: Geh' in K(r)ieg! Man hatte ihm damals erzählt, der abwesende Vater befinde sich im Krieg, und es vermißte den Vater gar nicht, sondern gab die deutlichsten Anzeichen von sich, daß es im Alleinbesitz der Mutter nicht gestört werden wolle.[1] Wir wissen auch von anderen Kindern, daß sie ähnliche feindselige Regungen durch das Wegschleudern von Gegenständen an Stelle der Personen auszudrücken vermögen.[2] Man gerät so in Zweifel, ob der Drang, etwas Eindrucksvolles psychisch zu verarbeiten, sich seiner voll zu bemächtigen, sich primär und unabhängig vom Lustprinzip äußern kann. Im hier diskutierten Falle könnte er einen unangenehmen Eindruck doch nur darum im Spiel wiederholen, weil mit dieser Wiederholung ein andersartiger, aber direkter Lustgewinn verbunden ist.

Auch die weitere Verfolgung des Kinderspieles hilft diesem unserem Schwanken zwischen zwei Auffassungen nicht ab. Man sieht, daß die Kinder alles im Spiele wiederholen, was ihnen im Leben großen Eindruck gemacht hat, daß sie dabei die Stärke des Eindruckes abreagieren und sich sozusagen zu Herren der Situation machen. Aber anderseits ist es klar genug, daß all ihr Spielen unter dem Einflusse des Wunsches steht, der diese ihre Zeit dominiert, des Wunsches: groß zu sein und so tun zu können wie die Großen. Man macht auch die Beobachtung, daß der Unlustcharakter des Erlebnisses es nicht immer für das Spiel unbrauchbar macht. Wenn der Doktor dem Kinde in den Hals geschaut oder eine kleine Operation an ihm ausgeführt hat, so wird dies erschreckende Erlebnis ganz gewiß zum Inhalt des nächsten Spieles werden, aber der Lustgewinn aus anderer Quelle ist dabei nicht zu übersehen. Indem das Kind aus der Passivität des Erlebens in die Aktivität des Spielens übergeht, fügt es einem Spielgefährten das Unangenehme zu, das ihm selbst widerfahren war, und rächt sich so an der Person dieses Stellvertreters.

Aus diesen Erörterungen geht immerhin hervor, daß die Annahme eines besonderen Nachahmungstriebes als Motiv des Spielens über-

---

1 Als das Kind fünfdreiviertel Jahre alt war, starb die Mutter. Jetzt, da sie wirklich »fort« (*o–o–o*) war, zeigte der Knabe keine Trauer um sie. Allerdings war inzwischen ein zweites Kind geboren worden, das seine stärkste Eifersucht erweckt hatte.

2 Vgl. Eine Kindheitserinnerung aus »Dichtung und Wahrheit«. Imago. V. 1917. (Ges. Werke, Bd. XII.)

flüssig ist. Schließen wir noch die Mahnungen an, daß das künstlerische Spielen und Nachahmen der Erwachsenen, das zum Unterschied vom Verhalten des Kindes auf die Person des Zuschauers zielt, diesem die schmerzlichsten Eindrücke zum Beispiel in der Tragödie nicht erspart und doch von ihm als hoher Genuß empfunden werden kann. Wir werden so davon überzeugt, daß es auch unter der Herrschaft des Lustprinzips Mittel und Wege genug gibt, um das an sich Unlustvolle zum Gegenstand der Erinnerung und seelischen Bearbeitung zu machen. Mag sich mit diesen, in endlichen Lustgewinn auslaufenden Fällen und Situationen eine ökonomisch gerichtete Ästhetik befassen; für unsere Absichten leisten sie nichts, denn sie setzen Existenz und Herrschaft des Lustprinzips voraus und zeugen nicht für die Wirksamkeit von Tendenzen jenseits des Lustprinzips, das heißt solcher, die ursprünglicher als dies und von ihm unabhängig wären.

III

Fünfundzwanzig Jahre intensiver Arbeit haben es mit sich gebracht, daß die nächsten Ziele der psychoanalytischen Technik heute ganz andere sind als zu Anfang. Zuerst konnte der analysierende Arzt nichts anderes anstreben, als das dem Kranken verborgene Unbewußte zu erraten, zusammenzusetzen und zur rechten Zeit mitzuteilen. Die Psychoanalyse war vor allem eine Deutungskunst. Da die therapeutische Aufgabe dadurch nicht gelöst war, trat sofort die nächste Absicht auf, den Kranken zur Bestätigung der Konstruktion durch seine eigene Erinnerung zu nötigen. Bei diesem Bemühen fiel das Hauptgewicht auf die Widerstände des Kranken; die Kunst war jetzt, diese baldigst aufzudecken, dem Kranken zu zeigen und ihn durch menschliche Beeinflussung (hier die Stelle für die als »Übertragung« wirkende Suggestion) zum Aufgeben der Widerstände zu bewegen.
Dann aber wurde es immer deutlicher, daß das gesteckte Ziel, die Bewußtwerdung des Unbewußten, auch auf diesem Wege nicht voll erreichbar ist. Der Kranke kann von dem in ihm Verdrängten nicht

alles erinnern, vielleicht gerade das Wesentliche nicht, und erwirbt so keine Überzeugung von der Richtigkeit der ihm mitgeteilten Konstruktion. Er ist vielmehr genötigt, das Verdrängte als gegenwärtiges Erlebnis zu *wiederholen*, anstatt es, wie der Arzt es lieber sähe, als ein Stück der Vergangenheit zu *erinnern*.[1] Diese mit unerwünschter Treue auftretende Reproduktion hat immer ein Stück des infantilen Sexuallebens, also des Ödipuskomplexes und seiner Ausläufer, zum Inhalt und spielt sich regelmäßig auf dem Gebiete der Übertragung, das heißt der Beziehung zum Arzt ab. Hat man es in der Behandlung so weit gebracht, so kann man sagen, die frühere Neurose sei nun durch eine frische Übertragungsneurose ersetzt. Der Arzt hat sich bemüht, den Bereich dieser Übertragungsneurose möglichst einzuschränken, möglichst viel in die Erinnerung zu drängen und möglichst wenig zur Wiederholung zuzulassen. Das Verhältnis, das sich zwischen Erinnerung und Reproduktion herstellt, ist für jeden Fall ein anderes. In der Regel kann der Arzt dem Analysierten diese Phase der Kur nicht ersparen; er muß ihn ein gewisses Stück seines vergessenen Lebens wiedererleben lassen und hat dafür zu sorgen, daß ein Maß von Überlegenheit erhalten bleibt, kraft dessen die anscheinende Realität doch immer wieder als Spiegelung einer vergessenen Vergangenheit erkannt wird. Gelingt dies, so ist die Überzeugung des Kranken und der von ihr abhängige therapeutische Erfolg gewonnen.

Um diesen »*Wiederholungszwang*«, der sich während der psychoanalytischen Behandlung der Neurotiker äußert, begreiflicher zu finden, muß man sich vor allem von dem Irrtum frei machen, man habe es bei der Bekämpfung der Widerstände mit dem Widerstand des »Unbewußten« zu tun. Das Unbewußte, das heißt das »Verdrängte«, leistet den Bemühungen der Kur überhaupt keinen Widerstand, es strebt ja selbst nichts anderes an, als gegen den auf ihm lastenden Druck zum Bewußtsein oder zur Abfuhr durch die reale Tat durchzudringen. Der Widerstand in der Kur geht von denselben höheren Schichten und Systemen des Seelenlebens aus, die seinerzeit die Verdrängung durchgeführt haben. Da aber die Motive der

---

1 S. Weitere Ratschläge zur Technik der Psychoanalyse. II. Erinnern. Wiederholen und Durcharbeiten. (Ges. Werke, Bd. X.)

Widerstände, ja diese selbst erfahrungsgemäß in der Kur zunächst unbewußt sind, werden wir gemahnt, eine Unzweckmäßigkeit unserer Ausdrucksweise zu verbessern. Wir entgehen der Unklarheit, wenn wir nicht das Bewußte und das Unbewußte, sondern das zusammenhängende *Ich* und das *Verdrängte* in Gegensatz zueinander bringen. Vieles am Ich ist sicherlich selbst unbewußt, gerade das, was man den Kern des Ichs nennen darf; nur einen geringen Teil davon decken wir mit dem Namen des *Vorbewußten*. Nach dieser Ersetzung einer bloß deskriptiven Ausdrucksweise durch eine systematische oder dynamische können wir sagen, der Widerstand der Analysierten gehe von ihrem Ich aus, und dann erfassen wir sofort, der Wiederholungszwang ist dem unbewußten Verdrängten zuzuschreiben. Er konnte sich wahrscheinlich nicht eher äußern, als bis die entgegenkommende Arbeit der Kur die Verdrängung gelockert hatte.[1]

Es ist kein Zweifel, daß der Widerstand des bewußten und vorbewußten Ichs im Dienste des Lustprinzips steht, er will ja die Unlust ersparen, die durch das Freiwerden des Verdrängten erregt würde, und unsere Bemühung geht dahin, solcher Unlust unter Berufung auf das Realitätsprinzip Zulassung zu erwirken. In welcher Beziehung zum Lustprinzip steht aber der Wiederholungszwang, die Kraftäußerung des Verdrängten? Es ist klar, daß das meiste, was der Wiederholungszwang wiedererleben läßt, dem Ich Unlust bringen muß, denn er fördert ja Leistungen verdrängter Triebregungen zutage, aber das ist Unlust, die wir schon gewürdigt haben, die dem Lustprinzip nicht widerspricht, Unlust für das eine System und gleichzeitig Befriedigung für das andere. Die neue und merkwürdige Tatsache aber, die wir jetzt zu beschreiben haben, ist, daß der Wiederholungszwang auch solche Erlebnisse der Vergangenheit wiederbringt, die keine Lustmöglichkeit enthalten, die auch damals nicht Befriedigungen, selbst nicht von seither verdrängten Triebregungen, gewesen sein können.

---

1 [*Zusatz 1923:*] Ich setze an anderer Stelle auseinander, daß es die »Suggestionswirkung« der Kur ist, welche hier dem Wiederholungszwang zu Hilfe kommt, also die tief im unbewußten Elternkomplex begründete Gefügigkeit gegen den Arzt.

Die Frühblüte des infantilen Sexuallebens war infolge der Unverträglichkeit ihrer Wünsche mit der Realität und der Unzulänglichkeit der kindlichen Entwicklungsstufe zum Untergang bestimmt. Sie ging bei den peinlichsten Anlässen unter tief schmerzlichen Empfindungen zugrunde. Der Liebesverlust und das Mißlingen hinterließen eine dauernde Beeinträchtigung des Selbstgefühls als narzißtische Narbe, nach meinen Erfahrungen wie nach den Ausführungen Marcinowskis[1] den stärksten Beitrag zu dem häufigen »Minderwertigkeitsgefühl« der Neurotiker. Die Sexualforschung, der durch die körperliche Entwicklung des Kindes Schranken gesetzt werden, brachte es zu keinem befriedigenden Abschluß; daher die spätere Klage: Ich kann nichts fertigbringen, mir kann nichts gelingen. Die zärtliche Bindung, meist an den gegengeschlechtlichen Elternteil, erlag der Enttäuschung, dem vergeblichen Warten auf Befriedigung, der Eifersucht bei der Geburt eines neuen Kindes, die unzweideutig die Untreue des oder der Geliebten erwies; der eigene mit tragischem Ernst unternommene Versuch, selbst ein solches Kind zu schaffen, mißlang in beschämender Weise; die Abnahme der dem Kleinen gespendeten Zärtlichkeit, der gesteigerte Anspruch der Erziehung, ernste Worte und eine gelegentliche Bestrafung hatten endlich den ganzen Umfang der ihm zugefallenen *Verschmähung* enthüllt. Es gibt hier einige wenige Typen, die regelmäßig wiederkehren, wie der typischen Liebe dieser Kinderzeit ein Ende gesetzt wird.

Alle diese unerwünschten Anlässe und schmerzlichen Affektlagen werden nun vom Neurotiker in der Übertragung wiederholt und mit großem Geschick neu belebt. Sie streben den Abbruch der unvollendeten Kur an, sie wissen sich den Eindruck der Verschmähung wieder zu verschaffen, den Arzt zu harten Worten und kühlem Benehmen gegen sie zu nötigen, sie finden die geeigneten Objekte für ihre Eifersucht, sie ersetzen das heiß begehrte Kind der Urzeit durch den Vorsatz oder das Versprechen eines großen Geschenkes, das meist ebensowenig real wird wie jenes. Nichts von alledem konnte damals lustbringend sein; man sollte meinen, es

---

1 Marcinowski, Erotische Quellen der Minderwertigkeitsgefühle. Zeitschrift für Sexualwissenschaft, IV. 1918.

müßte heute die geringere Unlust bringen, wenn es als Erinnerung oder in Träumen auftauchte, als wenn es sich zu neuem Erlebnis gestaltete. Es handelt sich natürlich um die Aktion von Trieben, die zur Befriedigung führen sollten, allein die Erfahrung, daß sie anstatt dessen auch damals nur Unlust brachten, hat nichts gefruchtet. Sie wird trotzdem wiederholt; ein Zwang drängt dazu.

Dasselbe, was die Psychoanalyse an den Übertragungsphänomenen der Neurotiker aufzeigt, kann man auch im Leben nicht neurotischer Personen wiederfinden. Es macht bei diesen den Eindruck eines sie verfolgenden Schicksals, eines dämonischen Zuges in ihrem Erleben, und die Psychoanalyse hat vom Anfang an solches Schicksal für zum großen Teil selbstbereitet und durch frühinfantile Einflüsse determiniert gehalten. Der Zwang, der sich dabei äußert, ist vom Wiederholungszwang der Neurotiker nicht verschieden, wenngleich diese Personen niemals die Zeichen eines durch Symptombildung erledigten neurotischen Konflikts geboten haben. So kennt man Personen, bei denen jede menschliche Beziehung den gleichen Ausgang nimmt: Wohltäter, die von jedem ihrer Schützlinge nach einiger Zeit im Groll verlassen werden, so verschieden diese sonst auch sein mögen, denen also bestimmt scheint, alle Bitterkeit des Undankes auszukosten; Männer, bei denen jede Freundschaft den Ausgang nimmt, daß der Freund sie verrät; andere, die es unbestimmt oft in ihrem Leben wiederholen, eine andere Person zur großen Autorität für sich oder auch für die Öffentlichkeit zu erheben, und diese Autorität dann nach abgemessener Zeit selbst stürzen, um sie durch eine neue zu ersetzen; Liebende, bei denen jedes zärtliche Verhältnis zum Weibe dieselben Phasen durchmacht und zum gleichen Ende führt usw. Wir verwundern uns über diese »ewige Wiederkehr des Gleichen« nur wenig, wenn es sich um ein aktives Verhalten des Betreffenden handelt und wenn wir den sich gleichbleibenden Charakterzug seines Wesens auffinden, der sich in der Wiederholung der nämlichen Erlebnisse äußern muß. Weit stärker wirken jene Fälle auf uns, bei denen die Person etwas passiv zu erleben scheint, worauf ihr ein Einfluß nicht zusteht, während sie doch immer nur die Wiederholung desselben Schicksals erlebt. Man denke zum Beispiel an die Geschichte jener Frau, die dreimal nacheinander Männer heiratete, die nach kurzer Zeit erkrankten und von ihr zu Tode gepflegt werden mußten.[1] Die ergreifendste poetische Darstellung eines solchen Schicksalszuges hat Tasso im romantischen Epos »Gerusalemme liberata« gegeben. Held Tankred hat unwissentlich die von ihm geliebte Clorinda getötet, als sie in der Rüstung eines feindlichen Ritters mit ihm kämpfte. Nach ihrem Begräbnis dringt er in den unheimlichen Zauberwald ein, der das Heer der Kreuzfahrer schreckt. Dort zerhaut er einen hohen Baum mit seinem Schwerte, aber aus der Wunde des Baumes strömt Blut, und die Stimme Clorindas, deren Seele in diesen Baum gebannt war, klagt ihn an, daß er wiederum die Geliebte geschädigt habe.

Angesichts solcher Beobachtungen aus dem Verhalten in der Übertragung und aus dem Schicksal der Menschen werden wir den Mut zur Annahme finden, daß es im Seelenleben wirklich einen Wiederholungszwang gibt, der sich über das Lustprinzip hinaussetzt. Wir werden auch jetzt geneigt sein, die Träume der Unfallsneurotiker und den Antrieb zum Spiel des Kindes auf diesen Zwang zu beziehen. Allerdings müssen wir uns sagen, daß wir die Wirkungen des Wiederholungszwanges nur in seltenen Fällen rein, ohne Mithilfe anderer Motive, erfassen können. Beim Kinderspiel haben wir bereits hervorgehoben, welche andere Deutungen seine Entstehung zuläßt. Wiederholungszwang und direkte lustvolle Triebbefriedigung scheinen sich dabei zu intimer Gemeinsamkeit zu verschränken. Die Phänomene der Übertragung stehen offenkundig im Dienste des Widerstandes von seiten des auf der Verdrängung beharrenden Ichs; der Wiederholungszwang, den sich die Kur dienstbar machen wollte, wird gleichsam vom Ich, das am Lustprinzip festhalten will, auf seine Seite gezogen. An dem, was man den Schicksalszwang nennen könnte, scheint uns vieles durch die rationelle Erwägung verständlich, so daß man ein Bedürfnis nach der Aufstellung eines neuen geheimnisvollen Motivs nicht verspürt. Am unverdächtigsten ist vielleicht der Fall der Unfallsträume, aber bei näherer Überlegung muß man doch zugestehen, daß auch in den anderen Beispielen der Sachverhalt durch die Leistung der uns bekannten Motive nicht

---

1 Vgl. hiezu die treffenden Bemerkungen in dem Aufsatz von C. G. Jung, Die Bedeutung des Vaters für das Schicksal des Einzelnen. Jahrbuch für Psychoanalyse, I. 1909.

gedeckt wird. Es bleibt genug übrig, was die Annahme des Wiederholungszwanges rechtfertigt, und dieser erscheint uns ursprünglicher, elementarer, triebhafter als das von ihm zur Seite geschobene
Lustprinzip. Wenn es aber einen solchen Wiederholungszwang im
Seelischen gibt, so möchten wir gerne etwas darüber wissen, welcher Funktion er entspricht, unter welchen Bedingungen er hervortreten kann und in welcher Beziehung er zum Lustprinzip
steht, dem wir doch bisher die Herrschaft über den Ablauf der Erregungsvorgänge im Seelenleben zugetraut haben.

IV

Was nun folgt, ist Spekulation, oft weitausholende Spekulation, die
ein jeder nach seiner besonderen Einstellung würdigen oder vernachlässigen wird. Im weiteren ein Versuch zur konsequenten Ausbeutung einer Idee, aus Neugierde, wohin dies führen wird.
Die psychoanalytische Spekulation knüpft an den bei der Untersuchung unbewußter Vorgänge empfangenen Eindruck an, daß das
Bewußtsein nicht der allgemeinste Charakter der seelischen Vorgänge, sondern nur eine besondere Funktion derselben sein könne.
In metapsychologischer Ausdrucksweise behauptet sie, das Bewußtsein sei die Leistung eines besonderen Systems, das sie *Bw*
benennt. Da das Bewußtsein im wesentlichen Wahrnehmungen von
Erregungen liefert, die aus der Außenwelt kommen, und Empfindungen von Lust und Unlust, die nur aus dem Innern des seelischen
Apparates stammen können, kann dem System *W-Bw* eine räum-
liche Stellung zugewiesen werden. Es muß an der Grenze von außen
und innen liegen, der Außenwelt zugekehrt sein und die anderen
psychischen Systeme umhüllen. Wir bemerken dann, daß wir mit
diesen Annahmen nichts Neues gewagt, sondern uns der lokalisie-
renden Hirnanatomie angeschlossen haben, welche den »Sitz« des
Bewußtseins in die Hirnrinde, in die äußerste, umhüllende Schicht
des Zentralorgans verlegt. Die Hirnanatomie braucht sich keine Gedanken darüber zu machen, warum – anatomisch gesprochen – das

Bewußtsein gerade an der Oberfläche des Gehirns untergebracht ist, anstatt wohlverwahrt irgendwo im innersten Innern desselben zu hausen. Vielleicht bringen wir es in der Ableitung einer solchen Lage für unser System *W-Bw* weiter.

Das Bewußtsein ist nicht die einzige Eigentümlichkeit, die wir den Vorgängen in diesem System zuschreiben. Wir stützen uns auf die Eindrücke unserer psychoanalytischen Erfahrung, wenn wir annehmen, daß alle Erregungsvorgänge in den anderen Systemen Dauerspuren als Grundlage des Gedächtnisses in diesen hinterlassen, Erinnerungsreste also, die nichts mit dem Bewußtwerden zu tun haben. Sie sind oft am stärksten und haltbarsten, wenn der sie zurücklassende Vorgang niemals zum Bewußtsein gekommen ist. Wir finden es aber beschwerlich zu glauben, daß solche Dauerspuren der Erregung auch im System *W-Bw* zustande kommen. Sie würden die Eignung des Systems zur Aufnahme neuer Erregungen sehr bald einschränken[1], wenn sie immer bewußt blieben; im anderen Falle, wenn sie unbewußt würden, stellten sie uns vor die Aufgabe, die Existenz unbewußter Vorgänge in einem System zu erklären, dessen Funktionieren sonst vom Phänomen des Bewußtseins begleitet wird. Wir hätten sozusagen durch unsere Annahme, welche das Bewußtwerden in ein besonderes System verweist, nichts verändert und nichts gewonnen. Wenn dies auch keine absolut verbindliche Erwägung sein mag, so kann sie uns doch zur Vermutung bewegen, daß Bewußtwerden und Hinterlassung einer Gedächtnisspur für dasselbe System miteinander unverträglich sind. Wir würden so sagen können, im System *Bw* werde der Erregungsvorgang bewußt, hinterlasse aber keine Dauerspur; alle die Spuren desselben, auf welche sich die Erinnerung stützt, kämen bei der Fortpflanzung der Erregung auf die nächsten inneren Systeme in diesen zustande. In diesem Sinne ist auch das Schema entworfen, welches ich dem spekulativen Abschnitt meiner »Traumdeutung« 1900 eingefügt habe. Wenn man bedenkt, wie wenig wir aus anderen Quellen über die Entstehung des Bewußtseins wissen, wird man dem Satze, *das Bewußtsein entstehe an Stelle der Erinnerungsspur,* wenigstens die

---

1 Dies durchaus nach J. Breuers Auseinandersetzung im theoretischen Abschnitt der »Studien über Hysterie«, 1895.

Bedeutung einer irgendwie bestimmten Behauptung einräumen müssen.

Das System *Bw* wäre also durch die Besonderheit ausgezeichnet, daß der Erregungsvorgang in ihm nicht wie in allen anderen psychischen Systemen eine dauernde Veränderung seiner Elemente hinterläßt, sondern gleichsam im Phänomen des Bewußtwerdens verpufft. Eine solche Abweichung von der allgemeinen Regel fordert eine Erklärung durch ein Moment, welches ausschließlich bei diesem einen System in Betracht kommt, und dies den anderen Systemen abzusprechende Moment könnte leicht die exponierte Lage des Systems *Bw* sein, sein unmittelbares Anstoßen an die Außenwelt.

Stellen wir uns den lebenden Organismus in seiner größtmöglichen Vereinfachung als undifferenziertes Bläschen reizbarer Substanz vor; dann ist seine der Außenwelt zugekehrte Oberfläche durch ihre Lage selbst differenziert und dient als reizaufnehmendes Organ. Die Embryologie als Wiederholung der Entwicklungsgeschichte zeigt auch wirklich, daß das Zentralnervensystem aus dem Ektoderm hervorgeht, und die graue Hirnrinde ist noch immer ein Abkömmling der primitiven Oberfläche und könnte wesentliche Eigenschaften derselben durch Erbschaft übernommen haben. Es wäre dann leicht denkbar, daß durch unausgesetzten Anprall der äußeren Reize an die Oberfläche des Bläschens dessen Substanz bis in eine gewisse Tiefe dauernd verändert wird, so daß ihr Erregungsvorgang anders abläuft als in tieferen Schichten. Es bildete sich so eine Rinde, die endlich durch die Reizwirkung so durchgebrannt ist, daß sie der Reizaufnahme die günstigsten Verhältnisse entgegenbringt und einer weiteren Modifikation nicht fähig ist. Auf das System *Bw* übertragen, würde dies meinen, daß dessen Elemente keine Dauerveränderung beim Durchgang der Erregung mehr annehmen können, weil sie bereits aufs äußerste im Sinne dieser Wirkung modifiziert sind. Dann sind sie aber befähigt, das Bewußtsein entstehen zu lassen. Worin diese Modifikation der Substanz und des Erregungsvorganges in ihr besteht, darüber kann man sich mancherlei Vorstellungen machen, die sich derzeit der Prüfung entziehen. Man kann annehmen, die Erregung habe bei ihrem Fortgang von einem Element zum anderen einen Widerstand zu überwinden und diese Verringerung des Widerstandes setze eben die Dauerspur der Erregung

(Bahnung); im System *Bw* bestünde also ein solcher Übergangswiderstand von einem Element zum anderen nicht mehr. Man kann mit dieser Vorstellung die Breuersche Unterscheidung von ruhender (gebundener) und frei beweglicher Besetzungsenergie in den Elementen der psychischen Systeme zusammenbringen[1]; die Elemente des Systems *Bw* würden dann keine gebundene und nur frei abfuhrfähige Energie führen. Aber ich meine, vorläufig ist es besser, wenn man sich über diese Verhältnisse möglichst unbestimmt äußert. Immerhin hätten wir durch diese Spekulation die Entstehung des Bewußtseins in einen gewissen Zusammenhang mit der Lage des Systems *Bw* und den ihm zuzuschreibenden Besonderheiten des Erregungsvorganges verflochten.

An dem lebenden Bläschen mit seiner reizaufnehmenden Rindenschichte haben wir noch anderes zu erörtern. Dieses Stückchen lebender Substanz schwebt inmitten einer mit den stärksten Energien geladenen Außenwelt und würde von den Reizwirkungen derselben erschlagen werden, wenn es nicht mit einem *Reizschutz* versehen wäre. Es bekommt ihn dadurch, daß seine äußerste Oberfläche die dem Lebenden zukommende Struktur aufgibt, gewissermaßen anorganisch wird und nun als eine besondere Hülle oder Membran reizabhaltend wirkt, das heißt veranlaßt, daß die Energien der Außenwelt sich nun mit einem Bruchteil ihrer Intensität auf die nächsten, lebend gebliebenen Schichten fortsetzen können. Diese können nun hinter dem Reizschutz sich der Aufnahme der durchgelassenen Reizmengen widmen. Die Außenschicht hat aber durch ihr Absterben alle tieferen vor dem gleichen Schicksal bewahrt, wenigstens so lange, bis nicht Reize von solcher Stärke herankommen, daß sie den Reizschutz durchbrechen. Für den lebenden Organismus ist der Reizschutz eine beinahe wichtigere Aufgabe als die Reizaufnahme; er ist mit einem eigenen Energievorrat ausgestattet und muß vor allem bestrebt sein, die besonderen Formen der Energieumsetzung, die in ihm spielen, vor dem gleichmachenden, also zerstörenden Einfluß der übergroßen, draußen arbeitenden Energien zu bewahren. Die Reizaufnahme dient vor allem der Absicht, Richtung und

---

1 Studien über Hysterie von J. Breuer und Freud, 4. unveränderte Auflage, 1922. (Ges. Werke, Bd. I [und Nachtragsband].)

Art der äußeren Reize zu erfahren, und dazu muß es genügen, der Außenwelt kleine Proben zu entnehmen, sie in geringen Quantitäten zu verkosten. Bei den hochentwickelten Organismen hat sich die reizaufnehmende Rindenschicht des einstigen Bläschens längst in die Tiefe des Körperinnern zurückgezogen, aber Anteile von ihr sind an der Oberfläche unmittelbar unter dem allgemeinen Reizschutz zurückgelassen. Dies sind die Sinnesorgane, die im wesentlichen Einrichtungen zur Aufnahme spezifischer Reizeinwirkungen enthalten, aber außerdem besondere Vorrichtungen zu neuerlichem Schutz gegen übergroße Reizmengen und zur Abhaltung unangemessener Reizarten. Es ist für sie charakteristisch, daß sie nur sehr geringe Quantitäten des äußeren Reizes verarbeiten, sie nehmen nur Stichproben der Außenwelt vor; vielleicht darf man sie Fühlern vergleichen, die sich an die Außenwelt herantasten und dann immer wieder von ihr zurückziehen.

Ich gestatte mir an dieser Stelle ein Thema flüchtig zu berühren, welches die gründlichste Behandlung verdienen würde. Der Kantsche Satz, daß Zeit und Raum notwendige Formen unseres Denkens sind, kann heute infolge gewisser psychoanalytischer Erkenntnisse einer Diskussion unterzogen werden. Wir haben erfahren, daß die unbewußten Seelenvorgänge an sich »zeitlos« sind. Das heißt zunächst, daß sie nicht zeitlich geordnet werden, daß die Zeit nichts an ihnen verändert, daß man die Zeitvorstellung nicht an sie heranbringen kann. Es sind dies negative Charaktere, die man sich nur durch Vergleichung mit den bewußten seelischen Prozessen deutlich machen kann. Unsere abstrakte Zeitvorstellung scheint vielmehr durchaus von der Arbeitsweise des Systems *W-Bw* hergeholt zu sein und einer Selbstwahrnehmung derselben zu entsprechen. Bei dieser Funktionsweise des Systems dürfte ein anderer Weg des Reizschutzes beschritten werden. Ich weiß, daß diese Behauptungen sehr dunkel klingen, muß mich aber auf solche Andeutungen beschränken.

Wir haben bisher ausgeführt, daß das lebende Bläschen mit einem Reizschutz gegen die Außenwelt ausgestattet ist. Vorhin hatten wir festgelegt, daß die nächste Rindenschicht desselben als Organ zur Reizaufnahme von außen differenziert sein muß. Diese empfindliche Rindenschicht, das spätere System *Bw*, empfängt aber auch Er-

213

regungen von innen her; die Stellung des Systems zwischen außen und innen und die Verschiedenheit der Bedingungen für die Einwirkung von der einen und der anderen Seite werden maßgebend für die Leistung des Systems und des ganzen seelischen Apparates. Gegen außen gibt es einen Reizschutz, die ankommenden Erregungsgrößen werden nur in verkleinertem Maßstab wirken; nach innen zu ist der Reizschutz unmöglich, die Erregungen der tieferen Schichten setzen sich direkt und in unverringertem Maße auf das System fort, indem gewisse Charaktere ihres Ablaufes die Reihe der Lust-Unlustempfindungen erzeugen. Allerdings werden die von innen kommenden Erregungen nach ihrer Intensität und nach anderen qualitativen Charakteren (eventuell nach ihrer Amplitude) der Arbeitsweise des Systems adäquater sein als die von der Außenwelt zuströmenden Reize. Aber zweierlei ist durch diese Verhältnisse entscheidend bestimmt, erstens die Prävalenz der Lust- und Unlustempfindungen, die ein Index für Vorgänge im Innern des Apparates sind, über alle äußeren Reize, und zweitens eine Richtung des Verhaltens gegen solche innere Erregungen, welche allzu große Unlustvermehrung herbeiführen. Es wird sich die Neigung ergeben, sie so zu behandeln, als ob sie nicht von innen, sondern von außen her einwirkten, um die Abwehrmittel des Reizschutzes gegen sie in Anwendung bringen zu können. Dies ist die Herkunft der *Projektion*, der eine so große Rolle bei der Verursachung pathologischer Prozesse vorbehalten ist.

Ich habe den Eindruck, daß wir durch die letzten Überlegungen die Herrschaft des Lustprinzips unserem Verständnis angenähert haben; eine Aufklärung jener Fälle, die sich ihm widersetzen, haben wir aber nicht erreicht. Gehen wir darum einen Schritt weiter. Solche Erregungen von außen, die stark genug sind, den Reizschutz zu durchbrechen, heißen wir *traumatische*. Ich glaube, daß der Begriff des Traumas eine solche Beziehung auf eine sonst wirksame Reizabhaltung erfordert. Ein Vorkommnis wie das äußere Trauma wird gewiß eine großartige Störung im Energiebetrieb des Organismus hervorrufen und alle Abwehrmittel in Bewegung setzen. Aber das Lustprinzip ist dabei zunächst außer Kraft gesetzt. Die Überschwemmung des seelischen Apparates mit großen Reizmengen ist nicht mehr hintanzuhalten; es ergibt sich vielmehr eine andere Aufgabe, den Reiz zu bewältigen, die hereingebrochenen Reizmengen psychisch zu binden, um sie dann der Erledigung zuzuführen. Wahrscheinlich ist die spezifische Unlust des körperlichen Schmerzes der Erfolg davon, daß der Reizschutz in beschränktem Umfange durchbrochen wurde. Von dieser Stelle der Peripherie strömen dann dem seelischen Zentralapparat kontinuierliche Erregungen zu, wie sie sonst nur aus dem Innern des Apparates kommen konnten.[1] Und was können wir als die Reaktion des Seelenlebens auf diesen Einbruch erwarten? Von allen Seiten her wird die Besetzungsenergie aufgeboten, um in der Umgebung der Einbruchstelle entsprechend hohe Energiebesetzungen zu schaffen. Es wird eine großartige »Gegenbesetzung« hergestellt, zu deren Gunsten alle anderen psychischen Systeme verarmen, so daß eine ausgedehnte Lähmung oder Herabsetzung der sonstigen psychischen Leistung erfolgt. Wir suchen aus solchen Beispielen zu lernen, unsere metapsychologischen Vermutungen an solche Vorbilder anzulehnen. Wir ziehen also aus diesem Verhalten den Schluß, daß ein selbst hochbesetztes System imstande ist, neu hinzukommende strömende Energie aufzunehmen, sie in ruhende Besetzung umzuwandeln, also sie psychisch zu »binden«. Je höher die eigene ruhende Besetzung ist, desto größer wäre auch ihre bindende Kraft; umgekehrt also, je niedriger seine Besetzung ist, desto weniger wird das System für die Aufnahme zuströmender Energie befähigt sein, desto gewaltsamer müssen dann die Folgen eines solchen Durchbruches des Reizschutzes sein. Man wird gegen diese Auffassung nicht mit Recht einwenden, daß die Erhöhung der Besetzung um die Einbruchsstelle sich weit einfacher aus der direkten Fortleitung der ankommenden Erregungsmengen erkläre. Wenn dem so wäre, so würde der seelische Apparat ja nur eine Vermehrung seiner Energiebesetzungen erfahren, und der lähmende Charakter des Schmerzes, die Verarmung aller anderen Systeme bliebe unaufgeklärt. Auch die sehr heftigen Abfuhrwirkungen des Schmerzes stören unsere Erklärung nicht, denn sie gehen reflektorisch vor sich, das heißt, sie erfolgen ohne Vermittlung des seelischen Apparats. Die Unbestimmtheit all unserer Erörterungen, die wir metapsychologische heißen, rührt natürlich daher, daß wir

---

1 Vgl. Triebe und Triebschicksale. (Ges. Werke, Bd. X [oben, S. 81–101].)

nichts über die Natur des Erregungsvorganges in den Elementen der psychischen Systeme wissen und uns zu keiner Annahme darüber berechtigt fühlen. So operieren wir also stets mit einem großen X, welches wir in jede neue Formel mit hinübernehmen. Daß dieser Vorgang sich mit quantitativ verschiedenen Energien vollzieht, ist eine leicht zulässige Forderung, daß er auch mehr als eine Qualität (zum Beispiel in der Art einer Amplitude) hat, mag uns wahrscheinlich sein; als neu haben wir die Aufstellung Breuers in Betracht gezogen, daß es sich um zweierlei Formen der Energieerfüllung handelt, so daß eine frei strömende, nach Abfuhr drängende, und eine ruhende Besetzung der psychischen Systeme (oder ihrer Elemente) zu unterscheiden ist. Vielleicht geben wir der Vermutung Raum, daß die »Bindung« der in den seelischen Apparat einströmenden Energie in einer Überführung aus dem frei strömenden in den ruhenden Zustand besteht.

Ich glaube, man darf den Versuch wagen, die gemeine traumatische Neurose als die Folge eines ausgiebigen Durchbruchs des Reizschutzes aufzufassen. Damit wäre die alte, naive Lehre vom Schock in ihre Rechte eingesetzt, anscheinend im Gegensatz zu einer späteren und psychologisch anspruchsvolleren, welche nicht der mechanischen Gewalteinwirkung, sondern dem Schreck und der Lebensbedrohung die ätiologische Bedeutung zuspricht. Allein diese Gegensätze sind nicht unversöhnlich, und die psychoanalytische Auffassung der traumatischen Neurose ist mit der rohesten Form der Schocktheorie nicht identisch. Versetzt letztere das Wesen des Schocks in die direkte Schädigung der molekularen Struktur oder selbst der histologischen Struktur der nervösen Elemente, so suchen wir dessen Wirkung aus der Durchbrechung des Reizschutzes für das Seelenorgan und aus den daraus sich ergebenden Aufgaben zu verstehen. Der Schreck behält seine Bedeutung auch für uns. Seine Bedingung ist das Fehlen der Angstbereitschaft, welche die Überbesetzung der den Reiz zunächst aufnehmenden Systeme miteinschließt. Infolge dieser niedrigeren Besetzung sind die Systeme dann nicht gut imstande, die ankommenden Erregungsmengen zu binden, die Folgen der Durchbrechung des Reizschutzes stellen sich um so vieles leichter ein. Wir finden so, daß die Angstbereitschaft mit der Überbesetzung der aufnehmenden Systeme die letzte Linie des Reizschutzes darstellt. Für eine ganze Anzahl von Traumen mag der Unterschied zwischen den unvorbereiteten und den durch Überbesetzung vorbereiteten Systemen das für den Ausgang entscheidende Moment sein; von einer gewissen Stärke des Traumas an wird er wohl nicht mehr ins Gewicht fallen. Wenn die Träume der Unfallsneurotiker die Kranken so regelmäßig in die Situation des Unfalles zurückführen, so dienen sie damit allerdings nicht der Wunscherfüllung, deren halluzinatorische Herbeiführung ihnen unter der Herrschaft des Lustprinzips zur Funktion geworden ist. Aber wir dürfen annehmen, daß sie sich dadurch einer anderen Aufgabe zur Verfügung stellen, deren Lösung vorangehen muß, ehe das Lustprinzip seine Herrschaft beginnen kann. Diese Träume suchen die Reizbewältigung unter Angstentwicklung nachzuholen, deren Unterlassung die Ursache der traumatischen Neurose geworden ist. Sie geben uns so einen Ausblick auf eine Funktion des seelischen Apparats, welche, ohne dem Lustprinzip zu widersprechen, doch unabhängig von ihm ist und ursprünglicher scheint als die Absicht des Lustgewinns und der Unlustvermeidung.

Hier wäre also die Stelle, zuerst eine Ausnahme von dem Satze, der Traum ist eine Wunscherfüllung, zuzugestehen. Die Angstträume sind keine solche Ausnahme, wie ich wiederholt und eingehend gezeigt habe, auch die »Strafträume« nicht, denn diese setzen nur an die Stelle der verpönten Wunscherfüllung die dafür gebührende Strafe, sind also die Wunscherfüllung des auf den verworfenen Trieb reagierenden Schuldbewußtseins. Aber die obenerwähnten Träume der Unfallsneurotiker lassen sich nicht mehr unter den Gesichtspunkt der Wunscherfüllung bringen, und ebensowenig die in den Psychoanalysen vorfallenden Träume, die uns die Erinnerung der psychischen Traumen der Kindheit wiederbringen. Sie gehorchen vielmehr dem Wiederholungszwang, der in der Analyse allerdings durch den von der »Suggestion« geförderten Wunsch, das Vergessene und Verdrängte heraufzubeschwören, unterstützt wird. So wäre also auch die Funktion des Traumes, Motive zur Unterbrechung des Schlafes durch Wunscherfüllung der störenden Regungen zu beseitigen, nicht seine ursprüngliche; er konnte sich ihrer erst bemächtigen, nachdem das gesamte Seelenleben die Herrschaft des Lustprinzips angenommen hatte. Gibt es ein »Jenseits des Lustprinzips«, so ist es folgerichtig, auch für die wunscherfüllende Tendenz des Traumes eine Vorzeit zuzulassen. Damit wird seiner späteren Funktion nicht widersprochen. Nur erhebt sich, wenn diese Tendenz einmal durchbrochen ist, die weitere Frage: Sind solche Träume, welche im Interesse der psychischen Bindung traumatischer Eindrücke dem Wiederholungszwange folgen, nicht auch außerhalb der Analyse möglich? Dies ist durchaus zu bejahen.

Von den »Kriegsneurosen«, soweit diese Bezeichnung mehr als die Beziehung zur Veranlassung des Leidens bedeutet, habe ich an anderer Stelle ausgeführt, daß sie sehr wohl traumatische Neurosen sein könnten, die durch einen Ichkonflikt erleichtert worden sind.[1] Die auf Seite 198 erwähnte Tatsache, daß eine gleichzeitige grobe Verletzung durch das Trauma die Chance für die Entstehung einer Neurose verringert, ist nicht mehr unverständlich, wenn man zweier von der psychoanalytischen Forschung betonter Verhältnisse gedenkt. Erstens, daß mechanische Erschütterung als eine der Quellen der Sexualerregung anerkannt werden muß (vgl. die Bemerkungen über die Wirkung des Schaukelns und Eisenbahnfahrens in »Drei Abhandlungen zur Sexualtheorie«, Ges. Werke, Bd. V), und zweitens, daß dem schmerzhaften und fieberhaften Kranksein während seiner Dauer ein mächtiger Einfluß auf die Verteilung der Libido zukommt. So würde also die mechanische Gewalt des Traumas das Quantum Sexualerregung frei machen, welches infolge der mangelnden Angstvorbereitung traumatisch wirkt, die gleichzeitige Körperverletzung würde aber durch die Anspruchnahme einer narzißtischen Überbesetzung des leidenden Organs den Überschuß an Erregung binden (s. »Zur Einführung des Narzißmus«, Ges. Werke, Bd. X[2]). Es ist auch bekannt, aber für die Libidotheorie nicht genügend verwertet worden, daß so schwere Störungen in der Libidoverteilung wie die einer Melancholie durch eine interkurrente organische Erkrankung zeitweilig aufgehoben werden, ja, daß sogar der Zustand einer voll entwickelten Dementia praecox unter der nämlichen Bedingung einer vorübergehenden Rückbildung fähig ist.

---

1 Zur Psychoanalyse der Kriegsneurosen. Einleitung. Internationale Psychoanalytische Bibliothek, Nr. 1, 1919. (Ges. Werke, Bd. XII.)
2 [Oben, S. 59.]

V

Der Mangel eines Reizschutzes für die reizaufnehmende Rinden-schicht gegen Erregungen von innen her wird die Folge haben müssen, daß diese Reizübertragungen die größere ökonomische Bedeutung gewinnen und häufig zu ökonomischen Störungen An-laß geben, die den traumatischen Neurosen gleichzustellen sind. Die ausgiebigsten Quellen solch innerer Erregung sind die soge-nannten Triebe des Organismus, die Repräsentanten aller aus dem Körperinnern stammenden, auf den seelischen Apparat übertrage-nen Kraftwirkungen, selbst das wichtigste wie das dunkelste Ele-ment der psychologischen Forschung.

Vielleicht finden wir die Annahme nicht zu gewagt, daß die von den Trieben ausgehenden Regungen nicht den Typus des gebundenen, sondern den des frei beweglichen, nach Abfuhr drängenden Ner-venvorganges einhalten. Das Beste, was wir über diese Vorgänge wissen, rührt aus dem Studium der Traumarbeit her. Dabei fanden wir, daß die Prozesse in den unbewußten Systemen von denen in den (vor-)bewußten gründlich verschieden sind, daß im Unbewuß-ten Besetzungen leicht vollständig übertragen, verschoben, verdich-tet werden können, was nur fehlerhafte Resultate ergeben könnte, wenn es an vorbewußtem Material geschähe, und was darum auch die bekannten Sonderbarkeiten des manifesten Traums ergibt, nach-dem die vorbewußten Tagesreste die Bearbeitung nach den Geset-zen des Unbewußten erfahren haben. Ich nannte die Art dieser Prozesse im Unbewußten den psychischen »Primärvorgang« zum Unterschied von dem für unser normales Wachleben gültigen Se-kundärvorgang. Da die Triebregungen alle an den unbewußten Sy-stemen angreifen, ist es kaum eine Neuerung zu sagen, daß sie dem Primärvorgang folgen, und anderseits gehört wenig dazu, um den psychischen Primärvorgang mit der frei beweglichen Besetzung, den Sekundärvorgang mit den Veränderungen an der gebundenen oder tonischen Besetzung Breuers zu identifizieren.[1] Es wäre dann die Aufgabe der höheren Schichten des seelischen Apparates, die im

---

1 Vgl. den Abschnitt VII, Psychologie der Traumvorgänge, in meiner »Traum-deutung«. (Ges. Werke, Bd. III/IV.)

Primärvorgang anlangende Erregung der Triebe zu binden. Das Mißglücken dieser Bindung würde eine der traumatischen Neurose analoge Störung hervorrufen; erst nach erfolgter Bindung könnte sich die Herrschaft des Lustprinzips (und seiner Modifikation zum Realitätsprinzip) ungehemmt durchsetzen. Bis dahin aber würde die andere Aufgabe des Seelenapparates, die Erregung zu bewältigen oder zu binden, voranstehen, zwar nicht im Gegensatz zum Lustprinzip, aber unabhängig von ihm und zum Teil ohne Rücksicht auf dieses.

Die Äußerungen eines Wiederholungszwanges, die wir an den frühen Tätigkeiten des kindlichen Seelenlebens wie an den Erlebnissen der psychoanalytischen Kur beschrieben haben, zeigen im hohen Grade den triebhaften, und wo sie sich im Gegensatz zum Lustprinzip befinden, den dämonischen Charakter. Beim Kinderspiel glauben wir es zu begreifen, daß das Kind auch das unlustvolle Erlebnis darum wiederholt, weil es sich durch seine Aktivität eine weit gründlichere Bewältigung des starken Eindruckes erwirbt, als beim bloß passiven Erleben möglich war. Jede neuerliche Wiederholung scheint diese angestrebte Beherrschung zu verbessern, und auch bei lustvollen Erlebnissen kann sich das Kind an Wiederholungen nicht genug tun und wird unerbittlich auf der Identität des Eindruckes bestehen. Dieser Charakterzug ist dazu bestimmt, späterhin zu verschwinden. Ein zum zweitenmal angehörter Witz wird fast wirkungslos bleiben, eine Theateraufführung wird nie mehr zum zweitenmal den Eindruck erreichen, denn sie das erstemal hinterließ; ja, der Erwachsene wird schwer zu bewegen sein, ein Buch, das ihm sehr gefallen hat, sobald nochmals durchzulesen. Immer wird die Neuheit die Bedingung des Genusses sein. Das Kind aber wird nicht müde werden, vom Erwachsenen die Wiederholung eines ihm gezeigten oder mit ihm angestellten Spieles zu verlangen, bis dieser erschöpft es verweigert, und wenn man ihm eine schöne Geschichte erzählt hat, will es immer wieder die nämliche Geschichte anstatt einer neuen hören, besteht unerbittlich auf der Identität der Wiederholung und verbessert jede Abänderung, die sich der Erzähler zuschulden kommen läßt, mit der er sich vielleicht sogar ein neues Verdienst erwerben wollte. Dem Lustprinzip wird dabei nicht widersprochen; es ist sinnfällig, daß die Wiederholung, das Wiederfinden der Identität, selbst eine Lustquelle bedeutet. Beim Analysierten hingegen wird es klar, daß der Zwang, die Begebenheiten seiner infantilen Lebensperiode in der Übertragung zu wiederholen, sich in *jeder* Weise über das Lustprinzip hinaussetzt. Der Kranke benimmt sich dabei völlig wie infantil und zeigt uns so, daß die verdrängten Erinnerungsspuren seiner urzeitlichen Erlebnisse nicht im gebundenen Zustande in ihm vorhanden, ja gewissermaßen des Sekundärvorganges nicht fähig sind. Dieser Ungebundenheit verdanken sie auch ihr Vermögen, durch Anheftung an die Tagesreste eine im Traum darzustellende Wunschphantasie zu bilden. Derselbe Wiederholungszwang tritt uns so oft als therapeutisches Hindernis entgegen, wenn wir zu Ende der Kur die völlige Ablösung vom Arzte durchsetzen wollen, und es ist anzunehmen, daß die dunkle Angst der mit der Analyse nicht Vertrauten, die sich scheuen, irgend etwas aufzuwecken, was man nach ihrer Meinung besser schlafen ließe, im Grunde das Auftreten dieses dämonischen Zwanges fürchtet.

Auf welche Art hängt aber das Triebhafte mit dem Zwang zur Wiederholung zusammen? Hier muß sich uns die Idee aufdrängen, daß wir einem allgemeinen, bisher nicht klar erkannten – oder wenigstens nicht ausdrücklich betonten – Charakter der Triebe, vielleicht alles organischen Lebens überhaupt, auf die Spur gekommen sind. *Ein Trieb wäre also ein dem belebten Organischen innewohnender Drang zur Wiederherstellung eines früheren Zustandes,* welchen dies Belebte unter dem Einflusse äußerer Störungskräfte aufgeben mußte, eine Art von organischer Elastizität, oder wenn man will, die Äußerung der Trägheit im organischen Leben.[1]

Diese Auffassung des Triebes klingt befremdlich, denn wir haben uns daran gewöhnt, im Triebe das zur Veränderung und Entwicklung drängende Moment zu sehen, und sollen nun das gerade Gegenteil in ihm erkennen, den Ausdruck der *konservativen* Natur des Lebenden. Anderseits fallen uns sehr bald jene Beispiele aus dem Tierleben ein, welche die historische Bedingtheit der Triebe zu bestätigen scheinen. Wenn gewisse Fische um die Laichzeit be-

---

1 Ich bezweifle nicht, daß ähnliche Vermutungen über die Natur der »Triebe« bereits wiederholt geäußert worden sind.

schwerliche Wanderungen unternehmen, um den Laich in bestimmten Gewässern, weit entfernt von ihren sonstigen Aufent-
halten, abzulegen, so haben sie nach der Deutung vieler Biologen
nur die früheren Wohnstätten ihrer Art aufgesucht, die sie im
Laufe der Zeit gegen andere vertauscht hatten. Dasselbe soll für
die Wanderflüge der Zugvögel gelten, aber der Suche nach weiteren Beispielen enthebt uns bald die Mahnung, daß wir in den
Phänomenen der Erblichkeit und in den Tatsachen der Embryologie die großartigsten Beweise für den organischen Wiederholungszwang haben. Wir sehen, der Keim eines lebenden Tieres ist
genötigt, in seiner Entwicklung die Strukturen all der Formen,
von denen das Tier abstammt – wenn auch in flüchtiger Abkürzung – zu wiederholen, anstatt auf dem kürzesten Wege zu seiner
definitiven Gestaltung zu eilen, und können dies Verhalten nur
zum geringsten Teile mechanisch erklären, dürfen die historische
Erklärung nicht beiseite lassen. Und ebenso erstreckt sich weit in
die Tierreihe hinauf ein Reproduktionsvermögen, welches ein
verlorenes Organ durch die Neubildung eines ihm durchaus gleichen ersetzt.

Der naheliegende Einwand, es verhalte sich wohl so, daß es außer
den konservativen Trieben, die zur Wiederholung nötigen, auch andere gibt, die zur Neugestaltung und zum Fortschritt drängen, darf
gewiß nicht unberücksichtigt bleiben; er soll auch späterhin in unsere Erwägungen einbezogen werden. Aber vorher mag es uns ver-
locken, die Annahme, daß alle Triebe Früheres wiederherstellen
wollen, in ihre letzten Konsequenzen zu verfolgen. Mag, was dabei
herauskommt, den Anschein des »Tiefsinnigen« erwecken oder an
Mystisches anklingen, so wissen wir uns doch von dem Vorwurf
frei, etwas Derartiges angestrebt zu haben. Wir suchen nüchterne
Resultate der Forschung oder der auf sie gegründeten Überlegung,
und unser Wunsch möchte diesen keinen anderen Charakter als den
der Sicherheit verleihen.[1]

---

1 [*Zusatz 1925:*] Man möge nicht übersehen, daß das folgende die Entwicklung
eines extremen Gedankenganges ist, der späterhin, wenn die Sexualtriebe in
Betracht gezogen werden, Einschränkung und Berichtigung findet.

Wenn also alle organischen Triebe konservativ, historisch erworben und auf Regression, Wiederherstellung von Früherem, gerichtet sind, so müssen wir die Erfolge der organischen Entwicklung auf die Rechnung äußerer, störender und ablenkender Einflüsse setzen. Das elementare Lebewesen würde sich von seinem Anfang an nicht haben ändern wollen, hätte unter sich gleichbleibenden Verhältnissen stets nur den nämlichen Lebenslauf wiederholt. Aber im letzten Grunde müßte es die Entwicklungsgeschichte unserer Erde und ihres Verhältnisses zur Sonne sein, die uns in der Entwicklung der Organismen ihren Abdruck hinterlassen hat. Die konservativen organischen Triebe haben jede dieser aufgezwungenen Abänderungen des Lebenslaufes aufgenommen und zur Wiederholung aufbewahrt und müssen so den täuschenden Eindruck von Kräften machen, die nach Veränderung und Fortschritt streben, während sie bloß ein altes Ziel auf alten und neuen Wegen zu erreichen trachten. Auch dieses Endziel alles organischen Strebens ließe sich angeben. Der konservativen Natur der Triebe widerspräche es, wenn das Ziel des Lebens ein noch nie zuvor erreichter Zustand wäre. Es muß vielmehr ein alter, ein Ausgangszustand sein, den das Lebende einmal verlassen hat und zu dem es über alle Umwege der Entwicklung zurückstrebt. Wenn wir es als ausnahmslose Erfahrung annehmen dürfen, daß alles Lebende aus *inneren* Gründen stirbt, ins Anorganische zurückkehrt, so können wir nur sagen: *Das Ziel alles Lebens ist der Tod,* und zurückgreifend: *Das Leblose war früher da als das Lebende.*

Irgend einmal wurden in unbelebter Materie durch eine noch ganz unvorstellbare Krafteinwirkung die Eigenschaften des Lebenden erweckt. Vielleicht war es ein Vorgang, vorbildlich ähnlich jenem anderen, der in einer gewissen Schicht der lebenden Materie später das Bewußtsein entstehen ließ. Die damals entstandene Spannung in dem vorhin unbelebten Stoff trachtete danach, sich abzugleichen; es war der erste Trieb gegeben, der, zum Leblosen zurückzukehren. Die damals lebende Substanz hatte das Sterben noch leicht, es war wahrscheinlich nur ein kurzer Lebensweg zu durchlaufen, dessen Richtung durch die chemische Struktur des jungen Lebens bestimmt war. Eine lange Zeit hindurch mag so die lebende Substanz immer wieder neu geschaffen worden und leicht gestorben sein, bis sich maßgebende äußere Einflüsse so änderten, daß sie die noch überlebende Substanz zu immer größeren Ablenkungen vom ursprünglichen Lebensweg und zu immer komplizierteren Umwegen bis zur Erreichung des Todeszieles nötigten. Diese Umwege zum Tode, von den konservativen Trieben getreulich festgehalten, böten uns heute das Bild der Lebenserscheinungen. Wenn man an der ausschließlich konservativen Natur der Triebe festhält, kann man zu anderen Vermutungen über Herkunft und Ziel des Lebens nicht gelangen.

Ebenso befremdend wie diese Folgerungen klingt dann, was sich für die großen Gruppen von Trieben ergibt, die wir hinter den Lebenserscheinungen der Organismen statuieren. Die Aufstellung der Selbsterhaltungstriebe, die wir jedem lebenden Wesen zugestehen, steht in merkwürdigem Gegensatz zur Voraussetzung, daß das gesamte Triebleben der Herbeiführung des Todes dient. Die theoretische Bedeutung der Selbsterhaltungs-, Macht- und Geltungtriebe schrumpft, in diesem Licht gesehen, ein; es sind Partialtriebe, dazu bestimmt, den eigenen Todesweg des Organismus zu sichern und andere Möglichkeiten der Rückkehr zum Anorganischen als die immanenten fernzuhalten, aber das rätselhafte, in keinen Zusammenhang einfügbare Bestreben des Organismus, sich aller Welt zum Trotz zu behaupten, entfällt. Es erübrigt, daß der Organismus nur auf seine Weise sterben will; auch diese Lebenswächter sind ursprünglich Trabanten des Todes gewesen. Dabei kommt das Paradoxe zustande, daß der lebende Organismus sich auf das energischeste gegen Einwirkungen (Gefahren) sträubt, die ihm dazu verhelfen könnten, sein Lebensziel auf kurzem Wege (durch Kurzschluß sozusagen) zu erreichen, aber dies Verhalten charakterisiert eben ein rein triebhaftes im Gegensatz zu einem intelligenten Streben.

Aber besinnen wir uns, dem kann nicht so sein! In ein ganz anderes Licht rücken die Sexualtriebe, für welche die Neurosenlehre eine Sonderstellung in Anspruch genommen hat. Nicht alle Organismen sind dem äußeren Zwang unterlegen, der sie zu immer weiter gehender Entwicklung antrieb. Vielen ist es gelungen, sich auf ihrer niedrigen Stufe bis auf die Gegenwart zu bewahren; es leben ja noch heute, wenn nicht alle, so doch viele Lebewesen, die den

Vorstufen der höheren Tiere und Pflanzen ähnlich sein müssen. Und ebenso machen nicht alle Elementarorganismen, welche den komplizierten Leib eines höheren Lebewesens zusammensetzen, den ganzen Entwicklungsweg bis zum natürlichen Tode mit. Einige unter ihnen, die Keimzellen, bewahren wahrscheinlich die ursprüngliche Struktur der lebenden Substanz und lösen sich, mit allen ererbten und neu erworbenen Triebanlagen beladen, nach einer gewissen Zeit vom ganzen Organismus ab. Vielleicht sind es gerade diese beiden Eigenschaften, die ihnen ihre selbständige Existenz ermöglichen. Unter günstige Bedingungen gebracht, beginnen sie sich zu entwickeln, das heißt, das Spiel, dem sie ihre Entstehung verdanken, zu wiederholen, und dies endet damit, daß wieder ein Anteil ihrer Substanz die Entwicklung bis zum Ende fortführt, während ein anderer als neuer Keimrest von neuem auf den Anfang der Entwicklung zurückgreift. So arbeiten diese Keimzellen dem Sterben der lebenden Substanz entgegen und wissen für sie zu erringen, was uns als potentielle Unsterblichkeit erscheinen muß, wenngleich es vielleicht nur eine Verlängerung des Todesweges bedeutet. Im höchsten Grade bedeutungsvoll ist uns die Tatsache, daß die Keimzelle für diese Leistung durch die Verschmelzung mit einer anderen, ihr ähnlichen und doch von ihr verschiedenen, gekräftigt oder überhaupt erst befähigt wird.

Die Triebe, welche die Schicksale dieser das Einzelwesen überlebenden Elementarorganismen in acht nehmen, für ihre sichere Unterbringung sorgen, solange sie wehrlos gegen die Reize der Außenwelt sind, ihr Zusammentreffen mit den anderen Keimzellen herbeiführen usw., bilden die Gruppe der Sexualtriebe. Sie sind in demselben Sinne konservativ wie die anderen, indem sie frühere Zustände der lebenden Substanz wiederbringen, aber sie sind es in stärkerem Maße, indem sie sich als besonders resistent gegen äußere Einwirkungen erweisen, und dann noch in einem weiteren Sinne, da sie das Leben selbst für längere Zeiten erhalten.[1] Sie sind die eigentlichen Lebenstriebe; dadurch, daß sie der Absicht der anderen Triebe, welche durch die Funktion zum Tode führt, entgegenwir-

---

1 [*Zusatz 1923:*] Und doch sind sie es, die wir allein für eine innere Tendenz zum »Fortschritt« und zur Höherentwicklung in Anspruch nehmen können! (S. u.)

ken, deutet sich ein Gegensatz zwischen ihnen und den übrigen an, den die Neurosenlehre frühzeitig als bedeutungsvoll erkannt hat. Es ist wie ein Zauderrhythmus im Leben der Organismen; die eine Triebgruppe stürmt nach vorwärts, um das Endziel des Lebens möglichst bald zu erreichen, die andere schnellt an einer gewissen Stelle dieses Weges zurück, um ihn von einem bestimmten Punkt an nochmals zu machen und so die Dauer des Weges zu verlängern. Aber wenn auch Sexualität und Unterschied der Geschlechter zu Beginn des Lebens gewiß nicht vorhanden waren, so bleibt es doch möglich, daß die später als sexuell zu bezeichnenden Triebe von allem Anfang an in Tätigkeit getreten sind und ihre Gegenarbeit gegen das Spiel der »Ichtriebe« nicht erst zu einem späteren Zeitpunkte aufgenommen haben.[1]

Greifen wir nun selbst ein erstes Mal zurück, um zu fragen, ob nicht alle diese Spekulationen der Begründung entbehren. Gibt es wirklich, *abgesehen von den Sexualtrieben*, keine anderen Triebe als solche, die einen früheren Zustand wiederherstellen wollen, nicht auch andere, die nach einem noch nie erreichten streben? Ich weiß in der organischen Welt kein sicheres Beispiel, das unserer vorgeschlagenen Charakteristik widerspräche. Ein allgemeiner Trieb zur Höherentwicklung in der Tier- und Pflanzenwelt läßt sich gewiß nicht feststellen, wenn auch eine solche Entwicklungsrichtung tatsächlich unbestritten bleibt. Aber einerseits ist es vielfach nur Sache unserer Einschätzung, wenn wir eine Entwicklungsstufe für höher als eine andere erklären, und anderseits zeigt uns die Wissenschaft des Lebenden, daß Höherentwicklung in einem Punkte sehr häufig durch Rückbildung in einem anderen erkauft oder wettgemacht wird. Auch gibt es Tierformen genug, deren Jugendzustände uns erkennen lassen, daß ihre Entwicklung vielmehr einen rückschreitenden Charakter genommen hat. Höherentwicklung wie Rückbildung könnten beide Folgen der zur Anpassung drängenden äußeren Kräfte sein, und die Rolle der Triebe könnte sich für beide Fälle dar-

---

1 [*Zusatz 1925:*] Es sollte aus dem Zusammenhange verstanden werden, daß »Ichtriebe« hier als eine vorläufige Bezeichnung gemeint sind, welche an die erste Namengebung der Psychoanalyse anknüpft.

auf beschränken, die aufgezwungene Veränderung als innere Lustquelle festzuhalten.[1]

Vielen von uns mag es auch schwer werden, auf den Glauben zu
verzichten, daß im Menschen selbst ein Trieb zur Vervollkomm-
nung wohnt, der ihn auf seine gegenwärtige Höhe geistiger Leistung
und ethischer Sublimierung gebracht hat und von dem man erwarten darf, daß er seine Entwicklung zum Übermenschen besorgen
wird. Allein ich glaube nicht an einen solchen inneren Trieb und
sehe keinen Weg, diese wohltuende Illusion zu schonen. Die bishe-
rige Entwicklung des Menschen scheint mir keiner anderen Erklärung zu bedürfen als die der Tiere, und was man an einer Minderzahl
von menschlichen Individuen als rastlosen Drang zu weiterer Ver-
vollkommnung beobachtet, läßt sich ungezwungen als Folge der
Triebverdrängung verstehen, auf welche das Wertvollste an der
menschlichen Kultur aufgebaut ist. Der verdrängte Trieb gibt es nie
auf, nach seiner vollen Befriedigung zu streben, die in der Wiederholung eines primären Befriedigungserlebnisses bestünde; alle Er-
satz-, Reaktionsbildungen und Sublimierungen sind ungenügend,
um seine anhaltende Spannung aufzuheben, und aus der Differenz
zwischen der gefundenen und der geforderten Befriedigungslust ergibt sich das treibende Moment, welches bei keiner der hergestellten
Situationen zu verharren gestattet, sondern nach des Dichters Worten »ungebändigt immer vorwärts dringt« (Mephisto im »Faust«, I,
Studierzimmer). Der Weg nach rückwärts, zur vollen Befriedigung,
ist in der Regel durch die Widerstände, welche die Verdrängungen
aufrechthalten, verlegt, und somit bleibt nichts anderes übrig, als in
der anderen, noch freien Entwicklungsrichtung fortzuschreiten, allerdings ohne Aussicht, den Prozeß abschließen und das Ziel erreichen zu können. Die Vorgänge bei der Ausbildung einer neurotischen Phobie, die ja nichts anderes als ein Fluchtversuch vor einer

---

1 Auf anderem Wege ist Ferenczi zur Möglichkeit derselben Auffassung gelangt
(Entwicklungsstufen des Wirklichkeitssinnes, Internationale Zeitschrift für
Psychoanalyse, I, 1913): »Bei konsequenter Durchführung dieses Gedankenganges muß man sich mit der Idee einer auch das organische Leben beherrschenden Beharrungs-, respektive Regressionstendenz vertraut machen, während die Tendenz nach Fortentwicklung, Anpassung usw. nur auf äußere
Reize hin lebendig wird.« (S. 137.)

Triebbefriedigung ist, geben uns das Vorbild für die Entstehung dieses anscheinenden »Vervollkommnungstriebes«, den wir aber unmöglich allen menschlichen Individuen zuschreiben können. Die dynamischen Bedingungen dafür sind zwar ganz allgemein vorhanden, aber die ökonomischen Verhältnisse scheinen das Phänomen nur in seltenen Fällen zu begünstigen.

Nur mit einem Wort sei aber auf die Wahrscheinlichkeit hingewiesen, daß das Bestreben des Eros, das Organische zu immer größeren Einheiten zusammenzufassen, einen Ersatz für den nicht anzuerkennenden »Vervollkommnungstrieb« leistet. Im Verein mit den Wirkungen der Verdrängung würde es die dem letzteren zugeschriebenen Phänomene erklären können.

VI

Unser bisheriges Ergebnis, welches einen scharfen Gegensatz zwischen den »Ichtrieben« und den Sexualtrieben aufstellt, die ersteren zum Tode und die letzteren zur Lebensfortsetzung drängen läßt, wird uns gewiß nach vielen Richtungen selbst nicht befriedigen. Dazu kommt, daß wir eigentlich nur für die ersteren den konservativen oder besser regredierenden, einem Wiederholungszwang entsprechenden Charakter des Triebes in Anspruch nehmen konnten. Denn nach unserer Annahme rühren die Ichtriebe von der Belebung der unbelebten Materie her und wollen die Unbelebtheit wiederherstellen. Die Sexualtriebe hingegen – es ist augenfällig, daß sie primitive Zustände des Lebewesens reproduzieren, aber ihr mit allen Mitteln angestrebtes Ziel ist die Verschmelzung zweier in bestimmter Weise differenzierter Keimzellen. Wenn diese Vereinigung nicht zustande kommt, dann stirbt die Keimzelle wie alle anderen Elemente des vielzelligen Organismus. Nur unter dieser Bedingung kann die Geschlechtsfunktion das Leben verlängern und ihm den Schein der Unsterblichkeit verleihen. Welches wichtige Ereignis im Entwicklungsgang der lebenden Substanz wird aber durch die geschlechtliche Fortpflanzung oder ihren Vorläufer, die Kopulation zweier Individuen unter den Protisten, wiederholt? Das wissen wir nicht zu sagen, und darum würden wir es als Erleichterung empfinden, wenn unser ganzer Gedankenaufbau sich als irrtümlich erkennen ließe. Der Gegensatz von Ich(Todes-)trieben und Sexual(Lebens-)trieben würde dann entfallen, damit auch der Wiederholungszwang die ihm zugeschriebene Bedeutung einbüßen.

Kehren wir darum zu einer von uns eingeflochtenen Annahme zurück, in der Erwartung, sie werde sich exakt widerlegen lassen. Wir haben auf Grund der Voraussetzung weitere Schlüsse aufgebaut, daß alles Lebende aus inneren Ursachen sterben müsse. Wir haben diese Annahme so sorglos gemacht, weil sie uns nicht als solche erscheint. Wir sind gewohnt, so zu denken, unsere Dichter bestärken uns darin. Vielleicht haben wir uns dazu entschlossen, weil ein Trost in diesem Glauben liegt. Wenn man schon selbst sterben und vorher seine Liebsten durch den Tod verlieren soll, so will man lieber einem unerbittlichen Naturgesetz, der hehren Ἀνάγκη, erlegen sein als einem Zufall, der sich etwa noch hätte vermeiden lassen. Aber vielleicht ist dieser Glaube an die innere Gesetzmäßigkeit des Sterbens auch nur eine der Illusionen, die wir uns geschaffen haben, »um die Schwere des Daseins zu ertragen«. Ursprünglich ist er sicherlich nicht, den primitiven Völkern ist die Idee eines »natürlichen Todes« fremd; sie führen jedes Sterben unter ihnen auf den Einfluß eines Feindes oder eines bösen Geistes zurück. Versäumen wir es darum nicht, uns zur Prüfung dieses Glaubens an die biologische Wissenschaft zu wenden.

Wenn wir so tun, dürfen wir erstaunt sein, wie wenig die Biologen in der Frage des natürlichen Todes einig sind, ja, daß ihnen der Begriff des Todes überhaupt unter den Händen zerrinnt. Die Tatsache einer bestimmten durchschnittlichen Lebensdauer wenigstens bei höheren Tieren spricht natürlich für den Tod aus inneren Ursachen, aber der Umstand, daß einzelne große Tiere und riesenhafte Baumgewächse ein sehr hohes und bisher nicht abschätzbares Alter erreichen, hebt diesen Eindruck wieder auf. Nach der großartigen Konzeption von W. Fließ sind alle Lebenserscheinungen – und gewiß auch der Tod – der Organismen an die Erfüllung bestimmter Termine gebunden, in denen die Abhängigkeit zweier lebenden Substanzen, einer männlichen und einer weiblichen, vom Sonnenjahr zum Ausdruck kommt. Allein die Beobachtungen, wie leicht und bis zu welchem Ausmaß es dem Einflusse äußerer Kräfte möglich ist, die Lebensäußerungen insbesondere der Pflanzenwelt in ihrem zeitlichen Auftreten zu verändern, sie zu verfrühen oder hintanzuhalten, sträuben sich gegen die Starrheit der Fließschen Formeln und lassen zum mindesten an der Alleinherrschaft der von ihm aufgestellten Gesetze zweifeln.

Das größte Interesse knüpft sich für uns an die Behandlung, welche das Thema von der Lebensdauer und vom Tode der Organismen in den Arbeiten von A. Weismann gefunden hat.[1] Von diesem Forscher rührt die Unterscheidung der lebenden Substanz in eine sterbliche und unsterbliche Hälfte her; die sterbliche ist der Körper im engeren Sinne, das Soma, sie allein ist dem natürlichen Tode unterworfen, die Keimzellen aber sind *potentia* unsterblich, insofern sie imstande sind, unter gewissen günstigen Bedingungen sich zu einem neuen Individuum zu entwickeln, oder anders ausgedrückt, sich mit einem neuen Soma zu umgeben.[2]

Was uns hieran fesselt, ist die unerwartete Analogie mit unserer eigenen, auf so verschiedenem Wege entwickelten Auffassung. Weismann, der die lebende Substanz morphologisch betrachtet, erkennt in ihr einen Bestandteil, der dem Tode verfallen ist, das Soma, den Körper, abgesehen vom Geschlechts- und Vererbungsstoff, und einen unsterblichen, eben dieses Keimplasma, welches der Erhaltung der Art, der Fortpflanzung dient. Wir haben nicht den lebenden Stoff, sondern die in ihm tätigen Kräfte eingestellt und sind dazu geführt worden, zwei Arten von Trieben zu unterscheiden, jene, welche das Leben zum Tod führen wollen, die anderen, die Sexualtriebe, welche immer wieder die Erneuerung des Lebens anstreben und durchsetzen. Das klingt wie ein dynamisches Korollar zu Weismanns morphologischer Theorie.

Der Anschein einer bedeutsamen Übereinstimmung verflüchtigt sich alsbald, wenn wir Weismanns Entscheidung über das Problem des Todes vernehmen. Denn Weismann läßt die Sonderung von sterblichem Soma und unsterblichem Keimplasma erst bei den viel-

---

1 Über die Dauer des Lebens, 1882; Über Leben und Tod, 1884; Das Keimplasma, 1892, u. a.
2 Über Leben und Tod.

zelligen Organismen gelten, bei den einzelligen Tieren sind Individuum und Fortpflanzungszelle noch ein und dasselbe.[1] Die Einzelligen erklärt er also für potentiell unsterblich, der Tod tritt erst bei den Metazoen, den Vielzelligen, auf. Dieser Tod der höheren Lebewesen ist allerdings ein natürlicher, ein Tod aus inneren Ursachen, aber er beruht nicht auf einer Ureigenschaft der lebenden Substanz[2], kann nicht als eine absolute, im Wesen des Lebens begründete Notwendigkeit aufgefaßt werden.[3] Der Tod ist vielmehr eine Zweckmäßigkeitseinrichtung, eine Erscheinung der Anpassung an die äußeren Lebensbedingungen, weil von der Sonderung der Körperzellen in Soma und Keimplasma an die unbegrenzte Lebensdauer des Individuums ein ganz unzweckmäßiger Luxus geworden wäre. Mit dem Eintritt dieser Differenzierung bei den Vielzelligen wurde der Tod möglich und zweckmäßig. Seither stirbt das Soma der höheren Lebewesen aus inneren Gründen zu bestimmten Zeiten ab, die Protisten aber sind unsterblich geblieben. Die Fortpflanzung hingegen ist nicht erst mit dem Tode eingeführt worden, sie ist vielmehr eine Ureigenschaft der lebenden Materie wie das Wachstum, aus welchem sie hervorging, und das Leben ist von seinem Beginn auf Erden an kontinuierlich geblieben.[4]

Es ist leicht einzusehen, daß das Zugeständnis eines natürlichen Todes für die höheren Organismen unserer Sache wenig hilft. Wenn der Tod eine späte Erwerbung der Lebewesen ist, dann kommen Todestriebe, die sich vom Beginn des Lebens auf Erden ableiten, weiter nicht in Betracht. Die Vielzelligen mögen dann immerhin aus inneren Gründen sterben, an den Mängeln ihrer Differenzierung oder an den Unvollkommenheiten ihres Stoffwechsels; es hat für die Frage, die uns beschäftigt, kein Interesse. Eine solche Auffassung und Ableitung des Todes liegt dem gewohnten Denken der Menschen auch sicherlich viel näher als die befremdende Annahme von »Todestrieben«.

Die Diskussion, die sich an die Aufstellungen von Weismann ange-

---

1 Dauer des Lebens, S. 38.
2 Leben und Tod, 2. Aufl., S. 67 [1. Aufl., S. 84].
3 Dauer des Lebens, S. 33.
4 Über Leben und Tod, Schluß.

schlossen, hat nach meinem Urteil in keiner Richtung Entscheidendes ergeben.[1] Manche Autoren sind zum Standpunkt von Goette zurückgekehrt (1883), der in dem Tod die direkte Folge der Fortpflanzung sah. Hartmann charakterisiert den Tod nicht durch Auftreten einer »Leiche«, eines abgestorbenen Anteiles der lebenden Substanz, sondern definiert ihn als den »Abschluß der individuellen Entwicklung«. In diesem Sinne sind auch die Protozoen sterblich, der Tod fällt bei ihnen immer mit der Fortpflanzung zusammen, aber er wird durch diese gewissermaßen verschleiert, indem die ganze Substanz des Elterntieres direkt in die jungen Kinderindividuen übergeführt werden kann (l. c., S. 29).

Das Interesse der Forschung hat sich bald darauf gerichtet, die behauptete Unsterblichkeit der lebenden Substanz an den Einzelligen experimentell zu erproben. Ein Amerikaner, Woodruff, hat ein bewimpertes Infusorium, ein »Pantoffeltierchen«, das sich durch Teilung in zwei Individuen fortpflanzt, in Zucht genommen und es bis zur 3029sten Generation, wo er den Versuch abbrach, verfolgt, indem er jedesmal das eine der Teilprodukte isolierte und in frisches Wasser brachte. Dieser späte Abkömmling des ersten Pantoffeltierchens war ebenso frisch wie der Urahn, ohne alle Zeichen des Alterns oder der Degeneration; somit schien, wenn solchen Zahlen bereits Beweiskraft zukommt, die Unsterblichkeit der Protisten experimentell erweisbar.[2]

Andere Forscher sind zu anderen Resultaten gekommen. Maupas, Calkins und andere haben im Gegensatz zu Woodruff gefunden, daß auch diese Infusorien nach einer gewissen Anzahl von Teilungen schwächer werden, an Größe abnehmen, einen Teil ihrer Organisation einbüßen und endlich sterben, wenn sie nicht gewisse auffrischende Einflüsse erfahren. Demnach stürben die Protozoen nach einer Phase des Altersverfalles ganz wie die höheren Tiere, so recht im Widerspruch zu den Behauptungen Weismanns, der den Tod als eine späte Erwerbung der lebenden Organismen anerkennt.

---

1 Vgl. Max Hartmann, Tod und Fortpflanzung, 1906. Alex. Lipschütz, Warum wir sterben, Kosmosbücher, 1914. Franz Doflein, Das Problem des Todes und der Unsterblichkeit bei den Pflanzen und Tieren, 1919.

2 Für dies und das Folgende vgl. Lipschütz, l. c., S. 26 und 52 ff.

Aus dem Zusammenhang dieser Untersuchungen heben wir zwei Tatsachen heraus, die uns einen festen Anhalt zu bieten scheinen. Erstens: Wenn die Tierchen zu einem Zeitpunkt, da sie noch keine Altersveränderung zeigen, miteinander zu zweit verschmelzen, »kopulieren« können – worauf sie nach einiger Zeit wieder auseinandergehen –, so bleiben sie vom Alter verschont, sie sind »verjüngt« worden. Diese Kopulation ist doch wohl der Vorläufer der geschlechtlichen Fortpflanzung höherer Wesen; sie hat mit der Vermehrung noch nichts zu tun, beschränkt sich auf die Vermischung der Substanzen beider Individuen (Weismanns Amphimixis). Der auffrischende Einfluß der Kopulation kann aber auch ersetzt werden durch bestimmte Reizmittel, Veränderungen in der Zusammensetzung der Nährflüssigkeit, Temperatursteigerung oder Schütteln. Man erinnert sich an das berühmte Experiment von J. Loeb, der Seeigeleier durch gewisse chemische Reize zu Teilungsvorgängen zwang, die sonst nur nach der Befruchtung auftreten.

Zweitens: Es ist doch wahrscheinlich, daß die Infusorien durch ihren eigenen Lebensprozeß zu einem natürlichen Tod geführt werden, denn der Widerspruch zwischen den Ergebnissen von Woodruff und von anderen rührt daher, daß Woodruff jede neue Generation in frische Nährflüssigkeit brachte. Unterließ er dies, so beobachtete er dieselben Altersveränderungen der Generationen wie die anderen Forscher. Er schloß, daß die Tierchen durch die Produkte des Stoffwechsels, die sie an die umgebende Flüssigkeit abgeben, geschädigt werden, und konnte dann überzeugend nachweisen, daß nur die Produkte des *eigenen* Stoffwechsels diese zum Tod der Generation führende Wirkung haben. Denn in einer Lösung, die mit den Abfallsprodukten einer entfernter verwandten Art übersättigt war, gediehen dieselben Tierchen ausgezeichnet, die, in ihrer eigenen Nährflüssigkeit angehäuft, sicher zugrunde gingen. Das Infusor stirbt also, sich selbst überlassen, eines natürlichen Todes an der Unvollkommenheit der Beseitigung seiner eigenen Stoffwechselprodukte; aber vielleicht sterben auch alle höheren Tiere im Grunde an dem gleichen Unvermögen.

Es mag uns da der Zweifel anwandeln, ob es überhaupt zweckdienlich war, die Entscheidung der Frage nach dem natürlichen Tod im Studium der Protozoen zu suchen. Die primitive Organisation dieser Lebewesen mag uns wichtige Verhältnisse verschleiern, die auch bei ihnen statthaben, aber erst bei höheren Tieren erkannt werden können, wo sie sich einen morphologischen Ausdruck verschafft haben. Wenn wir den morphologischen Standpunkt verlassen, um den dynamischen einzunehmen, so kann es uns überhaupt gleichgültig sein, ob sich der natürliche Tod der Protozoen erweisen läßt oder nicht. Bei ihnen hat sich die später als unsterblich erkannte Substanz von der sterblichen noch in keiner Weise gesondert. Die Triebkräfte, die das Leben in den Tod überführen wollen, könnten auch in ihnen von Anfang an wirksam sein, und doch könnte ihr Effekt durch den der lebenserhaltenden Kräfte so gedeckt werden, daß ihr direkter Nachweis sehr schwierig wird. Wir haben allerdings gehört, daß die Beobachtungen der Biologen uns die Annahme solcher zum Tod führenden inneren Vorgänge auch für die Protisten gestatten. Aber selbst wenn die Protisten sich als unsterblich im Sinne von Weismann erweisen, so gilt seine Behauptung, der Tod sei eine späte Erwerbung, nur für die manifesten Äußerungen des Todes und macht keine Annahme über die zum Tode drängenden Prozesse unmöglich. Unsere Erwartung, die Biologie werde die Anerkennung der Todestriebe glatt beseitigen, hat sich nicht erfüllt. Wir können uns mit ihrer Möglichkeit weiter beschäftigen, wenn wir sonst Gründe dafür haben. Die auffällige Ähnlichkeit der Weismannschen Sonderung von Soma und Keimplasma mit unserer Scheidung der Todestriebe von den Lebenstrieben bleibt aber bestehen und erhält ihren Wert wieder.

Verweilen wir kurz bei dieser exquisit dualistischen Auffassung des Trieblebens. Nach der Theorie E. Herings von den Vorgängen in der lebenden Substanz laufen in ihr unausgesetzt zweierlei Prozesse entgegengesetzter Richtung ab, die einen aufbauend – assimilatorisch –, die anderen abbauend – dissimilatorisch. Sollen wir es wagen, in diesen beiden Richtungen der Lebensprozesse die Betätigung unserer beiden Triebregungen, der Lebenstriebe und der Todestriebe, zu erkennen? Aber etwas anderes können wir uns nicht verhehlen: daß wir unversehens in den Hafen der Philosophie Schopenhauers eingelaufen sind, für den ja der Tod »das eigentliche

Resultat« und insofern der Zweck des Lebens ist[1], der Sexualtrieb aber die Verkörperung des Willens zum Leben.

Versuchen wir kühn, einen Schritt weiterzugehen. Nach allgemeiner Einsicht ist die Vereinigung zahlreicher Zellen zu einem Lebensverband, die Vielzelligkeit der Organismen, ein Mittel zur Verlängerung ihrer Lebensdauer geworden. Eine Zelle hilft dazu, das Leben der anderen zu erhalten, und der Zellenstaat kann weiterleben, auch wenn einzelne Zellen absterben müssen. Wir haben bereits gehört, daß auch die Kopulation, die zeitweilige Verschmelzung zweier Einzelliger, lebenserhaltend und verjüngend auf beide wirkt. Somit könnte man den Versuch machen, die in der Psychoanalyse gewonnene Libidotheorie auf das Verhältnis der Zellen zueinander zu übertragen und sich vorzustellen, daß es die in jeder Zelle tätigen Lebens- oder Sexualtriebe sind, welche die anderen Zellen zum Objekt nehmen, deren Todestriebe, das ist die von diesen angeregten Prozesse, teilweise neutralisieren und sie so am Leben erhalten, während andere Zellen dasselbe für sie besorgen und noch andere in der Ausübung dieser libidinösen Funktion sich selbst aufopfern. Die Keimzellen selbst würden sich absolut »narzißtisch« benehmen, wie wir es in der Neurosenlehre zu bezeichnen gewohnt sind, wenn ein ganzes Individuum seine Libido im Ich behält und nichts von ihr für Objektbesetzungen verausgabt. Die Keimzellen brauchen ihre Libido, die Tätigkeit ihrer Lebenstriebe, für sich selbst als Vorrat für ihre spätere, großartig aufbauende Tätigkeit. Vielleicht darf man auch die Zellen der bösartigen Neugebilde, die den Organismus zerstören, für narzißtisch in demselben Sinne erklären. Die Pathologie ist ja bereit, ihre Keime für mitgeboren zu halten und ihnen embryonale Eigenschaften zuzugestehen. So würde also die Libido unserer Sexualtriebe mit dem Eros der Dichter und Philosophen zusammenfallen, der alles Lebende zusammenhält.

An dieser Stelle finden wir den Anlaß, die langsame Entwicklung unserer Libidotheorie zu überschauen. Die Analyse der Übertragungsneurosen zwang uns zunächst den Gegensatz zwischen »Sexualtrieben«, die auf das Objekt gerichtet sind, und anderen Trieben

---

1 »Über die anscheinende Absichtlichkeit im Schicksale des Einzelnen«, Großherzog Wilhelm Ernst-Ausgabe, IV. Bd., S. 268.

auf, die wir nur sehr ungenügend erkannten und vorläufig als »Ich-triebe« bezeichneten. Unter ihnen mußten Triebe, die der Selbst-erhaltung des Individuums dienen, in erster Linie anerkannt wer-den. Was für andere Unterscheidungen da zu machen waren, konnte man nicht wissen. Keine Kenntnis wäre für die Begründung einer richtigen Psychologie so wichtig gewesen wie eine ungefähre Ein-sicht in die gemeinsame Natur und die etwaigen Besonderheiten der Triebe. Aber auf keinem Gebiete der Psychologie tappte man so sehr im dunkeln. Jedermann stellte so viele Triebe oder »Grund-triebe« auf, als ihm beliebte, und wirtschaftete mit ihnen wie die alten griechischen Naturphilosophen mit ihren vier Elementen: dem Wasser, der Erde, dem Feuer und der Luft. Die Psychoanalyse, die irgendeiner Annahme über die Triebe nicht entraten konnte, hielt sich vorerst an die populäre Triebunterscheidung, für die das Wort von »Hunger und Liebe« vorbildlich ist. Es war wenigstens kein neuer Willkürakt. Damit reichte man in der Analyse der Psychoneurosen ein ganzes Stück weit aus. Der Begriff der »Se-xualität« – und damit der eines Sexualtriebes – mußte freilich erwei-tert werden, bis er vieles einschloß, was sich nicht der Fortpflan-zungsfunktion einordnete, und darüber gab es Lärm genug in der strengen, vornehmen oder bloß heuchlerischen Welt.

Der nächste Schritt erfolgte, als sich die Psychoanalyse näher an das psychologische Ich herantasten konnte, das ihr zunächst nur als ver-drängende, zensurierende und zu Schutzbauten, Reaktionsbildun-gen befähigte Instanz bekannt geworden war. Kritische und andere weitblickende Geister hatten zwar längst gegen die Einschränkung des Libidobegriffes auf die Energie der dem Objekt zugewendeten Sexualtriebe Einspruch erhoben. Aber sie versäumten es mitzutei-len, woher ihnen die bessere Einsicht gekommen war, und verstan-den nicht, etwas für die Analyse Brauchbares aus ihr abzuleiten. In bedächtigerem Fortschreiten fiel es nun der psychoanalytischen Be-obachtung auf, wie regelmäßig Libido vom Objekt abgezogen und aufs Ich gerichtet wird (Introversion), und indem sie die Libidoent-wicklung des Kindes in ihren frühesten Phasen studierte, kam sie zur Einsicht, daß das Ich das eigentliche und ursprüngliche Reser-voir der Libido sei, die erst von da aus auf das Objekt erstreckt werde. Das Ich trat unter die Sexualobjekte und wurde gleich als das vornehmste unter ihnen erkannt. Wenn die Libido so im Ich verweilte, wurde sie narzißtisch genannt.[1] Diese narzißtische Libido war natürlich auch die Kraftäußerung von Sexualtrieben im analytischen Sinne, die man mit den von Anfang an zugestandenen »Selbsterhaltungstrieben« identifizieren mußte. Somit war der ursprüngliche Gegensatz von Ichtrieben und Sexualtrieben unzureichend geworden. Ein Teil der Ichtriebe war als libidinös erkannt; im Ich waren – neben anderen wahrscheinlich – auch Sexualtriebe wirksam, doch ist man berechtigt zu sagen, daß die alte Formel, die Psychoneurose beruhe auf einem Konflikt zwischen den Ichtrieben und den Sexualtrieben, nichts enthielt, was heute zu verwerfen wäre. Der Unterschied der beiden Triebarten, der ursprünglich irgendwie qualitativ gemeint war, ist jetzt nur anders, nämlich *topisch* zu bestimmen. Insbesondere die Übertragungsneurose, das eigentliche Studienobjekt der Psychoanalyse, bleibt das Ergebnis eines Konflikts zwischen dem Ich und der libidinösen Objektbesetzung.

Um so mehr müssen wir den libidinösen Charakter der Selbsterhaltungstriebe jetzt betonen, da wir den weiteren Schritt wagen, den Sexualtrieb als den alles erhaltenden Eros zu erkennen, und die narzißtische Libido des Ichs aus den Libidobeiträgen ableiten, mit denen die Somazellen aneinanderhaften. Nun aber finden wir uns plötzlich folgender Frage gegenüber: Wenn auch die Selbsterhaltungstriebe libidinöser Natur sind, dann haben wir vielleicht überhaupt keine anderen Triebe als libidinöse. Es sind wenigstens keine anderen zu sehen. Dann muß man aber doch den Kritikern recht geben, die von Anfang an geahnt haben, die Psychoanalyse erkläre *alles* aus der Sexualität, oder den Neuerern wie Jung, die, kurz entschlossen, Libido für »Triebkraft« überhaupt gebraucht haben. Ist dem nicht so?

In unserer Absicht läge dies Resultat allerdings nicht. Wir sind ja vielmehr von einer scharfen Scheidung zwischen Ichtrieben = Todestrieben und Sexualtrieben = Lebenstrieben ausgegangen. Wir waren ja bereit, auch die angeblichen Selbsterhaltungstriebe des Ichs

---

1 Zur Einführung des Narzißmus. Jahrbuch der Psychoanalyse, VI, 1914. (Ges. Werke, Bd. X [oben, S. 51–77].)

zu den Todestrieben zu rechnen, was wir seither berichtigend zurückgezogen haben. Unsere Auffassung war von Anfang eine *dualistische*, und sie ist es heute schärfer denn zuvor, seitdem wir die Gegensätze nicht mehr Ich- und Sexualtriebe, sondern Lebens- und Todestriebe benennen. Jungs Libidotheorie ist dagegen eine monistische; daß er seine einzige Triebkraft Libido geheißen hat, mußte Verwirrung stiften, soll uns aber weiter nicht beeinflussen. Wir vermuten, daß im Ich noch andere als die libidinösen Selbsterhaltungstriebe tätig sind; wir sollten nur imstande sein, sie aufzuzeigen. Es ist zu bedauern, daß die Analyse des Ichs so wenig fortgeschritten ist, daß dieser Nachweis uns recht schwer wird. Die libidinösen Triebe des Ichs mögen allerdings in besonderer Weise mit den anderen, uns noch fremden Ichtrieben verknüpft sein. Noch ehe wir den Narzißmus klar erkannt hatten, bestand bereits in der Psychoanalyse die Vermutung, daß die »Ichtriebe« libidinöse Komponenten an sich gezogen haben. Aber das sind recht unsichere Möglichkeiten, denen die Gegner kaum Rechnung tragen werden. Es bleibt mißlich, daß uns die Analyse bisher immer nur in den Stand gesetzt hat, libidinöse Triebe nachzuweisen. Den Schluß, daß es andere nicht gibt, möchten wir darum doch nicht mitmachen.

Bei dem gegenwärtigen Dunkel der Trieblehre tun wir wohl nicht gut, irgendeinen Einfall, der uns Aufklärung verspricht, zurückzuweisen. Wir sind von der großen Gegensätzlichkeit von Lebens- und Todestrieben ausgegangen. Die Objektliebe selbst zeigt uns eine zweite solche Polarität, die von Liebe (Zärtlichkeit) und Haß (Aggression). Wenn es uns gelänge, diese beiden Polaritäten in Beziehung zueinander zu bringen, die eine auf die andere zurückzuführen! Wir haben von jeher eine sadistische Komponente des Sexualtriebes anerkannt[1]; sie kann sich, wie wir wissen, selbständig machen und als Perversion das gesamte Sexualstreben der Person beherrschen. Sie tritt auch in einer der von mir so genannten »prägenitalen Organisationen« als dominierender Partialtrieb hervor. Wie soll man aber den sadistischen Trieb, der auf die Schädigung des

---

1 »Drei Abhandlungen zur Sexualtheorie«, von der I. Auflage, 1905, an. (Ges. Werke, Bd. V.)

Objekts zielt, vom lebenserhaltenden Eros ableiten können? Liegt da nicht die Annahme nahe, daß dieser Sadismus eigentlich ein Todestrieb ist, der durch den Einfluß der narzißtischen Libido vom Ich abgedrängt wurde, so daß er erst am Objekt zum Vorschein kommt? Er tritt dann in den Dienst der Sexualfunktion; im oralen Organisationsstadium der Libido fällt die Liebesbemächtigung noch mit der Vernichtung des Objekts zusammen, später trennt sich der sadistische Trieb ab, und endlich übernimmt er auf der Stufe des Genitalprimats zum Zwecke der Fortpflanzung die Funktion, das Sexualobjekt so weit zu bewältigen, als es die Ausführung des Geschlechtsaktes erfordert. Ja, man könnte sagen, der aus dem Ich herausgedrängte Sadismus habe den libidinösen Komponenten des Sexualtriebs den Weg gezeigt; späterhin drängen diese zum Objekt nach. Wo der ursprüngliche Sadismus keine Ermäßigung und Verschmelzung erfährt, ist die bekannte Liebe-Haß-Ambivalenz des Liebeslebens hergestellt.

Wenn es erlaubt ist, eine solche Annahme zu machen, so wäre die Forderung erfüllt, ein Beispiel eines – allerdings verschobenen – Todestriebes aufzuzeigen. Nur daß diese Auffassung von jeder Anschaulichkeit weit entfernt ist und einen geradezu mystischen Eindruck macht. Wir kommen in den Verdacht, um jeden Preis eine Auskunft aus einer großen Verlegenheit gesucht zu haben. Dann dürfen wir uns darauf berufen, daß eine solche Annahme nicht neu ist, daß wir sie bereits früher einmal gemacht haben, als von einer Verlegenheit noch keine Rede war. Klinische Beobachtungen haben uns seinerzeit zur Auffassung genötigt, daß der dem Sadismus komplementäre Partialtrieb des Masochismus als eine Rückwendung des Sadismus gegen das eigene Ich zu verstehen sei.[1] Eine Wendung des Triebes vom Objekt zum Ich ist aber prinzipiell nichts anderes als die Wendung vom Ich zum Objekt, die hier als neu in Frage steht. Der Masochismus, die Wendung des Triebes gegen das eigene Ich, wäre dann in Wirklichkeit eine Rückkehr zu einer früheren Phase desselben, eine Regression. In einem Punkte bedürfte die damals vom Masochismus gegebene Darstellung einer Berichtigung als

---

1 Vgl. Sexualtheorie, 4. Aufl., 1920, und »Triebe und Triebschicksale«. (Ges. Werke, Bd. V u. X [oben, S. 81–101].)

allzu ausschließlich; der Masochismus könnte auch, was ich dort bestreiten wollte, ein primärer sein.[1]

Aber kehren wir zu den lebenserhaltenden Sexualtrieben zurück. Schon aus der Protistenforschung haben wir erfahren, daß die Verschmelzung zweier Individuen ohne nachfolgende Teilung, die Kopulation, auf beide Individuen, die sich dann bald voneinander lösen, stärkend und verjüngend wirkt. (S. o. Lipschütz.) Sie zeigen in weiteren Generationen keine Degenerationserscheinungen und scheinen befähigt, den Schädlichkeiten ihres eigenen Stoffwechsels länger zu widerstehen. Ich meine, daß diese eine Beobachtung als vorbildlich für den Effekt auch der geschlechtlichen Vereinigung genommen werden darf. Aber auf welche Weise bringt die Verschmelzung zweier wenig verschiedener Zellen eine solche Erneuerung des Lebens zustande? Der Versuch, der die Kopulation bei den Protozoen durch die Einwirkung chemischer, ja selbst mechanischer Reize (l. c.) ersetzt, gestattet wohl eine sichere Antwort zu geben: Es geschieht durch die Zufuhr neuer Reizgrößen. Das stimmt nun aber gut zur Annahme, daß der Lebensprozeß des Individuums aus inneren Gründen zur Abgleichung chemischer Spannungen, das heißt zum Tode führt, während die Vereinigung mit einer individuell verschiedenen lebenden Substanz diese Spannungen vergrößert, sozusagen neue *Vitaldifferenzen* einführt, die dann *abgelebt* werden müssen. Für diese Verschiedenheit muß es natürlich ein oder mehrere Optima geben. Daß wir als die herrschende Tendenz des Seelenlebens, vielleicht des Nervenlebens überhaupt, das Streben nach Herabsetzung, Konstanterhaltung, Aufhebung der inneren Reizspannung erkannten (das *Nirwanaprinzip* nach

---

1 In einer inhalts- und gedankenreichen, für mich leider nicht ganz durchsichtigen Arbeit hat Sabina Spielrein ein ganzes Stück dieser Spekulation vorweggenommen. Sie bezeichnet die sadistische Komponente des Sexualtriebs als die »destruktive«. (Die Destruktion als Ursache des Werdens. Jahrbuch für Psychoanalyse, IV, 1912.) In noch anderer Weise suchte A. Stärcke (Inleiding by de vertaling von S. Freud, De sexuele beschavingsmoral, etc., 1914) den Libidobegriff selbst mit dem theoretisch zu supponierenden biologischen Begriff eines *Antriebes zum Tode* zu identifizieren. (Vgl. auch Rank, Der Künstler.) Alle diese Bemühungen zeugen, wie die im Texte, von dem Drang nach einer noch nicht erreichten Klärung in der Trieblehre.

einem Ausdruck von Barbara Low), wie es im Lustprinzip zum Ausdruck kommt, das ist ja eines unserer stärksten Motive, an die Existenz von Todestrieben zu glauben.

Als empfindliche Störung unseres Gedankenganges verspüren wir es aber noch immer, daß wir gerade für den Sexualtrieb jenen Charakter eines Wiederholungszwanges nicht nachweisen können, der uns zuerst zur Aufspürung der Todestriebe führte. Das Gebiet der embryonalen Entwicklungsvorgänge ist zwar überreich an solchen Wiederholungserscheinungen, die beiden Keimzellen der geschlechtlichen Fortpflanzung und ihre Lebensgeschichte sind selbst nur Wiederholungen der Anfänge des organischen Lebens; aber das Wesentliche an den vom Sexualtrieb intendierten Vorgängen ist doch die Verschmelzung zweier Zelleiber. Erst durch diese wird bei den höheren Lebewesen die Unsterblichkeit der lebenden Substanz gesichert.

Mit anderen Worten: wir sollen Auskunft schaffen über die Entstehung der geschlechtlichen Fortpflanzung und die Herkunft der Sexualtriebe überhaupt, eine Aufgabe, vor der ein Außenstehender zurückschrecken muß und die von den Spezialforschern selbst bisher noch nicht gelöst werden konnte. In knappster Zusammendrängung sei darum aus all den widerstreitenden Angaben und Meinungen hervorgehoben, was einen Anschluß an unseren Gedankengang zuläßt.

Die eine Auffassung benimmt dem Problem der Fortpflanzung seinen geheimnisvollen Reiz, indem sie die Fortpflanzung als eine Teilerscheinung des Wachstums darstellt (Vermehrung durch Teilung, Sprossung, Knospung). Die Entstehung der Fortpflanzung durch geschlechtlich differenzierte Keimzellen könnte man sich nach nüchterner Darwinscher Denkungsart so vorstellen, daß der Vorteil der Amphimixis, der sich dereinst bei der zufälligen Kopulation zweier Protisten ergab, in der ferneren Entwicklung festgehalten und weiter ausgenützt wurde.[1] Das »Geschlecht« wäre also nicht

---

1 Obwohl Weismann (Das Keimplasma, 1892) auch diesen Vorteil leugnet: »Die Befruchtung bedeutet keinesfalls eine Verjüngung oder Erneuerung des Lebens, sie wäre durchaus nicht notwendig zur Fortdauer des Lebens, sie ist nichts als *eine Einrichtung, um die Vermischung zweier verschiedener Verer-*

sehr alt, und die außerordentlich heftigen Triebe, welche die geschlechtliche Vereinigung herbeiführen wollen, wiederholten dabei
etwas, was sich zufällig einmal ereignet und seither als vorteilhaft
befestigt hat.

Es ist hier wiederum wie beim Tod die Frage, ob man bei den Protisten nichts anderes gelten lassen soll, als was sie zeigen, und ob man
annehmen darf, daß Kräfte und Vorgänge, die erst bei höheren Lebewesen sichtbar werden, auch bei diesen zuerst entstanden sind.
Für unsere Absichten leistet die erwähnte Auffassung der Sexualität
sehr wenig. Man wird gegen sie einwenden dürfen, daß sie die Existenz von Lebenstrieben, die schon im einfachsten Lebewesen
wirken, voraussetzt, denn sonst wäre ja die Kopulation, die dem
Lebenslauf entgegenwirkt und die Aufgabe des Ablebens erschwert,
nicht festgehalten und ausgearbeitet, sondern vermieden worden.
Wenn man also die Annahme von Todestrieben nicht fahrenlassen
will, muß man ihnen von allem Anfang an Lebenstriebe zugesellen.
Aber man muß es zugestehen, wir arbeiten da an einer Gleichung
mit zwei Unbekannten. Was wir sonst in der Wissenschaft über die
Entstehung der Geschlechtlichkeit finden, ist so wenig, daß man
dies Problem einem Dunkel vergleichen kann, in welches auch nicht
der Lichtstrahl einer Hypothese gedrungen ist. An ganz anderer
Stelle begegnen wir allerdings einer solchen Hypothese, die aber
von so phantastischer Art ist – gewiß eher ein Mythus als eine wissenschaftliche Erklärung –, daß ich nicht wagen würde, sie hier anzuführen, wenn sie nicht gerade die eine Bedingung erfüllen würde,
nach deren Erfüllung wir streben. Sie leitet nämlich einen Trieb ab
*von dem Bedürfnis nach Wiederherstellung eines früheren Zustan-
des.*

Ich meine natürlich die Theorie, die Plato im *Symposion* durch Ari-
stophanes entwickeln läßt und die nicht nur die Herkunft des Ge-
schlechtstriebes, sondern auch seiner wichtigsten Variation in bezug
auf das Objekt behandelt.[1]

»Unser Leib war nämlich zuerst gar nicht ebenso gebildet wie jetzt;

---

bungstendenzen möglich zu machen.« Als die Wirkung einer solchen Vermischung betrachtet er aber doch eine Steigerung der Variabilität der Lebewesen.
1 Übersetzung von U. v. Wilamowitz-Moellendorff (*Platon*, I, S. 366 f.).

er war ganz anders. Erstens gab es drei Geschlechter, nicht bloß wie jetzt männlich und weiblich, sondern noch ein drittes, das die beiden vereinigte… das Mannweibliche…« Alles an diesen Menschen war aber doppelt, sie hatten also vier Hände und vier Füße, zwei Gesichter, doppelte Schamteile usw. Da ließ sich Zeus bewegen, jeden Menschen in zwei Teile zu teilen, »wie man die Quitten zum Einmachen durchschneidet… Weil nun das ganze Wesen entzweigeschnitten war, trieb die Sehnsucht die beiden Hälften zusammen: sie umschlangen sich mit den Händen, verflochten sich ineinander *im Verlangen, zusammenzuwachsen…*«.[1]

---

1 [*Zusatz 1921:*] Prof. Heinrich Gomperz (Wien) verdanke ich die nachstehenden Andeutungen über die Herkunft des Platonischen Mythus, die ich zum Teil in seinen Worten wiedergebe: Ich möchte darauf aufmerksam machen, daß sich wesentlich dieselbe Theorie auch schon in den *Upanishaden* findet. Denn *Brihad-Āranyaka-Upanishad*, I, 4, 3 (Deussen, *60 Upanishads des Veda*, S. 593), wo das Hervorgehen der Welt aus dem Ātman (dem Selbst oder Ich) geschildert wird, heißt es: »… Aber er (der Ātman, das Selbst oder das Ich) hatte auch keine Freude; darum hat einer keine Freude, wenn er allein ist. Da begehrte er nach einem Zweiten. Nämlich er war so groß wie ein Weib und ein Mann, wenn sie sich umschlungen halten. Dieses sein Selbst zerfällte er in zwei Teile: daraus entstanden Gatte und Gattin. Darum ist dieser Leib an dem Selbst gleichsam eine Halbscheid, so nämlich hat es Yājñavalkya erklärt. Darum wird dieser leere Raum hier durch das Weib ausgefüllt.«
Die *Brihad-Āranyaka-Upanishad* ist die älteste aller Upanishaden und wird wohl von keinem urteilsfähigen Forscher später angesetzt als etwa um das Jahr 800 v. Chr. Die Frage, ob eine, wenn auch nur mittelbare Abhängigkeit Platos von diesen indischen Gedanken möglich wäre, möchte ich im Gegensatz zur herrschenden Meinung nicht unbedingt verneinen, da eine solche Möglichkeit wohl auch für die Seelenwanderungslehre nicht geradezu in Abrede gestellt werden kann. Eine solche, zunächst durch Pythagoreer vermittelte Abhängigkeit würde dem gedanklichen Zusammentreffen kaum etwas von seiner Bedeutsamkeit nehmen, da Plato eine derartige ihm irgendwie aus orientalischer Überlieferung zugetragene Geschichte sich nicht zu eigen gemacht, geschweige denn ihr eine so bedeutsame Stellung angewiesen hätte, hätte sie ihm nicht selbst als wahrheitshältig eingeleuchtet.
In einem Aufsatz von K. Ziegler, Menschen- und Weltenwerden (Neue Jahrbücher für das klassische Altertum, Bd. 31, S. 529 ff., 1913), der sich planmäßig mit der Erforschung des fraglichen Gedankens *vor* Plato beschäftigt, wird dieser auf babylonische Vorstellungen zurückgeführt.

Sollen wir, dem Wink des Dichterphilosophen folgend, die Annahme wagen, daß die lebende Substanz bei ihrer Belebung in
kleine Partikel zerrissen wurde, die seither durch die Sexualtriebe
ihre Wiedervereinigung anstreben? Daß diese Triebe, in denen sich
die chemische Affinität der unbelebten Materie fortsetzt, durch das
Reich der Protisten hindurch allmählich die Schwierigkeiten überwinden, welche eine mit lebensgefährlichen Reizen geladene Umgebung diesem Streben entgegensetzt, die sie zur Bildung einer
schützenden Rindenschicht nötigt? Daß diese zersprengten Teil-
chen lebender Substanz so die Vielzelligkeit erreichen und endlich
den Keimzellen den Trieb zur Wiedervereinigung in höchster
Konzentration übertragen? Ich glaube, es ist hier die Stelle, abzubrechen.

Doch nicht, ohne einige Worte kritischer Besinnung anzuschließen.
Man könnte mich fragen, ob und inwieweit ich selbst von den hier
entwickelten Annahmen überzeugt bin. Meine Antwort würde lauten, daß ich weder selbst überzeugt bin noch bei anderen um Glauben für sie werbe. Richtiger: ich weiß nicht, wie weit ich an sie
glaube. Es scheint mir, daß das affektive Moment der Überzeugung
hier gar nicht in Betracht zu kommen braucht. Man kann sich doch
einem Gedankengang hingeben, ihn verfolgen, soweit er führt, nur
aus wissenschaftlicher Neugierde oder, wenn man will, als *advoca-
tus diaboli*, der sich darum doch nicht dem Teufel selbst verschreibt.
Ich verkenne nicht, daß der dritte Schritt in der Trieblehre, den ich
hier unternehme, nicht dieselbe Sicherheit beanspruchen kann wie
die beiden früheren, die Erweiterung des Begriffs der Sexualität und
die Aufstellung des Narzißmus. Diese Neuerungen waren direkte
Übersetzungen der Beobachtung in Theorie, mit nicht größeren
Fehlerquellen behaftet, als in all solchen Fällen unvermeidlich ist.
Die Behauptung des *regressiven* Charakters der Triebe ruht allerdings auch auf beobachtetem Material, nämlich auf den Tatsachen
des Wiederholungszwanges. Allein vielleicht habe ich deren Bedeutung überschätzt. Die Durchführung dieser Idee ist jedenfalls nicht
anders möglich, als daß man mehrmals nacheinander Tatsächliches
mit bloß Erdachtem kombiniert und sich dabei weit von der Beobachtung entfernt. Man weiß, daß das Endergebnis um so unverläßlicher wird, je öfter man dies während des Aufbaues einer Theorie

tut, aber der Grad der Unsicherheit ist nicht angebbar. Man kann dabei glücklich geraten haben oder schmählich in die Irre gegangen sein. Der sogenannten Intuition traue ich bei solchen Arbeiten wenig zu; was ich von ihr gesehen habe, schien mir eher der Erfolg einer gewissen Unparteilichkeit des Intellekts. Nur daß man leider selten unparteiisch ist, wo es sich um die letzten Dinge, die großen Probleme der Wissenschaft und des Lebens handelt. Ich glaube, ein jeder wird da von innerlich tief begründeten Vorlieben beherrscht, denen er mit seiner Spekulation unwissentlich in die Hände arbeitet. Bei so guten Gründen zum Mißtrauen bleibt wohl nichts anderes als ein kühles Wohlwollen für die Ergebnisse der eigenen Denkbemühung möglich. Ich beeile mich nur hinzuzufügen, daß solche Selbstkritik durchaus nicht zu besonderer Toleranz gegen abweichende Meinungen verpflichtet. Man darf unerbittlich Theorien abweisen, denen schon die ersten Schritte in der Analyse der Beobachtung widersprechen, und kann dabei doch wissen, daß die Richtigkeit derer, die man vertritt, doch nur eine vorläufige ist. In der Beurteilung unserer Spekulation über die Lebens- und Todestriebe würde es uns wenig stören, daß so viel befremdende und unanschauliche Vorgänge darin vorkommen, wie ein Trieb werde von anderen herausgedrängt oder er wende sich vom Ich zum Objekt und dergleichen. Dies rührt nur daher, daß wir genötigt sind, mit den wissenschaftlichen Termini, das heißt mit der eigenen Bildersprache der Psychologie (richtig: der Tiefenpsychologie) zu arbeiten. Sonst könnten wir die entsprechenden Vorgänge überhaupt nicht beschreiben, ja, würden sie gar nicht wahrgenommen haben. Die Mängel unserer Beschreibung würden wahrscheinlich verschwinden, wenn wir anstatt der psychologischen Termini schon die physiologischen oder chemischen einsetzen könnten. Diese gehören zwar auch nur einer Bildersprache an, aber einer uns seit längerer Zeit vertrauten und vielleicht auch einfacheren.

Hingegen wollen wir uns recht klarmachen, daß die Unsicherheit unserer Spekulation zu einem hohen Grade durch die Nötigung gesteigert wurde, Anleihen bei der biologischen Wissenschaft zu machen. Die Biologie ist wahrlich ein Reich der unbegrenzten Möglichkeiten, wir haben die überraschendsten Aufklärungen von ihr zu erwarten und können nicht erraten, welche Antworten sie auf die von uns an sie gestellten Fragen einige Jahrzehnte später geben würde. Vielleicht gerade solche, durch die unser ganzer künstlicher Bau von Hypothesen umgeblasen wird. Wenn dem so ist, könnte jemand fragen, wozu unternimmt man also solche Arbeiten wie die in diesem Abschnitt niedergelegte, und warum bringt man sie doch zur Mitteilung? Nun, ich kann nicht in Abrede stellen, daß einige der Analogien, Verknüpfungen und Zusammenhänge darin mir der Beachtung würdig erschienen sind.[1]

---

1 Anschließend hier einige Worte zur Klärung unserer Namengebung, die im Laufe dieser Erörterungen eine gewisse Entwicklung durchgemacht hat. Was »Sexualtriebe« sind, wußten wir aus ihrer Beziehung zu den Geschlechtern und zur Fortpflanzungsfunktion. Wir behielten dann diesen Namen bei, als wir durch die Ergebnisse der Psychoanalyse genötigt waren, deren Beziehung zur Fortpflanzung zu lockern. Mit der Aufstellung der narzißtischen Libido und der Ausdehnung des Libidobegriffes auf die einzelne Zelle wandelte sich uns der Sexualtrieb zum Eros, der die Teile der lebenden Substanz zueinander-zudrängen und zusammenzuhalten sucht, und die gemeinhin so genannten Sexualtriebe erschienen als der dem Objekt zugewandte Anteil dieses Eros. Die Spekulation läßt dann diesen Eros vom Anfang des Lebens an wirken und als »Lebenstrieb« in Gegensatz zum »Todestrieb« treten, der durch die Bele-bung des Anorganischen entstanden ist. Sie versucht das Rätsel des Lebens durch die Annahme dieser beiden von Uranfang an miteinander ringenden Triebe zu lösen. [*Zusatz 1921:*] Unübersichtlicher ist vielleicht die Wandlung, die der Begriff der »Ichtriebe« erfahren hat. Ursprünglich nannten wir so alle jene von uns nicht näher gekannten Triebrichtungen, die sich von den auf das Objekt gerichteten Sexualtrieben abscheiden lassen, und brachten die Ich-triebe in Gegensatz zu den Sexualtrieben, deren Ausdruck die Libido ist. Spä-terhin näherten wir uns der Analyse des Ichs und erkannten, daß auch ein Teil der »Ichtriebe« libidinöser Natur ist, das eigene Ich zum Objekt genommen hat. Diese narzißtischen Selbsterhaltungstriebe mußten also jetzt den libidinö-sen Sexualtrieben zugerechnet werden. Der Gegensatz zwischen Ich- und Sexualtrieben wandelte sich in den zwischen Ich- und Objekttrieben, beide libidinöser Natur. An seine Stelle trat aber ein neuer Gegensatz zwischen libi-dinösen (Ich- und Objekt-)Trieben und anderen, die im Ich zu statuieren und vielleicht in den Destruktionstrieben aufzuzeigen sind. Die Spekulation wan-delt diesen Gegensatz in den von Lebenstrieben (Eros) und von Todestrieben um.

VII

Wenn es wirklich ein so allgemeiner Charakter der Triebe ist, daß sie einen früheren Zustand wiederherstellen wollen, so dürfen wir uns nicht darüber verwundern, daß im Seelenleben so viele Vorgänge sich unabhängig vom Lustprinzip vollziehen. Dieser Charakter würde sich jedem Partialtrieb mitteilen und sich in seinem Falle auf die Wiedererreichung einer bestimmten Station des Entwicklungsweges beziehen. Aber all dies, worüber das Lustprinzip noch keine Macht bekommen hat, brauchte darum noch nicht im Gegensatz zu ihm zu stehen, und die Aufgabe ist noch ungelöst, das Verhältnis der triebhaften Wiederholungsvorgänge zur Herrschaft des Lustprinzips zu bestimmen.

Wir haben es als eine der frühesten und wichtigsten Funktionen des seelischen Apparates erkannt, die anlangenden Triebregungen zu »binden«, den in ihnen herrschenden Primärvorgang durch den Sekundärvorgang zu ersetzen, ihre frei bewegliche Besetzungsenergie in vorwiegend ruhende (tonische) Besetzung umzuwandeln. Während dieser Umsetzung kann auf die Entwicklung von Unlust nicht Rücksicht genommen werden, allein das Lustprinzip wird dadurch nicht aufgehoben. Die Umsetzung geschieht vielmehr im Dienste des Lustprinzips; die Bindung ist ein vorbereitender Akt, der die Herrschaft des Lustprinzips einleitet und sichert.

Trennen wir Funktion und Tendenz schärfer voneinander, als wir es bisher getan haben. Das Lustprinzip ist dann eine Tendenz, welche im Dienste einer Funktion steht, der es zufällt, den seelischen Apparat überhaupt erregungslos zu machen oder den Betrag der Erregung in ihm konstant oder möglichst niedrig zu erhalten. Wir können uns noch für keine dieser Fassungen sicher entscheiden, aber wir merken, daß die so bestimmte Funktion Anteil hätte an dem allgemeinsten Streben alles Lebenden, zur Ruhe der anorganischen Welt zurückzukehren. Wir haben alle erfahren, daß die größte uns erreichbare Lust, die des Sexualaktes, mit dem momentanen Erlöschen einer hochgesteigerten Erregung verbunden ist. Die Bindung der Triebregung wäre aber eine vorbereitende Funktion, welche die Erregung für ihre endgültige Erledigung in der Abfuhrlust zurichten soll.

Aus demselben Zusammenhang erhebt sich die Frage, ob die Lust-
und Unlustempfindungen von den gebundenen wie von den ungebundenen Erregungsvorgängen in gleicher Weise erzeugt werden
können. Da erscheint es denn ganz unzweifelhaft, daß die ungebundenen, die Primärvorgänge weit intensivere Empfindungen nach
beiden Richtungen ergeben als die gebundenen, die des Sekundärvorganges. Die Primärvorgänge sind auch die zeitlich früheren, zu
Anfang des Seelenlebens gibt es keine anderen, und wir können
schließen, wenn das Lustprinzip nicht schon bei ihnen in Wirksamkeit wäre, könnte es sich überhaupt für die späteren nicht herstellen.
Wir kommen so zu dem im Grunde nicht einfachen Ergebnis, daß
das Luststreben zu Anfang des seelischen Lebens sich weit intensiver äußert als späterhin, aber nicht so uneingeschränkt; es muß sich
häufige Durchbrüche gefallen lassen. In reiferen Zeiten ist die Herrschaft des Lustprinzips sehr viel mehr gesichert, aber dieses selbst
ist der Bändigung sowenig entgangen wie die anderen Triebe überhaupt. Jedenfalls muß das, was am Erregungsvorgange die Empfindungen von Lust und Unlust entstehen läßt, beim Sekundärvorgang
ebenso vorhanden sein wie beim Primärvorgang.

Hier wäre die Stelle, mit weiteren Studien einzusetzen. Unser Bewußtsein vermittelt uns von innen her nicht nur die Empfindungen
von Lust und Unlust, sondern auch von einer eigentümlichen Spannung, die selbst wieder eine lustvolle oder unlustvolle sein kann. Sind
es nun die gebundenen und die ungebundenen Energievorgänge, die
wir mittels dieser Empfindungen voneinander unterscheiden sollen,
oder ist die Spannungsempfindung auf die absolute Größe, eventuell
das Niveau der Besetzung zu beziehen, während die Lust-Unlustreihe auf die Änderung der Besetzungsgröße in der Zeiteinheit hin-
deutet? Es muß uns auch auffallen, daß die Lebenstriebe soviel mehr
mit unserer inneren Wahrnehmung zu tun haben, da sie als Stören-
friede auftreten, unausgesetzt Spannungen mit sich bringen, deren
Erledigung als Lust empfunden wird, während die Todestriebe ihre
Arbeit unauffällig zu leisten scheinen. Das Lustprinzip scheint geradezu im Dienste der Todestriebe zu stehen; es wacht allerdings auch
über die Reize von außen, die von beiderlei Triebarten als Gefahren
eingeschätzt werden, aber ganz besonders über die Reizsteigerun-
gen von innen her, die eine Erschwerung der Lebensaufgabe erzie-

len. Hieran knüpfen sich ungezählte andere Fragen, deren Beantwortung jetzt nicht möglich ist. Man muß geduldig sein und auf weitere Mittel und Anlässe zur Forschung warten. Auch bereit bleiben, einen Weg wieder zu verlassen, den man eine Weile verfolgt hat, wenn er zu nichts Gutem zu führen scheint. Nur solche Gläubige, die von der Wissenschaft einen Ersatz für den aufgegebenen Katechismus fordern, werden dem Forscher die Fortbildung oder selbst die Umbildung seiner Ansichten verübeln. Im übrigen mag uns ein Dichter (Rückert in den Makamen des Hariri) über die langsamen Fortschritte unserer wissenschaftlichen Erkenntnis trösten:

>»Was man nicht erfliegen kann, muß man erhinken.
>. . . . .
>Die Schrift sagt, es ist keine Sünde zu hinken.«

DAS ICH UND DAS ES

(1923)

Nachstehende Erörterungen setzen Gedankengänge fort, die in meiner Schrift »Jenseits des Lustprinzips« 1920[1] begonnen wurden, denen ich persönlich, wie dort erwähnt ist, mit einer gewissen wohlwollenden Neugierde gegenüberstand. Sie nehmen diese Gedanken auf, verknüpfen sie mit verschiedenen Tatsachen der analytischen Beobachtung, suchen aus dieser Vereinigung neue Schlüsse abzuleiten, machen aber keine neuen Anleihen bei der Biologie und stehen darum der Psychoanalyse näher als das »Jenseits«. Sie tragen eher den Charakter einer Synthese als einer Spekulation und scheinen sich ein hohes Ziel gesetzt zu haben. Ich weiß aber, daß sie beim Gröbsten haltmachen, und bin mit dieser Beschränkung recht einverstanden.

Dabei rühren sie an Dinge, die bisher noch nicht Gegenstand der psychoanalytischen Bearbeitung gewesen sind, und können es nicht vermeiden, manche Theorien zu streifen, die von Nicht-Analytikern oder ehemaligen Analytikern auf ihrem Rückzug von der Analyse aufgestellt wurden. Ich bin sonst immer bereit gewesen, meine Verbindlichkeiten gegen andere Arbeiter anzuerkennen, fühle mich aber in diesem Falle durch keine solche Dankesschuld belastet. Wenn die Psychoanalyse gewisse Dinge bisher nicht gewürdigt hat, so geschah es nie darum, weil sie deren Leistung übersehen hatte oder deren Bedeutung verleugnen wollte, sondern weil sie einen bestimmten Weg verfolgt, der noch nicht so weit geführt hatte. Und endlich, wenn sie dahin gekommen ist, erscheinen ihr auch die Dinge anders als den anderen.

---

1 Ges. Werke, Bd. XIII [oben, S. 193–249].

I
Bewußtsein und Unbewußtes

In diesem einleitenden Abschnitt ist nichts Neues zu sagen und die Wiederholung von früher oft Gesagtem nicht zu vermeiden.

Die Unterscheidung des Psychischen in Bewußtes und Unbewußtes ist die Grundvoraussetzung der Psychoanalyse und gibt ihr allein die Möglichkeit, die ebenso häufigen als wichtigen pathologischen Vorgänge im Seelenleben zu verstehen, der Wissenschaft einzuordnen. Nochmals und anders gesagt: die Psychoanalyse kann das Wesen des Psychischen nicht ins Bewußtsein verlegen, sondern muß das Bewußtsein als eine Qualität des Psychischen ansehen, die zu anderen Qualitäten hinzukommen oder wegbleiben mag.

Wenn ich mir vorstellen könnte, daß alle an der Psychologie Interessierten diese Schrift lesen werden, so wäre ich auch darauf vorbereitet, daß schon an dieser Stelle ein Teil der Leser haltmacht und nicht weiter mitgeht, denn hier ist das erste Schibboleth der Psychoanalyse. Den meisten philosophisch Gebildeten ist die Idee eines Psychischen, das nicht auch bewußt ist, so unfaßbar, daß sie ihnen absurd und durch bloße Logik abweisbar erscheint. Ich glaube, dies kommt nur daher, daß sie die betreffenden Phänomene der Hypnose und des Traumes, welche – vom Pathologischen ganz abgesehen – zu solcher Auffassung zwingen, nie studiert haben. Ihre Bewußtseinspsychologie ist aber auch unfähig, die Probleme des Traumes und der Hypnose zu lösen.

Bewußt sein ist zunächst ein rein deskriptiver Terminus, der sich auf die unmittelbarste und sicherste Wahrnehmung beruft. Die Erfahrung zeigt uns dann, daß ein psychisches Element, zum Beispiel eine Vorstellung, gewöhnlich nicht dauernd bewußt ist. Es ist vielmehr charakteristisch, daß der Zustand des Bewußtseins rasch vorübergeht; die jetzt bewußte Vorstellung ist es im nächsten Moment nicht mehr, allein sie kann es unter gewissen leicht hergestellten Bedingungen wieder werden. Inzwischen war sie, wir wissen nicht was; wir können sagen, sie sei *latent* gewesen, und meinen dabei, daß sie jederzeit *bewußtseinsfähig* war. Auch wenn wir sagen, sie sei *unbewußt* gewesen, haben wir eine korrekte Beschreibung gegeben. Dieses Unbewußt fällt dann mit latent-bewußtseinsfähig zusammen.

Die Philosophen würden uns zwar einwerfen: Nein, der Terminus unbewußt hat hier keine Anwendung, solange die Vorstellung im Zustand der Latenz war, war sie überhaupt nichts Psychisches. Würden wir ihnen schon an dieser Stelle widersprechen, so gerieten wir in einen Wortstreit, aus dem sich nichts gewinnen ließe.

Wir sind aber zum Terminus oder Begriff des Unbewußten auf einem anderen Weg gekommen, durch Verarbeitung von Erfahrungen, in denen die seelische *Dynamik* eine Rolle spielt. Wir haben erfahren, das heißt annehmen müssen, daß es sehr starke seelische Vorgänge oder Vorstellungen gibt – hier kommt zuerst ein quantitatives, also ökonomisches Moment in Betracht –, die alle Folgen für das Seelenleben haben können wie sonstige Vorstellungen, auch solche Folgen, die wiederum als Vorstellungen bewußt werden können, nur werden sie selbst nicht bewußt. Es ist nicht nötig, hier ausführlich zu wiederholen, was schon so oft dargestellt worden ist. Genug, an dieser Stelle setzt die psychoanalytische Theorie ein und behauptet, daß solche Vorstellungen nicht bewußt sein können, weil eine gewisse Kraft sich dem widersetzt, daß sie sonst bewußt werden könnten und daß man dann sehen würde, wie wenig sie sich von anderen anerkannten psychischen Elementen unterscheiden. Diese Theorie wird dadurch unwiderleglich, daß sich in der psychoanalytischen Technik Mittel gefunden haben, mit deren Hilfe man die widerstrebende Kraft aufheben und die betreffenden Vorstellungen bewußtmachen kann. Den Zustand, in dem diese sich vor der Bewußtmachung befanden, heißen wir *Verdrängung*, und die Kraft, welche die Verdrängung herbeigeführt und aufrechtgehalten hat, behaupten wir während der analytischen Arbeit als *Widerstand* zu verspüren.

Unseren Begriff des Unbewußten gewinnen wir also aus der Lehre von der Verdrängung. Das Verdrängte ist uns das Vorbild des Unbewußten. Wir sehen aber, daß wir zweierlei Unbewußtes haben, das latente, doch bewußtseinsfähige, und das Verdrängte, an sich und ohne weiteres nicht bewußtseinsfähige. Unser Einblick in die psychische Dynamik kann nicht ohne Einfluß auf die Nomenklatur und Beschreibung bleiben. Wir heißen das Latente, das nur deskriptiv unbewußt ist, nicht im dynamischen Sinne, *vorbewußt*; den Namen *unbewußt* beschränken wir auf das dynamisch unbewußte

Verdrängte, so daß wir jetzt drei Termini haben, bewußt (*bw*), vor-bewußt (*vbw*) und unbewußt (*ubw*), deren Sinn nicht mehr rein deskriptiv ist. Das *Vbw*, nehmen wir an, steht dem *Bw* viel näher als das *Ubw*, und da wir das *Ubw* psychisch geheißen haben, werden wir es beim latenten *Vbw* um so unbedenklicher tun. Warum wollen wir aber nicht lieber im Einvernehmen mit den Philosophen bleiben und das *Vbw* wie das *Ubw* konsequenterweise vom bewußten Psy-chischen trennen? Die Philosophen würden uns dann vorschlagen, das *Vbw* wie das *Ubw* als zwei Arten oder Stufen des *Psychoiden* zu beschreiben, und die Einigkeit wäre hergestellt. Aber unendliche Schwierigkeiten in der Darstellung wären die Folge davon, und die einzig wichtige Tatsache, daß diese Psychoide fast in allen anderen Punkten mit dem anerkannt Psychischen übereinstimmen, wäre zu-gunsten eines Vorurteils in den Hintergrund gedrängt, eines Vorur-teils, das aus der Zeit stammt, da man diese Psychoide oder das Bedeutsamste von ihnen noch nicht kannte.

Nun können wir mit unseren drei Termini, *bw*, *vbw* und *ubw*, be-quem wirtschaften, wenn wir nur nicht vergessen, daß es im deskrip-tiven Sinne zweierlei Unbewußtes gibt, im dynamischen aber nur eines. Für manche Zwecke der Darstellung kann man diese Unter-scheidung vernachlässigen, für andere ist sie natürlich unentbehrlich. Wir haben uns immerhin an diese Zweideutigkeit des Unbewußten ziemlich gewöhnt und sind gut mit ihr ausgekommen. Vermeiden läßt sie sich, soweit ich sehen kann, nicht; die Unterscheidung zwi-schen Bewußtem und Unbewußtem ist schließlich eine Frage der Wahrnehmung, die mit Ja oder Nein zu beantworten ist, und der Akt der Wahrnehmung selbst gibt keine Auskunft darüber, aus welchem Grund etwas wahrgenommen wird oder nicht wahrgenommen wird. Man darf sich nicht darüber beklagen, daß das Dynamische in der Erscheinung nur einen zweideutigen Ausdruck findet.[1]

---

1 Soweit vgl.: Bemerkungen über den Begriff des Unbewußten. (Ges. Werke, Bd. VIII [oben, S. 41–48].) Eine neuerliche Wendung in der Kritik des Unbe-wußten verdient an dieser Stelle gewürdigt zu werden. Manche Forscher, die sich der Anerkennung der psychoanalytischen Tatsachen nicht verschließen, das Unbewußte aber nicht annehmen wollen, schaffen sich eine Auskunft mit Hilfe der unbestrittenen Tatsache, daß auch das Bewußtsein – als Phänomen –

Im weiteren Verlauf der psychoanalytischen Arbeit stellt sich aber heraus, daß auch diese Unterscheidungen unzulänglich, praktisch insuffizient sind. Unter den Situationen, die das zeigen, sei folgende als die entscheidende hervorgehoben. Wir haben uns die Vorstellung von einer zusammenhängenden Organisation der seelischen Vorgänge in einer Person gebildet und heißen diese das *Ich* derselben. An diesem Ich hängt das Bewußtsein, es beherrscht die Zu-

---

eine große Reihe von Abstufungen der Intensität oder Deutlichkeit erkennen läßt. So wie es Vorgänge gibt, die sehr lebhaft, grell, greifbar bewußt sind, so erleben wir auch andere, die nur schwach, kaum eben merklich bewußt sind, und die am schwächsten bewußten seien eben die, für welche die Psychoanalyse das unpassende Wort unbewußt gebrauchen wolle. Sie seien aber doch auch bewußt oder »im Bewußtsein« und lassen sich voll und stark bewußtmachen, wenn man ihnen genug Aufmerksamkeit schenkte.

Soweit die Entscheidung in einer solchen entweder von der Konvention oder von Gefühlsmomenten abhängigen Frage durch Argumente beeinflußt werden kann, läßt sich hiezu folgendes bemerken: Der Hinweis auf eine Deutlichkeitsskala der Bewußtheit hat nichts Verbindliches und nicht mehr Beweiskraft als etwa die analogen Sätze: Es gibt so viel Abstufungen der Beleuchtung vom grellsten, blendenden Licht bis zum matten Lichtschimmer, folglich gibt es überhaupt keine Dunkelheit. Oder: Es gibt verschiedene Grade von Vitalität, folglich gibt es keinen Tod. Diese Sätze mögen ja in einer gewissen Weise sinnreich sein, aber sie sind praktisch verwerflich, wie sich herausstellt, wenn man bestimmte Folgerungen von ihnen ableiten will, zum Beispiel: Also braucht man kein Licht anzustecken, oder: Also sind alle Organismen unsterblich. Ferner erreicht man durch die Subsumierung des Unmerklichen unter das Bewußte nichts anderes, als daß man sich die einzige unmittelbare Sicherheit verdirbt, die es im Psychischen überhaupt gibt. Ein Bewußtsein, von dem man nichts weiß, scheint mir doch um vieles absurder als ein unbewußtes Seelisches. Endlich ist solche Angleichung des Unbemerkten an das Unbewußte offenbar ohne Rücksicht auf die dynamischen Verhältnisse versucht worden, welche für die psychoanalytische Auffassung maßgebend waren. Denn zwei Tatsachen werden dabei vernachlässigt; erstens, daß es sehr schwierig ist, großer Anstrengung bedarf, um einem solchen Unbemerkten genug Aufmerksamkeit zuzuführen, und zweitens, daß, wenn dies gelungen ist, das vordem Unbemerkte jetzt nicht vom Bewußtsein erkannt wird, sondern oft genug ihm völlig fremd, gegensätzlich erscheint und von ihm schroff abgelehnt wird. Der Rekurs vom Unbewußten auf das wenig Bemerkte und nicht Bemerkte ist also doch nur ein Abkömmling des Vorurteils, dem die Identität des Psychischen mit dem Bewußten ein für allemal feststeht.

gänge zur Motilität, das ist: zur Abfuhr der Erregungen in die Außenwelt; es ist diejenige seelische Instanz, welche eine Kontrolle über all ihre Partialvorgänge ausübt, welche zur Nachtzeit schlafen geht und dann immer noch die Traumzensur handhabt. Von diesem Ich gehen auch die Verdrängungen aus, durch welche gewisse seelische Strebungen nicht nur vom Bewußtsein, sondern auch von den anderen Arten der Geltung und Betätigung ausgeschlossen werden sollen. Dies durch die Verdrängung Beseitigte stellt sich in der Analyse dem Ich gegenüber, und es wird der Analyse die Aufgabe gestellt, die Widerstände aufzuheben, die das Ich gegen die Beschäftigung mit dem Verdrängten äußert. Nun machen wir während der Analyse die Beobachtung, daß der Kranke in Schwierigkeiten gerät, wenn wir ihm gewisse Aufgaben stellen; seine Assoziationen versagen, wenn sie sich dem Verdrängten annähern sollen. Wir sagen ihm dann, er stehe unter der Herrschaft eines Widerstandes, aber er weiß nichts davon, und selbst wenn er aus seinen Unlustgefühlen erraten sollte, daß jetzt ein Widerstand in ihm wirkt, so weiß er ihn nicht zu benennen und anzugeben. Da aber dieser Widerstand sicherlich von seinem Ich ausgeht und diesem angehört, so stehen wir vor einer unvorhergesehenen Situation. Wir haben im Ich selbst etwas gefunden, was auch unbewußt ist, sich geradeso benimmt wie das Verdrängte, das heißt starke Wirkungen äußert, ohne selbst bewußt zu werden, und zu dessen Bewußtmachung es einer besonderen Arbeit bedarf. Die Folge dieser Erfahrung für die analytische Praxis ist, daß wir in unendlich viele Undeutlichkeiten und Schwierigkeiten geraten, wenn wir an unserer gewohnten Ausdrucksweise festhalten und zum Beispiel die Neurose auf einen Konflikt zwischen dem Bewußten und dem Unbewußten zurückführen wollen. Wir müssen für diesen Gegensatz aus unserer Einsicht in die strukturellen Verhältnisse des Seelenlebens einen anderen einsetzen: den zwischen dem zusammenhängenden Ich und dem von ihm abgespaltenen Verdrängten.[1]

Die Folgen für unsere Auffassung des Unbewußten sind aber noch bedeutsamer. Die dynamische Betrachtung hatte uns die erste Korrektur gebracht, die strukturelle Einsicht bringt uns die zweite. Wir

---

1 Vgl. Jenseits des Lustprinzips [oben, S. 205].

erkennen, daß das *Ubw* nicht mit dem Verdrängten zusammenfällt; es bleibt richtig, daß alles Verdrängte *ubw* ist, aber nicht alles *Ubw* ist auch verdrängt. Auch ein Teil des Ichs, ein Gott weiß wie wichtiger Teil des Ichs, kann *ubw* sein, ist sicherlich *ubw*. Und dies *Ubw* des Ichs ist nicht latent im Sinne des *Vbw*, sonst dürfte es nicht aktiviert werden, ohne *bw* zu werden, und seine Bewußtmachung dürfte nicht so große Schwierigkeiten bereiten. Wenn wir uns so vor der Nötigung sehen, ein drittes, nicht verdrängtes *Ubw* aufzustellen, so müssen wir zugestehen, daß der Charakter des Unbewußtseins für uns an Bedeutung verliert. Er wird zu einer vieldeutigen Qualität, die nicht die weitgehenden und ausschließenden Folgerungen gestattet, für welche wir ihn gerne verwertet hätten. Doch müssen wir uns hüten, ihn zu vernachlässigen, denn schließlich ist die Eigenschaft bewußt oder nicht die einzige Leuchte im Dunkel der Tiefenpsychologie.

II
Das Ich und das Es

Die pathologische Forschung hat unser Interesse allzu ausschließlich auf das Verdrängte gerichtet. Wir möchten mehr vom Ich erfahren, seitdem wir wissen, daß auch das Ich unbewußt im eigentlichen Sinne sein kann. Unser einziger Anhalt während unserer Untersuchungen war bisher das Kennzeichen des Bewußt- oder Unbewußtseins; zuletzt haben wir gesehen, wie vieldeutig dies sein kann.

Nun ist all unser Wissen immer an das Bewußtsein gebunden. Auch das *Ubw* können wir nur dadurch kennenlernen, daß wir es bewußtmachen. Aber halt, wie ist das möglich? Was heißt: etwas bewußtmachen? Wie kann das vor sich gehen?

Wir wissen schon, wo wir hiefür anzuknüpfen haben. Wir haben gesagt, das Bewußtsein ist die *Oberfläche* des seelischen Apparates, das heißt, wir haben es einem System als Funktion zugeschrieben, welches räumlich das erste von der Außenwelt her ist. Räumlich übrigens nicht nur im Sinne der Funktion, sondern diesmal auch im

Sinne der anatomischen Zergliederung.[1] Auch unser Forschen muß diese wahrzunehmende Oberfläche zum Ausgang nehmen.

Von vornherein *bw* sind alle Wahrnehmungen, die von außen herankommen (Sinneswahrnehmungen), und von innen her, was wir Empfindungen und Gefühle heißen. Wie aber ist es mit jenen inneren Vorgängen, die wir etwa – roh und ungenau – als Denkvorgänge zusammenfassen können? Kommen sie, die sich irgendwo im Innern des Apparates als Verschiebungen seelischer Energie auf dem Wege zur Handlung vollziehen, an die Oberfläche, die das Bewußtsein entstehen läßt, heran? Oder kommt das Bewußtsein zu ihnen? Wir merken, das ist eine von den Schwierigkeiten, die sich ergeben, wenn man mit der räumlichen, *topischen* Vorstellung des seelischen Geschehens Ernst machen will. Beide Möglichkeiten sind gleich unausdenkbar, es müßte etwas drittes der Fall sein.

An einer anderen Stelle[2] habe ich schon die Annahme gemacht, daß der wirkliche Unterschied einer *ubw* von einer *vbw* Vorstellung (einem Gedanken) darin besteht, daß die erstere sich an irgendwelchem Material, das unerkannt bleibt, vollzieht, während bei der letzteren (der *vbw*) die Verbindung mit *Wortvorstellungen* hinzukommt. Hier ist zuerst der Versuch gemacht, für die beiden Systeme *Vbw* und *Ubw* Kennzeichen anzugeben, die anders sind als die Beziehung zum Bewußtsein. Die Frage: Wie wird etwas bewußt? lautet also zweckmäßiger: Wie wird etwas vorbewußt? Und die Antwort wäre: durch Verbindung mit den entsprechenden Wortvorstellungen.

Diese Wortvorstellungen sind Erinnerungsreste, sie waren einmal Wahrnehmungen und können wie alle Erinnerungsreste wieder bewußt werden. Ehe wir noch weiter von ihrer Natur handeln, dämmert uns wie eine neue Einsicht auf: bewußt werden kann nur das, was schon einmal *bw* Wahrnehmung war, und was außer Gefühlen von innen her bewußt werden will, muß versuchen, sich in äußere Wahrnehmungen umzusetzen. Dies wird mittels der Erinnerungsspuren möglich.

---

1 S. Jenseits des Lustprinzips [oben, S. 211].
2 Das Unbewußte. Internat. Zschr. f. PsA., III. 1915. (Ges. Werke, Bd. X [oben, S. 151 ff.].)

Die Erinnerungsreste denken wir uns in Systemen enthalten, welche unmittelbar an das System *W-Bw* anstoßen, so daß ihre Besetzungen sich leicht auf die Elemente dieses Systems von innen her fortsetzen können. Man denkt hier sofort an die Halluzination und an die Tatsache, daß die lebhafteste Erinnerung immer noch von der Halluzination wie von der äußeren Wahrnehmung unterschieden wird, allein ebenso rasch stellt sich die Auskunft ein, daß bei der Wiederbelebung einer Erinnerung die Besetzung im Erinnerungssystem erhalten bleibt, während die von der Wahrnehmung nicht unterscheidbare Halluzination entstehen mag, wenn die Besetzung nicht nur von der Erinnerungsspur auf das *W*-Element übergreift, sondern völlig auf dasselbe übergeht.

Die Wortreste stammen wesentlich von akustischen Wahrnehmungen ab, so daß hiedurch gleichsam ein besonderer Sinnesursprung für das System *Vbw* gegeben ist. Die visuellen Bestandteile der Wortvorstellung kann man als sekundär, durch Lesen erworben, zunächst vernachlässigen und ebenso die Bewegungsbilder des Wortes, die außer bei Taubstummen die Rolle von unterstützenden Zeichen spielen. Das Wort ist doch eigentlich der Erinnerungsrest des gehörten Wortes.

Es darf uns nicht beifallen, etwa der Vereinfachung zuliebe, die Bedeutung der optischen Erinnerungsreste – von den Dingen – zu vergessen oder zu verleugnen, daß ein Bewußtwerden der Denkvorgänge durch Rückkehr zu den visuellen Resten möglich ist und bei vielen Personen bevorzugt scheint. Von der Eigenart dieses visuellen Denkens kann uns das Studium der Träume und der vorbewußten Phantasien nach den Beobachtungen J. Varendoncks eine Vorstellung geben. Man erfährt, daß dabei meist nur das konkrete Material des Gedankens bewußt wird, für die Relationen aber, die den Gedanken besonders kennzeichnen, ein visueller Ausdruck nicht gegeben werden kann. Das Denken in Bildern ist also ein nur sehr unvollkommenes Bewußtwerden. Es steht auch irgendwie den unbewußten Vorgängen näher als das Denken in Worten und ist unzweifelhaft onto- wie phylogenetisch älter als dieses.

Wenn also, um zu unserem Argument zurückzukehren, dies der Weg ist, wie etwas an sich Unbewußtes vorbewußt wird, so ist die Frage, wie machen wir etwas Verdrängtes (vor)bewußt, zu beantworten: indem wir solche *vbw* Mittelglieder durch die analytische Arbeit herstellen. Das Bewußtsein verbleibt also an seiner Stelle, aber auch das *Ubw* ist nicht etwa zum *Bw* aufgestiegen.

Während die Beziehung der äußeren Wahrnehmung zum Ich ganz offenkundig ist, fordert die der inneren Wahrnehmung zum Ich eine besondere Untersuchung heraus. Sie läßt noch einmal den Zweifel auftauchen, ob man wirklich recht daran tut, alles Bewußtsein auf das eine oberflächliche System *W-Bw* zu beziehen.

Die innere Wahrnehmung ergibt Empfindungen von Vorgängen aus den verschiedensten, gewiß auch tiefsten Schichten des seelischen Apparates. Sie sind schlecht gekannt, als ihr bestes Muster können noch die der Lust-Unlustreihe gelten. Sie sind ursprünglicher, elementarer als die von außen stammenden, können noch in Zuständen getrübten Bewußtseins zustande kommen. Über ihre größere ökonomische Bedeutung und deren metapsychologische Begründung habe ich mich an anderer Stelle geäußert. Diese Empfindungen sind multilokulär wie die äußeren Wahrnehmungen, können gleichzeitig von verschiedenen Stellen kommen und dabei verschiedene, auch entgegengesetzte Qualitäten haben.

Die Empfindungen mit Lustcharakter haben nichts Drängendes an sich, dagegen im höchsten Grad die Unlustempfindungen. Diese drängen auf Veränderung, auf Abfuhr, und darum deuten wir die Unlust auf eine Erhöhung, die Lust auf eine Erniedrigung der Energiebesetzung. Nennen wir das, was als Lust und Unlust bewußt wird, ein quantitativ-qualitativ Anderes im seelischen Ablauf, so ist die Frage, ob ein solches Anderes an Ort und Stelle bewußt werden kann oder bis zum System *W* fortgeleitet werden muß.

Die klinische Erfahrung entscheidet für das leztere. Sie zeigt, daß dies Andere sich verhält wie eine verdrängte Regung. Es kann treibende Kräfte enthalten, ohne daß das Ich den Zwang bemerkt. Erst Widerstand gegen den Zwang, Aufhalten der Abfuhrreaktion macht dieses Andere sofort als Unlust bewußt. Ebenso wie Bedürfnisspannungen, kann auch der Schmerz unbewußt bleiben, dies Mittelding zwischen äußerer und innerer Wahrnehmung, der sich wie eine innere Wahrnehmung verhält, auch wo er aus der Außenwelt stammt. Es bleibt also richtig, daß auch Empfindungen und Gefühle nur durch Anlangen an das System *W* bewußt werden; ist die Fortleitung gesperrt, so kommen sie nicht als Empfindungen zustande, obwohl das ihnen entsprechende Andere im Erregungsablauf dasselbe ist. Abgekürzter, nicht ganz korrekterweise sprechen wir dann von *unbewußten Empfindungen*, halten die Analogie mit unbewußten Vorstellungen fest, die nicht ganz gerechtfertigt ist. Der Unterschied ist nämlich, daß für die *ubw* Vorstellung erst Verbindungsglieder geschaffen werden müssen, um sie zum *Bw* zu bringen, während dies für die Empfindungen, die sich direkt fortleiten, entfällt. Mit anderen Worten: Die Unterscheidung von *Bw* und *Vbw* hat für die Empfindungen keinen Sinn, das *Vbw* fällt hier aus, Empfindungen sind entweder bewußt oder unbewußt. Auch wenn sie an Wortvorstellungen gebunden werden, danken sie nicht diesen ihr Bewußtwerden, sondern sie werden es direkt.

Die Rolle der Wortvorstellungen wird nun vollends klar. Durch ihre Vermittlung werden die inneren Denkvorgänge zu Wahrnehmungen gemacht. Es ist, als sollte der Satz erwiesen werden: alles Wissen stammt aus der äußeren Wahrnehmung. Bei einer Überbesetzung des Denkens werden die Gedanken wirklich – wie von außen – wahrgenommen und darum für wahr gehalten.

Nach dieser Klärung der Beziehungen zwischen äußerer und innerer Wahrnehmung und dem Oberflächensystem *W-Bw* können wir darangehen, unsere Vorstellung vom Ich auszubauen. Wir sehen es vom System *W* als seinem Kern ausgehen und zunächst das *Vbw*, das sich an die Erinnerungsreste anlehnt, umfassen. Das Ich ist aber auch, wie wir erfahren haben, unbewußt.

Nun meine ich, wir werden großen Vorteil davon haben, wenn wir der Anregung eines Autors folgen, der vergebens aus persönlichen Motiven beteuert, er habe mit der gestrengen, hohen Wissenschaft nichts zu tun. Ich meine G. Groddeck, der immer wieder betont, daß das, was wir unser Ich heißen, sich im Leben wesentlich passiv verhält, daß wir nach seinem Ausdruck »gelebt« werden von unbekannten, unbeherrschbaren Mächten.[1] Wir haben alle dieselben Eindrücke empfangen, wenngleich sie uns nicht bis zum Ausschluß aller anderen überwältigt haben, und verzagen nicht daran, der Ein-

---

1 G. Groddeck, Das Buch vom Es. Internationaler Psychoanalytischer Verlag 1923.

sicht Groddecks ihre Stelle in dem Gefüge der Wissenschaft anzuweisen. Ich schlage vor, ihr Rechnung zu tragen, indem wir das vom System *W* ausgehende Wesen, das zunächst *vbw* ist, das *Ich* heißen, das andere Psychische aber, in welches es sich fortsetzt und das sich wie *ubw* verhält, nach Groddecks Gebrauch das *Es*[1].

Wir werden bald sehen, ob wir aus dieser Auffassung Nutzen für Beschreibung und Verständnis ziehen können. Ein Individuum ist nun für uns ein psychisches Es, unerkannt und unbewußt, diesem sitzt das Ich oberflächlich auf, aus dem *W*-System als Kern entwickelt. Streben wir nach graphischer Darstellung, so werden wir hinzufügen, das Ich umhüllt das Es nicht ganz, sondern nur insoweit das System *W* dessen Oberfläche bildet, also etwa so wie die Keimscheibe dem Ei aufsitzt. Das Ich ist vom Es nicht scharf getrennt, es fließt nach unten hin mit ihm zusammen.

Aber auch das Verdrängte fließt mit dem Es zusammen, ist nur ein Teil von ihm. Das Verdrängte ist nur vom Ich durch die Verdrängungswiderstände scharf geschieden, durch das Es kann es mit ihm kommunizieren. Wir erkennen sofort, fast alle Sonderungen, die wir auf die Anregung der Pathologie hin beschrieben haben, beziehen sich nur auf die – uns allein bekannten – oberflächlichen Schichten des seelischen Apparates. Wir könnten von diesen Verhältnissen eine Zeichnung entwerfen, deren Konturen allerdings nur der Darstellung dienen, keine besondere Deutung beanspruchen sollen. Etwa fügen wir hinzu, daß das Ich eine »Hörkappe« trägt, nach dem Zeugnis der Gehirnanatomie nur auf einer Seite. Sie sitzt ihm sozusagen schief auf.

Es ist leicht einzusehen, das Ich ist der durch den direkten Einfluß der Außenwelt unter Vermittlung von *W-Bw* veränderte Teil des Es, gewissermaßen eine Fortsetzung der Oberflächendifferenzierung. Es bemüht sich auch, den Einfluß der Außenwelt auf das Es und seine Absichten zur Geltung zu bringen, ist bestrebt, das Realitätsprinzip an die Stelle des Lustprinzips zu setzen, welches im Es uneingeschränkt regiert. Die Wahrnehmung spielt für das Ich die

---

1 Groddeck selbst ist wohl dem Beispiel Nietzsches gefolgt, bei dem dieser grammatikalische Ausdruck für das Unpersönliche und sozusagen Naturnotwendige in unserem Wesen durchaus gebräuchlich ist.

Rolle, welche im Es dem Trieb zufällt. Das Ich repräsentiert, was man Vernunft und Besonnenheit nennen kann, im Gegensatz zum Es, welches die Leidenschaften enthält. Dies alles deckt sich mit allbekannten populären Unterscheidungen, ist aber auch nur als durchschnittlich oder ideell richtig zu verstehen.

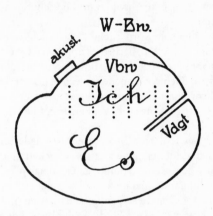

Die funktionelle Wichtigkeit des Ichs kommt darin zum Ausdruck, daß ihm normalerweise die Herrschaft über die Zugänge zur Motilität eingeräumt ist. Es gleicht so im Verhältnis zum Es dem Reiter, der die überlegene Kraft des Pferdes zügeln soll, mit dem Unterschied, daß der Reiter dies mit eigenen Kräften versucht, das Ich mit geborgten. Dieses Gleichnis trägt ein Stück weiter. Wie dem Reiter, will er sich nicht vom Pferd trennen, oft nichts anderes übrigbleibt, als es dahin zu führen, wohin er gehen will, so pflegt auch das Ich den Willen des Es in Handlung umzusetzen, als ob es der eigene wäre.

Auf die Entstehung des Ichs und seine Absonderung vom Es scheint noch ein anderes Moment als der Einfluß des Systems W hingewirkt zu haben. Der eigene Körper und vor allem die Oberfläche desselben ist ein Ort, von dem gleichzeitig äußere und innere Wahrnehmungen ausgehen können. Er wird wie ein anderes Objekt gesehen, ergibt aber dem Getast zweierlei Empfindungen, von denen die eine einer inneren Wahrnehmung gleichkommen kann. Es ist in der Psychophysiologie hinreichend erörtert worden, auf welche Weise sich der eigene Körper aus der Wahrnehmungswelt heraushebt. Auch der Schmerz scheint dabei eine Rolle zu spielen, und die Art, wie man bei schmerzhaften Erkrankungen eine neue Kenntnis seiner Organe erwirbt, ist vielleicht vorbildlich für die Art, wie man überhaupt zur Vorstellung seines eigenen Körpers kommt.

Das Ich ist vor allem ein körperliches, es ist nicht nur ein Oberflächenwesen, sondern selbst die Projektion einer Oberfläche. Wenn man eine anatomische Analogie für dasselbe sucht, kann man es am ehesten mit dem »Gehirnmännchen« der Anatomen identifizieren, das in der Hirnrinde auf dem Kopf steht, die Fersen nach oben streckt, nach hinten schaut und, wie bekannt, links die Sprachzone trägt.

Das Verhältnis des Ichs zum Bewußtsein ist wiederholt gewürdigt worden, doch sind hier einige wichtige Tatsachen neu zu beschreiben. Gewöhnt, den Gesichtspunkt einer sozialen oder ethischen Wertung überallhin mitzunehmen, sind wir nicht überrascht zu hören, daß das Treiben der niedrigen Leidenschaften im Unbewußten vor sich geht, erwarten aber, daß die seelischen Funktionen um so leichter sicheren Zugang zum Bewußtsein finden, je höher sie in dieser Wertung angesetzt sind. Hier enttäuscht uns aber die psychoanalytische Erfahrung. Wir haben einerseits Belege dafür, daß selbst feine und schwierige intellektuelle Arbeit, die sonst angestrengtes Nachdenken erfordert, auch vorbewußt geleistet werden kann, ohne zum Bewußtsein zu kommen. Diese Fälle sind ganz unzweifelhaft, sie ereignen sich zum Beispiel im Schlafzustand und äußern sich darin, daß eine Person unmittelbar nach dem Erwachen die Lösung eines schwierigen mathematischen oder anderen Problems weiß, um das sie sich am Tage vorher vergeblich bemüht hatte.

Weit befremdender ist aber eine andere Erfahrung. Wir lernen in unseren Analysen, daß es Personen gibt, bei denen die Selbstkritik und das Gewissen, also überaus hochgewertete seelische Leistungen, unbewußt sind und als unbewußt[e] die wichtigsten Wirkungen äußern; das Unbewußtbleiben des Widerstandes in der Analyse ist also keineswegs die einzige Situation dieser Art. Die neue Erfahrung aber, die uns nötigt, trotz unserer besseren kritischen Einsicht von einem *unbewußten Schuldgefühl* zu reden, verwirrt uns weit mehr und gibt uns neue Rätsel auf, besonders wenn wir allmählich erraten, daß ein solches unbewußtes Schuldgefühl bei einer großen Anzahl von Neurosen eine ökonomisch entscheidende Rolle spielt und der Heilung die stärksten Hindernisse in den Weg legt. Wollen wir zu unserer Wertskala zurückkehren, so müssen wir sagen: Nicht nur das Tiefste, auch das Höchste am Ich kann unbewußt sein. Es ist, als würde uns auf diese Weise demonstriert, was wir vorhin vom bewußten Ich ausgesagt haben, es sei vor allem ein Körper-Ich.

III
Das Ich und das Über-Ich (Ichideal)

Wäre das Ich nur der durch den Einfluß des Wahrnehmungssystems modifizierte Anteil des Es, der Vertreter der realen Außenwelt im Seelischen, so hätten wir es mit einem einfachen Sachverhalt zu tun. Allein es kommt etwas anderes hinzu.

Die Motive, die uns bewogen haben, eine Stufe im Ich anzunehmen, eine Differenzierung innerhalb des Ichs, die *Ich-Ideal* oder *Über-Ich* zu nennen ist, sind an anderen Orten auseinandergesetzt worden.[1] Sie bestehen zu Recht.[2] Daß dieses Stück des Ichs eine weniger feste Beziehung zum Bewußtsein hat, ist die Neuheit, die nach Erklärung verlangt.

Wir müssen hier etwas weiter ausgreifen. Es war uns gelungen, das schmerzhafte Leiden der Melancholie durch die Annahme aufzuklären, daß ein verlorenes Objekt im Ich wiederaufgerichtet, also

---

1 Zur Einführung des Narzißmus [oben, S. 51–77], Massenpsychologie und Ich-Analyse.

2 Nur daß ich die Funktion der Realitätsprüfung diesem Über-Ich zugewiesen habe, erscheint irrig und der Korrektur bedürftig. Es würde durchaus den Beziehungen des Ichs zur Wahrnehmungswelt entsprechen, wenn die Realitätsprüfung seine eigene Aufgabe bliebe. – Auch frühere, ziemlich unbestimmt gehaltene Äußerungen über einen *Kern des Ichs* sollen jetzt dahin richtiggestellt werden, daß nur das System *W-Bw* als Kern des Ichs anzuerkennen ist.

eine Objektbesetzung durch eine Identifizierung abgelöst wird.[1] Damals erkannten wir aber noch nicht die ganze Bedeutung dieses Vorganges und wußten nicht, wie häufig und typisch er ist. Wir haben seither verstanden, daß solche Ersetzung einen großen Anteil an der Gestaltung des Ichs hat und wesentlich dazu beiträgt, das herzustellen, was man seinen *Charakter* heißt.

Uranfänglich in der primitiven oralen Phase des Individuums sind Objektbesetzung und Identifizierung wohl nicht voneinander zu unterscheiden. Späterhin kann man nur annehmen, daß die Objektbesetzungen vom Es ausgehen, welches die erotischen Strebungen als Bedürfnisse empfindet. Das anfangs noch schwächliche Ich erhält von den Objektbesetzungen Kenntnis, läßt sie sich gefallen oder sucht sie durch den Prozeß der Verdrängung abzuwehren.[2]

Soll oder muß ein solches Sexualobjekt aufgegeben werden, so tritt dafür nicht selten die Ichveränderung auf, die man als Aufrichtung des Objekts im Ich wie bei der Melancholie beschreiben muß; die näheren Verhältnisse dieser Ersetzung sind uns noch nicht bekannt. Vielleicht erleichtert oder ermöglicht das Ich durch diese Introjektion, die eine Art von Regression zum Mechanismus der oralen Phase ist, das Aufgeben des Objekts. Vielleicht ist diese Identifizierung überhaupt die Bedingung, unter der das Es seine Objekte aufgibt. Jedenfalls ist der Vorgang zumal in frühen Entwicklungsphasen ein sehr häufiger und kann die Auffassung ermöglichen, daß der Charakter des Ichs ein Niederschlag der aufgegebenen Objektbesetzungen ist, die Geschichte dieser Objektwahlen enthält. Es ist natürlich von vorneherein eine Skala der Resistenzfähigkeit zuzugeben, inwieweit der Charakter einer Person diese Einflüsse aus der Geschichte der erotischen Objektwahlen abwehrt oder annimmt.

---

1 Trauer und Melancholie [oben, S. 179].

2 Eine interessante Parallele zur Ersetzung der Objektwahl durch Identifizierung enthält der Glaube der Primitiven, daß die Eigenschaften des als Nahrung einverleibten Tieres dem, der es ißt, als Charakter verbleiben werden, und die darauf gegründeten Verbote. Dieser Glaube geht bekanntlich auch in die Begründung des Kannibalismus ein und wirkt in der Reihe der Gebräuche der Totemmahlzeit bis zur heiligen Kommunion fort. Die Folgen, die hier der oralen Objektbemächtigung zugeschrieben werden, treffen für die spätere sexuelle Objektwahl wirklich zu.

Bei Frauen, die viel Liebeserfahrungen gehabt haben, glaubt man, die Rückstände ihrer Objektbesetzungen in ihren Charakterzügen leicht nachweisen zu können. Auch eine Gleichzeitigkeit von Objektbesetzung und Identifizierung, also eine Charakteränderung, ehe das Objekt aufgegeben worden ist, kommt in Betracht. In diesem Fall könnte die Charakterveränderung die Objektbeziehung überleben und sie in gewissem Sinne konservieren.

Ein anderer Gesichtspunkt besagt, daß diese Umsetzung einer erotischen Objektwahl in eine Ichveränderung auch ein Weg ist, wie das Ich das Es bemeistern und seine Beziehungen zu ihm vertiefen kann, allerdings auf Kosten einer weitgehenden Gefügigkeit gegen dessen Erlebnisse. Wenn das Ich die Züge des Objektes annimmt, drängt es sich sozusagen selbst dem Es als Liebesobjekt auf, sucht ihm seinen Verlust zu ersetzen, indem es sagt: »Sieh', du kannst auch mich lieben, ich bin dem Objekt so ähnlich.«

Die Umsetzung von Objektlibido in narzißtische Libido, die hier vor sich geht, bringt offenbar ein Aufgeben der Sexualziele, eine Desexualisierung mit sich, also eine Art von Sublimierung. Ja, es entsteht die eingehender Behandlung würdige Frage, ob dies nicht der allgemeine Weg zur Sublimierung ist, ob nicht alle Sublimierung durch die Vermittlung des Ichs vor sich geht, welches zunächst die sexuelle Objektlibido in narzißtische verwandelt, um ihr dann vielleicht ein anderes Ziel zu setzen.[1] Ob diese Verwandlung nicht auch andere Triebschicksale zur Folge haben kann, zum Beispiel eine Entmischung der verschiedenen miteinander verschmolzenen Triebe herbeizuführen, wird uns noch später beschäftigen.

Es ist eine Abschweifung von unserem Ziel und doch nicht zu vermeiden, daß wir unsere Aufmerksamkeit für einen Moment bei den Objektidentifizierungen des Ichs verweilen lassen. Nehmen diese überhand, werden allzu zahlreich und überstark und miteinander unverträglich, so liegt ein pathologisches Ergebnis nahe. Es kann zu einer Aufsplitterung des Ichs kommen, indem sich die einzelnen

---

1 Als das große Reservior der Libido, im Sinne der Einführung des Narzißmus [oben, S. 53], müssen wir jetzt nach der Scheidung von Ich und Es das Es anerkennen. Die Libido, welche dem Ich durch die beschriebenen Identifizierungen zufließt, stellt dessen *sekundären Narzißmus* her.

Identifizierungen durch Widerstände gegeneinander abschließen, und vielleicht ist es das Geheimnis der Fälle von sogenannter *multipler Persönlichkeit*, daß die einzelnen Identifizierungen alternierend das Bewußtsein an sich reißen. Auch wenn es nicht so weit kommt, ergibt sich das Thema der Konflikte zwischen den verschiedenen Identifizierungen, in die das Ich auseinanderfährt, Konflikte, die endlich nicht durchwegs als pathologische bezeichnet werden können.

Wie immer sich aber die spätere Resistenz des Charakters gegen die Einflüsse aufgegebener Objektbesetzungen gestalten mag, die Wirkungen der ersten, im frühesten Alter erfolgten Identifizierungen werden allgemeine und nachhaltige sein. Dies führt uns zur Entstehung des Ichideals zurück, denn hinter ihm verbirgt sich die erste und bedeutsamste Identifizierung des Individuums, die mit dem Vater der persönlichen Vorzeit.[1] Diese scheint zunächst nicht Erfolg oder Ausgang einer Objektbesetzung zu sein, sie ist eine direkte und unmittelbare und frühzeitiger als jede Objektbesetzung. Aber die Objektwahlen, die der ersten Sexualperiode angehören und Vater und Mutter betreffen, scheinen beim normalen Ablauf den Ausgang in solche Identifizierung zu nehmen und somit die primäre Identifizierung zu verstärken.

Immerhin sind diese Beziehungen so kompliziert, daß es notwendig wird, sie eingehender zu beschreiben. Es sind zwei Momente, welche diese Komplikation verschulden, die dreieckige Anlage des Ödipusverhältnisses und die konstitutionelle Bisexualität des Individuums.

Der vereinfachte Fall gestaltet sich für das männliche Kind in folgender Weise: Ganz frühzeitig entwickelt es für die Mutter eine Objektbesetzung, die von der Mutterbrust ihren Ausgang nimmt

---

1 Vielleicht wäre es vorsichtiger zu sagen, mit den Eltern, denn Vater und Mutter werden vor der sicheren Kenntnis des Geschlechtsunterschiedes, des Penismangels, nicht verschieden gewertet. In der Geschichte einer jungen Frau hatte ich kürzlich Gelegenheit zu erfahren, daß sie, seitdem sie ihren eigenen Penismangel bemerkt, den Besitz dieses Organs nicht allen Frauen, sondern bloß den für minderwertig gehaltenen aberkannt hatte. Die Mutter hatte ihn in ihrer Meinung behalten. Der einfacheren Darstellung wegen werde ich nur die Identifizierung mit dem Vater behandeln.

und das vorbildliche Beispiel einer Objektwahl nach dem Anlehnungstypus zeigt; des Vaters bemächtigt sich der Knabe durch Identifizierung. Die beiden Beziehungen gehen eine Weile nebeneinander her, bis durch die Verstärkung der sexuellen Wünsche nach der Mutter und die Wahrnehmung, daß der Vater diesen Wünschen ein Hindernis ist, der Ödipuskomplex entsteht.[1] Die Vateridentifizierung nimmt nun eine feindselige Tönung an, sie wendet sich zum Wunsch, den Vater zu beseitigen, um ihn bei der Mutter zu ersetzen. Von da an ist das Verhältnis zum Vater ambivalent; es scheint, als ob die in der Identifizierung von Anfang an enthaltene Ambivalenz manifest geworden wäre. Die ambivalente Einstellung zum Vater und die nur zärtliche Objektstrebung nach der Mutter beschreiben für den Knaben den Inhalt des einfachen, positiven Ödipuskomplexes.

Bei der Zertrümmerung des Ödipuskomplexes muß die Objektbesetzung der Mutter aufgegeben werden. An ihre Stelle kann zweierlei treten, entweder eine Identifizierung mit der Mutter oder eine Verstärkung der Vateridentifizierung. Den letzteren Ausgang pflegen wir als den normaleren anzusehen, er gestattet es, die zärtliche Beziehung zur Mutter in gewissem Maße festzuhalten. Durch den Untergang des Ödipuskomplexes hätte so die Männlichkeit im Charakter des Knaben eine Festigung erfahren. In ganz analoger Weise kann die Ödipuseinstellung des kleinen Mädchens in eine Verstärkung ihrer Mutteridentifizierung (oder in die Herstellung einer solchen) auslaufen, die den weiblichen Charakter des Kindes festlegt.

Diese Identifizierungen entsprechen nicht unserer Erwartung, denn sie führen nicht das aufgegebene Objekt ins Ich ein, aber auch dieser Ausgang kommt vor und ist bei Mädchen leichter zu beobachten als bei Knaben. Man erfährt sehr häufig aus der Analyse, daß das kleine Mädchen, nachdem es auf den Vater als Liebesobjekt verzichten mußte, nun seine Männlichkeit hervorholt und sich anstatt mit der Mutter, mit dem Vater, also mit dem verlorenen Objekt, identifiziert. Es kommt dabei offenbar darauf an, ob ihre männlichen Anlagen stark genug sind – worin immer diese bestehen mögen.

---

1 Vgl. Massenpsychologie und Ich-Analyse, VII.

Der Ausgang der Ödipussituation in Vater- oder in Mutteridentifizierung scheint also bei beiden Geschlechtern von der relativen Stärke der beiden Geschlechtsanlagen abzuhängen. Dies ist die eine Art, wie sich die Bisexualität in die Schicksale des Ödipuskomplexes einmengt. Die andere ist noch bedeutsamer. Man gewinnt nämlich den Eindruck, daß der einfache Ödipuskomplex überhaupt nicht das häufigste ist, sondern einer Vereinfachung oder Schematisierung entspricht, die allerdings oft genug praktisch gerechtfertigt bleibt. Eingehendere Untersuchung deckt zumeist den *vollständigeren* Ödipuskomplex auf, der ein zweifacher ist, ein positiver und ein negativer, abhängig von der ursprünglichen Bisexualität des Kindes, d. h. der Knabe hat nicht nur eine ambivalente Einstellung zum Vater und eine zärtliche Objektwahl für die Mutter, sondern er benimmt sich auch gleichzeitig wie ein Mädchen, er zeigt die zärtliche feminine Einstellung zum Vater und die ihr entsprechende eifersüchtig-feindselige gegen die Mutter. Dieses Eingreifen der Bisexualität macht es so schwer, die Verhältnisse der primitiven Objektwahlen und Identifizierungen zu durchschauen und noch schwieriger, sie faßlich zu beschreiben. Es könnte auch sein, daß die im Elternverhältnis konstatierte Ambivalenz durchaus auf die Bisexualität zu beziehen wäre und nicht, wie ich es vorhin dargestellt, durch die Rivalitätseinstellung aus der Identifizierung entwickelt würde.

Ich meine, man tut gut daran, im allgemeinen und ganz besonders bei Neurotikern die Existenz des vollständigen Ödipuskomplexes anzunehmen. Die analytische Erfahrung zeigt dann, daß bei einer Anzahl von Fällen der eine oder der andere Bestandteil desselben bis auf kaum merkliche Spuren schwindet, so daß sich eine Reihe ergibt, an deren einem Ende der normale, positive, an deren anderem Ende der umgekehrte, negative Ödipuskomplex steht, während die Mittelglieder die vollständige Form mit ungleicher Beteiligung der beiden Komponenten aufzeigen. Beim Untergang des Ödipuskomplexes werden die vier in ihm enthaltenen Strebungen sich derart zusammenlegen, daß aus ihnen eine Vater- und eine Mutteridentifizierung hervorgeht, die Vateridentifizierung wird das Mutterobjekt des positiven Komplexes festhalten und gleichzeitig das Vaterobjekt des umgekehrten Komplexes ersetzen; Analoges wird für die Mutteridentifizierung gelten. In der verschieden starken Ausprägung der beiden Identifizierungen wird sich die Ungleichheit der beiden geschlechtlichen Anlagen spiegeln.

So kann man als allgemeinstes Ergebnis der vom Ödipuskomplex beherrschten Sexualphase einen Niederschlag im Ich annehmen, welcher in der Herstellung dieser beiden, irgendwie miteinander vereinbarten Identifizierungen besteht. Diese Ichveränderung behält ihre Sonderstellung, sie tritt dem anderen Inhalt des Ichs als Ichideal oder Über-Ich entgegen.

Das Über-Ich ist aber nicht einfach ein Residuum der ersten Objektwahlen des Es, sondern es hat auch die Bedeutung einer energischen Reaktionsbildung gegen dieselben. Seine Beziehung zum Ich erschöpft sich nicht in der Mahnung: So (wie der Vater) *sollst* du sein, sie umfaßt auch das Verbot: So (wie der Vater) *darfst* du *nicht* sein, das heißt nicht alles tun, was er tut; manches bleibt ihm vorbehalten. Dies Doppelangesicht des Ichideals leitet sich aus der Tatsache ab, daß das Ichideal zur Verdrängung des Ödipuskomplexes bemüht wurde, ja, diesem Umschwung erst seine Entstehung dankt. Die Verdrängung des Ödipuskomplexes ist offenbar keine leichte Aufgabe gewesen. Da die Eltern, besonders der Vater, als das Hindernis gegen die Verwirklichung der Ödipuswünsche erkannt werden, stärkte sich das infantile Ich für diese Verdrängungsleistung, indem es dies selbe Hindernis in sich aufrichtete. Es lieh sich gewissermaßen die Kraft dazu vom Vater aus, und diese Anleihe ist ein außerordentlich folgenschwerer Akt. Das Über-Ich wird den Charakter des Vaters bewahren, und je stärker der Ödipuskomplex war, je beschleunigter (unter dem Einfluß von Autorität, Religionslehre, Unterricht, Lektüre) seine Verdrängung erfolgte, desto strenger wird später das Über-Ich als Gewissen, vielleicht als unbewußtes Schuldgefühl über das Ich herrschen. – Woher es die Kraft zu dieser Herrschaft bezieht, den zwangsartigen Charakter, der sich als kategorischer Imperativ äußert, darüber werde ich später eine Vermutung vorbringen.

Fassen wir die beschriebene Entstehung des Über-Ichs nochmals ins Auge, so erkennen wir es als das Ergebnis zweier höchst bedeutsamer biologischer Faktoren, der langen kindlichen Hilflosigkeit und Abhängigkeit des Menschen und der Tatsache seines Ödipuskomplexes, den wir ja auf die Unterbrechung der Libidoentwicklung durch die Latenzzeit, somit auf den *zweizeitigen Ansatz* seines Sexuallebens zurückgeführt haben. Letztere, wie es scheint, spezifisch menschliche Eigentümlichkeit hat eine psychoanalytische Hypothese als Erbteil der durch die Eiszeit erzwungenen Entwicklung zur Kultur hingestellt. Somit ist die Sonderung des Über-Ichs vom Ich nichts Zufälliges, sie vertritt die bedeutsamsten Züge der individuellen und der Artentwicklung, ja, indem sie dem Elterneinfluß einen dauernden Ausdruck schafft, verewigt sie die Existenz der Momente, denen sie ihren Ursprung verdankt.

Es ist der Psychoanalyse unzählige Male zum Vorwurf gemacht worden, daß sie sich um das Höhere, Moralische, Überpersönliche im Menschen nicht kümmere. Der Vorwurf war doppelt ungerecht, historisch wie methodisch. Ersteres, da von Anbeginn an den moralischen und ästhetischen Tendenzen im Ich der Antrieb zur Verdrängung zugeteilt wurde, letzteres, da man nicht einsehen wollte, daß die psychoanalytische Forschung nicht wie ein philosophisches System mit einem vollständigen und fertigen Lehrgebäude auftreten konnte, sondern sich den Weg zum Verständnis der seelischen Komplikationen schrittweise durch die analytische Zergliederung normaler wie abnormer Phänomene bahnen mußte. Wir brauchten die zitternde Besorgnis um den Verbleib des Höheren im Menschen nicht zu teilen, solange wir uns mit dem Studium des Verdrängten im Seelenleben zu beschäftigen hatten. Nun, da wir uns an die Analyse des Ichs heranwagen, können wir all denen, welche, in ihrem sittlichen Bewußtsein erschüttert, geklagt haben, es muß doch ein höheres Wesen im Menschen geben, antworten: Gewiß, und dies ist das höhere Wesen, das Ichideal oder Über-Ich, die Repräsentanz unserer Elternbeziehung. Als kleine Kinder haben wir diese höheren Wesen gekannt, bewundert, gefürchtet, später sie in uns selbst aufgenommen.

Das Ichideal ist also der Erbe des Ödipuskomplexes und somit Ausdruck der mächtigsten Regungen und wichtigsten Libidoschicksale des Es. Durch seine Aufrichtung hat sich das Ich des Ödipuskomplexes bemächtigt und gleichzeitig sich selbst dem Es unterworfen. Während das Ich wesentlich Repräsentant der Außenwelt, der Realität ist, tritt ihm das Über-Ich als Anwalt der Innenwelt, des Es, gegenüber. Konflikte zwischen Ich und Ideal werden, darauf sind wir nun vorbereitet, in letzter Linie den Gegensatz von real und psychisch, Außenwelt und Innenwelt, widerspiegeln.

Was die Biologie und die Schicksale der Menschenart im Es geschaffen und hinterlassen haben, das wird durch die Idealbildung vom Ich übernommen und an ihm individuell wiedererlebt. Das Ichideal hat infolge seiner Bildungsgeschichte die ausgiebigste Verknüpfung mit dem phylogenetischen Erwerb, der archaischen Erbschaft, des einzelnen. Was im einzelnen Seelenleben dem Tiefsten angehört hat, wird durch die Idealbildung zum Höchsten der Menschenseele im Sinne unserer Wertungen. Es wäre aber ein vergebliches Bemühen, das Ichideal auch nur in ähnlicher Weise wie das Ich zu lokalisieren oder es in eines der Gleichnisse einzupassen, durch welche wir die Beziehung von Ich und Es nachzubilden versuchten.

Es ist leicht zu zeigen, daß das Ichideal allen Ansprüchen genügt, die an das höhere Wesen im Menschen gestellt werden. Als Ersatzbildung für die Vatersehnsucht enthält es den Keim, aus dem sich alle Religionen gebildet haben. Das Urteil der eigenen Unzulänglichkeit im Vergleich des Ichs mit seinem Ideal ergibt das demütige religiöse Empfinden, auf das sich der sehnsüchtig Gläubige beruft. Im weiteren Verlauf der Entwicklung haben Lehrer und Autoritäten die Vaterrolle fortgeführt; deren Gebote und Verbote sind im Ideal-Ich mächtig geblieben und üben jetzt als *Gewissen* die moralische Zensur aus. Die Spannung zwischen den Ansprüchen des Gewissens und den Leistungen des Ichs wird als *Schuldgefühl* empfunden. Die sozialen Gefühle ruhen auf Identifizierungen mit anderen auf Grund des gleichen Ichideals.

Religion, Moral und soziales Empfinden – diese Hauptinhalte des Höheren im Menschen[1] – sind ursprünglich eins gewesen. Nach der Hypothese von »Totem und Tabu« wurden sie phylogenetisch am Vaterkomplex erworben, Religion und sittliche Beschränkung durch die Bewältigung des eigentlichen Ödipuskomplexes, die sozialen Gefühle durch die Nötigung zur Überwindung der erübrigenden Rivalität unter den Mitgliedern der jungen Generation. In all diesen sittlichen Erwerbungen scheint das Geschlecht der Männer

---

1 Wissenschaft und Kunst sind hier beiseite gelassen.

vorangegangen zu sein, gekreuzte Vererbung hat den Besitz auch
den Frauen zugeführt. Die sozialen Gefühle entstehen noch heute
beim einzelnen als Überbau über die eifersüchtigen Rivalitätsre-
gungen gegen die Geschwister. Da die Feindseligkeit nicht zu befriedigen ist, stellt sich eine Identifizierung mit dem anfänglichen
Rivalen her. Beobachtungen an milden Homosexuellen stützen die
Vermutung, daß auch diese Identifizierung Ersatz einer zärtlichen
Objektwahl ist, welche die aggressiv-feindselige Einstellung abgelöst hat.[1]

Mit der Erwähnung der Phylogenese tauchen aber neue Probleme
auf, vor deren Beantwortung man zaghaft zurückweichen möchte.
Aber es hilft auch nichts, man muß den Versuch wagen, auch wenn
man fürchtet, daß er die Unzulänglichkeit unserer ganzen Bemühung bloßstellen wird. Die Frage lautet: Wer hat seinerzeit Religion
und Sittlichkeit am Vaterkomplex erworben, das Ich des Primitiven
oder sein Es? Wenn es das Ich war, warum sprechen wir nicht einfach von einer Vererbung im Ich? Wenn das Es, wie stimmt das zum
Charakter des Es? Oder darf man die Differenzierung in Ich, Über-
Ich und Es nicht in so frühe Zeiten tragen? Oder soll man nicht
ehrlich eingestehen, daß die ganze Auffassung der Ichvorgänge
nichts fürs Verständnis der Phylogenese leistet und auf sie nicht
anwendbar ist?

Beantworten wir zuerst, was sich am leichtesten beantworten
läßt. Die Differenzierung von Ich und Es müssen wir nicht nur den
primitiven Menschen, sondern noch viel einfacheren Lebewesen zuerkennen, da sie der notwendige Ausdruck des Einflusses der Außenwelt ist. Das Über-Ich ließen wir gerade aus jenen Erlebnissen,
die zum Totemismus führten, entstehen. Die Frage, ob das Ich oder
das Es jene Erfahrungen und Erwerbungen gemacht haben, fällt
bald in sich zusammen. Die nächste Erwägung sagt uns, daß das Es
kein äußeres Schicksal erleben oder erfahren kann außer durch das
Ich, welches die Außenwelt bei ihm vertritt. Von einer direkten Vererbung im *Ich* kann man aber doch nicht reden. Hier tut sich die

---

1 Vgl. Massenpsychologie und Ich-Analyse (Ges. Werke, Bd. XIII). – Über
  einige neurotische Mechanismen bei Eifersucht, Paranoia und Homosexualität
  (Ges. Werke, Bd. XIII).

Kluft auf zwischen dem realen Individuum und dem Begriff der Art. Auch darf man den Unterschied von Ich und Es nicht zu starr nehmen, nicht vergessen, daß das Ich ein besonders differenzierter Anteil des Es ist. Die Erlebnisse des Ichs scheinen zunächst für die Erbschaft verlorenzugehen, wenn sie sich aber häufig und stark genug bei vielen generationsweise aufeinanderfolgenden Individuen wiederholen, setzen sie sich sozusagen in Erlebnisse des Es um, deren Eindrücke durch Vererbung festgehalten werden. Somit beherbergt das erbliche Es in sich die Reste ungezählt vieler Ich-Existenzen, und wenn das Ich sein Über-Ich aus dem Es schöpft, bringt es vielleicht nur ältere Ichgestaltungen wieder zum Vorschein, schafft ihnen eine Auferstehung.

Die Entstehungsgeschichte des Über-Ichs macht es verständlich, daß frühe Konflikte des Ichs mit den Objektbesetzungen des Es sich in Konflikte mit deren Erben, dem Über-Ich, fortsetzen können. Wenn dem Ich die Bewältigung des Ödipuskomplexes schlecht gelungen ist, wird dessen dem Es entstammende Energiebesetzung in der Reaktionsbildung des Ichideals wieder zur Wirkung kommen. Die ausgiebige Kommunikation dieses Ideals mit diesen *ubw* Triebregungen wird das Rätsel lösen, daß das Ideal selbst zum großen Teil unbewußt, dem Ich unzugänglich bleiben kann. Der Kampf, der in tieferen Schichten getobt hatte, durch rasche Sublimierung und Identifizierung nicht zum Abschluß gekommen war, setzt sich nun wie auf dem Kaulbachschen Gemälde der Hunnenschlacht in einer höheren Region fort.

IV
Die beiden Triebarten

Wir sagten bereits, wenn unsere Gliederung des seelischen Wesens in ein Es, ein Ich und ein Über-Ich einen Fortschritt in unsrer Einsicht bedeutet, so muß sie sich auch als Mittel zum tieferen Verständnis und zur besseren Beschreibung der dynamischen Beziehungen im Seelenleben erweisen. Wir haben uns auch bereits klargemacht, daß das Ich unter dem besonderen Einfluß der Wahrnehmung steht und daß man im rohen sagen kann, die Wahrnehmungen haben für das Ich dieselbe Bedeutung wie die Triebe für das Es. Dabei unterliegt aber auch das Ich der Einwirkung der Triebe wie das Es, von dem es ja nur ein besonders modifizierter Anteil ist.

Über die Triebe habe ich kürzlich (Jenseits des Lustprinzips) eine Anschauung entwickelt, die ich hier festhalten und den weiteren Erörterungen zugrunde legen werde. Daß man zwei Triebarten zu unterscheiden hat, von denen die eine, *Sexualtriebe* oder *Eros*, die bei weitem auffälligere und der Kenntnis zugänglichere ist. Sie umfaßt nicht nur den eigentlichen ungehemmten Sexualtrieb und die von ihm abgeleiteten zielgehemmten und sublimierten Triebregungen, sondern auch den Selbsterhaltungstrieb, den wir dem Ich zuschreiben müssen und den wir zu Anfang der analytischen Arbeit mit guten Gründen den sexuellen Objekttrieben gegenübergestellt hatten. Die zweite Triebart aufzuzeigen bereitete uns Schwierigkeiten; endlich kamen wir darauf, den Sadismus als Repräsentanten desselben anzusehen. Auf Grund theoretischer, durch die Biologie gestützter Überlegungen supponierten wir einen *Todestrieb*, dem die Aufgabe gestellt ist, das organische Lebende in den leblosen Zustand zurückzuführen, während der Eros das Ziel verfolgt, das Leben durch immer weitergreifende Zusammenfassung der in Partikel zersprengten lebenden Substanz zu komplizieren, natürlich es dabei zu erhalten. Beide Triebe benehmen sich dabei im strengsten Sinne konservativ, indem sie die Wiederherstellung eines durch die Entstehung des Lebens gestörten Zustandes anstreben. Die Entstehung des Lebens wäre also die Ursache des Weiterlebens und gleichzeitig auch des Strebens nach dem Tode, das Leben selbst ein Kampf und Kompromiß zwischen diesen beiden Strebungen. Die Frage nach der Herkunft des Lebens bliebe eine kosmologische, die nach Zweck und Absicht des Lebens wäre *dualistisch* beantwortet.

Jeder dieser beiden Triebarten wäre ein besonderer physiologischer Prozeß (Aufbau und Zerfall) zugeordnet, in jedem Stück lebender Substanz wären beiderlei Triebe tätig, aber doch in ungleicher Mischung, so daß eine Substanz die Hauptvertretung des Eros übernehmen könnte.

In welcher Weise sich Triebe der beiden Arten miteinander verbinden, vermischen, legieren, wäre noch ganz unvorstellbar; daß dies aber regelmäßig und in großem Ausmaß geschieht, ist eine in unserem Zusammenhang unabweisbare Annahme. Infolge der Verbindung der einzelligen Elementarorganismen zu mehrzelligen Lebewesen wäre es gelungen, den Todestrieb der Einzelzelle zu neutralisieren und die destruktiven Regungen durch Vermittlung eines besonderen Organs auf die Außenwelt abzuleiten. Dies Organ wäre die Muskulatur und der Todestrieb würde sich nun – wahrscheinlich doch nur teilweise – als *Destruktionstrieb* gegen die Außenwelt und andere Lebewesen äußern.

Haben wir einmal die Vorstellung von einer Mischung der beiden Triebarten angenommen, so drängt sich uns auch die Möglichkeit einer – mehr oder minder vollständigen – *Entmischung* derselben auf. In der sadistischen Komponente des Sexualtriebes hätten wir ein klassisches Beispiel einer zweckdienlichen Triebmischung vor uns, im selbständig gewordenen *Sadismus* als Perversion das Vorbild einer, allerdings nicht bis zum äußersten getriebenen Entmischung. Es eröffnet sich uns dann ein Einblick in ein großes Gebiet von Tatsachen, welches noch nicht in diesem Licht betrachtet worden ist. Wir erkennen, daß der *Destruktionstrieb* regelmäßig zu Zwecken der Abfuhr in den Dienst des Eros gestellt ist, ahnen, daß der epileptische Anfall Produkt und Anzeichen einer Triebentmischung ist, und lernen verstehen, daß unter den Erfolgen mancher schwerer Neurosen, zum Beispiel der Zwangsneurosen, die Triebentmischung und das Hervortreten des Todestriebes eine besondere Würdigung verdient. In rascher Verallgemeinerung möchten wir vermuten, daß das Wesen einer Libidoregression, zum Beispiel von der genitalen zur sadistisch-analen Phase, auf einer Triebentmischung beruht, wie umgekehrt der Fortschritt von der früheren zur definitiven Genitalphase einen Zuschuß von erotischen Komponenten zur Bedingung hat. Es erhebt sich auch die Frage, ob nicht die reguläre *Ambivalenz*, die wir in der konstitutionellen Anlage zur Neurose so oft verstärkt finden, als Ergebnis einer Entmischung aufgefaßt werden darf; allein diese ist so ursprünglich, daß sie vielmehr als nicht vollzogene Triebmischung gelten muß.

Unser Interesse wird sich natürlich den Fragen zuwenden, ob sich nicht aufschlußreiche Beziehungen zwischen den angenommenen Bildungen des Ichs, Über-Ichs und des Es einerseits, den beiden

Triebarten anderseits auffinden lassen, ferner, ob wir dem die seelischen Vorgänge beherrschenden Lustprinzip eine feste Stellung zu den beiden Triebarten und den seelischen Differenzierungen zuweisen können. Ehe wir aber in diese Diskussion eintreten, haben wir einen Zweifel zu erledigen, der sich gegen die Problemstellung selbst richtet. Am Lustprinzip ist zwar kein Zweifel, die Gliederung des Ichs ruht auf klinischer Rechtfertigung, aber die Unterscheidung der beiden Triebarten scheint nicht genug gesichert, und möglicherweise heben Tatsachen der klinischen Analyse ihren Anspruch auf.

Eine solche Tatsache scheint es zu geben. Für den Gegensatz der beiden Triebarten dürfen wir die Polarität von Liebe und Haß einsetzen. Um eine Repräsentanz des Eros sind wir ja nicht verlegen, dagegen sehr zufrieden, daß wir für den schwer zu fassenden Todestrieb im Destruktionstrieb, dem der Haß den Weg zeigt, einen Vertreter aufzeigen können. Nun lehrt uns die klinische Beobachtung, daß der Haß nicht nur der unerwartet regelmäßige Begleiter der Liebe ist (Ambivalenz), nicht nur häufig ihr Vorläufer in menschlichen Beziehungen, sondern auch, daß Haß sich unter mancherlei Verhältnissen in Liebe und Liebe in Haß verwandelt. Wenn diese Verwandlung mehr ist als bloß zeitliche Sukzession, also Ablösung, dann ist offenbar einer so grundlegenden Unterscheidung wie zwischen erotischen und Todestrieben, die entgegengesetzt laufende physiologische Vorgänge voraussetzt, der Boden entzogen.

Nun der Fall, daß man dieselbe Person zuerst liebt und dann haßt, oder umgekehrt, wenn sie einem die Anlässe dazu gegeben hat, gehört offenbar nicht zu unserem Problem. Auch nicht der andere, daß eine noch nicht manifeste Verliebtheit sich zuerst durch Feindseligkeit und Aggressionsneigung äußert, denn die destruktive Komponente könnte da bei der Objektbesetzung vorangeeilt sein, bis die erotische sich zu ihr gesellt. Aber wir kennen mehrere Fälle aus der Psychologie der Neurosen, in denen die Annahme einer Verwandlung näherliegt. Bei der Paranoia persecutoria erwehrt sich der Kranke einer überstarken homosexuellen Bindung an eine bestimmte Person auf eine gewisse Weise, und das Ergebnis ist, daß diese geliebteste Person zum Verfolger wird, gegen den sich die oft gefährliche Aggression des Kranken richtet. Wir haben das Recht, einzuschalten, daß eine Phase vorher die Liebe in Haß umgewandelt hatte. Bei der Entstehung der Homosexualität, aber auch der desexualisierten sozialen Gefühle lehrte uns die analytische Untersuchung erst neuerdings die Existenz von heftigen, zu Aggressionsneigung führenden Gefühlen der Rivalität kennen, nach deren Überwindung erst das früher gehaßte Objekt zum geliebten oder zum Gegenstand einer Identifizierung wird. Die Frage erhebt sich, ob für diese Fälle eine direkte Umsetzung von Haß in Liebe anzunehmen ist. Hier handelt es sich ja um rein innerliche Änderungen, an denen ein geändertes Benehmen des Objekts keinen Anteil hat.

Die analytische Untersuchung des Vorganges bei der paranoischen Umwandlung macht uns aber mit der Möglichkeit eines anderen Mechanismus vertraut. Es ist von Anfang an eine ambivalente Einstellung vorhanden, und die Verwandlung geschieht durch eine reaktive Besetzungsverschiebung, indem der erotischen Regung Energie entzogen und der feindseligen Energie zugeführt wird.

Nicht das nämliche, aber ähnliches geschieht bei der Überwindung der feindseligen Rivalität, die zur Homosexualität führt. Die feindselige Einstellung hat keine Aussicht auf Befriedigung, daher – aus ökonomischen Motiven also – wird sie von der Liebeseinstellung abgelöst, welche mehr Aussicht auf Befriedigung, das ist Abfuhrmöglichkeit, bietet. Somit brauchen wir für keinen dieser Fälle eine direkte Verwandlung von Haß in Liebe, die mit der qualitativen Verschiedenheit der beiden Triebarten unverträglich wäre, anzunehmen.

Wir bemerken aber, daß wir bei der Inanspruchnahme dieses anderen Mechanismus der Umwandlung von Liebe in Haß stillschweigend eine andere Annahme gemacht haben, die laut zu werden verdient. Wir haben so geschaltet, als gäbe es im Seelenleben – unentschieden, ob im Ich oder im Es – eine verschiebbare Energie, die, an sich indifferent, zu einer qualitativ differenzierten erotischen oder destruktiven Regung hinzutreten und deren Gesamtbesetzung erhöhen kann. Ohne die Annahme einer solchen verschiebbaren Energie kommen wir überhaupt nicht aus. Es fragt sich nur, woher sie stammt, wem sie zugehört und was sie bedeutet.

Das Problem der Qualität der Triebregungen und deren Erhaltung bei den verschiedenen Triebschicksalen ist noch sehr dunkel und derzeit kaum in Angriff genommen. An den sexuellen Partialtrie-

ben, die der Beobachtung besonders gut zugänglich sind, kann man
einige Vorgänge, die in denselben Rahmen gehören, feststellen, zum
Beispiel daß die Partialtriebe gewissermaßen miteinander kommunizieren, daß ein Trieb aus einer besonderen erogenen Quelle seine
Intensität zur Verstärkung eines Partialtriebes aus anderer Quelle
abgeben kann, daß die Befriedigung des einen Triebes einem anderen die Befriedigung ersetzt und dergleichen mehr, was einem Mut
machen muß, Annahmen gewisser Art zu wagen.
Ich habe auch in der vorliegenden Diskussion nur eine Annahme,
nicht einen Beweis zu bieten. Es erscheint plausibel, daß diese wohl
im Ich und im Es tätige, verschiebbare und indifferente Energie dem
narzißtischen Libidovorrat entstammt, also desexualisierter Eros
ist. Die erotischen Triebe erscheinen uns ja überhaupt plastischer,
ablenkbarer und verschiebbarer als die Destruktionstriebe. Dann
kann man ohne Zwang fortsetzen, daß diese verschiebbare Libido
im Dienst des Lustprinzips arbeitet, um Stauungen zu vermeiden
und Abfuhren zu erleichtern. Dabei ist eine gewisse Gleichgültigkeit, auf welchem Wege die Abfuhr geschieht, wenn sie nur überhaupt geschieht, unverkennbar. Wir kennen diesen Zug als charakteristisch für die Besetzungsvorgänge im Es. Er findet sich bei den
erotischen Besetzungen, wobei eine besondere Gleichgültigkeit in
bezug auf das Objekt entwickelt wird, ganz besonders bei den
Übertragungen in der Analyse, die vollzogen werden müssen,
gleichgültig auf welche Personen. Rank hat kürzlich schöne Beispiele dafür gebracht, daß neurotische Racheaktionen gegen die
unrichtigen Personen gerichtet werden. Man muß bei diesem Verhalten des Unbewußten an die komisch verwertete Anekdote denken, daß einer der drei Dorfschneider gehängt werden soll, weil der
einzige Dorfschmied ein todwürdiges Verbrechen begangen hat.
Strafe muß eben sein, auch wenn sie nicht den Schuldigen trifft. Die
nämliche Lockerheit haben wir zuerst an den Verschiebungen des
Primärvorganges in der Traumarbeit bemerkt. Wie hier die Objekte, so wären es in dem uns beschäftigenden Falle die Wege der
Abfuhraktion, die erst in zweiter Linie in Betracht kommen. Dem
Ich würde es ähnlich sehen, auf größerer Exaktheit in der Auswahl
des Objekts wie des Weges der Abfuhr zu bestehen.
Wenn diese Verschiebungsenergie desexualisierte Libido ist, so darf

sie auch *sublimiert* heißen, denn sie würde noch immer an der Hauptabsicht des Eros, zu vereinigen und zu binden, festhalten, indem sie zur Herstellung jener Einheitlichkeit dient, durch die – oder durch das Streben nach welcher – das Ich sich auszeichnet. Schließen wir die Denkvorgänge im weiteren Sinne unter diese Verschiebungen ein, so wird eben auch die Denkarbeit durch Sublimierung erotischer Triebkraft bestritten.

Hier stehen wir wieder vor der früher berührten Möglichkeit, daß die Sublimierung regelmäßig durch die Vermittlung des Ichs vor sich geht. Wir erinnern den anderen Fall, daß dies Ich die ersten und gewiß auch spätere Objektbesetzungen des Es dadurch erledigt, daß es deren Libido ins Ich aufnimmt und an die durch Identifizierung hergestellte Ichveränderung bindet. Mit dieser Umsetzung in Ichlibido ist natürlich ein Aufgeben der Sexualziele, eine Desexualisierung, verbunden. Jedenfalls erhalten wir so Einsicht in eine wichtige Leistung des Ichs in seinem Verhältnis zum Eros. Indem es sich in solcher Weise der Libido der Objektbesetzungen bemächtigt, sich zum alleinigen Liebesobjekt aufwirft, die Libido des Es desexualisiert oder sublimiert, arbeitet es den Absichten des Eros entgegen, stellt sich in den Dienst der gegnerischen Triebregungen. Einen anderen Anteil der Es-Objektbesetzungen muß es sich gefallen lassen, sozusagen mitmachen. Auf eine andere mögliche Folge dieser Ichtätigkeit werden wir später zu sprechen kommen.

An der Lehre vom Narzißmus wäre nun eine wichtige Ausgestaltung vorzunehmen. Zu Uranfang ist alle Libido im Es angehäuft, während das Ich noch in der Bildung begriffen oder schwächlich ist. Das Es sendet einen Teil dieser Libido auf erotische Objektbesetzungen aus, worauf das erstarkte Ich sich dieser Objektlibido zu bemächtigen und sich dem Es als Liebesobjekt aufzudrängen sucht. Der Narzißmus des Ichs ist so ein sekundärer, den Objekten entzogener.

Immer wieder machen wir die Erfahrung, daß die Triebregungen, die wir verfolgen können, sich als Abkömmlinge des Eros enthüllen. Wären nicht die im »Jenseits des Lustprinzips« angestellten Erwägungen und endlich die sadistischen Beiträge zum Eros, so hätten wir es schwer, an der dualistischen Grundanschauung festzuhalten. Da wir aber dazu genötigt sind, müssen wir den Eindruck gewinnen, daß die Todestriebe im wesentlichen stumm sind und der Lärm des Lebens meist vom Eros ausgeht.[1]

Und vom Kampf gegen den Eros! Es ist die Anschauung nicht abzuweisen, daß das Lustprinzip dem Es als ein Kompaß im Kampf gegen die Libido dient, die Störungen in den Lebenslauf einführt. Wenn das Konstanz-Prinzip im Sinne Fechners das Leben beherrscht, welches also dann ein Gleiten in den Tod sein sollte, so sind es die Ansprüche des Eros, der Sexualtriebe, welche als Triebbedürfnisse das Herabsinken des Niveaus aufhalten und neue Spannungen einführen. Das Es erwehrt sich ihrer, vom Lustprinzip, das heißt der Unlustwahrnehmung geleitet, auf verschiedenen Wegen. Zunächst durch möglichst beschleunigte Nachgiebigkeit gegen die Forderungen der nicht desexualisierten Libido, also durch Ringen nach Befriedigung der direkt sexuellen Strebungen. In weit ausgiebigerer Weise, indem es sich bei einer dieser Befriedigungen, in der alle Teilansprüche zusammentreffen, der sexuellen Substanzen entledigt, welche sozusagen gesättigte Träger der erotischen Spannungen sind. Die Abstoßung der Sexualstoffe im Sexualakt entspricht gewissermaßen der Trennung von Soma und Keimplasma. Daher die Ähnlichkeit des Zustandes nach der vollen Sexualbefriedigung mit dem Sterben, bei niederen Tieren das Zusammenfallen des Todes mit dem Zeugungsakt. Diese Wesen sterben an der Fortpflanzung, insoferne nach der Ausschaltung des Eros durch die Befriedigung der Todestrieb freie Hand bekommt, seine Absichten durchzusetzen. Endlich erleichtert, wie wir gehört haben, das Ich dem Es die Bewältigungsarbeit, indem es Anteile der Libido für sich und seine Zwecke sublimiert.

V

Die Abhängigkeiten des Ichs

Die Verschlungenheit des Stoffes mag entschuldigen, daß sich keine der Überschriften ganz mit dem Inhalt der Kapitel deckt und daß

---

1 Nach unserer Auffassung sind ja die nach außen gerichteten Destruktionstriebe durch Vermittlung des Eros vom eigenen Selbst abgelenkt worden.

wir immer wieder auf bereits Erledigtes zurückgreifen, wenn wir neue Beziehungen studieren wollen.

So haben wir wiederholt gesagt, daß das Ich sich zum guten Teil aus Identifizierungen bildet, welche aufgelassene Besetzungen des Es ablösen, daß die ersten dieser Identifizierungen sich regelmäßig als besondere Instanz im Ich gebärden, sich als Über-Ich dem Ich entgegenstellen, während das erstarkte Ich sich späterhin gegen solche Identifizierungseinflüsse resistenter verhalten mag. Das Über-Ich verdankt seine besondere Stellung im Ich oder zum Ich einem Moment, das von zwei Seiten her eingeschätzt werden soll, erstens, daß es die erste Identifizierung ist, die vorfiel, solange das Ich noch schwach war, und zweitens, daß es der Erbe des Ödipuskomplexes ist, also die großartigsten Objekte ins Ich einführte. Es verhält sich gewissermaßen zu den späteren Ichveränderungen wie die primäre Sexualphase der Kindheit zum späteren Sexualleben nach der Pubertät. Obwohl allen späteren Einflüssen zugänglich, behält es doch zeitlebens den Charakter, der ihm durch seinen Ursprung aus dem Vaterkomplex verliehen ist, nämlich die Fähigkeit, sich dem Ich entgegenzustellen und es zu meistern. Es ist das Denkmal der einstigen Schwäche und Abhängigkeit des Ichs und setzt seine Herrschaft auch über das reife Ich fort. Wie das Kind unter dem Zwange stand, seinen Eltern zu gehorchen, so unterwirft sich das Ich dem kategorischen Imperativ seines Über-Ichs.

Die Abkunft von den ersten Objektbesetzungen des Es, also vom Ödipuskomplex, bedeutet aber für das Über-Ich noch mehr. Sie bringt es, wie wir bereits ausgeführt haben, in Beziehung zu den phylogenetischen Erwerbungen des Es und macht es zur Reinkarnation früherer Ichbildungen, die ihre Niederschläge im Es hinterlassen haben. Somit steht das Über-Ich dem Es dauernd nahe und kann dem Ich gegenüber dessen Vertretung führen. Es taucht tief ins Es ein, ist dafür entfernter vom Bewußtsein als das Ich.[1]

Diese Beziehungen würdigen wir am besten, wenn wir uns gewissen

---

1 Man kann sagen: Auch das psychoanalytische oder metapsychologische Ich steht auf dem Kopf wie das anatomische, das Gehirnmännchen.

klinischen Tatsachen zuwenden, die längst keine Neuheit sind, aber ihrer theoretischen Verarbeitung noch warten.

Es gibt Personen, die sich in der analytischen Arbeit ganz sonderbar benehmen. Wenn man ihnen Hoffnung gibt und ihnen Zufriedenheit mit dem Stand der Behandlung zeigt, scheinen sie unbefriedigt und verschlechtern regelmäßig ihr Befinden. Man hält das anfangs für Trotz und Bemühen, dem Arzt ihre Überlegenheit zu bezeugen. Später kommt man zu einer tieferen und gerechteren Auffassung. Man überzeugt sich nicht nur, daß diese Personen kein Lob und keine Anerkennung vertragen, sondern daß sie auf die Fortschritte der Kur in verkehrter Weise reagieren. Jede Partiallösung, die eine Besserung oder zeitweiliges Aussetzen der Symptome zur Folge haben sollte und bei anderen auch hat, ruft bei ihnen eine momentane Verstärkung ihres Leidens hervor, sie verschlimmern sich während der Behandlung, anstatt sich zu bessern. Sie zeigen die sogenannte *negative therapeutische Reaktion*.

Kein Zweifel, daß sich bei ihnen etwas der Genesung widersetzt, daß deren Annäherung wie eine Gefahr gefürchtet wird. Man sagt, bei diesen Personen hat nicht der Genesungswille, sondern das Krankheitsbedürfnis die Oberhand. Analysiert man diesen Widerstand in gewohnter Weise, zieht die Trotzeinstellung gegen den Arzt, die Fixierung an die Formen des Krankheitsgewinnes von ihm ab, so bleibt doch das meiste noch bestehen, und dies erweist sich als das stärkste Hindernis der Wiederherstellung, stärker als die uns bereits bekannten der narzißtischen Unzugänglichkeit, der negativen Einstellung gegen den Arzt und des Haftens am Krankheitsgewinne.

Man kommt endlich zur Einsicht, daß es sich um einen sozusagen »moralischen« Faktor handelt, um ein Schuldgefühl, welches im Kranksein seine Befriedigung findet und auf die Strafe des Leidens nicht verzichten will. An dieser wenig tröstlichen Aufklärung darf man endgültig festhalten. Aber dies Schuldgefühl ist für den Kranken stumm, es sagt ihm nicht, daß er schuldig ist, er fühlt sich nicht schuldig, sondern krank. Dies Schuldgefühl äußert sich nur als schwer reduzierbarer Widerstand gegen die Herstellung. Es ist auch besonders schwierig, den Kranken von diesem Motiv seines Krankbleibens zu überzeugen, er wird sich an die näherliegende Erklärung halten, daß die analytische Kur nicht das richtige Mittel ist, ihm zu helfen.[1]

Was hier beschrieben wurde, entspricht den extremsten Vorkommnissen, dürfte aber in geringerem Ausmaß für sehr viele, vielleicht für alle schwereren Fälle von Neurose in Betracht kommen. Ja, noch mehr, vielleicht ist es gerade dieser Faktor, das Verhalten des Ichideals, der die Schwere einer neurotischen Erkrankung maßgebend bestimmt. Wir wollen darum einigen weiteren Bemerkungen über die Äußerung des Schuldgefühls unter verschiedenen Bedingungen nicht aus dem Wege gehen.

Das normale, bewußte Schuldgefühl (Gewissen) bietet der Deutung keine Schwierigkeiten, es beruht auf der Spannung zwischen dem Ich und dem Ichideal, ist der Ausdruck einer Verurteilung des Ichs durch seine kritische Instanz. Die bekannten Minderwertigkeitsgefühle der Neurotiker dürften nicht weit davon abliegen. In zwei uns wohlvertrauten Affektionen ist das Schuldgefühl überstark bewußt;

---

1 Der Kampf gegen das Hindernis des unbewußten Schuldgefühls wird dem Analytiker nicht leicht gemacht. Man kann direkt nichts dagegen tun, indirekt nichts anderes, als daß man langsam seine unbewußt verdrängten Begründungen aufdeckt, wobei es sich allmählich in bewußtes Schuldgefühl verwandelt. Eine besondere Chance der Beeinflussung gewinnt man, wenn dies *ubw* Schuldgefühl ein *entlehntes* ist, das heißt das Ergebnis der Identifizierung mit einer anderen Person, die einmal Objekt einer erotischen Besetzung war. Eine solche Übernahme des Schuldgefühls ist oft der einzige, schwer kenntliche Rest der aufgegebenen Liebesbeziehung. Die Ähnlichkeit mit dem Vorgang bei Melancholie ist dabei unverkennbar. Kann man diese einstige Objektbesetzung hinter dem *ubw* Schuldgefühl aufdecken, so ist die therapeutische Aufgabe oft glänzend gelöst, sonst ist der Ausgang der therapeutischen Bemühung keineswegs gesichert. Er hängt in erster Linie von der Intensität des Schuldgefühls ab, welcher die Therapie oft keine Gegenkraft von gleicher Größenordnung entgegenstellen kann. Vielleicht auch davon, ob die Person des Analytikers es zuläßt, daß sie vom Kranken an die Stelle seines Ichideals gesetzt werde, womit die Versuchung verbunden ist, gegen den Kranken die Rolle des Propheten, Seelenretters, Heilands zu spielen. Da die Regeln der Analyse einer solchen Verwendung der ärztlichen Persönlichkeit entschieden widerstreben, ist ehrlich zuzugeben, daß hier eine neue Schranke für die Wirkung der Analyse gegeben ist, die ja die krankhaften Reaktionen nicht unmöglich machen, sondern dem Ich des Kranken die *Freiheit* schaffen soll, sich so oder anders zu entscheiden.

das Ichideal zeigt dann eine besondere Strenge und wütet gegen das Ich oft in grausamer Weise. Neben dieser Übereinstimmung ergeben sich bei den beiden Zuständen, Zwangsneurose und Melancholie, Verschiedenheiten im Verhalten des Ichideals, die nicht minder bedeutungsvoll sind.

Bei der Zwangsneurose (gewissen Formen derselben) ist das Schuldgefühl überlaut, kann sich aber vor dem Ich nicht rechtfertigen. Das Ich des Kranken sträubt sich daher gegen die Zumutung, schuldig zu sein, und verlangt vom Arzt, in seiner Ablehnung dieser Schuldgefühle bestärkt zu werden. Es wäre töricht, ihm nachzugeben, denn es bliebe erfolglos. Die Analyse zeigt dann, daß das Über-Ich durch Vorgänge beeinflußt wird, welche dem Ich unbekannt geblieben sind. Es lassen sich wirklich die verdrängten Impulse auffinden, welche das Schuldgefühl begründen. Das Über-Ich hat hier mehr vom unbewußten Es gewußt als das Ich.

Noch stärker ist der Eindruck, daß das Über-Ich das Bewußtsein an sich gerissen hat, bei der Melancholie. Aber hier wagt das Ich keinen Einspruch, es bekennt sich schuldig und unterwirft sich den Strafen. Wir verstehen diesen Unterschied. Bei der Zwangsneurose handelte es sich um anstößige Regungen, die außerhalb des Ichs geblieben sind; bei der Melancholie aber ist das Objekt, dem der Zorn des Über-Ichs gilt, durch Identifizierung ins Ich aufgenommen worden.

Es ist gewiß nicht selbstverständlich, daß bei diesen beiden neurotischen Affektionen das Schuldgefühl eine so außerordentliche Stärke erreicht, aber das Hauptproblem der Situation liegt doch an anderer Stelle. Wir schieben seine Erörterung auf, bis wir die anderen Fälle behandelt haben, in denen das Schuldgefühl unbewußt bleibt.

Dies ist doch wesentlich bei Hysterie und Zuständen vom hysterischen Typus zu finden. Der Mechanismus des Unbewußtbleibens ist hier leicht zu erraten. Das hysterische Ich erwehrt sich der peinlichen Wahrnehmung, die ihm von seiten der Kritik seines Über-Ichs droht, in derselben Weise, wie es sich sonst einer unerträglichen Objektbesetzung zu erwehren pflegt, durch einen Akt der Verdrängung. Es liegt also am Ich, wenn das Schuldgefühl unbewußt bleibt. Wir wissen, daß sonst das Ich die Verdrängungen im Dienst und Auftrag seines Über-Ichs vornimmt; hier ist aber ein Fall, wo es sich derselben Waffe gegen seinen gestrengen Herrn bedient. Bei der Zwangsneurose überwiegen bekanntlich die Phänomene der Reaktionsbildung; hier gelingt dem Ich nur die Fernhaltung des Materials, auf welches sich das Schuldgefühl bezieht.

Man kann weitergehen und die Voraussetzung wagen, daß ein großes Stück des Schuldgefühls normalerweise unbewußt sein müsse, weil die Entstehung des Gewissens innig an den Ödipuskomplex geknüpft ist, welcher dem Unbewußten angehört. Würde jemand den paradoxen Satz vertreten wollen, daß der normale Mensch nicht nur viel unmoralischer ist, als er glaubt, sondern auch viel moralischer, als er weiß, so hätte die Psychoanalyse, auf deren Befunden die erste Hälfte der Behauptung ruht, auch gegen die zweite Hälfte nichts einzuwenden.[1]

Es war eine Überraschung zu finden, daß eine Steigerung dieses *ubw* Schuldgefühls den Menschen zum Verbrecher machen kann. Aber es ist unzweifelhaft so. Es läßt sich bei vielen, besonders jugendlichen Verbrechern, ein mächtiges Schuldgefühl nachweisen, welches vor der Tat bestand, also nicht deren Folge, sondern deren Motiv ist, als ob es als Erleichterung empfunden würde, dies unbewußte Schuldgefühl an etwas Reales und Aktuelles knüpfen zu können.

In all diesen Verhältnissen erweist das Über-Ich seine Unabhängigkeit vom bewußten Ich und seine innigen Beziehungen zum unbewußten Es. Nun erhebt sich mit Rücksicht auf die Bedeutung, die wir den vorbewußten Wortresten im Ich zugeschrieben haben, die Frage, ob das Über-Ich, wenn es *ubw* ist, nicht aus solchen Wortvorstellungen, oder aus was sonst es besteht. Die bescheidene Antwort wird lauten, daß das Über-Ich auch seine Herkunft aus Gehörtem unmöglich verleugnen kann, es ist ja ein Teil des Ichs und bleibt von diesen Wortvorstellungen (Begriffen, Abstraktionen) her dem Bewußtsein zugänglich, aber die Besetzungsenergie wird diesen Inhalten des Über-Ichs nicht von der Hörwahrneh-

---

1 Dieser Satz ist nur scheinbar ein Paradoxon; er besagt einfach, daß die Natur des Menschen im Guten wie im Bösen weit über das hinausgeht, was er von sich glaubt, das heißt was seinem Ich durch Bewußtseinswahrnehmung bekannt ist.

mung, dem Unterricht, der Lektüre, sondern von den Quellen im Es zugeführt.

Die Frage, deren Beantwortung wir zurückgestellt hatten, lautet: Wie geht es zu, daß das Über-Ich sich wesentlich als Schuldgefühl (besser: als Kritik; Schuldgefühl ist die dieser Kritik entsprechende Wahrnehmung im Ich) äußert und dabei eine so außerordentliche Härte und Strenge gegen das Ich entfaltet. Wenden wir uns zunächst zur Melancholie, so finden wir, daß das überstarke Über-Ich, welches das Bewußtsein an sich gerissen hat, gegen das Ich mit schonungsloser Heftigkeit wütet, als ob es sich des ganzen im Individuum verfügbaren Sadismus bemächtigt hätte. Nach unserer Auffassung des Sadismus würden wir sagen, die destruktive Komponente habe sich im Über-Ich abgelagert und gegen das Ich gewendet. Was nun im Über-Ich herrscht, ist wie eine Reinkultur des Todestriebes, und wirklich gelingt es diesem oft genug, das Ich in den Tod zu treiben, wenn das Ich sich nicht vorher durch den Umschlag in Manie seines Tyrannen erwehrt.

Ähnlich peinlich und quälerisch sind die Gewissensvorwürfe bei bestimmten Formen der Zwangsneurose, aber die Situation ist hier weniger durchsichtig. Es ist im Gegensatz zur Melancholie bemerkenswert, daß der Zwangskranke eigentlich niemals den Schritt der Selbsttötung macht, er ist wie immun gegen die Selbstmordgefahr, weit besser dagegen geschützt als der Hysteriker. Wir verstehen, es ist die Erhaltung des Objekts, die die Sicherheit des Ichs verbürgt. Bei der Zwangsneurose ist es durch eine Regression zur prägenitalen Organisation möglich geworden, daß die Liebesimpulse sich in Aggressionsimpulse gegen das Objekt umsetzen. Wiederum ist der Destruktionstrieb frei geworden und will das Objekt vernichten, oder es hat wenigstens den Anschein, als bestünde solche Absicht. Das Ich hat diese Tendenzen nicht aufgenommen, es sträubt sich gegen sie mit Reaktionsbildungen und Vorsichtsmaßregeln; sie verbleiben im Es. Das Über-Ich aber benimmt sich, als wäre das Ich für sie verantwortlich, und zeigt uns gleichzeitig durch den Ernst, mit dem es diese Vernichtungsabsichten verfolgt, daß es sich nicht um einen durch die Regression hervorgerufenen Anschein, sondern um wirklichen Ersatz von Liebe durch Haß handelt. Nach beiden Seiten hilflos, wehrt sich das Ich vergeblich gegen die Zumutungen des mörderischen Es wie gegen die Vorwürfe des strafenden Gewissens. Es gelingt ihm, gerade die gröbsten Aktionen beider zu hemmen, das Ergebnis ist eine endlose Selbstqual und in der weiteren Entwicklung eine systematische Quälerei des Objekts, wo dies zugänglich ist.

Die gefährlichen Todestriebe werden im Individuum auf verschiedene Weise behandelt, teils durch Mischung mit erotischen Komponenten unschädlich gemacht, teils als Aggression nach außen abgelenkt, zum großen Teil setzen sie gewiß unbehindert ihre innere Arbeit fort. Wie kommt es nun, daß bei der Melancholie das Über-Ich zu einer Art Sammelstätte der Todestriebe werden kann?

Vom Standpunkt der Triebeinschränkung, der Moralität, kann man sagen: Das Es ist ganz amoralisch, das Ich ist bemüht, moralisch zu sein, das Über-Ich kann hypermoralisch und dann so grausam werden wie nur das Es. Es ist merkwürdig, daß der Mensch, je mehr er seine Aggression nach außen einschränkt, desto strenger, also aggressiver in seinem Ichideal wird. Der gewöhnlichen Betrachtung erscheint dies umgekehrt, sie sieht in der Forderung des Ichideals das Motiv für die Unterdrückung der Aggression. Die Tatsache bleibt aber, wie wir sie ausgesprochen haben: Je mehr ein Mensch seine Aggression meistert, desto mehr steigert sich die Aggressionsneigung seines Ideals gegen sein Ich. Es ist wie eine Verschiebung, eine Wendung gegen das eigene Ich. Schon die gemeine, normale Moral hat den Charakter des hart Einschränkenden, grausam Verbietenden. Daher stammt ja die Konzeption des unerbittlich strafenden höheren Wesens.

Ich kann nun diese Verhältnisse nicht weiter erläutern, ohne eine neue Annahme einzuführen. Das Über-Ich ist ja durch eine Identifizierung mit dem Vatervorbild entstanden. Jede solche Identifizierung hat den Charakter einer Desexualisierung oder selbst Sublimierung. Es scheint nun, daß bei einer solchen Umsetzung auch eine Triebentmischung stattfindet. Die erotische Komponente hat nach der Sublimierung nicht mehr die Kraft, die ganze hinzugesetzte Destruktion zu binden, und diese wird als Aggressions- und Destruktionsneigung frei. Aus dieser Entmischung würde das Ideal überhaupt den harten, grausamen Zug des gebieterischen Sollens beziehen.

Noch ein kurzes Verweilen bei der Zwangsneurose. Hier liegen die Verhältnisse anders. Die Entmischung der Liebe zur Aggression ist nicht durch eine Leistung des Ichs zustande gekommen, sondern die Folge einer Regression, die sich im Es vollzogen hat. Aber dieser Vorgang hat vom Es auf das Über-Ich übergegriffen, welches nun seine Strenge gegen das unschuldige Ich verschärft. In beiden Fällen würde aber das Ich, welches die Libido durch Identifizierung bewältigt hat, dafür die Strafe durch die der Libido beigemengte Aggression vom Über-Ich her erleiden.

Unsere Vorstellungen vom Ich beginnen sich zu klären, seine verschiedenen Beziehungen an Deutlichkeit zu gewinnen. Wir sehen das Ich jetzt in seiner Stärke und in seinen Schwächen. Es ist mit wichtigen Funktionen betraut, kraft seiner Beziehung zum Wahrnehmungssystem stellt es die zeitliche Anordnung der seelischen Vorgänge her und unterzieht dieselben der Realitätsprüfung. Durch die Einschaltung der Denkvorgänge erzielt es einen Aufschub der motorischen Entladungen und beherrscht die Zugänge zur Motilität. Letztere Herrschaft ist allerdings mehr formal als faktisch, das Ich hat in der Beziehung zur Handlung etwa die Stellung eines konstitutionellen Monarchen, ohne dessen Sanktion nichts Gesetz werden kann, der es sich aber sehr überlegt, ehe er gegen einen Vorschlag des Parlaments sein Veto einlegt. Das Ich bereichert sich bei allen Lebenserfahrungen von außen; das Es aber ist seine andere Außenwelt, die es sich zu unterwerfen strebt. Es entzieht dem Es Libido, bildet die Objektbesetzungen des Es zu Ichgestaltungen um. Mit Hilfe des Über-Ichs schöpft es in einer für uns noch dunklen Weise aus den im Es angehäuften Erfahrungen der Vorzeit.

Es gibt zwei Wege, auf denen der Inhalt des Es ins Ich eindringen kann. Der eine ist der direkte, der andere führt über das Ichideal, und es mag für manche seelische Tätigkeiten entscheidend sein, auf welchem der beiden Wege sie erfolgen. Das Ich entwickelt sich von der Triebwahrnehmung zur Triebbeherrschung, vom Triebgehorsam zur Triebhemmung. An dieser Leistung hat das Ichideal, das ja zum Teil eine Reaktionsbildung gegen die Triebvorgänge des Es ist, seinen starken Anteil. Die Psychoanalyse ist ein Werkzeug, welches dem Ich die fortschreitende Eroberung des Es ermöglichen soll.

Aber anderseits sehen wir dasselbe Ich als armes Ding, welches unter dreierlei Dienstbarkeiten steht und demzufolge unter den Drohungen von dreierlei Gefahren leidet, von der Außenwelt her, von der Libido des Es und von der Strenge des Über-Ichs. Dreierlei Arten von Angst entsprechen diesen drei Gefahren, denn Angst ist der Ausdruck eines Rückzuges vor der Gefahr. Als Grenzwesen will das Ich zwischen der Welt und dem Es vermitteln, das Es der Welt gefügig machen und die Welt mittels seiner Muskelaktionen dem Es-Wunsch gerecht machen. Es benimmt sich eigentlich wie der Arzt in einer analytischen Kur, indem es sich selbst mit seiner Rücksichtnahme auf die reale Welt dem Es als Libidoobjekt empfiehlt und dessen Libido auf sich lenken will. Es ist nicht nur der Helfer des Es, auch sein unterwürfiger Knecht, der um die Liebe seines Herrn wirbt. Es sucht, wo möglich, im Einvernehmen mit dem Es zu bleiben, überzieht dessen *ubw* Gebote mit seinen *vbw* Rationalisierungen, spiegelt den Gehorsam des Es gegen die Mahnungen der Realität vor, auch wo das Es starr und unnachgiebig geblieben ist, vertuscht die Konflikte des Es mit der Realität und wo möglich auch die mit dem Über-Ich. In seiner Mittelstellung zwischen Es und Realität unterliegt es nur zu oft der Versuchung, liebedienerisch, opportunistisch und lügnerisch zu werden, etwa wie ein Staatsmann, der bei guter Einsicht sich doch in der Gunst der öffentlichen Meinung behaupten will.

Zwischen beiden Triebarten hält es sich nicht unparteiisch. Durch seine Identifizierungs- und Sublimierungsarbeit leistet es den Todestrieben im Es Beistand zur Bewältigung der Libido, gerät aber dabei in Gefahr, zum Objekt der Todestriebe zu werden und selbst umzukommen. Es hat sich zu Zwecken der Hilfeleistung selbst mit Libido erfüllen müssen, wird dadurch selbst Vertreter des Eros und will nun leben und geliebt werden.

Da aber seine Sublimierungsarbeit eine Triebentmischung und Freiwerden der Aggressionstriebe im Über-Ich zur Folge hat, liefert es sich durch seinen Kampf gegen die Libido der Gefahr der Mißhandlung und des Todes aus. Wenn das Ich unter der Aggression des Über-Ichs leidet oder selbst erliegt, so ist sein Schicksal ein Gegenstück zu dem der Protisten, die an den Zersetzungsprodukten zugrunde gehen, die sie selbst geschaffen haben. Als solches

Zersetzungsprodukt im ökonomischen Sinne erscheint uns die im Über-Ich wirkende Moral.

Unter den Abhängigkeiten des Ichs ist wohl die vom Über-Ich die interessanteste.

Das Ich ist ja die eigentliche Angststätte. Von den dreierlei Gefahren bedroht, entwickelt das Ich den Fluchtreflex, indem es seine eigene Besetzung von der bedrohlichen Wahrnehmung oder dem ebenso eingeschätzten Vorgang im Es zurückzieht und als Angst ausgibt. Diese primitive Reaktion wird später durch Aufführung von Schutzbesetzungen abgelöst (Mechanismus der Phobien). Was das Ich von der äußeren und von der Libidogefahr im Es befürchtet, läßt sich nicht angeben; wir wissen, es ist Überwältigung oder Vernichtung, aber es ist analytisch nicht zu fassen. Das Ich folgt einfach der Warnung des Lustprinzips. Hingegen läßt sich sagen, was sich hinter der Angst des Ichs vor dem Über-Ich, der Gewissensangst, verbirgt. Vom höheren Wesen, welches zum Ichideal wurde, drohte einst die Kastration, und diese Kastrationsangst ist wahrscheinlich der Kern, um den sich die spätere Gewissensangst ablagert, sie ist es, die sich als Gewissensangst fortsetzt.

Der volltönende Satz: jede Angst sei eigentlich Todesangst, schließt kaum einen Sinn ein, ist jedenfalls nicht zu rechtfertigen. Es scheint mir vielmehr durchaus richtig, die Todesangst von der Objekt-(Real-)Angst und von der neurotischen Libidoangst zu sondern. Sie gibt der Psychoanalyse ein schweres Problem auf, denn Tod ist ein abstrakter Begriff von negativem Inhalt, für den eine unbewußte Entsprechung nicht zu finden ist. Der Mechanismus der Todesangst könnte nur sein, daß das Ich seine narzißtische Libidobesetzung in reichlichem Ausmaß entläßt, also sich selbst aufgibt wie sonst im Angstfalle ein anderes Objekt. Ich meine, daß die Todesangst sich zwischen Ich und Über-Ich abspielt.

Wir kennen das Auftreten von Todesangst unter zwei Bedingungen, die übrigens denen der sonstigen Angstentwicklung durchaus analog sind, als Reaktion auf eine äußere Gefahr und als inneren Vorgang, zum Beispiel bei Melancholie. Der neurotische Fall mag uns wieder einmal zum Verständnis des realen verhelfen.

Die Todesangst der Melancholie läßt nur die eine Erklärung zu, daß das Ich sich aufgibt, weil es sich vom Über-Ich gehaßt und verfolgt anstatt geliebt fühlt. Leben ist also für das Ich gleichbedeutend mit Geliebtwerden, vom Über-Ich geliebt werden, das auch hier als Vertreter des Es auftritt. Das Über-Ich vertritt dieselbe schützende und rettende Funktion wie früher der Vater, später die Vorsehung oder das Schicksal. Denselben Schluß muß das Ich aber auch ziehen, wenn es sich in einer übergroßen realen Gefahr befindet, die es aus eigenen Kräften nicht glaubt überwinden zu können. Es sieht sich von allen schützenden Mächten verlassen und läßt sich sterben. Es ist übrigens immer noch dieselbe Situation, die dem ersten großen Angstzustand der Geburt und der infantilen Sehnsucht-Angst zugrunde lag, die der Trennung von der schützenden Mutter.

Auf Grund dieser Darlegungen kann also die Todesangst wie die Gewissensangst als Verarbeitung der Kastrationsangst aufgefaßt werden. Bei der großen Bedeutung des Schuldgefühls für die Neurosen ist es auch nicht von der Hand zu weisen, daß die gemeine neurotische Angst in schweren Fällen eine Verstärkung durch die Angstentwicklung zwischen Ich und Über-Ich (Kastrations-, Gewissens-, Todesangst) erfährt.

Das Es, zu dem wir am Ende zurückführen, hat keine Mittel, dem Ich Liebe oder Haß zu bezeugen. Es kann nicht sagen, was es will; es hat keinen einheitlichen Willen zustande gebracht. Eros und Todestrieb kämpfen in ihm; wir haben gehört, mit welchen Mitteln sich die einen Triebe gegen die anderen zur Wehre setzen. Wir könnten es so darstellen, als ob das Es unter der Herrschaft der stummen, aber mächtigen Todestriebe stünde, die Ruhe haben und den Störenfried Eros nach den Winken des Lustprinzips zur Ruhe bringen wollen, aber wir besorgen, doch dabei die Rolle des Eros zu unterschätzen.

DAS ÖKONOMISCHE PROBLEM
DES MASOCHISMUS

(1924)

Man hat ein Recht dazu, die Existenz der masochistischen Strebung im menschlichen Triebleben als ökonomisch rätselhaft zu bezeichnen. Denn wenn das Lustprinzip die seelischen Vorgänge in solcher Weise beherrscht, daß Vermeidung von Unlust und Gewinnung von Lust deren nächstes Ziel wird, so ist der Masochismus unverständlich. Wenn Schmerz und Unlust nicht mehr Warnungen, sondern selbst Ziele sein können, ist das Lustprinzip lahmgelegt, der Wächter unseres Seelenlebens gleichsam narkotisiert.

Der Masochismus erscheint uns so im Lichte einer großen Gefahr, was für seinen Widerpart, den Sadismus, in keiner Weise gilt. Wir fühlen uns versucht, das Lustprinzip den Wächter unseres Lebens anstatt nur unseres Seelenlebens zu heißen. Aber dann stellt sich die Aufgabe her, das Verhältnis des Lustprinzips zu den beiden Triebarten, die wir unterschieden haben, den Todestrieben und den erotischen (libidinösen) Lebenstrieben, zu untersuchen, und wir können in der Würdigung des masochistischen Problems nicht weitergehen, ehe wir nicht diesem Rufe gefolgt sind.

Wir haben, wie erinnerlich[1], das Prinzip, welches alle seelischen Vorgänge beherrscht, als Spezialfall der Fechnerschen *Tendenz zur Stabilität* aufgefaßt und somit dem seelischen Apparat die Absicht zugeschrieben, die ihm zuströmende Erregungssumme zu nichts zu machen oder wenigstens nach Möglichkeit niedrigzuhalten. Barbara Low hat für dies supponierte Bestreben den Namen *Nirwanaprinzip* vorgeschlagen, den wir akzeptieren. Aber wir haben das Lust-Unlustprinzip unbedenklich mit diesem Nirwanaprinzip identifiziert. Jede Unlust müßte also mit einer Erhöhung, jede Lust mit einer Erniedrigung der im Seelischen vorhandenen Reizspannung zusammenfallen, das Nirwana- (und das mit ihm angeblich identische Lust-)prinzip würde ganz im Dienst der Todestriebe stehen, deren Ziel die Überführung des unsteten Lebens in die Sta-

---

1 Jenseits des Lustprinzips, I [oben, S. 195].

bilität des anorganischen Zustandes ist, und würde die Funktion haben, vor den Ansprüchen der Lebenstriebe, der Libido, zu warnen, welche den angestrebten Ablauf des Lebens zu stören versuchen. Allein diese Auffassung kann nicht richtig sein. Es scheint, daß wir Zunahme und Abnahme der Reizgrößen direkt in der Reihe der Spannungsgefühle empfinden, und es ist nicht zu bezweifeln, daß es lustvolle Spannungen und unlustige Entspannungen gibt. Der Zustand der Sexualerregung ist das aufdringlichste Beispiel einer solchen lustvollen Reizvergrößerung, aber gewiß nicht das einzige. Lust und Unlust können also nicht auf Zunahme oder Abnahme einer Quantität, die wir Reizspannung heißen, bezogen werden, wenngleich sie offenbar mit diesem Moment viel zu tun haben. Es scheint, daß sie nicht an diesem quantitativen Faktor hängen, sondern an einem Charakter desselben, den wir nur als qualitativ bezeichnen können. Wir wären viel weiter in der Psychologie, wenn wir anzugeben wüßten, welches dieser qualitative Charakter ist. Vielleicht ist es der Rhythmus, der zeitliche Ablauf in den Veränderungen, Steigerungen und Senkungen der Reizquantität; wir wissen es nicht.

Auf jeden Fall müssen wir innewerden, daß das dem Todestrieb zugehörige Nirwanaprinzip im Lebewesen eine Modifikation erfahren hat, durch die es zum Lustprinzip wurde, und werden es von nun an vermeiden, die beiden Prinzipien für eines zu halten. Von welcher Macht diese Modifikation ausging, ist, wenn man dieser Überlegung überhaupt folgen will, nicht schwer zu erraten. Es kann nur der Lebenstrieb, die Libido, sein, der sich in solcher Weise seinen Anteil an der Regulierung der Lebensvorgänge neben dem Todestrieb erzwungen hat. Wir erhalten so eine kleine, aber interessante Beziehungsreihe: das *Nirwana*prinzip drückt die Tendenz des Todestriebes aus, das *Lust*prinzip vertritt den Anspruch der Libido und dessen Modifikation, das *Realitäts*prinzip, den Einfluß der Außenwelt.

Keines dieser drei Prinzipien wird eigentlich vom anderen außer Kraft gesetzt. Sie wissen sich in der Regel miteinander zu vertragen, wenngleich es gelegentlich zu Konflikten führen muß, daß von einer Seite die quantitative Herabminderung der Reizbelastung, von der anderen ein qualitativer Charakter derselben und endlich ein zeitlicher Aufschub der Reizabfuhr und ein zeitweiliges Gewährenlassen der Unlustspannung zum Ziel gesetzt ist.

Der Schluß aus diesen Erörterungen ist, daß die Bezeichnung des Lustprinzips als Wächter des Lebens nicht abgelehnt werden kann.

Kehren wir zum Masochismus zurück. Er tritt unserer Beobachtung in drei Gestalten entgegen, als eine Bedingtheit der Sexualerregung, als ein Ausdruck des femininen Wesens und als eine Norm des Lebensverhaltens *(behaviour)*. Man kann dementsprechend einen *erogenen*, *femininen* und *moralischen* Masochismus unterscheiden. Der erstere, der erogene Masochismus, die Schmerzlust, liegt auch den beiden anderen Formen zugrunde, er ist biologisch und konstitutionell zu begründen, bleibt unverständlich, wenn man sich nicht zu einigen Annahmen über ganz dunkle Verhältnisse entschließt. Die dritte, in gewisser Hinsicht wichtigste Erscheinungsform des Masochismus ist als meist unbewußtes Schuldgefühl erst neuerlich von der Psychoanalyse gewürdigt worden, läßt aber bereits eine volle Aufklärung und Einreihung in unsere sonstige Erkenntnis zu. Der feminine Masochismus dagegen ist unserer Beobachtung am besten zugänglich, am wenigsten rätselhaft und in all seinen Beziehungen zu übersehen. Mit ihm mag unsere Darstellung beginnen.

Wir kennen diese Art des Masochismus beim Manne (auf den ich mich aus Gründen des Materials hier beschränke) in zureichender Weise aus den Phantasien masochistischer (häufig darum impotenter) Personen, die entweder in den onanistischen Akt auslaufen oder für sich allein die Sexualbefriedigung darstellen. Mit den Phantasien stimmen vollkommen überein die realen Veranstaltungen masochistischer Perverser, sei es, daß sie als Selbstzweck durchgeführt werden oder zur Herstellung der Potenz und Einleitung des Geschlechtsakts dienen. In beiden Fällen – die Veranstaltungen sind ja nur die spielerische Ausführung der Phantasien – ist der manifeste Inhalt: geknebelt, gebunden, in schmerzhafter Weise geschlagen, gepeitscht, irgendwie mißhandelt, zum unbedingten Gehorsam gezwungen, beschmutzt, erniedrigt zu werden. Weit seltener und nur mit großen Einschränkungen werden auch Verstümmelungen in diesen Inhalt aufgenommen. Die nächste, bequem zu erreichende Deutung ist, daß der Masochist wie ein kleines, hilfloses und abhängiges Kind behandelt werden will, besonders aber wie ein schlimmes Kind. Es ist überflüssig, Kasuistik anzuführen, das Material ist sehr gleichartig, jedem Beobachter, auch dem Nichtanalytiker, zugänglich. Hat man aber Gelegenheit, Fälle zu studieren, in denen die masochistischen Phantasien eine besonders reiche Verarbeitung erfahren haben, so macht man leicht die Entdeckung, daß sie die Person in eine für die Weiblichkeit charakteristische Situation versetzen, also Kastriertwerden, Koitiertwerden oder Gebären bedeuten. Ich habe darum diese Erscheinungsform des Masochismus den femininen, gleichsam *a potiori*, genannt, obwohl so viele seiner Elemente auf das Infantilleben hinweisen. Diese Übereinanderschichtung des Infantilen und des Femininen wird später ihre einfache Aufklärung finden. Die Kastration oder die sie vertretende Blendung hat oft in den Phantasien ihre negative Spur in der Bedingung hinterlassen, daß gerade den Genitalien oder den Augen kein Schaden geschehen darf. (Die masochistischen Quälereien machen übrigens selten einen so ernsthaften Eindruck wie die – phantasierten oder inszenierten – Grausamkeiten des Sadismus.) Im manifesten Inhalt der masochistischen Phantasien kommt auch ein Schuldgefühl zum Ausdruck, indem angenommen wird, daß die betreffende Person etwas verbrochen habe (was unbestimmt gelassen wird), was durch alle die schmerzhaften und quälerischen Prozeduren gesühnt werden soll. Das sieht wie eine oberflächliche Rationalisierung der masochistischen Inhalte aus, es steckt aber die Beziehung zur infantilen Masturbation dahinter. Anderseits leitet dieses Schuldmoment zur dritten, moralischen Form des Masochismus über.

Der beschriebene feminine Masochismus ruht ganz auf dem primären, erogenen, der Schmerzlust, deren Erklärung nicht ohne weit rückgreifende Erwägungen gelingt.

Ich habe in den »Drei Abhandlungen zur Sexualtheorie« im Abschnitt über die Quellen der infantilen Sexualität die Behauptung aufgestellt, daß die Sexualerregung als Nebenwirkung bei einer großen Reihe innerer Vorgänge entsteht, sobald die Intensität dieser Vorgänge nur gewisse quantitative Grenzen überstiegen hat. Ja, daß vielleicht nichts Bedeutsameres im Organismus vorfällt, was nicht seine Komponente zur Erregung des Sexualtriebs abzugeben hätte. Demnach müßte auch die Schmerz- und Unlusterregung diese

Folge haben. Diese libidinöse Miterregung bei Schmerz- und Unlustspannung wäre ein infantiler physiologischer Mechanismus, der späterhin versiegt. Sie würde in den verschiedenen Sexualkonstitutionen eine verschieden große Ausbildung erfahren, jedenfalls die physiologische Grundlage abgeben, die dann als erogener Masochismus psychisch überbaut wird.

Die Unzulänglichkeit dieser Erklärung zeigt sich aber darin, daß in ihr kein Licht auf die regelmäßigen und intimen Beziehungen des Masochismus zu seinem Widerpart im Triebleben, dem Sadismus, geworfen wird. Geht man ein Stück weiter zurück bis zur Annahme der zwei Triebarten, die wir uns im Lebewesen wirksam denken, so kommt man zu einer anderen, aber der obigen nicht widersprechenden Ableitung. Die Libido trifft in (vielzelligen) Lebewesen auf den dort herrschenden Todes- oder Destruktionstrieb, welcher dies Zellenwesen zersetzen und jeden einzelnen Elementarorganismus in den Zustand der anorganischen Stabilität (wenn diese auch nur relativ sein mag) überführen möchte. Sie hat die Aufgabe, diesen destruierenden Trieb unschädlich zu machen, und entledigt sich ihrer, indem sie ihn zum großen Teil und bald mit Hilfe eines besonderen Organsystems, der Muskulatur, nach außen ableitet, gegen die Objekte der Außenwelt richtet. Er heiße dann Destruktionstrieb, Bemächtigungstrieb, Wille zur Macht. Ein Anteil dieses Triebes wird direkt in den Dienst der Sexualfunktion gestellt, wo er Wichtiges zu leisten hat. Dies ist der eigentliche Sadismus. Ein anderer Anteil macht diese Verlegung nach außen nicht mit, er verbleibt im Organismus und wird dort mit Hilfe der erwähnten sexuellen Miterregung libidinös gebunden; in ihm haben wir den ursprünglichen, erogenen Masochismus zu erkennen.

Es fehlt uns jedes physiologische Verständnis dafür, auf welchen Wegen und mit welchen Mitteln sich diese Bändigung des Todestriebes durch die Libido vollziehen mag. Im psychoanalytischen Gedankenkreis können wir nur annehmen, daß eine sehr ausgiebige, in ihren Verhältnissen variable Vermischung und Verquickung der beiden Triebarten zustande kommt, so daß wir überhaupt nicht mit reinen Todes- und Lebenstrieben, sondern nur mit verschiedenwertigen Vermengungen derselben rechnen sollten. Der Triebvermischung mag unter gewissen Einwirkungen eine Entmischung derselben entsprechen. Wie groß die Anteile der Todestriebe sind, welche sich solcher Bändigung durch die Bindung an libidinöse Zusätze entziehen, läßt sich derzeit nicht erraten.

Wenn man sich über einige Ungenauigkeit hinaussetzen will, kann man sagen, der im Organismus wirkende Todestrieb – der Ursadismus – sei mit dem Masochismus identisch. Nachdem sein Hauptanteil nach außen auf die Objekte verlegt worden ist, verbleibt als sein Residuum im Inneren der eigentliche, erogene Masochismus, der einerseits eine Komponente der Libido geworden ist, anderseits noch immer das eigene Wesen zum Objekt hat. So wäre dieser Masochismus ein Zeuge und Überrest jener Bildungsphase, in der die für das Leben so wichtige Legierung von Todestrieb und Eros geschah. Wir werden nicht erstaunt sein zu hören, daß unter bestimmten Verhältnissen der nach außen gewendete, projizierte Sadismus oder Destruktionstrieb wieder introjiziert, nach innen gewendet werden kann, solcherart in seine frühere Situation regrediert. Er ergibt dann den sekundären Masochismus, der sich zum ursprünglichen hinzuaddiert.

Der erogene Masochismus macht alle Entwicklungsphasen der Libido mit und entnimmt ihnen seine wechselnden psychischen Umkleidungen. Die Angst, vom Totemtier (Vater) gefressen zu werden, stammt aus der primitiven oralen Organisation, der Wunsch, vom Vater geschlagen zu werden, aus der darauffolgenden sadistisch-analen Phase; als Niederschlag der phallischen Organisationsstufe[1] tritt die Kastration, obwohl später verleugnet, in den Inhalt der masochistischen Phantasien ein, von der endgültigen Genitalorganisation leiten sich natürlich die für die Weiblichkeit charakteristischen Situationen des Koitiertwerdens und des Gebärens ab. Auch die Rolle der Nates im Masochismus ist, abgesehen von der offenkundigen Realbegründung, leicht zu verstehen. Die Nates sind die erogen bevorzugte Körperpartie der sadistisch-analen Phase wie die Mamma der oralen, der Penis der genitalen.

Die dritte Form des Masochismus, der moralische Masochismus, ist vor allem dadurch bemerkenswert, daß sie ihre Beziehung zu dem, was wir als Sexualität erkennen, gelockert hat. An allen masochisti-

---

1 S. Die infantile Genitalorganisation (Ges. Werke, Bd. XIII).

schen Leiden haftet sonst die Bedingung, daß sie von der geliebten Person ausgehen, auf ihr Geheiß erduldet werden; diese Einschränkung ist beim moralischen Masochismus fallengelassen. Das Leiden selbst ist das, worauf es ankommt; ob es von einer geliebten oder gleichgültigen Person verhängt wird, spielt keine Rolle; es mag auch von unpersönlichen Mächten oder Verhältnissen verursacht sein, der richtige Masochist hält immer seine Wange hin, wo er Aussicht hat, einen Schlag zu bekommen. Es liegt sehr nahe, in der Erklärung dieses Verhaltens die Libido beiseite zu lassen und sich auf die Annahme zu beschränken, daß hier der Destruktionstrieb wieder nach innen gewendet wurde und nun gegen das eigene Selbst wütet, aber es sollte doch einen Sinn haben, daß der Sprachgebrauch die Beziehung dieser Norm des Lebensverhaltens zur Erotik nicht aufgegeben hat und auch solche Selbstbeschädiger Masochisten heißt.

Einer technischen Gewöhnung getreu, wollen wir uns zuerst mit der extremen, unzweifelhaft pathologischen Form dieses Masochismus beschäftigen. Ich habe an anderer Stelle[1] ausgeführt, daß wir in der analytischen Behandlung auf Patienten stoßen, deren Benehmen gegen die Einflüsse der Kur uns nötigt, ihnen ein »unbewußtes« Schuldgefühl zuzuschreiben. Ich habe dort angegeben, woran man diese Personen erkennt (»die negative therapeutische Reaktion«), und auch nicht verhehlt, daß die Stärke einer solchen Regung einen der schwersten Widerstände und die größte Gefahr für den Erfolg unserer ärztlichen oder erzieherischen Absichten bedeutet. Die Befriedigung dieses unbewußten Schuldgefühls ist der vielleicht mächtigste Posten des in der Regel zusammengesetzten Krankheitsgewinnes, der Kräftesumme, welche sich gegen die Genesung sträubt und das Kranksein nicht aufgeben will; das Leiden, das die Neurose mit sich bringt, ist gerade das Moment, durch das sie der masochistischen Tendenz wertvoll wird. Es ist auch lehrreich zu erfahren, daß gegen alle Theorie und Erwartung eine Neurose, die allen therapeutischen Bemühungen getrotzt hat, verschwinden kann, wenn die Person in das Elend einer unglücklichen Ehe geraten ist, ihr Vermögen verloren oder eine bedrohliche organische Erkrankung erworben hat. Eine Form des Leidens ist dann durch eine

---

1 Das Ich und das Es [oben, S. 286].

andere abgelöst worden, und wir sehen, es kam nur darauf an, ein gewisses Maß von Leiden festhalten zu können.

Das unbewußte Schuldgefühl wird uns von den Patienten nicht leicht geglaubt. Sie wissen zu gut, in welchen Qualen (Gewissensbissen) sich ein bewußtes Schuldgefühl, Schuldbewußtsein, äußert, und können darum nicht zugeben, daß sie ganz analoge Regungen in sich beherbergen sollten, von denen sie so gar nichts verspüren. Ich meine, wir tragen ihrem Einspruch in gewissem Maße Rechnung, wenn wir auf die ohnehin psychologisch inkorrekte Benennung »unbewußtes Schuldgefühl« verzichten und dafür »Strafbedürfnis« sagen, womit wir den beobachteten Sachverhalt ebenso treffend decken. Wir können uns aber nicht abhalten lassen, dies unbewußte Schuldgefühl nach dem Muster des bewußten zu beurteilen und zu lokalisieren.

Wir haben dem Über-Ich die Funktion des Gewissens zugeschrieben und im Schuldbewußtsein den Ausdruck einer Spannung zwischen Ich und Über-Ich erkannt. Das Ich reagiert mit Angstgefühlen (Gewissensangst) auf die Wahrnehmung, daß es hinter den von seinem Ideal, dem Über-Ich, gestellten Anforderungen zurückgeblieben ist. Nun verlangen wir zu wissen, wie das Über-Ich zu dieser anspruchsvollen Rolle gekommen ist und warum das Ich im Falle einer Differenz mit seinem Ideal sich fürchten muß.

Wenn wir gesagt haben, das Ich finde seine Funktion darin, die Ansprüche der drei Instanzen, denen es dient, miteinander zu vereinbaren, sie zu versöhnen, so können wir hinzufügen, es hat auch dabei sein Vorbild, dem es nachstreben kann, im Über-Ich. Dies Über-Ich ist nämlich ebensosehr der Vertreter des Es wie der Außenwelt. Es ist dadurch entstanden, daß die ersten Objekte der libidinösen Regungen des Es, das Elternpaar, ins Ich introjiziert wurden, wobei die Beziehung zu ihnen desexualisiert wurde, eine Ablenkung von den direkten Sexualzielen erfuhr. Auf diese Art wurde erst die Überwindung des Ödipuskomplexes ermöglicht. Das Über-Ich behielt nun wesentliche Charaktere der introjizierten Personen bei, ihre Macht, Strenge, Neigung zur Beaufsichtigung und Bestrafung. Wie an anderer Stelle ausgeführt[1], ist es leicht denkbar, daß durch die Trieb-

---

1 Das Ich und das Es [oben, S. 291].

entmischung, welche mit einer solchen Einführung ins Ich einhergeht, die Strenge eine Steigerung erfuhr. Das Über-Ich, das in ihm wirksame Gewissen, kann nun hart, grausam, unerbittlich gegen das von ihm behütete Ich werden. Der kategorische Imperativ Kants ist so der direkte Erbe des Ödipuskomplexes.

Die nämlichen Personen aber, welche im Über-Ich als Gewissensinstanz weiterwirken, nachdem sie aufgehört haben, Objekte der libidinösen Regungen des Es zu sein, gehören aber auch der realen Außenwelt an. Dieser sind sie entnommen worden; ihre Macht, hinter der sich alle Einflüsse der Vergangenheit und Überlieferung verbergen, war eine der fühlbarsten Äußerungen der Realität. Dank diesem Zusammenfallen wird das Über-Ich, der Ersatz des Ödipuskomplexes, auch zum Repräsentanten der realen Außenwelt und so zum Vorbild für das Streben des Ichs.

Der Ödipuskomplex erweist sich so, wie bereits historisch gemutmaßt wurde[1], als die Quelle unserer individuellen Sittlichkeit (Moral). Im Laufe der Kindheitsentwicklung, welche zur fortschreitenden Loslösung von den Eltern führt, tritt deren persönliche Bedeutung für das Über-Ich zurück. An die von ihnen erübrigten Imagines schließen dann die Einflüsse von Lehrern, Autoritäten, selbstgewählten Vorbildern und sozial anerkannten Helden an, deren Personen von dem resistenter gewordenen Ich nicht mehr introjiziert zu werden brauchen. Die letzte Gestalt dieser mit den Eltern beginnenden Reihe ist die dunkle Macht des Schicksals, welches erst die wenigsten von uns unpersönlich zu erfassen vermögen. Wenn der holländische Dichter Multatuli[2] die Μοτρα der Griechen durch das Götterpaar Λόγος καὶ ’Ανάγκη ersetzt, so ist dagegen wenig einzuwenden; aber alle, die die Leitung des Weltgeschehens der Vorsehung, Gott oder Gott und der Natur übertragen, erwecken den Verdacht, daß sie diese äußersten und fernsten Gewalten immer noch wie ein Elternpaar – mythologisch – empfinden und sich mit ihnen durch libidinöse Bindungen verknüpft glauben. Ich habe im »Ich und Es«[3] den Versuch gemacht, auch die reale Todesangst der

---

1 Totem und Tabu, Abschnitt IV.
2 Ed. Douwes Dekker (1820–1887).
3 [Oben, S. 294 f.]

Menschen von einer solchen elterlichen Auffassung des Schicksals abzuleiten. Es scheint sehr schwer, sich von ihr frei zu machen.

Nach diesen Vorbereitungen können wir zur Würdigung des moralischen Masochismus zurückkehren. Wir sagten, die betreffenden Personen erwecken durch ihr Benehmen – in der Kur und im Leben – den Eindruck, als seien sie übermäßig moralisch gehemmt, stünden unter der Herrschaft eines besonders empfindlichen Gewissens, obwohl ihnen von solcher Übermoral nichts bewußt ist. Bei näherem Eingehen bemerken wir wohl den Unterschied, der eine solche unbewußte Fortsetzung der Moral vom moralischen Masochismus trennt. Bei der ersteren fällt der Akzent auf den gesteigerten Sadismus des Über-Ichs, dem das Ich sich unterwirft, beim letzteren hingegen auf den eigenen Masochismus des Ichs, der nach Strafe, sei es vom Über-Ich, sei es von den Elternmächten draußen, verlangt. Unsere anfängliche Verwechslung darf entschuldigt werden, denn beide Male handelt es sich um eine Relation zwischen dem Ich und dem Über-Ich oder ihm gleichstehenden Mächten; in beiden Fällen kommt es auf ein Bedürfnis hinaus, das durch Strafe und Leiden befriedigt wird. Es ist dann ein kaum gleichgültiger Nebenumstand, daß der Sadismus des Über-Ichs meist grell bewußt wird, während das masochistische Streben des Ichs in der Regel der Person verborgen bleibt und aus ihrem Verhalten erschlossen werden muß.

Die Unbewußtheit des moralischen Masochismus leitet uns auf eine naheliegende Spur. Wir konnten den Ausdruck »unbewußtes Schuldgefühl« übersetzen als Strafbedürfnis von seiten einer elterlichen Macht. Nun wissen wir, daß der in Phantasien so häufige Wunsch, vom Vater geschlagen zu werden, dem anderen sehr nahesteht, in passive (feminine) sexuelle Beziehung zu ihm zu treten, und nur eine regressive Entstellung desselben ist. Setzen wir diese Aufklärung in den Inhalt des moralischen Masochismus ein, so wird dessen geheimer Sinn uns offenbar. Gewissen und Moral sind durch die Überwindung, Desexualisierung, des Ödipuskomplexes entstanden; durch den moralischen Masochismus wird die Moral wieder sexualisiert, der Ödipuskomplex neu belebt, eine Regression von der Moral zum Ödipuskomplex angebahnt. Dies geschieht weder zum Vorteil der Moral noch des Individuums. Der einzelne kann zwar neben seinem Masochismus sein volles oder ein gewisses Maß von Sittlichkeit bewahrt haben, es kann aber auch ein gutes Stück seines Gewissens an den Masochismus verlorengegangen sein. Andererseits schafft der Masochismus die Versuchung zum »sündhaften« Tun, welches dann durch die Vorwürfe des sadistischen Gewissens (wie bei so vielen russischen Charaktertypen) oder durch die Züchtigung der großen Elternmacht des Schicksals gesühnt werden muß. Um die Bestrafung durch diese letzte Elternvertretung zu provozieren, muß der Masochist das Unzweckmäßige tun, gegen seinen eigenen Vorteil arbeiten, die Aussichten zerstören, die sich ihm in der realen Welt eröffnen, und eventuell seine eigene reale Existenz vernichten.

Die Rückwendung des Sadismus gegen die eigene Person ereignet sich regelmäßig bei der *kulturellen Triebunterdrückung*, welche einen großen Teil der destruktiven Triebkomponenten der Person von der Verwendung im Leben abhält. Man kann sich vorstellen, daß dieser zurückgetretene Anteil des Destruktionstriebes als eine Steigerung des Masochismus im Ich zum Vorschein kommt. Die Phänomene des Gewissens lassen aber erraten, daß die von der Außenwelt wiederkehrende Destruktion auch ohne solche Verwandlung vom Über-Ich aufgenommen wird und dessen Sadismus gegen das Ich erhöht. Der Sadismus des Über-Ichs und der Masochismus des Ichs ergänzen einander und vereinigen sich zur Hervorrufung derselben Folgen. Ich meine, nur so kann man verstehen, daß aus der Triebunterdrückung – häufig oder ganz allgemein – ein Schuldgefühl resultiert und daß das Gewissen um so strenger und empfindlicher wird, je mehr sich die Person der Aggression gegen andere enthält. Man könnte erwarten, daß ein Individuum, welches von sich weiß, daß es kulturell unerwünschte Aggressionen zu vermeiden pflegt, darum ein gutes Gewissen hat und sein Ich minder mißtrauisch überwacht. Man stellt es gewöhnlich so dar, als sei die sittliche Anforderung das Primäre und der Triebverzicht ihre Folge. Dabei bleibt die Herkunft der Sittlichkeit unerklärt. In Wirklichkeit scheint es umgekehrt zuzugehen; der erste Triebverzicht ist ein durch äußere Mächte erzwungener, und er schafft erst die Sittlichkeit, die sich im Gewissen ausdrückt und weiteren Triebverzicht fordert.

So wird der moralische Masochismus zum klassischen Zeugen für die Existenz der Triebvermischung. Seine Gefährlichkeit rührt daher, daß er vom Todestrieb abstammt, jenem Anteil desselben entspricht, welcher der Auswärtswendung als Destruktionstrieb entging. Aber da er anderseits die Bedeutung einer erotischen Komponente hat, kann auch die Selbstzerstörung der Person nicht ohne libidinöse Befriedigung erfolgen.

NOTIZ ÜBER DEN »WUNDERBLOCK«

(1925)

NOTIZ ÜBER DEN »WUNDERBLOCK«

Wenn ich meinem Gedächtnis mißtraue – der Neurotiker tut dies bekanntlich in auffälligem Ausmaße, aber auch der Normale hat allen Grund dazu –, so kann ich dessen Funktion ergänzen und versichern, indem ich mir eine schriftliche Aufzeichnung mache. Die Fläche, welche diese Aufzeichnung bewahrt, die Schreibtafel oder das Blatt Papier, ist dann gleichsam ein materialisiertes Stück des Erinnerungsapparates, den ich sonst unsichtbar in mir trage. Wenn ich mir nur den Ort merke, an dem die so fixierte »Erinnerung« untergebracht ist, so kann ich sie jederzeit nach Belieben »reproduzieren« und bin sicher, daß sie unverändert geblieben, also den Entstellungen entgangen ist, die sie vielleicht in meinem Gedächtnis erfahren hätte.

Wenn ich mich dieser Technik zur Verbesserung meiner Gedächtnisfunktion in ausgiebiger Weise bedienen will, bemerke ich, daß mir zwei verschiedene Verfahren zu Gebote stehen. Ich kann erstens eine Schreibfläche wählen, welche die ihr anvertraute Notiz unbestimmt lange unversehrt bewahrt, also ein Blatt Papier, das ich mit Tinte beschreibe. Ich erhalte dann eine »dauerhafte Erinnerungsspur«. Der Nachteil dieses Verfahrens besteht darin, daß die Aufnahmsfähigkeit der Schreibfläche sich bald erschöpft. Das Blatt ist vollgeschrieben, hat keinen Raum für neue Aufzeichnungen, und ich sehe mich genötigt, ein anderes, noch unbeschriebenes Blatt in Verwendung zu nehmen. Auch kann der Vorzug dieses Verfahrens, das eine »Dauerspur« liefert, seinen Wert für mich verlieren, nämlich wenn mein Interesse an der Notiz nach einiger Zeit erloschen ist und ich sie nicht mehr »im Gedächtnis behalten« will. Das andere Verfahren ist von beiden Mängeln frei. Wenn ich zum Beispiel mit Kreide auf eine Schiefertafel schreibe, so habe ich eine Aufnahmsfläche, die unbegrenzt lange aufnahmsfähig bleibt und deren Aufzeichnungen ich zerstören kann, sobald sie mich nicht mehr interessieren, ohne die Schreibfläche selbst verwerfen zu müssen. Der Nachteil ist hier, daß ich eine Dauerspur nicht erhalten kann. Will ich neue Notizen auf die Tafel bringen, so muß ich die, mit denen sie bereits bedeckt ist, wegwischen. Unbegrenzte Aufnahmsfähigkeit und Erhaltung von Dauerspuren scheinen sich also für die Vorrichtungen, mit denen wir unser Gedächtnis substituieren, auszuschließen, es muß entweder die aufnehmende Fläche erneut oder die Aufzeichnung vernichtet werden.

Die Hilfsapparate, welche wir zur Verbesserung oder Verstärkung unserer Sinnesfunktionen erfunden haben, sind alle so gebaut wie das Sinnesorgan selbst oder Teile desselben (Brille, photographische Kamera, Höhrrohr usw.). An diesem Maß gemessen, scheinen die Hilfsvorrichtungen für unser Gedächtnis besonders mangelhaft zu sein, denn unser seelischer Apparat leistet gerade das, was diese nicht können; er ist in unbegrenzter Weise aufnahmsfähig für immer neue Wahrnehmungen und schafft doch dauerhafte – wenn auch nicht unveränderliche – Erinnerungsspuren von ihnen. Ich habe schon in der »Traumdeutung« 1900 die Vermutung ausgesprochen, daß diese ungewöhnliche Fähigkeit auf die Leistung zweier verschiedener Systeme (Organe des seelischen Apparates) aufzuteilen sei. Wir besäßen ein System *W-Bw*, welches die Wahrnehmungen aufnimmt, aber keine Dauerspur von ihnen bewahrt, so daß es sich gegen jede neue Wahrnehmung wie ein unbeschriebenes Blatt verhalten kann. Die Dauerspuren der aufgenommenen Erregungen kämen in dahinter gelegenen »Erinnerungssystemen« zustande. Später (»Jenseits des Lustprinzips«[1]) habe ich die Bemerkung hinzugefügt, das unerklärliche Phänomen des Bewußtseins entstehe im Wahrnehmungssystem *an Stelle* der Dauerspuren.

Vor einiger Zeit ist nun unter dem Namen *Wunderblock* ein kleines Gerät in den Handel gekommen, das mehr zu leisten verspricht als das Blatt Papier oder die Schiefertafel. Es will nicht mehr sein als eine Schreibtafel, von der man die Aufzeichnungen mit einer bequemen Hantierung entfernen kann. Untersucht man es aber näher, so findet man in seiner Konstruktion eine bemerkenswerte Übereinstimmung mit dem von mir supponierten Bau unseres Wahrnehmungsapparats und überzeugt sich, daß es wirklich beides liefern

---

1 [Oben, S. 210.]

kann, eine immer bereite Aufnahmsfläche und Dauerspuren der aufgenommenen Aufzeichnungen.

Der Wunderblock ist eine in einen Papierrand gefaßte Tafel aus dunkelbräunlicher Harz- oder Wachsmasse, über welche ein dünnes, durchscheinendes Blatt gelegt ist, am oberen Ende an der Wachstafel fest haftend, am unteren ihr frei anliegend. Dieses Blatt ist der interessantere Anteil des kleinen Apparats. Es besteht selbst aus zwei Schichten, die außer an den beiden queren Rändern voneinander abgehoben werden können. Die obere Schicht ist eine durchsichtige Zelluloidplatte, die untere ein dünnes, also durchscheinendes Wachspapier. Wenn der Apparat nicht gebraucht wird, klebt die untere Fläche des Wachspapiers der oberen Fläche der Wachstafel leicht an.

Man gebraucht diesen Wunderblock, indem man die Aufschreibung auf der Zelluloidplatte des die Wachstafel deckenden Blattes ausführt. Dazu bedarf es keines Bleistifts oder einer Kreide, denn das Schreiben beruht nicht darauf, daß Material an die aufnehmende Fläche abgegeben wird. Es ist eine Rückkehr zur Art, wie die Alten auf Ton- und Wachstäfelchen schrieben. Ein spitzer Stilus ritzt die Oberfläche, deren Vertiefungen die »Schrift« ergeben. Beim Wunderblock geschieht dieses Ritzen nicht direkt, sondern unter Vermittlung des darüberliegenden Deckblattes. Der Stilus drückt an den von ihm berührten Stellen die Unterfläche des Wachspapiers an die Wachstafel an, und diese Furchen werden an der sonst glatten weißlichgrauen Oberfläche des Zelluloids als dunkle Schrift sichtbar. Will man die Aufschreibung zerstören, so genügt es, das zusammengesetzte Deckblatt von seinem freien, unteren Rand her mit leichtem Griff von der Wachstafel abzuheben. Der innige Kontakt zwischen Wachspapier und Wachstafel an den geritzten Stellen, auf dem das Sichtbarwerden der Schrift beruhte, wird damit gelöst und stellt sich auch nicht her, wenn die beiden einander wieder berühren. Der Wunderblock ist nun schriftfrei und bereit, neue Aufzeichnungen aufzunehmen.

Die kleinen Unvollkommenheiten des Geräts haben für uns natürlich kein Interesse, da wir nur dessen Annäherung an die Struktur des seelischen Wahrnehmungsapparats verfolgen wollen.

Wenn man, während der Wunderblock beschrieben ist, die Zelluloidplatte vorsichtig vom Wachspapier abhebt, so sieht man die Schrift ebenso deutlich auf der Oberfläche des letzteren und kann die Frage stellen, wozu die Zelluloidplatte des Deckblattes überhaupt notwendig ist. Der Versuch zeigt dann, daß das dünne Papier sehr leicht in Falten gezogen oder zerrissen werden würde, wenn man es direkt mit dem Stilus beschriebe. Das Zelluloidblatt ist also eine schützende Hülle für das Wachspapier, die schädigende Einwirkungen von außen abhalten soll. Das Zelluloid ist ein »Reizschutz«; die eigentlich reizaufnehmende Schicht ist das Papier. Ich darf nun darauf hinweisen, daß ich im »Jenseits des Lustprinzips«[1] ausgeführt habe, unser seelischer Wahrnehmungsapparat bestehe aus zwei Schichten, einem äußeren Reizschutz, der die Größe der ankommenden Erregungen herabsetzen soll, und aus der reizaufnehmenden Oberfläche dahinter, dem System *W-Bw*.

Die Analogie hätte nicht viel Wert, wenn sie sich nicht weiter verfolgen ließe. Hebt man das ganze Deckblatt – Zelluloid und Wachspapier – von der Wachstafel ab, so verschwindet die Schrift und stellt sich, wie erwähnt, auch später nicht wieder her. Die Oberfläche des Wunderblocks ist schriftfrei und von neuem aufnahmsfähig. Es ist aber leicht festzustellen, daß die Dauerspur des Geschriebenen auf der Wachstafel selbst erhalten bleibt und bei geeigneter Belichtung lesbar ist. Der Block liefert also nicht nur eine immer von neuem verwendbare Aufnahmsfläche wie die Schiefertafel, sondern auch Dauerspuren der Aufschreibung wie der gewöhnliche Papierblock; er löst das Problem, die beiden Leistungen zu vereinigen, indem er sie *auf zwei gesonderte, miteinander verbundene Bestandteile – Systeme – verteilt*. Das ist aber ganz die gleiche Art, wie nach meiner oben erwähnten Annahme unser seelischer Apparat die Wahrnehmungsfunktion erledigt. Die reizaufnehmende Schicht – das System *W-Bw* – bildet keine Dauerspuren, die Grundlagen der Erinnerung kommen in anderen, anstoßenden Systemen zustande.

Es braucht uns dabei nicht zu stören, daß die Dauerspuren der empfangenen Aufzeichnungen beim Wunderblock nicht verwertet

---

1 [Oben, S. 212ff.]

werden; es genügt, daß sie vorhanden sind. Irgendwo muß ja die Analogie eines solchen Hilfsapparats mit dem vorbildlichen Organ ein Ende finden. Der Wunderblock kann ja auch nicht die einmal verlöschte Schrift von innen her wieder »reproduzieren«; er wäre wirklich ein Wunderblock, wenn er das wie unser Gedächtnis vollbringen könnte. Immerhin erscheint es mir jetzt nicht allzu gewagt, das aus Zelluloid und Wachspapier bestehende Deckblatt mit dem System *W-Bw* und seinem Reizschutz, die Wachstafel mit dem Unbewußten dahinter, das Sichtbarwerden der Schrift und ihr Verschwinden mit dem Aufleuchten und Vergehen des Bewußtseins bei der Wahrnehmung gleichzustellen. Ich gestehe aber, daß ich geneigt bin, die Vergleichung noch weiter zu treiben.

Beim Wunderblock verschwindet die Schrift jedesmal, wenn der innige Kontakt zwischen dem den Reiz empfangenden Papier und der den Eindruck bewahrenden Wachstafel aufgehoben wird. Das trifft mit einer Vorstellung zusammen, die ich mir längst über die Funktionsweise des seelischen Wahrnehmungsapparats gemacht, aber bisher für mich behalten habe. Ich habe angenommen, daß Besetzungsinnervationen in raschen periodischen Stößen aus dem Inneren in das völlig durchlässige System *W-Bw* geschickt und wieder zurückgezogen werden. Solange das System in solcher Weise besetzt ist, empfängt es die von Bewußtsein begleiteten Wahrnehmungen und leitet die Erregung weiter in die unbewußten Erinnerungssysteme; sobald die Besetzung zurückgezogen wird, erlischt das Bewußtsein, und die Leistung des Systems ist sistiert. Es wäre so, als ob das Unbewußte mittels des Systems *W-Bw* der Außenwelt Fühler entgegenstrecken würde, die rasch zurückgezogen werden, nachdem sie deren Erregungen verkostet haben. Ich ließ also die Unterbrechungen, die beim Wunderblock von außen her geschehen, durch die Diskontinuität der Innervationsströmung zustande kommen, und an Stelle einer wirklichen Kontaktaufhebung stand in meiner Annahme die periodisch eintretende Unerregbarkeit des Wahrnehmungssystems. Ich vermutete ferner, daß diese diskontinuierliche Arbeitsweise des Systems *W-Bw* der Entstehung der Zeitvorstellung zugrunde liegt.

Denkt man sich, daß während eine Hand die Oberfläche des Wunderblocks beschreibt, eine andere periodisch das Deckblatt desselben von der Wachstafel abhebt, so wäre das eine Versinnlichung der Art, wie ich mir die Funktion unseres seelischen Wahrnehmungsapparats vorstellen wollte.

DIE VERNEINUNG

(1925)

DIE VERNEINUNG

Die Art, wie unsere Patienten ihre Einfälle während der analytischen Arbeit vorbringen, gibt uns Anlaß zu einigen interessanten Beobachtungen. »Sie werden jetzt denken, ich will etwas Beleidigendes sagen, aber ich habe wirklich nicht diese Absicht.« Wir verstehen, das ist die Abweisung eines eben auftauchenden Einfalles durch Projektion. Oder: »Sie fragen, wer diese Person im Traum sein kann. Die Mutter ist es *nicht*.« Wir berichtigen: Also ist es die Mutter. Wir nehmen uns die Freiheit, bei der Deutung von der Verneinung abzusehen und den reinen Inhalt des Einfalls herauszugreifen. Es ist so, als ob der Patient gesagt hätte: »Mir ist zwar die Mutter zu dieser Person eingefallen, aber ich habe keine Lust, diesen Einfall gelten zu lassen.«

Gelegentlich kann man sich eine gesuchte Aufklärung über das unbewußte Verdrängte auf eine sehr bequeme Weise verschaffen. Man fragt: Was halten Sie wohl für das Allerunwahrscheinlichste in jener Situation? Was, meinen Sie, ist Ihnen damals am fernsten gelegen? Geht der Patient in die Falle und nennt das, woran er am wenigsten glauben kann, so hat er damit fast immer das Richtige zugestanden. Ein hübsches Gegenstück zu diesem Versuch stellt sich oft beim Zwangsneurotiker her, der bereits in das Verständnis seiner Symptome eingeführt worden ist. »Ich habe eine neue Zwangsvorstellung bekommen. Mir ist sofort dazu eingefallen, sie könnte dies Bestimmte bedeuten. Aber nein, das kann ja nicht wahr sein, sonst hätte es mir nicht einfallen können.« Was er mit dieser der Kur abgelauschten Begründung verwirft, ist natürlich der richtige Sinn der neuen Zwangsvorstellung.

Ein verdrängter Vorstellungs- oder Gedankeninhalt kann also zum Bewußtsein durchdringen, unter der Bedingung, daß er sich *verneinen* läßt. Die Verneinung ist eine Art, das Verdrängte zur Kenntnis zu nehmen, eigentlich schon eine Aufhebung der Verdrängung, aber freilich keine Annahme des Verdrängten. Man sieht, wie sich hier die intellektuelle Funktion vom affektiven Vorgang scheidet. Mit

Hilfe der Verneinung wird nur die eine Folge des Verdrängungsvorganges rückgängig gemacht, daß dessen Vorstellungsinhalt nicht zum Bewußtsein gelangt. Es resultiert daraus eine Art von intellektueller Annahme des Verdrängten bei Fortbestand des Wesentlichen an der Verdrängung.[1] Im Verlauf der analytischen Arbeit schaffen wir oft eine andere, sehr wichtige und ziemlich befremdende Abänderung derselben Situation. Es gelingt uns, auch die Verneinung zu besiegen und die volle intellektuelle Annahme des Verdrängten durchzusetzen – der Verdrängungsvorgang selbst ist damit noch nicht aufgehoben.

Da es die Aufgabe der intellektuellen Urteilsfunktion ist, Gedankeninhalte zu bejahen oder zu verneinen, haben uns die vorstehenden Bemerkungen zum psychologischen Ursprung dieser Funktion geführt. Etwas im Urteil verneinen, heißt im Grunde: Das ist etwas, was ich am liebsten verdrängen möchte. Die Verurteilung ist der intellektuelle Ersatz der Verdrängung, ihr Nein ein Merkzeichen derselben, ein Ursprungszertifikat etwa wie das »made in Germany«. Vermittels des Verneinungssymbols macht sich das Denken von den Einschränkungen der Verdrängung frei und bereichert sich um Inhalte, deren es für seine Leistung nicht entbehren kann.

Die Urteilsfunktion hat im wesentlichen zwei Entscheidungen zu treffen. Sie soll einem Ding eine Eigenschaft zu- oder absprechen, und sie soll einer Vorstellung die Existenz in der Realität zugestehen oder bestreiten. Die Eigenschaft, über die entschieden werden soll, könnte ursprünglich gut oder schlecht, nützlich oder schädlich gewesen sein. In der Sprache der ältesten, oralen Triebregungen ausgedrückt: Das will ich essen oder will es ausspucken, und in weitergehender Übertragung: Das will ich in mich einführen und das aus mir ausschließen. Also: Es soll in mir oder außer mir sein. Das ursprüngliche Lust-Ich will, wie ich an anderer Stelle ausgeführt habe, alles Gute sich introjizieren, alles Schlechte von sich werfen. Das

---

1 Derselbe Vorgang liegt dem bekannten Vorgang des »Berufens« zugrunde. »Wie schön, daß ich meine Migräne so lange nicht gehabt habe!« Das ist aber die erste Ankündigung des Anfalls, dessen Herannahen man bereits verspürt, aber noch nicht glauben will.

Schlechte, das dem Ich Fremde, das Außenbefindliche, ist ihm zunächst identisch.[1]

Die andere der Entscheidungen der Urteilsfunktion, die über die reale Existenz eines vorgestellten Dinges, ist ein Interesse des endgültigen Real-Ichs, das sich aus dem anfänglichen Lust-Ich entwickelt. (Realitätsprüfung.) Nun handelt es sich nicht mehr darum, ob etwas Wahrgenommenes (ein Ding) ins Ich aufgenommen werden soll oder nicht, sondern ob etwas im Ich als Vorstellung Vorhandenes auch in der Wahrnehmung (Realität) wiedergefunden werden kann. Es ist, wie man sieht, wieder eine Frage des *Außen und Innen*. Das Nichtreale, bloß Vorgestellte, Subjektive, ist nur innen; das andere, Reale, auch im *Draußen* vorhanden. In dieser Entwicklung ist die Rücksicht auf das Lustprinzip beiseite gesetzt worden. Die Erfahrung hat gelehrt, es ist nicht nur wichtig, ob ein Ding (Befriedigungsobjekt) die »gute« Eigenschaft besitzt, also die Aufnahme ins Ich verdient, sondern auch, ob es in der Außenwelt da ist, so daß man sich seiner nach Bedürfnis bemächtigen kann. Um diesen Fortschritt zu verstehen, muß man sich daran erinnern, daß alle Vorstellungen von Wahrnehmungen stammen, Wiederholungen derselben sind. Ursprünglich ist also schon die Existenz der Vorstellung eine Bürgschaft für die Realität des Vorgestellten. Der Gegensatz zwischen Subjektivem und Objektivem besteht nicht von Anfang an. Er stellt sich erst dadurch her, daß das Denken die Fähigkeit besitzt, etwas einmal Wahrgenommenes durch Reproduktion in der Vorstellung wieder gegenwärtig zu machen, während das Objekt draußen nicht mehr vorhanden zu sein braucht. Der erste und nächste Zweck der Realitätsprüfung ist also nicht, ein dem Vorgestellten entsprechendes Objekt in der realen Wahrnehmung zu finden, sondern es *wiederzufinden*, sich zu überzeugen, daß es noch vorhanden ist. Ein weiterer Beitrag zur Entfremdung zwischen dem Subjektiven und dem Objektiven rührt von einer anderen Fähigkeit des Denkvermögens her. Die Reproduktion der Wahrnehmung in der Vorstellung ist nicht immer deren getreue Wiederholung; sie

---

1 Vgl. hiezu die Ausführungen in »Triebe und Triebschicksale«. (Bd. X dieser Gesamtausgabe [der *Gesammelten Werke*; oben, S. 97].)

kann durch Weglassungen modifiziert, durch Verschmelzungen verschiedener Elemente verändert sein. Die Realitätsprüfung hat dann zu kontrollieren, wie weit diese Entstellungen reichen. Man erkennt aber als Bedingung für die Einsetzung der Realitätsprüfung, daß Objekte verlorengegangen sind, die einst reale Befriedigung gebracht hatten.

Das Urteilen ist die intellektuelle Aktion, die über die Wahl der motorischen Aktion entscheidet, dem Denkaufschub ein Ende setzt und vom Denken zum Handeln überleitet. Auch über den Denkaufschub habe ich bereits an anderer Stelle gehandelt. Er ist als eine Probeaktion zu betrachten, ein motorisches Tasten mit geringen Abfuhraufwänden. Besinnen wir uns: Wo hatte das Ich ein solches Tasten vorher geübt, an welcher Stelle die Technik erlernt, die es jetzt bei den Denkvorgängen anwendet? Dies geschah am sensorischen Ende des seelischen Apparats, bei den Sinneswahrnehmungen. Nach unserer Annahme ist ja die Wahrnehmung kein rein passiver Vorgang, sondern das Ich schickt periodisch kleine Besetzungsmengen in das Wahrnehmungssystem, mittels deren es die äußeren Reize verkostet, um sich nach jedem solchen tastenden Vorstoß wieder zurück zuziehen.

Das Studium des Urteils eröffnet uns vielleicht zum erstenmal die Einsicht in die Entstehung einer intellektuellen Funktion aus dem Spiel der primären Triebregungen. Das Urteilen ist die zweckmäßige Fortentwicklung der ursprünglich nach dem Lustprinzip erfolgten Einbeziehung ins Ich oder Ausstoßung aus dem Ich. Seine Polarität scheint der Gegensätzlichkeit der beiden von uns angenommenen Triebgruppen zu entsprechen. Die Bejahung – als Ersatz der Vereinigung – gehört dem Eros an, die Verneinung – Nachfolge der Ausstoßung – dem Destruktionstrieb. Die allgemeine Verneinungslust, der Negativismus mancher Psychotiker ist wahrscheinlich als Anzeichen der Triebentmischung durch Abzug der libidinösen Komponenten zu verstehen. Die Leistung der Urteilsfunktion wird aber erst dadurch ermöglicht, daß die Schöpfung des Verneinungssymbols dem Denken einen ersten Grad von Unabhängigkeit von den Erfolgen der Verdrängung und somit auch vom Zwang des Lustprinzips gestattet hat.

Zu dieser Auffassung der Verneinung stimmt es sehr gut, daß man in der Analyse kein »Nein« aus dem Unbewußten auffindet und daß die Anerkennung des Unbewußten von seiten des Ichs sich in einer negativen Formel ausdrückt. Kein stärkerer Beweis für die gelungene Aufdeckung des Unbewußten, als wenn der Analysierte mit dem Satze: *Das habe ich nicht gedacht,* oder: *Daran habe ich nicht (nie) gedacht,* darauf reagiert.

FETISCHISMUS

(1927)

FETISCHISMUS

In den letzten Jahren hatte ich Gelegenheit, eine Anzahl von Männern, deren Objektwahl von einem Fetisch beherrscht war, analytisch zu studieren. Man braucht nicht zu erwarten, daß diese Personen des Fetisch wegen die Analyse aufgesucht hatten, denn der Fetisch wird wohl von seinen Anhängern als eine Abnormität erkannt, aber nur selten als ein Leidenssymptom empfunden; meist sind sie mit ihm recht zufrieden oder loben sogar die Erleichterungen, die er ihrem Liebesleben bietet. Der Fetisch spielte also in der Regel die Rolle eines Nebenbefundes.

Die Einzelheiten dieser Fälle entziehen sich aus naheliegenden Gründen der Veröffentlichung. Ich kann darum auch nicht zeigen, in welcher Weise zufällige Umstände zur Auswahl des Fetisch beigetragen haben. Am merkwürdigsten erschien ein Fall, in dem ein junger Mann einen gewissen »Glanz auf der Nase« zur fetischistischen Bedingung erhoben hatte. Das fand seine überraschende Aufklärung durch die Tatsache, daß der Patient eine englische Kinderstube gehabt hatte, dann aber nach Deutschland gekommen war, wo er seine Muttersprache fast vollkommen vergaß. Der aus den ersten Kinderzeiten stammende Fetisch war nicht deutsch, sondern englisch zu lesen, der »Glanz auf der Nase« war eigentlich ein »Blick auf die Nase« (*glance* = Blick), die Nase war also der Fetisch, dem er übrigens nach seinem Belieben jenes besondere Glanzlicht verlieh, das andere nicht wahrnehmen konnten.

Die Auskunft, welche die Analyse über Sinn und Absicht des Fetisch gab, war in allen Fällen die nämliche. Sie ergab sich so ungezwungen und erschien mir so zwingend, daß ich bereit bin, dieselbe Lösung allgemein für alle Fälle von Fetischismus zu erwarten. Wenn ich nun mitteile, der Fetisch ist ein Penisersatz, so werde ich gewiß Enttäuschung hervorrufen. Ich beeile mich darum hinzuzufügen, nicht der Ersatz eines beliebigen, sondern eines bestimmten, ganz besonderen Penis, der in frühen Kinderjahren eine große Bedeutung hat, aber später verlorengeht. Das heißt: er sollte normalerweise

329

aufgegeben werden, aber gerade der Fetisch ist dazu bestimmt, ihn vor dem Untergang zu behüten. Um es klarer zu sagen, der Fetisch ist der Ersatz für den Phallus des Weibes (der Mutter), an den das Knäblein geglaubt hat und auf den es – wir wissen warum – nicht verzichten will.[1]

Der Hergang war also der, daß der Knabe sich geweigert hat, die Tatsache seiner Wahrnehmung, daß das Weib keinen Penis besitzt, zur Kenntnis zu nehmen. Nein, das kann nicht wahr sein, denn wenn das Weib kastriert ist, ist sein eigener Penisbesitz bedroht, und dagegen sträubt sich das Stück Narzißmus, mit dem die Natur vorsorglich gerade dieses Organ ausgestattet hat. Eine ähnliche Panik wird vielleicht der Erwachsene später erleben, wenn der Schrei ausgegeben wird, Thron und Altar sind in Gefahr, und sie wird zu ähnlich unlogischen Konsequenzen führen. Wenn ich nicht irre, würde Laforgue in diesem Falle sagen, der Knabe »skotomisiert« die Wahrnehmung des Penismangels beim Weibe.[2] Ein neuer Terminus ist dann berechtigt, wenn er einen neuen Tatbestand beschreibt oder heraushebt. Das liegt hier nicht vor; das älteste Stück unserer psychoanalytischen Terminologie, das Wort »Verdrängung«, bezieht sich bereits auf diesen pathologischen Vorgang. Will man in ihm das Schicksal der Vorstellung von dem des Affekts schärfer trennen, den Ausdruck »Verdrängung« für den Affekt reservieren, so wäre für das Schicksal der Vorstellung »Verleugnung« die richtige deutsche Bezeichnung. »Skotomisation« scheint mir besonders ungeeignet, denn es weckt die Idee, als wäre die Wahrnehmung glatt weggewischt worden, so daß das Ergebnis dasselbe wäre, wie wenn ein Gesichtseindruck auf den blinden Fleck der Netzhaut fiele. Aber unsere Situation zeigt im Gegenteil, daß die Wahrnehmung geblie-

---

1 Diese Deutung ist bereits 1910 in meiner Schrift »Eine Kindheitserinnerung des Leonardo da Vinci« ohne Begründung mitgeteilt worden.

2 Ich berichtige mich aber selbst, indem ich hinzufüge, daß ich die besten Gründe habe anzunehmen, Laforgue würde dies überhaupt nicht sagen. Nach seinen eigenen Ausführungen ist »Skotomisation« ein Terminus, der aus der Deskription der Dementia praecox stammt, nicht durch die Übertragung psychoanalytischer Auffassung auf die Psychosen entstanden ist und auf die Vorgänge der Entwicklung und Neurosenbildung keine Anwendung hat. Die Darstellung im Text bemüht sich, diese Unverträglichkeit deutlich zu machen.

ben ist und daß eine sehr energische Aktion unternommen wurde, ihre Verleugnung aufrechtzuhalten. Es ist nicht richtig, daß das Kind sich nach seiner Beobachtung am Weibe den Glauben an den Phallus des Weibes unverändert gerettet hat. Es hat ihn bewahrt, aber auch aufgegeben; im Konflikt zwischen dem Gewicht der unerwünschten Wahrnehmung und der Stärke des Gegenwunsches ist es zu einem Kompromiß gekommen, wie es nur unter der Herrschaft der unbewußten Denkgesetze – der Primärvorgänge – möglich ist. Ja, das Weib hat im Psychischen dennoch einen Penis, aber dieser Penis ist nicht mehr dasselbe, das er früher war. Etwas anderes ist an seine Stelle getreten, ist sozusagen zu seinem Ersatz ernannt worden und ist nun der Erbe des Interesses, das sich dem früheren zugewendet hatte. Dies Interesse erfährt aber noch eine außerordentliche Steigerung, weil der Abscheu vor der Kastration sich in der Schaffung dieses Ersatzes ein Denkmal gesetzt hat. Als *stigma indelebile* der stattgehabten Verdrängung bleibt auch die Entfremdung gegen das wirkliche weibliche Genitale, die man bei keinem Fetischisten vermißt. Man überblickt jetzt, was der Fetisch leistet und wodurch er gehalten wird. Er bleibt das Zeichen des Triumphes über die Kastrationsdrohung und der Schutz gegen sie, er erspart es dem Fetischisten auch, ein Homosexueller zu werden, indem er dem Weib jenen Charakter verleiht, durch den es als Sexualobjekt erträglich wird. Im späteren Leben glaubt der Fetischist noch einen anderen Vorteil seines Genitalersatzes zu genießen. Der Fetisch wird von anderen nicht in seiner Bedeutung erkannt, darum auch nicht verweigert, er ist leicht zugänglich, die an ihn gebundene sexuelle Befriedigung ist bequem zu haben. Um was andere Männer werben und sich mühen müssen, das macht dem Fetischisten keine Beschwerde.

Der Kastrationsschreck beim Anblick des weiblichen Genitales bleibt wahrscheinlich keinem männlichen Wesen erspart. Warum die einen infolge dieses Eindruckes homosexuell werden, die anderen ihn durch die Schöpfung eines Fetisch abwehren und die übergroße Mehrzahl ihn überwindet, das wissen wir freilich nicht zu erklären. Möglich, daß wir unter der Anzahl der zusammenwirkenden Bedingungen diejenigen noch nicht kennen, welche für die seltenen pathologischen Ausgänge maßgebend sind; im übrigen müssen wir zufrieden sein, wenn wir erklären können, was geschehen ist, und dürfen die Aufgabe zu erklären, warum etwas nicht geschehen ist, vorläufig von uns weisen.

Es liegt nahe zu erwarten, daß zum Ersatz des vermißten weiblichen Phallus solche Organe oder Objekte gewählt werden, die auch sonst als Symbole den Penis vertreten. Das mag oft genug stattfinden, ist aber gewiß nicht entscheidend. Bei der Einsetzung des Fetisch scheint vielmehr ein Vorgang eingehalten zu werden, der an das Haltmachen der Erinnerung bei traumatischer Amnesie gemahnt. Auch hier bleibt das Interesse wie unterwegs stehen, wird etwa der letzte Eindruck vor dem unheimlichen, traumatischen als Fetisch festgehalten. So verdankt der Fuß oder Schuh seine Bevorzugung als Fetisch – oder ein Stück derselben – dem Umstand, daß die Neugierde des Knaben von unten, von den Beinen her nach dem weiblichen Genitale gespäht hat; Pelz und Samt fixieren – wie längst vermutet wurde – den Anblick der Genitalbehaarung, auf den der ersehnte des weiblichen Gliedes hätte folgen sollen; die so häufig zum Fetisch erkorenen Wäschestücke halten den Moment der Entkleidung fest, den letzten, in dem man das Weib noch für phallisch halten durfte. Ich will aber nicht behaupten, daß man die Determinierung des Fetisch jedesmal mit Sicherheit durchschaut. Die Untersuchung des Fetischismus ist all denen dringend zu empfehlen, die noch an der Existenz des Kastrationskomplexes zweifeln oder die meinen können, der Schreck vor dem weiblichen Genitale habe einen anderen Grund, leite sich z. B. von der supponierten Erinnerung an das Trauma der Geburt ab. Für mich hatte die Aufklärung des Fetisch noch ein anderes theoretisches Interesse.

Ich habe kürzlich auf rein spekulativem Wege den Satz gefunden, der wesentliche Unterschied zwischen Neurose und Psychose liege darin, daß bei ersterer das Ich im Dienste der Realität ein Stück des Es unterdrücke, während es sich bei der Psychose vom Es fortreißen lasse, sich von einem Stück der Realität zu lösen; ich bin auch später noch einmal auf dasselbe Thema zurückgekommen.[1] Aber bald darauf bekam ich Anlaß zu bedauern, daß ich mich so weit vorgewagt

---

1 »Neurose und Psychose« (1924) und »Der Realitätsverlust bei Neurose und Psychose« (1924). (Diese Ausgabe [= *Gesammelte Werke*,] Bd. XIII.)

hatte. Aus der Analyse zweier junger Männer erfuhr ich, daß sie beide den Tod des geliebten Vaters im zweiten und im zehnten Jahr nicht zur Kenntnis genommen, »skotomisiert« hatten – und doch hatte keiner von beiden eine Psychose entwickelt. Da war also ein gewiß bedeutsames Stück der Realität vom Ich verleugnet worden, ähnlich wie beim Fetischisten die unliebsame Tatsache der Kastration des Weibes. Ich begann auch zu ahnen, daß analoge Vorkommnisse im Kinderleben keineswegs selten sind, und konnte mich des Irrtums in der Charakteristik von Neurose und Psychose für überführt halten. Es blieb zwar eine Auskunft offen; meine Formel brauchte sich erst bei einem höheren Grad von Differenzierung im psychischen Apparat zu bewähren; dem Kind konnte gestattet sein, was sich beim Erwachsenen durch schwere Schädigung strafen mußte. Aber weitere Untersuchungen führten zu einer anderen Lösung des Widerspruchs.

Es stellte sich nämlich heraus, daß die beiden jungen Männer den Tod des Vaters ebensowenig »skotomisiert« hatten wie die Fetischisten die Kastration des Weibes. Es war nur eine Strömung in ihrem Seelenleben, welche den Tod des Vaters nicht anerkannt hatte; es gab auch eine andere, die dieser Tatsache vollkommen Rechnung trug; die wunschgerechte wie die realitätsgerechte Einstellung bestanden nebeneinander. Bei dem einen meiner beiden Fälle war diese Spaltung die Grundlage einer mittelschweren Zwangsneurose geworden; in allen Lebenslagen schwankte er zwischen zwei Voraussetzungen, der einen, daß der Vater noch am Leben sei und seine Tätigkeit behindere, und der entgegengesetzten, daß er das Recht habe, sich als den Nachfolger des verstorbenen Vaters zu betrachten. Ich kann also die Erwartung festhalten, daß im Fall der Psychose die eine, die realitätsgerechte Strömung, wirklich vermißt werden würde.

Wenn ich zur Beschreibung des Fetischismus zurückkehre, habe ich anzuführen, daß es noch zahlreiche und gewichtige Beweise für die zwiespältige Einstellung des Fetischisten zur Frage der Kastration des Weibes gibt. In ganz raffinierten Fällen ist es der Fetisch selbst, in dessen Aufbau sowohl die Verleugnung wie die Behauptung der Kastration Eingang gefunden haben. So war es bei einem Manne, dessen Fetisch in einem Schamgürtel bestand, wie er auch als

Schwimmhose getragen werden kann. Dieses Gewandstück verdeckte überhaupt die Genitalien und den Unterschied der Genitalien. Nach dem Ausweis der Analyse bedeutete es sowohl, daß das Weib kastriert sei, als auch, daß es nicht kastriert sei, und ließ überdies die Annahme der Kastration des Mannes zu, denn alle diese Möglichkeiten konnten sich hinter dem Gürtel, dessen erster Ansatz in der Kindheit das Feigenblatt einer Statue gewesen war, gleich gut verbergen. Ein solcher Fetisch, aus Gegensätzen doppelt geknüpft, hält natürlich besonders gut. In anderen zeigt sich die Zwiespältigkeit an dem, was der Fetischist – in der Wirklichkeit oder in der Phantasie – an seinem Fetisch vornimmt. Es ist nicht erschöpfend, wenn man hervorhebt, daß er den Fetisch verehrt; in vielen Fällen behandelt er ihn in einer Weise, die offenbar einer Darstellung der Kastration gleichkommt. Dies geschieht besonders dann, wenn sich eine starke Vateridentifizierung entwickelt hat, in der Rolle des Vaters, denn diesem hatte das Kind die Kastration des Weibes zugeschrieben. Die Zärtlichkeit und die Feindseligkeit in der Behandlung des Fetisch, die der Verleugnung und der Anerkennung der Kastration gleichlaufen, vermengen sich bei verschiedenen Fällen in ungleichem Maße, so daß das eine oder das andere deutlicher kenntlich wird. Von hier aus glaubt man, wenn auch aus der Ferne, das Benehmen des Zopfabschneiders zu verstehen, bei dem sich das Bedürfnis, die geleugnete Kastration auszuführen, vorgedrängt hat. Seine Handlung vereinigt in sich die beiden miteinander unverträglichen Behauptungen: das Weib hat seinen Penis behalten, und der Vater hat das Weib kastriert. Eine andere Variante, aber auch eine völkerpsychologische Parallele zum Fetischismus möchte man in der Sitte der Chinesen erblicken, den weiblichen Fuß zuerst zu verstümmeln und den verstümmelten dann wie einen Fetisch zu verehren. Man könnte meinen, der chinesische Mann will es dem Weibe danken, daß es sich der Kastration unterworfen hat.

Schließlich darf man es aussprechen, das Normalvorbild des Fetisch ist der Penis des Mannes wie das des minderwertigen Organs der reale kleine Penis des Weibes, die Klitoris.

DIE ICHSPALTUNG IM ABWEHRVORGANG

(1940 [1938])

DIE ICHSPALTUNG IM ABWEHRVORGANG

Ich befinde mich einen Moment lang in der interessanten Lage, nicht zu wissen, ob das, was ich mitteilen will, als längst bekannt und selbstverständlich oder als völlig neu und befremdend gewertet werden soll. Ich glaube aber eher das letztere.

Es ist mir endlich aufgefallen, daß das jugendliche Ich der Person, die man Jahrzehnte später als analytischen Patienten kennenlernt, sich in bestimmten Situationen der Bedrängnis in merkwürdiger Weise benommen hat. Die Bedingung hiefür kann man allgemein und eher unbestimmt angeben, wenn man sagt, es geschieht unter der Einwirkung eines psychischen Traumas. Ich ziehe es vor, einen scharf umschriebenen Einzelfall hervorzuheben, der gewiß nicht alle Möglichkeiten der Verursachung deckt. Das Ich des Kindes befinde sich also im Dienste eines mächtigen Triebanspruchs, den zu befriedigen es gewohnt ist, und wird plötzlich durch ein Erlebnis geschreckt, das ihn lehrt, die Fortsetzung dieser Befriedigung werde eine schwer erträgliche reale Gefahr zur Folge haben. Es soll sich nun entscheiden: entweder die reale Gefahr anerkennen, sich vor ihr beugen und auf die Triebbefriedigung verzichten, oder die Realität verleugnen, sich glauben machen, daß kein Grund zum Fürchten besteht, damit es an der Befriedigung festhalten kann. Es ist also ein Konflikt zwischen dem Anspruch des Triebes und dem Einspruch der Realität. Das Kind tut aber keines von beiden, oder vielmehr, es tut gleichzeitig beides, was auf dasselbe hinauskommt. Es antwortet auf den Konflikt mit zwei entgegengesetzten Reaktionen, beide giltig und wirksam. Einerseits weist es mit Hilfe bestimmter Mechanismen die Realität ab und läßt sich nichts verbieten, andererseits anerkennt es im gleichen Atem die Gefahr der Realität, nimmt die Angst vor ihr als Leidenssymptom auf sich und sucht sich später ihrer zu erwehren. Man muß zugeben, das ist eine sehr geschickte Lösung der Schwierigkeit. Beide streitende Parteien haben ihr Teil bekommen; der Trieb darf seine Befriedigung behalten, der Realität ist der gebührende Respekt gezollt worden. Aber umsonst ist bekanntlich nur der Tod. Der Erfolg wurde erreicht auf Kosten eines Einrisses im Ich, der nie wieder verheilen, aber sich mit der Zeit vergrößern wird. Die beiden entgegengesetzten Reaktionen auf den Konflikt bleiben als Kern einer Ichspaltung bestehen. Der ganze Vorgang erscheint uns so sonderbar, weil wir die Synthese der Ichvorgänge für etwas Selbstverständliches halten. Aber wir haben offenbar darin unrecht. Die so außerordentlich wichtige synthetische Funktion des Ichs hat ihre besonderen Bedingungen und unterliegt einer ganzen Reihe von Störungen.

Es kann nur von Vorteil sein, wenn ich in diese schematische Darstellung die Daten einer besonderen Krankengeschichte einsetze. Ein Knabe hat im Alter zwischen drei und vier Jahren das weibliche Genitale kennengelernt durch Verführung von seiten eines älteren Mädchens. Nach Abbruch dieser Beziehungen setzt er die so empfangene sexuelle Anregung in eifriger manueller Onanie fort, wird aber bald von der energischen Kinderpflegerin ertappt und mit der Kastration bedroht, deren Ausführung, wie gewöhnlich, dem Vater zugeschoben wird. Die Bedingungen für eine ungeheure Schreckwirkung sind in diesem Falle gegeben. Die Kastrationsdrohung für sich allein muß nicht viel Eindruck machen, das Kind verweigert ihr den Glauben, es kann sich nicht leicht vorstellen, daß eine Trennung von dem so hoch eingeschätzten Körperteil möglich ist. Beim Anblick des weiblichen Genitales hätte sich das Kind von einer solchen Möglichkeit überzeugen können, aber das Kind hatte damals den Schluß nicht gezogen, weil die Abneigung dagegen zu groß und kein Motiv vorhanden war, das ihn erzwang. Im Gegenteile, was sich etwa an Unbehagen regte, wurde durch die Auskunft beschwichtigt, was da fehlt, wird noch kommen, es – das Glied – wird ihr später wachsen. Wer genug kleine Knaben beobachtet hat, kann sich an eine solche Äußerung beim Anblick des Genitales der kleinen Schwester erinnern. Anders aber, wenn beide Momente zusammengetroffen sind. Dann weckt die Drohung die Erinnerung an die für harmlos gehaltene Wahrnehmung und findet in ihr die gefürchtete Bestätigung. Der Knabe glaubt jetzt zu verstehen, warum das Genitale des Mädchens keinen Penis zeigte, und wagt es nicht mehr zu bezweifeln, daß seinem eigenen Genitale das gleiche widerfahren kann. Er muß fortan an die Realität der Kastrationsgefahr glauben.

Die gewöhnliche, die als normal geltende Folge des Kastrationsschrecks ist nun, daß der Knabe der Drohung nachgibt, im vollen oder wenigstens im partiellen Gehorsam – indem er nicht mehr die Hand ans Genitale führt –, entweder sofort oder nach längerem Kampf, also auf die Befriedigung des Triebes ganz oder teilweise verzichtet. Wir sind aber darauf vorbereitet, daß unser Patient sich anders zu helfen wußte. Er schuf sich einen Ersatz für den vermißten Penis des Weibes, einen Fetisch. Damit hatte er zwar die Realität verleugnet, aber seinen eigenen Penis gerettet. Wenn er nicht anerkennen mußte, daß das Weib ihren Penis verloren hatte, so büßte die ihm erteilte Drohung ihre Glaubwürdigkeit ein, dann brauchte er auch für seinen Penis nicht zu fürchten, konnte ungestört seine Masturbation fortsetzen. Dieser Akt unseres Patienten imponiert uns als eine Abwendung von der Realität, als ein Vorgang, den wir gern der Psychose vorbehalten möchten. Er ist auch nicht viel anders, aber wir wollen doch unser Urteil suspendieren, denn bei näherer Betrachtung entdecken wir einen nicht unwichtigen Unterschied. Der Knabe hat nicht einfach seiner Wahrnehmung widersprochen, einen Penis dorthin halluziniert, wo keiner zu sehen war, sondern er hat nur eine Wertverschiebung vorgenommen, die Penisbedeutung einem anderen Körperteil übertragen, wobei ihm – in hier nicht anzuführender Weise – der Mechanismus der Regression zu Hilfe kam. Freilich betraf diese Verschiebung nur den Körper des Weibes, für den eigenen Penis änderte sich nichts.

Diese, man möchte sagen, kniffige Behandlung der Realität entscheidet über das praktische Benehmen des Knaben. Er betreibt seine Masturbation weiter, als ob sie seinem Penis keine Gefahr bringen könnte, aber gleichzeitig entwickelt er in vollem Widerspruch zu seiner anscheinenden Tapferkeit oder Unbekümmertheit ein Symptom, welches beweist, daß er diese Gefahr doch anerkennt. Es ist ihm angedroht worden, daß der Vater ihn kastrieren wird, und unmittelbar nachher, gleichzeitig mit der Schöpfung des Fetisch, tritt bei ihm eine intensive Angst vor der Bestrafung durch den Vater auf, die ihn lange beschäftigen wird, die er nur mit dem ganzen Aufwand seiner Männlichkeit bewältigen und überkompensieren kann.

Auch diese Angst vor dem Vater schweigt von der Kastration. Mit Hilfe der Regression auf eine orale Phase erscheint sie als Angst, vom Vater gefressen zu werden. Es ist unmöglich, hier nicht eines urtümlichen Stücks der griechischen Mythologie zu gedenken, das berichtet, wie der alte Vatergott Kronos seine Kinder verschlingt und auch den jüngsten Sohn Zeus verschlingen will und wie der durch die List der Mutter gerettete Zeus später den Vater entmannt. Um aber zu unserem Fall zurückzukehren, fügen wir hinzu, daß er noch ein anderes, wenn auch geringfügiges Symptom produzierte, das er bis auf den heutigen Tag festgehalten hat, eine ängstliche Empfindlichkeit seiner beiden kleinen Zehen gegen Berührung, als ob in dem sonstigen Hin und Her von Verleugnung und Anerkennung der Kastration doch noch ein deutlicherer Ausdruck zukäme...

ANHANG

Formulierungen über die zwei Prinzipien des psychischen Geschehens

Erstveröffentlichung:
1911   *Jahrbuch für psychoanalytische und psychopathologische Forschungen,*
       Bd. 3, Heft 1, S. 1–8.

Abdrucke in deutschen Werkausgaben:
1924   In: Sigmund Freud, *Gesammelte Schriften* (12 Bände), Internationaler
       Psychoanalytischer Verlag, Leipzig, Wien, Zürich 1924–34, Bd. 5,
       S. 409–417.
1945   In: Sigmund Freud, *Gesammelte Werke* (18 Bände und ein Nachtrags-
       band), Imago Publishing Co., Ltd., London 1940–52, und S. Fischer
       Verlag, Frankfurt am Main 1968, 1987, Bd. 8, S. 230–238.
1975   In: Sigmund Freud, *Studienausgabe* (10 Bände und ein Ergänzungs-
       band), S. Fischer Verlag, Frankfurt am Main 1969–75, Bd. 3, S. 13,
       17–24.

Einige Bemerkungen über den Begriff des Unbewußten in der Psychoanalyse

Erstveröffentlichungen:
1912   In Englisch unter dem Titel ›A Note on the Unconscious in Psycho-
       Analysis‹ in: *Proceedings of the Society for Psychical Research*, Bd. 26,
       (Teil 66), S. 312–318.
1913   In deutscher Übersetzung von Hanns Sachs unter dem o. a. Titel in:
       Internationale Zeitschrift für ärztliche Psychoanalyse, Bd. 1, Heft 2,
       S. 117–123.

Abdrucke in deutschen Werkausgaben:
1924   In: Sigmund Freud, *Gesammelte Schriften* (12 Bände), Internationaler
       Psychoanalytischer Verlag, Leipzig, Wien, Zürich 1924–34, Bd. 5,
       S. 433–442.
1945   In: Sigmund Freud, *Gesammelte Werke* (18 Bände und ein Nachtrags-
       band), Imago Publishing Co., Ltd., London 1940–52, und S. Fischer
       Verlag, Frankfurt am Main 1968, 1987, Bd. 8, S. 430–439.

1975   In: Sigmund Freud, *Studienausgabe* (10 Bände und ein Ergänzungs-
        band), S. Fischer Verlag, Frankfurt am Main 1969–75, Bd. 3, S. 25,
        29–36.

Zur Einführung des Narzißmus

Erstveröffentlichung:
1914   *Jahrbuch für psychoanalytische und psychopathologische Forschungen,*
        Bd. 6, S. 1–24.

Abdrucke in deutschen Werkausgaben:
1925   In: Sigmund Freud, *Gesammelte Schriften* (12 Bände), Internationaler
        Psychoanalytischer Verlag, Leipzig, Wien, Zürich 1924–34, Bd. 6,
        S. 153–187.
1946   In: Sigmund Freud, *Gesammelte Werke* (18 Bände und ein Nachtrags-
        band), Imago Publishing Co., Ltd., London 1940–52, und S. Fischer
        Verlag, Frankfurt am Main 1968, 1987, Bd. 10, S. 137–170.
1975   In: Sigmund Freud, *Studienausgabe* (10 Bände und ein Ergänzungs-
        band), S. Fischer Verlag, Frankfurt am Main 1969–75, Bd. 3, S. 37,
        41–68.

Triebe und Triebschicksale

Erstveröffentlichung:
1915   *Internationale Zeitschrift für ärztliche Psychoanalyse,* Bd. 3, Heft 2,
        S. 84–100.

Abdrucke in deutschen Werkausgaben:
1924   In: Sigmund Freud, *Gesammelte Schriften* (12 Bände), Internationaler
        Psychoanalytischer Verlag, Leipzig, Wien, Zürich 1924–34, Bd. 5,
        S. 443–465.
1946   In: Sigmund Freud, *Gesammelte Werke* (18 Bände und ein Nachtrags-
        band), Imago Publishing Co., Ltd., London 1940–52, und S. Fischer
        Verlag, Frankfurt am Main 1968, 1987, Bd. 10, S. 210–232.
1975   In: Sigmund Freud, *Studienausgabe* (10 Bände und ein Ergänzungs-
        band), S. Fischer Verlag, Frankfurt am Main 1969–75, Bd. 3, S. 75,
        81–102.

Die Verdrängung

Erstveröffentlichung:
1915   *Internationale Zeitschrift für ärztliche Psychoanalyse*, Bd. 3, Heft 3, S. 129–138.

Abdrucke in deutschen Werkausgaben:
1924   In: Sigmund Freud, *Gesammelte Schriften* (12 Bände), Internationaler Psychoanalytischer Verlag, Leipzig, Wien, Zürich 1924–34, Bd. 5, S. 466–479.
1946   In: Sigmund Freud, *Gesammelte Werke* (18 Bände und ein Nachtragsband), Imago Publishing Co., Ltd., London 1940–52, und S. Fischer Verlag, Frankfurt am Main 1968, 1987, Bd. 10, S. 248–261.
1975   In: Sigmund Freud, *Studienausgabe* (10 Bände und ein Ergänzungsband), S. Fischer Verlag, Frankfurt am Main 1969–75, Bd. 3, S. 103, 107–118.

Das Unbewußte

Erstveröffentlichung:
1915   *Internationale Zeitschrift für ärztliche Psychoanalyse*, Bd. 3, Heft 4, S. 189–203, und Heft 5, S. 257–269.

Abdrucke in deutschen Werkausgaben:
1924   In: Sigmund Freud, *Gesammelte Schriften* (12 Bände), Internationaler Psychoanalytischer Verlag, Leipzig, Wien, Zürich 1924–34, Bd. 5, S. 480–519.
1946   In: Sigmund Freud, *Gesammelte Werke* (18 Bände und ein Nachtragsband), Imago Publishing Co., Ltd., London 1940–52, und S. Fischer Verlag, Frankfurt am Main 1968, 1987, Bd. 10, S. 264–303.
1975   In: Sigmund Freud, *Studienausgabe* (10 Bände und ein Ergänzungsband), S. Fischer Verlag, Frankfurt am Main 1969–75, Bd. 3, S. 119, 125–162.

Metapsychologische Ergänzung zur Traumlehre

Erstveröffentlichung:
1917   *Internationale Zeitschrift für ärztliche Psychoanalyse*, Bd. 4, Heft 6, S. 277–287.

Abdrucke in deutschen Werkausgaben:

1924   In: Sigmund Freud, *Gesammelte Schriften* (12 Bände), Internationaler
       Psychoanalytischer Verlag, Leipzig, Wien, Zürich 1924–34, Bd. 5,
       S. 520–534.

1946   In: Sigmund Freud, *Gesammelte Werke* (18 Bände und ein Nachtrags-
       band), Imago Publishing Co., Ltd., London 1940–52, und S. Fischer
       Verlag, Frankfurt am Main 1968, 1987, Bd. 10, S. 412–426.

1975   In: Sigmund Freud, *Studienausgabe* (10 Bände und ein Ergänzungs-
       band), S. Fischer Verlag, Frankfurt am Main 1969–75, Bd. 3, S. 175,
       179–191.

Trauer und Melancholie

Erstveröffentlichung:

1917   *Internationale Zeitschrift für ärztliche Psychoanalyse*, Bd. 4, Heft 6,
       S. 288–301.

Abdrucke in deutschen Werkausgaben:

1924   In: Sigmund Freud, *Gesammelte Schriften* (12 Bände), Internationaler
       Psychoanalytischer Verlag, Leipzig, Wien, Zürich 1924–34, Bd. 5,
       S. 535–553.

1946   In: Sigmund Freud, *Gesammelte Werke* (18 Bände und ein Nachtrags-
       band), Imago Publishing Co., Ltd., London 1940–52, und S. Fischer
       Verlag, Frankfurt am Main 1968, 1987, Bd. 10, S. 428–446.

1975   In: Sigmund Freud, *Studienausgabe* (10 Bände und ein Ergänzungs-
       band), S. Fischer Verlag, Frankfurt am Main 1969–75, Bd. 3, S. 193,
       197–212.

Jenseits des Lustprinzips

Erstveröffentlichung:

1920   Internationaler Psychoanalytischer Verlag, Leipzig, Wien, Zürich.
       60 Seiten.

Abdrucke in deutschen Werkausgaben:

1925   In: Sigmund Freud, *Gesammelte Schriften* (12 Bände), Internationaler
       Psychoanalytischer Verlag, Leipzig, Wien, Zürich 1924–34, Bd. 6,
       S. 189–257.

1940   In: Sigmund Freud, *Gesammelte Werke* (18 Bände und ein Nachtrags-
       band), Imago Publishing Co., Ltd., London 1940–52, und S. Fischer
       Verlag, Frankfurt am Main 1968, 1987, Bd. 13, S. 1–69.

1975   In: Sigmund Freud, *Studienausgabe* (10 Bände und ein Ergänzungs-
       band), S. Fischer Verlag, Frankfurt am Main 1969–75, Bd. 3, S. 213,
       217–272.

Das Ich und das Es

Erstveröffentlichung:
1923   Internationaler Psychoanalytischer Verlag, Leipzig, Wien, Zürich.
       77 Seiten.

Abdrucke in deutschen Werkausgaben:
1925   In: Sigmund Freud, *Gesammelte Schriften* (12 Bände), Internationaler
       Psychoanalytischer Verlag, Leipzig, Wien, Zürich 1924–34, Bd. 6,
       S. 351–405.
1940   In: Sigmund Freud, *Gesammelte Werke* (18 Bände und ein Nachtrags-
       band), Imago Publishing Co., Ltd., London 1940–52, und S. Fischer
       Verlag, Frankfurt am Main 1968, 1987, Bd. 13, S. 237–289.
1975   In: Sigmund Freud, *Studienausgabe* (10 Bände und ein Ergänzungs-
       band), S. Fischer Verlag, Frankfurt am Main 1969–75, Bd. 3, S. 273,
       282–325.

Das ökonomische Problem des Masochismus

Erstveröffentlichung:
1924   *Internationale Zeitschrift für Psychoanalyse*, Bd. 10, Heft 2,
       S. 121–133.

Abdrucke in deutschen Werkausgaben:
1924   In: Sigmund Freud, *Gesammelte Schriften* (12 Bände), Internationaler
       Psychoanalytischer Verlag, Leipzig, Wien, Zürich 1924–34, Bd. 5,
       S. 374–386.
1940   In: Sigmund Freud, *Gesammelte Werke* (18 Bände und ein Nachtrags-
       band), Imago Publishing Co., Ltd., London 1940–52, und S. Fischer
       Verlag, Frankfurt am Main 1968, 1987, Bd. 13, S. 371–383.
1975   In: Sigmund Freud, *Studienausgabe* (10 Bände und ein Ergänzungs-
       band), S. Fischer Verlag, Frankfurt am Main 1969–75, Bd. 3, S. 339,
       343–354.

Notiz über den »Wunderblock«

Erstveröffentlichung:
1925 *Internationale Zeitschrift für Psychoanalyse*, Bd. 11, Heft 1, S. 1–5.

Abdrucke in deutschen Werkausgaben:
1925 In: Sigmund Freud, *Gesammelte Schriften* (12 Bände), Internationaler Psychoanalytischer Verlag, Leipzig, Wien, Zürich 1924–34, Bd. 6, S. 415–420.
1948 In: Sigmund Freud, *Gesammelte Werke* (18 Bände und ein Nachtragsband), Imago Publishing Co., Ltd., London 1940–52, und S. Fischer Verlag, Frankfurt am Main 1968, 1987, Bd. 14, S. 3–8.
1975 In: Sigmund Freud, *Studienausgabe* (10 Bände und ein Ergänzungsband), S. Fischer Verlag, Frankfurt am Main 1969–75, Bd. 3, S. 363, 365–369.

Die Verneinung

Erstveröffentlichung:
1925 *Imago*, Bd. 11, Heft 3, S. 217–221.

Abdrucke in deutschen Werkausgaben:
1928 In: Sigmund Freud, *Gesammelte Schriften* (12 Bände), Internationaler Psychoanalytischer Verlag, Leipzig, Wien, Zürich 1924–34, Bd. 11, S. 3–7.
1948 In: Sigmund Freud, *Gesammelte Werke* (18 Bände und ein Nachtragsband), Imago Publishing Co., Ltd., London 1940–52, und S. Fischer Verlag, Frankfurt am Main 1968, 1987, Bd. 14, S. 11–15.
1975 In: Sigmund Freud, *Studienausgabe* (10 Bände und ein Ergänzungsband), S. Fischer Verlag, Frankfurt am Main 1969–75, Bd. 3, S. 371, 373–377.

Fetischismus

Erstveröffentlichungen:
1927 *Almanach für das Jahr 1928*, Internationaler Psychoanalytischer Verlag, Wien, S. 17–24.
1927 *Internationale Zeitschrift für Psychoanalyse*, Bd. 13, Heft 4, S. 373 bis 378.

Editorisch-bibliographische Notiz

Abdrucke in deutschen Werkausgaben:

1928 In: Sigmund Freud, *Gesammelte Schriften* (12 Bände), Internationaler Psychoanalytischer Verlag, Leipzig, Wien, Zürich 1924–34, Bd. 11, S. 395–401.

1948 In: Sigmund Freud, *Gesammelte Werke* (18 Bände und ein Nachtragsband), Imago Publishing Co., Ltd., London 1940–52, und S. Fischer Verlag, Frankfurt am Main 1968, 1987, Bd. 14, S. 311–317.

1975 In: Sigmund Freud, *Studienausgabe* (10 Bände und ein Ergänzungsband), S. Fischer Verlag, Frankfurt am Main 1969–75, Bd. 3, S. 379, 383–388.

Die Ichspaltung im Abwehrvorgang

Erstveröffentlichung:

1940 *Internationale Zeitschrift für Pychoanalyse und Imago*, Bd. 25, Heft 3/4, S. 241–244.

(Das Manuskript dieser unvollendeten, erst posthum veröffentlichten Arbeit ist datiert vom 2. Januar 1938.)

Abdrucke in deutschen Werkausgaben:

1941 In: Sigmund Freud, *Gesammelte Werke* (18 Bände und ein Nachtragsband), Imago Publishing Co., Ltd., London 1940–52, und S. Fischer Verlag, Frankfurt am Main 1968, 1987, Bd. 17, S. 57, 59–62.

1975 In: Sigmund Freud, *Studienausgabe* (10 Bände und ein Ergänzungsband), S. Fischer Verlag, Frankfurt am Main 1969–75, Bd. 3, S. 389, 391–394.

Die hier abgedruckten Freud-Texte sind aus den betreffenden Bänden der *Gesammelten Werke* übernommen, wobei in Anlehnung an Band 3 der *Studienausgabe* stillschweigend einige Korrekturen vorgenommen wurden. Diese beziehen sich insbesondere auf Druckfehler, bibliographische Irrtümer, Schreibweise von Namen, Modernisierung von Orthographie und Interpunktion. Redaktionelle Zusätze stehen jeweils in eckigen Klammern.

SIGMUND FREUD
WERKE IM TASCHENBUCH

Herausgegeben von Ilse Grubrich-Simitis
Redigiert von Ingeborg Meyer-Palmedo

Die Sammlung präsentiert das Lebenswerk des Begründers der Psychoanalyse breiten Leserschichten. Sie löst sukzessive die früheren Taschenbuchausgaben der Schriften Sigmund Freuds ab. Durch großzügigere Ausstattung eignet sie sich besonders zum Gebrauch in Schule und Universität. Zeitgenössische Wissenschaftler haben Begleittexte verfaßt; sie stellen Verbindungen zur neueren Forschung her, gelangen zu einer differenzierten Neubewertung des Freudschen Œuvres und beschreiben dessen Fortwirkung in einem weiten Spektrum der intellektuellen Moderne.

In systematischer Gliederung umfaßt die Sammlung:
– vier Bände mit Einführungen in die Psychoanalyse;
– vier Bände mit Monographien über seelische Schlüsselphänomene wie Traum, Fehlleistung, Witz;
– vier Bände mit Schriften über Sexualtheorie und über Metapsychologie;
– zwei Bände mit Schriften über Krankheitslehre und über Behandlungstechnik (erstmals als Taschenbuch-Einzelausgaben vorgelegt);
– fünf Bände mit Krankengeschichten;
– vier Bände mit kulturtheoretischen Schriften;
– drei Bände mit Schriften über Kunst und Künstler;
– zwei Bände mit voranalytischen Schriften (seit ihrer Erstveröffentlichung vor rund hundert Jahren erstmals wieder zugänglich gemacht).

EINFÜHRUNGEN:

Vorlesungen zur Einführung in die Psychoanalyse (Band 10432)
Biographisches Nachwort von Peter Gay

Neue Folge der Vorlesungen zur Einführung in die Psychoanalyse (Band 10433)
Biographisches Nachwort von Peter Gay

Abriß der Psychoanalyse (Band 10434)
Einführende Darstellungen
Einleitung von F.-W. Eickhoff
  Abriß der Psychoanalyse
  Über Psychoanalyse
  Das Interesse an der Psychoanalyse
  Eine Schwierigkeit der Psychoanalyse
  Die Frage der Laienanalyse (inkl. Nachwort)

»Selbstdarstellung« (Band 10435)
Schriften zur Geschichte der Psychoanalyse
Herausgegeben und eingeleitet von Ilse Grubrich-Simitis
  »Selbstdarstellung« (inkl. Nachschrift)
  Jugendbriefe an Emil Fluß
  Curriculum vitae
  Bericht über meine mit Universitäts-Jubiläums-Reisestipendium unter-
  nommene Studienreise nach Paris und Berlin
  Autobiographische Notiz
  Zur Geschichte der psychoanalytischen Bewegung
  Kurzer Abriß der Psychoanalyse
  Die Widerstände gegen die Psychoanalyse

ÜBER SCHLÜSSELPHÄNOMENE – TRAUM, FEHLLEISTUNG, WITZ:

Die Traumdeutung (Band 10436)
Nachwort von Hermann Beland

Über Träume und Traumdeutungen (Band 10437)
Einleitung von Hermann Beland
  Eine erfüllte Traumahnung
  Über den Traum
  Träume im Folklore
  Ein Traum als Beweismittel
  Märchenstoffe in Träumen
  Traum und Telepathie
  Einige Nachträge zum Ganzen der Traumdeutung
  Über einen Traum des Cartesius. Brief an Maxime Leroy
  Meine Berührung mit Josef Popper-Lynkeus

Zur Psychopathologie des Alltagslebens (Band 10438)
(Über Vergessen, Versprechen, Vergreifen, Aberglaube und Irrtum)
Einleitung von Helmut Dahmer
Im Anhang: Vorwort 1954 von Alexander Mitscherlich

Sigmund Freud
als Briefschreiber und Diskussionspartner

Sigmund Freud
Brautbriefe
Briefe an Martha Bernays aus den Jahren 1882 bis 1886
Ausgewählt, herausgegeben und mit einem Vorwort versehen
von Ernst L. Freud
Fischer Taschenbuch Band 6733

Sigmund Freud / Georg Groddeck
Briefe über das Es
Herausgegeben von Margaretha Honegger
Fischer Taschenbuch Band 6790

Sigmund Freud / C. G. Jung
Briefwechsel
Herausgegeben von William McGuire
und Wolfgang Sauerländer
Gekürzt von Alan McGlashan
Fischer Taschenbuch Band 6775

Sigmund Freud / Arnold Zweig
Briefwechsel
Herausgegeben von Ernst L. Freud
Fischer Taschenbuch Band 5629

Freud im Gespräch mit seinen Mitarbeitern
Aus den Protokollen
der Wiener Psychoanalytischen Vereinigung
Herausgegeben, eingeleitet und mit Zwischentexten
versehen von Ernst Federn
Fischer Taschenbuch Band 6774

Fischer Taschenbuch Verlag

Sigmund Freud
Briefe an Wilhelm Fließ 1887-1904
Ungekürzte Ausgabe

Herausgegeben von Jeffrey Moussaieff Masson
Bearbeitung der deutschen Fassung von Michael Schröter
Transkription von Gerhard Fichtner
Leinen. Mit zahlreichen Abbildungen und Faksimiles
XXXII + 613 Seiten

»Ganz ohne Publikum kann ich nicht schreiben, kann mir aber ganz gut gefallen lassen, daß ich es nur für Dich schreibe.« (18. Mai 1898)

Sigmund Freuds Briefe an seinen nahen Freund Wilhelm Fließ, den Berliner Hals-Nasen-Ohrenarzt und Biologen, hier erstmals ohne Kürzung veröffentlicht, sind das bewegende tagebuchartige Protokoll der tiefen wissenschaftlichen und persönlichen Krise, aus der Freud, von der akademischen Welt isoliert, in den neunziger Jahren des vergangenen Jahrhunderts das Paradigma der Psychoanalyse entwickelte. Der Leser kann gleichsam die Geburt eines Ideensystems miterleben, welches wie kaum ein zweites das Denken unserer Zeit geprägt, das Wissen des Menschen über sich selbst von Grund aus revolutioniert hat.

Der grundlegende »Entwurf einer Psychologie« von 1895, der in der inzwischen vergriffenen Auswahl der Briefe, *Aus den Anfängen der Psychoanalyse*, mitabgedruckt war, ist in dem 1987 erschienenen Nachtragsband zu Sigmund Freuds *Gesammelten Werken* wieder zugänglich gemacht worden.

S. Fischer Verlag

fi 423 / 6

Sigmund Freud
Jugendbriefe an Eduard Silberstein 1871–1881

Herausgegeben von Walter Boehlich
Mit Faksimiles, 15 Kunstdruck-Abbildungen und einem Anhang
(u.a. mit einem Gedichtentwurf Freuds, biographischen Notizen
über Eduard Silberstein von R. Vieyra, Briefregister, Namenregister)
Leinen, 280 Seiten

*»Wir setzen in unseren Briefen die 6 prosaisch-ehernen Arbeitstage in das
reine Gold der Poesie um und werden vielleicht finden, daß man in sich
selbst und dem, was um uns bleibt und wechselt, Interessantes genug
finden kann, wenn man nur darauf zu achten sich gewöhnt.«*

Freud an Eduard Silberstein
am 4. September 1874

Die Briefe des Gymnasiasten und Studenten Sigmund Freud an seinen Jugendfreund Eduard Silberstein sind das einzige überlieferte
umfangreiche Selbstzeugnis aus den prägenden frühen Bildungsjah-
ren des Begründers der Psychoanalyse. Sie sind in ihrem Sprachzau-
ber eine literarische Kostbarkeit. Zugleich dokumentieren sie eine
typische jüdische Wiener Jugend im 19. Jahrhundert. Von Anfang an
tragen diese Dokumente unverkennbar die Handschrift des großen
intellektuellen Neuerers. Freuds Originalität tritt besonders schön
hervor, wenn er aus dem Anschauen der ihn umgebenden Menschen
– in zahllosen meisterlichen Miniaturen festgehalten –, vor allem
aber aus rigoroser Selbstbeobachtung »Rezepte« für seine »kleine
psychologische Hausapotheke« gewinnt und dabei jenes Wahrneh-
mungsinstrument schärft, welches später die systematische Entdek-
kung des Unbewußten ermöglicht und damit eine Revolution im
Menschenbild des 20. Jahrhunderts bewirkt hat.

S. Fischer Verlag

Freud-Bibliographie mit Werkkonkordanz
Neuausgabe

Bearbeitet von
Ingeborg Meyer-Palmedo und Gerhard Fichtner
232 Seiten, kartoniert

Die *Freud-Bibliographie mit Werkkonkordanz* stellt eine grundlegend revidierte und erweiterte Neuausgabe der ursprünglich der Freud-*Studienausgabe* angegliederten *Sigmund Freud-Konkordanz und -Gesamtbibliographie* dar. Dieses kleine Buch hatte sich nach seiner Erstpublikation 1975 bald als unentbehrliches Hilfsmittel im In- und Ausland durchgesetzt.

Die jetzige Umgestaltung betrifft zum einen die Werkkonkordanz: In den detaillierten Seitenvergleich zum raschen Auffinden von Textpassagen in den drei am meisten verwendeten Freud-Editionen – den *Gesammelten Werken*, der *Studienausgabe* und der englischen *Standard Edition* – wurde der inzwischen veröffentlichte Nachtragsband zu den *Gesammelten Werken* integriert. Zum anderen erfuhr die Freud-Bibliographie eine durchgängige Überarbeitung und wesentliche Erweiterung, indem u.a. auch Teilpublikationen sowie Referate von fremder Hand mit einbezogen wurden. Ferner sind neben Hinzufügungen von neu entdeckten und veröffentlichten Freud-Zeugnissen bis zur Gegenwart zahlreiche bisher nicht verzeichnete Arbeiten Freuds – Rezensionen, Lexikonartikel, Krankengeschichten, insbesondere aus Freuds voranalytischer Zeit – ergänzt worden. Als der nun umfangreichere Teil des Bandes wurde die Bibliographie an den Anfang gerückt, was auch die Titeländerung bestimmte. Dem alphabetischen Werkverzeichnis wurden noch ein allgemeiner Index der Namen, eine Liste der Briefempfänger sowie ein Schlagwortindex an die Seite gestellt.

Die damit derzeit umfassendste Freud-Bibliographie wird durch die verdienstvollen jahrelangen Recherchen des Tübinger Medizinhistorikers Professor Gerhard Fichtner erheblich bereichert.

S. Fischer Verlag

fi 1065 / 2

Aus der Geschichte der Psychoanalyse:
Protokolle
der Wiener Psychoanalytischen Vereinigung

Herausgegeben von Hermann Nunberg † und Ernst Federn.
Mit einer Einleitung von Hermann Nunberg,
einer Vorbemerkung zur deutschen Ausgabe von Ernst Federn,
einem Nachwort von Harald Leupold-Löwenthal und Gesamtregister.

Band 1: 1906 – 1908
Band 2: 1908 – 1910
Band 3: 1910 – 1911
Band 4: 1912 – 1918

»Vom Jahre 1902 an«, schrieb Freud in seiner ›Geschichte der psychoanalytischen Bewegung‹, »scharte sich eine Anzahl jüngerer Ärzte um mich
mit der ausgesprochenen Absicht, die Psychoanalyse zu erlernen, auszu-
üben und zu verbreiten ... Man kam an bestimmten Abenden in meiner
Wohnung zusammen, diskutierte nach gewissen Regeln ... Der Kreis
umfaßte übrigens nicht nur Ärzte, sondern auch andere Gebildete ...,
Schriftsteller, Künstler usw.«
Zwischen 1906 und 1918 wurden diese Sitzungen regelmäßig protokolliert.
Als Freud 1938 nach London emigrierte, übergab er das Originalmanuskript der Protokolle dem Psychoanalytiker Paul Federn; ihm gelang es,
das unschätzbare Dokument aus den Anfängen der Psychoanalyse zu ret-
ten. Freuds Diktum, es sei schwer, Psychoanalyse als Vereinzelter zu treiben, sie sei ein »exquisit geselliges Unternehmen«, wird hier höchst
anschaulich demonstriert. Der Leser kann sich als stummen Zeugen eines
spontanen schöpferischen Gruppenprozesses erleben, sich vom Ent-
zücken über die frühen Funde anstecken lassen und in Freuds Beiträgen
und Diskussionsvoten dessen Denk- und Argumentationsstil sowie
seinen Umgang mit den Schülern unmittelbar kennenlernen. Die verschiedenen Gruppenmitglieder und Gäste werden als Personen lebendig,
die in den Kreis nicht nur ihre zum Teil kontroversen und konkurrieren-
den Ideen einbrachten, sondern auch ihre persönlichen Schwierigkeiten
und Nöte.
Alle vier Bände der ungekürzten Protokolle sind ausführlich von den
Herausgebern kommentiert. Der letzte Band enthält das Namen- und
Sachregister für alle vier Bände, zusammengestellt von Ingeborg Meyer-
Palmedo.

S. Fischer Verlag

Sigmund Freud
Das Motiv der Kästchenwahl
Faksimileausgabe

Mit einem Nachwort von Heinz Politzer
Herausgegeben von Ilse Grubrich-Simitis
Einmalige Auflage 1977, 64 Seiten und 16 Seiten Transkription

»Zwei Szenen aus Shakespeare, eine heitere und eine tragische, haben mir kürzlich den Anlaß zu einer kleinen Problemstellung und Lösung gegeben.« Mit diesem einfachen Satz beginnt Freud seinen meisterhaften literarischen Essay, der jetzt als vollständiges Faksimile vorliegt. Die heitere Szene ist die Wahl der Freier der Porzia zwischen drei Kästchen im ›Kaufmann von Venedig‹, die tragische die Szene im ›König Lear‹, in der Lear das Reich unter seine drei Töchter aufteilt. Die Porzia-Szene gab dem Essay den Titel, den Schwerpunkt aber legt Freud auf die Problematik des Lear. Was haben die drei Frauen zu bedeuten, zwischen denen er zu wählen hat? Und warum muß die Wahl auf die dritte, die Cordelia, fallen? Um diese Frage zu beantworten, verläßt Freud die Dichtung und zeigt die Verankerung der Dreierwahl im Mythos. Was haben Menschen ganz verschiedener Kulturkreise mit diesem Motiv zu bewältigen, zu verbergen versucht? In einer Serie von Deutungsschritten, in der Freud Mythos und Dichtung nach psychischen Abwehrmechanismen abklopft, gibt er die Lösung: Es geht um die Auseinandersetzung mit dem Tod. Was als Naturgesetz jedes Menschen Leben beendet, wird zur »Wahl« verharmlost, was der Tod bzw. die Todesgöttin ist, erscheint als die begehrenswerteste Frau, die Liebesgöttin. Doch Shakespeare hebt am Ende des ›Lear‹ die Entstellung auf. Und Freud schließt: »Ewige Weisheit im Gewande des uralten Mythus rät dem alten Manne, der Liebe zu entsagen, den Tod zu wählen, sich mit der Notwendigkeit des Sterbens zu befreunden.«
In seinem Nachwort untersucht Heinz Politzer den biographischen Hintergrund für die Entstehung der Arbeit. – Das Faksimile ist, mehrfarbig, im Originalformat der von Freud benutzten großen Bogen reproduziert. Die Edition enthält ferner eine Transkription von Ingeborg Meyer-Palmedo sowie Hinweise von Ilse Grubrich-Simitis auf Freuds Schreibgewohnheiten.

S. Fischer Verlag

Sigmund Freud
Gesammelte Werke · Nachtragsband
Texte aus den Jahren 1885 bis 1938

Herausgegeben von Angela Richards
unter Mitwirkung von Ilse Grubrich-Simitis

Mit 5 Abbildungen und 5 Faksimiles, Bibliographie,
Namen- und Sachregistern
Leinen, Fadenheftung, 905 Seiten

Die siebzehn Textbände der *Gesammelten Werke* Sigmund Freuds, der bisher umfassendsten Edition des Œuvres in der Originalsprache, sind zuerst zwischen 1940 und 1952 in Freuds Londoner Exilverlag erschienen, ehe S. Fischer sie 1960 übernahm. Aus verschiedenen Gründen fehlten gleichwohl wichtige Stücke des psychologisch-psychoanalytischen Werks. Einige Beispiele: die Beiträge Josef Breuers zu den ›Studien über Hysterie‹ (auf Freuds eigenen Wunsch); der frühe ›Entwurf einer Psychologie‹ (posthum zunächst im Rahmen der Fließ-Briefe veröffentlicht); die aufschlußreichen Notizen aus der Behandlung des als »Rattenmann« bekanntgewordenen Patienten (erstmals in den fünfziger Jahren erschlossen); der vor kurzem entdeckte Entwurf der zwölften metapsychologischen Abhandlung. Diese und viele andere Stücke, vor allem aus der Pionierzeit der Psychoanalyse, sammelt der mit umfangreichen editorischen Kommentaren ausgestattete *Nachtragsband* – ein Quellenwerk ersten Ranges.

S. Fischer Verlag

fi 1063 / 2

Sigmund Freud Studienausgabe
in zehn Bänden mit Ergänzungsband
Revidierte Neuausgabe – in der ursprünglichen Ausstattung

Herausgegeben von
Alexander Mitscherlich · Angela Richards · James Strachey
Mitherausgeber des Ergänzungsbandes
Ilse Grubrich-Simitis

An der großen Freud-Rezeption der siebziger Jahre hatte die *Studienausgabe* einen bedeutenden Anteil. Als sie 1969–75 erstmals erschien, erhielt sie begeisterte Pressestimmen:

»Ein Freud für alle. Diese Ausgabe ist wirklich eine Tat.«
Kölner Stadtanzeiger

»... sorgfältig und hervorragend ediert.«   *Die Zeit*

Der umfangreiche kritische Apparat dieser ersten kommentierten deutschen Freud-Ausgabe umfaßt editorische Vorbemerkungen zu den einzelnen Schriften, zahlreiche Fußnoten sowie Anhänge. Die Vorbemerkungen und Fußnoten informieren u.a. über Entstehungszeit und -umstände des betreffenden Werks, über Textveränderungen, die Freud bei Neuauflagen einführte, sie erläutern die vielen literarischen und historischen Anspielungen, machen auf Parallelstellen aufmerksam, wenn Freud ein und dasselbe Thema in unterschiedlichen Zusammenhängen und in verschiedenen Perioden seines langen Forscherlebens behandelte, und regen den Leser durch ein Netz von Querverweisen zu weiterem Studium an. Der Anhang eines jeden Bandes ist mit Bibliographie, Abkürzungsliste, ausführlichem Namen- und Sachregister sowie einem Gesamtinhaltsplan der *Studienausgabe* ausgestattet.

Die *Studienausgabe* – zunächst im Rahmen der Buchreihe *Conditio humana; Ergebnisse aus den Wissenschaften vom Menschen* veröffentlicht – war vorübergehend nur in Taschenbuchform lieferbar. Jetzt wird sie auf vielfachen Wunsch wieder in der ursprünglichen Ausstattung vorgelegt. Gleichzeitig wurden die editorischen Begleittexte und die Bibliographien um Hinweise auf in der Zwischenzeit publizierte Freud-Neuerscheinungen ergänzt. Außerdem wurde das Querverweissystem der bei Erstpublikation nacheinander erschienenen Bände durch Angabe der konkreten Seitenzahlen vervollständigt, was den Gebrauch der *Studienausgabe* zusätzlich erleichtert.

S. Fischer Verlag

fi 81 / 2a

Sigmund Freud Studienausgabe
in zehn Bänden mit Ergänzungsband
Revidierte Neuausgabe – in der ursprünglichen Ausstattung

Die Bände sind nach Themen geordnet, wodurch dem Leser eine rasche
Orientierung im vielgestaltigen Werk Freuds ermöglicht wird. Innerhalb
der Bände gilt das chronologische Gliederungsprinzip.

S. Fischer Verlag

Sigmund Freud
Übersicht der Übertragungsneurosen
Ein bisher unbekanntes Manuskript

Ediert und mit einem Essay versehen von Ilse Grubrich-Simitis
Vollständiges Faksimile, mit einer Abbildung, Leinen, 128 Seiten

Während des Ersten Weltkriegs schrieb Freud an einer Serie von zwölf
grundlegenden Abhandlungen, die er unter dem Titel ›Zur Vorbereitung
einer Metapsychologie‹ als Buch herausbringen wollte. Doch gelangten
lediglich fünf der Aufsätze an die Öffentlichkeit, darunter die klassischen
Schriften ›Das Unbewußte‹ und ›Trauer und Melancholie‹. Von den
sieben anderen Texten fehlte bislang jede Spur. Ihr Inhalt, so
Freud-Kenner, müsse von größtem Gewicht gewesen sein.

Überraschend wurde 1983 der Entwurf zur zwölften dieser metapsychologischen Abhandlungen, betitelt ›Übersicht der Übertragungsneurosen‹,
entdeckt. Die als vollständiges Faksimile abgedruckte Handschrift enthält
u. a. eine »phylogenetische Phantasie«, in der Freud – angeregt durch
Sándor Ferenczis metabiologische Studien – über die evolutionären
Anfänge von Neurose und Psychose spekuliert.

Die Erstveröffentlichung bringt neben der wortgetreuen Transkription
(von Ingeborg Meyer-Palmedo) und einer mit zahlreichen Anmerkungen
versehenen edierten Fassung einen begleitenden Essay der Herausgebe-
rin Ilse Grubrich-Simitis. Unter Verwendung unveröffentlichter Brief-
Quellen erhellt sie darin den biographischen, den Werk- und den wissen-
schaftsgeschichtlichen Kontext des Manuskripts.

S. Fischer Verlag

fi 422 / 4

Sigmund Freud
Werkausgabe in zwei Bänden

Herausgegeben und mit Kommentaren versehen von
Anna Freud und Ilse Grubrich-Simitis
Band 1: *Elemente der Psychoanalyse*, 590 Seiten
Band 2: *Anwendungen der Psychoanalyse*, 616 Seiten.
3 Abbildungen auf Tafeln
Im Anhang der Bände u. a. Lebenschronologie Sigmund Freuds,
Sammelbibliographie, Namen- und Sachregister

Für den Laien, der sich über Freuds Werk anhand eines repräsenta-
tiven Querschnitts gründlich informieren möchte, wurde die vorliegende *Werkausgabe in zwei Bänden* zusammengestellt. Sie steht, eine
Lücke schließend, zwischen den beiden preisgünstigen Präsentationen
des Freud-Œuvres im Fischer Verlag: der lockeren Folge einzelner,
nicht kommentierter Freud-Taschenbücher und der mit einem auf-
wendigen, für Forschung und Lehre konzipierten editorischen Apparat versehenen, nach Themen gegliederten insgesamt elfbändigen
Studienausgabe. Die *Werkausgabe* ist, ihrer Zielsetzung entsprechend,
also ausdrücklich keine historisch-kritische Edition. Der Kommentar
ist knapp gehalten und auf die Bedürfnisse noch Unkundiger zuge-
schnitten.

Inhalt

S. Fischer Verlag

Die Schriften der Anna Freud
Ausgabe in 10 Bänden

Herausgegeben von Helga Watson und Michael Schröter

Fischer Taschenbuch Verlag

fi 582 / 2